Anne-Marie Cobbaert

GRAPHOLOGIE

Handschriften erkennen und deuten

Anne-Marie Cobbaert

GRAPHOLOGIE

Handschriften erkennen und deuten

mit 273 Schriftproben im
laufenden Text

ARISTON VERLAG · GENF

Andere Werke aus unserem Verlagsprogramm finden Sie am Schluß dieses Buches verzeichnet.

CIP-Kurztitelaufnahme der Deutschen Bibliothek

COBBAERT, ANNE-MARIE:
Graphologie: Handschr. erkennen u. deuten; mit 273 Schr.-Proben im laufenden Text / Anne-Marie Cobbaert. [Aus d. Franz. übertr. von Helga Künzel]. – 5. Aufl. – Genf: Ariston Verlag, 1987.
Einheitssacht.: La graphologie <dt.>
ISBN 3-7205-1089-1

Aus dem Französischen übertragen von Helga Künzel

Schutzumschlag: Roger Pfund

Deutsche und französische Ausgabe im Ariston Verlag, Genf

5. Auflage 1987
Printed in Austria

ISBN 3-7205-1089-1

Inhaltsverzeichnis

Vorwort

Sie werden hier eingeladen, eine der faszinierendsten Wissenschaften zu entdecken, die ich selbst in sehr jungen Jahren entdeckte. Ich wollte nicht glauben, daß die Schrift so viele Dinge zu enthüllen vermag, und doch schien mir, daß man in ihr ein ungewöhnliches Mittel besitze, den Menschen kennenzulernen. Ich hatte einige Bücher gelesen – allerdings keine sehr tiefschürfenden –, die angaben, was dieses oder jenes Schriftmerkmal bedeuten konnte. Sie hielten sich vor allem an die „kleinen Zeichen", von denen ich später sprechen werde, an jene Details und Buchstabenformen, die – leider – den Neuling zu vorschnellen, sehr willkürlichen und immer falschen Schlüssen verleiten.

Die Graphologie ist kein unterhaltsames Gesellschaftsspiel! Man lernt sie, studiert sie. Man übt sie maßvoll und vorsichtig aus, wägt seine Worte ab.

Das ernste Studium der Graphologie wurde oft als ziemlich unangenehm hingestellt, weil es so viele Jahre in Anspruch nimmt; aber ich werde versuchen, die Graphologie für Sie zu vereinfachen oder, genauer gesagt, sie Ihrem Geist nach und nach, in kleinen Dosen, einzugeben: Sie werden feststellen, daß es höchst interessant und wichtig sein kann, zuerst sich selbst und dann die anderen besser kennenzulernen, die nächsten Angehörigen, anschließend Kollegen, Nachbarn, Menschen, die man sieht oder mit denen man verkehrt, Freunde und Bekannte, schließlich völlig Unbekannte.

Das Erkennen des Menschen ist ein ungewöhnlich reiches, anziehendes Gebiet. Eingang findet man am besten, indem man damit beginnt – man *muß* damit beginnen –, sich selbst zu erkennen.

Man geht vor wie in der Psychoanalyse: Wer sich diesem schwierigen Beruf zuwendet, muß als erstes sich selbst einer sogenannten „didaktischen Analyse" unterziehen; diese führt ihn dazu, genau wie später seine Patienten, in seinem Gedächtnis und seiner Vergangenheit zu suchen, aufschlußreiche Erinnerungen zutage zu fördern, sich selbst zu studieren, zu erforschen und zu befragen, um das Warum und Wie seiner Haltungen, Verhaltensweisen, Reaktionen, aber auch seiner Qualen, inneren Konflikte, sprich Zwänge, zu erkennen und zu begreifen.

Über den Weg der Selbsterkenntnis gelangt man zur Erkenntnis der anderen.

Wir veranschaulichen hier das berühmte Wort von Sokrates: „Erkenne dich selbst." Es hat noch heute Gültigkeit.

Wozu diese Erklärung, wo soviel über die Graphologie zu sagen wäre? werden Sie vielleicht denken.

Weil dieses Buch, diese Einführung in eine fesselnde Wissenschaft, den Kanal *Ihrer* Persönlichkeit benutzt, Ihrer Sensibilität, Ihrer ganzen Scharfsinnigkeit, Klugheit, Ihres angeborenen psychologischen Sinns.

Sie gewinnen dabei doppelt: Sie werden sich selbst besser kennenlernen; ganz *sicher* werden Sie Entdeckungen machen, manchmal sehr angenehme. Außerdem werden Sie lernen, verständnisvoller zu sein, nachsichtiger und auch scharfblickender.

Ein altes russisches Sprichwort lautet: „Die Seele des anderen ist dunkel." Dunkel wie die Nacht, müßte man hinzufügen, wenn man den Sinn des slawischen Wortes genau nähme.

Doch auch die eigene Seele ist dunkel; man muß den Mut haben, sie zu erforschen, herauszufinden, was man ist und was man will. Zugegeben, das ist oft sehr schwer.

Wenn man aber mit so unwiderlegbaren Dokumenten wie spontan geschriebenen Schriftstücken konfrontiert ist, wird es – sobald man die Bedeutung der einzelnen Schriftmerkmale kennt – ziemlich schwierig, sich sozusagen „hinter seinem Finger" zu verbergen.

Wir werden miteinander in dieses geheimnisvolle Gebiet eindringen und überraschende, erstaunliche Entdeckungen machen.

Es wurde viel über die Irrtümer der Graphologie geschrieben. Manche Menschen beharren darauf, sie unter die „okkulten" Wissenschaften einzureihen. Ich möchte hier in aller Deutlichkeit und mit allem Nachdruck sagen: Sie gehört nicht zu den okkulten Wissenschaften und hat nichts damit zu tun.

Die Graphologie ist ein Projektionstest, der vollständigste, den es gibt. Sie reiht sich in die Gesamtheit der Wissenschaft ein, deren Gegenstand das Studium des Menschen ist. Seiner Seele, seiner Reaktionen, seines Verhaltens.

Es gibt viel zu sagen über die Graphologie, und vor allem muß herausgestrichen werden, daß sie erlaubt, sehr tief in den Menschen zu blicken, daß sie eine Synthese mehrerer psychologischer Disziplinen darstellen kann, die langes Studium erfordern.

Natürlich wird man nicht in einigen wenigen Monaten Graphologe; aber es ist möglich, sich durch aufmerksames Lesen einer Lehre der Graphologie bestimmte nützliche Kenntnisse anzueignen, die es gestatten, den Urheber einer Schrift anhand derselben zu beurteilen.

Wozu dient die Graphologie?

In erster Linie dazu, sich selbst *gut* kennenzulernen. Dann dazu, jene besser zu begreifen, die uns umgeben. Wer von uns hat nicht seine Konflikte mit Angehörigen, Nahestehenden, Kollegen oder anderen? Und warum? Weil wir „die anderen" nicht kennen. Oder schlecht kennen. Weil wir Bescheid zu wissen glauben und mit Scheuklappen, vorgefaßten Meinungen und voll Voreingenommenheit urteilen – zumindest oft.

Würde man die schwachen Punkte eines jeden kennen, wieviel leichter wäre es zu sprechen, zu diskutieren, zu überlegen, zu erreichen, was man erhofft... Wie viele Mißverständnisse und Zusammenstöße ließen sich vermeiden. Und wieviel Zeit würde man auch gewinnen: keine sinnlosen Diskussionen, keine Auseinandersetzungen wegen Kleinigkeiten mehr!

Die Graphologie – manchmal spöttisch als „Wissenschaft für alles" bezeichnet – findet auf vielen Gebieten praktische Anwendung. Ich führe hier nur einige an, die in diesem Buch ausführlich behandelt werden:

○ Das Wichtigste im Leben ist meines Erachtens die Wahl des Ehepartners, jenes Menschen, mit dem man Schwierigkeiten überwindet, Prüfungen durchsteht, aber auch Freuden erlebt, die man nur wirklich genießt, wenn man sie teilt. Das vergleichende Studium zweier Schriften zeigt auf, ob zwischen zwei Menschen Übereinstimmung herrscht oder nicht, ob nach dem Abklingen der ersten, ein wenig „verrückten" Begeisterung genügend feste Bande, Verwandtschaften, Wertschätzung und tiefer Gleichklang vorhanden sind, um eine dauerhafte, harmonische Bindung entstehen zu lassen.

○ Als nächstes kommen die Probleme der Beziehung zwischen Eltern und Kind: Es ist immer häufiger die Rede von diesen Problemen, sie werden zunehmend größer. Die Jugendlichen sind sehr unabhängig, behaupten sich sehr früh, widersprechen, fordern, lehnen ab. Das ist gut; sie werden nicht mehr gehänselt oder unter Zwang gesetzt wie früher, sie können sich entfalten. Doch nicht alles im Menschen ist zwangsläufig gut und schön. Deshalb müssen die Älteren eine erzieherische Rolle spielen. Wie können sie das, wenn ihre Autorität immer stärker bekämpft wird? Vermittels der Intelligenz, der Psychologie, gründlicher Kenntnis der heranwachsenden Jugendlichen, die trotz ihrer Revolten und Übertreibungen so leicht schmiedbar sind. Das Studium der Schrift empfiehlt sich hier, und wie sehr! Ich spreche aus Erfahrung.

○ Die Berufswahl bereitet vielen jungen Menschen Qualen. Eine geboten scheinende berufliche Orientierung ist nicht immer richtig. Junge Menschen berücksichtigen ihre tiefen Vorlieben, Regungen, Bestrebungen zuwenig. Der Jugendliche, der sucht, benötigt einen Führer: seine Schrift offenbart, was man für ihn tun kann, um ihm wirklich zu helfen, ihn zu beraten und am Beschreiten des falschen Weges zu hindern: er ist voller Feuer, Ungestüm, er überlegt nicht; man muß ihn über die Vorteile oder Nachteile dieser oder jener Orientierung aufklären, dabei genau seine Qualitäten, Neigungen und Begabungen, aber auch seine Unzulänglichkeiten berücksichtigen und ihn warnen. Ihm begreiflich machen (man kann es den Jugendlichen, die gewissermaßen zum zweitenmal ins Leben eintreten, indem sie die Schwelle zum Erwachsensein überschreiten, nicht zu oft sagen): „Das Leben ist ein Kampf, man muß darauf vorbereitet sein."

○ Die Wahl des idealen Kandidaten quält Firmen, die einen Handelsdirektor, Verkaufsleiter, technisch-kommerziellen Vertreter, Chefbuchhalter, Programmierer, Werkmeister, Produktionsleiter, eine Hostesse, Direktionssekretärin, einen Werbemann oder sonst jemanden suchen. Hier wird wiederum der Graphologe zu Rate gezogen, manchmal gemeinsam mit dem Psychologen, der seine Tests vornimmt. Oft aber äußert nur der Graphologe seine Ansicht, verweist auf die interessanten Kandidaten und erstellt eine Analyse ihrer Schrift. Der Arbeitgeber gewinnt dadurch kostbare Zeit, denn wenn er eine Anzeige in die Zeitung setzt, erhält er oft zwanzig, sechzig, hundert Antworten. Wen wählen? Wen zu einem Gespräch bitten? Die Schrift zeigt es.

○ Schließlich gibt es zahlreiche Konflikte zwischen Menschen, deretwegen man einen Graphologen befragt. Was funktioniert nicht? Was provoziert die Auseinandersetzungen und Zusammenstöße? Man muß es suchen. Der Graphologe macht möglich, daß man es sieht. Zweifellos sind nicht alle Menschen

Engel; es gibt Hitzköpfe, Duckmäuser, Besessene, Menschen, deren psychisches Gleichgewicht zu wünschen übrig läßt und die aus diesem Grund keine sogenannten „normalen" Reaktionen zeigen. Es gibt auch Menschen, deren Intelligenz nicht zum Begreifen gewisser Dinge ausreicht. Es gibt Eifersüchtige und Gequälte, Komödianten, Aggressive, Betrüger, notorische Faulenzer, Menschen, die nur daran denken, andere so weit wie möglich auszunützen, und Menschen, die sich unterordnen; es gibt Idealisten, Träumer, Grübler, krankhaft Stolze . . . Es gibt reine Intellektuelle, Sucher, Intuitive, schöpferisch Tätige, Menschen, die uns jeden Tag etwas Neues bescheren. Es gibt Enthusiasten und Blasierte, Mutige und Hasenfüße – es gibt so viele Möglichkeiten menschlichen „Seins", daß man sich darin verliert.

○ Ein weiteres Gebiet möchte ich hier noch beschwören: jenes des Schriftgutachtens. Dies ist keine Graphologie im eigentlichen Sinn mehr, aber die besten Schriftgutachter sind – logischerweise – Graphologen. Womit befassen sie sich?

Beispielsweise mit der Untersuchung, ob ein völlig eigenhändig geschriebenes Testament echt ist, ob eine Unterschrift echt ist oder – wenn man ihnen Schriften mehrerer verdächtiger Personen vorlegt – wer der Verfasser eines anonymen Briefes sein könnte . . .

Den ersten großen Schritt tun Sie, indem Sie das vorliegende Buch lesen, das Ihnen diese Wissenschaft in einfacher, klarer und lebendiger Weise präsentiert, so daß Sie sie mühelos aufnehmen können. Und Sie werden, so hoffe ich aufrichtig, Lust bekommen, mehr zu erfahren, andere Werke zu lesen, sich zu informieren, schließlich sich selbst in der Graphologie zu versuchen. Warum nicht? Dazu genügen Intelligenz, Gedächtnis, Beobachtungsgabe. Und ein wenig Intuition.

Wie geht man in der Graphologie vor?

Natürlich betrachtet man Schriften. Aber man muß dabei zwei entscheidende Prinzipien berücksichtigen:

○ Die Schrift verändert sich im Lauf des Lebens, während Kindheit und Jugend ziemlich rasch, dann langsamer. Sie folgt genau der Entfaltung, der Entwicklung des Menschen, seinem Wachsen in Kindheit, Jugend und Reife, seinem Welken im Alter.

○ Die Bewegung der Schrift wird von physiologischen Gesetzen gesteuert. Die Schrift besteht tatsächlich darin, daß man mit einem bestimmten Werkzeug (Füller, Kugelschreiber, Filzstift usw.) eine Folge kleiner Zeichen aufs Papier setzt, Resultate bewußter und unbewußter, freiwilliger und unfreiwilliger Gesten, die vom führenden Denken geleitet und miteinander verbunden werden. Diese kleinen Zeichen sind der Spiegel unseres tiefen „Ich". Sie verraten unsere Empfindungen, unseren augenblicklichen Geisteszustand und auch unsere Gemütsverfassung.

Die Zeichen wurden in der Graphologie alle registriert und sorgfältig klassifiziert: von Autoren wie Abbé Michon, dem Pionier, Crépieux-Jamin, dem eigentlichen Begründer der Graphologie, dann dem Deutschen Klages, dem Schweizer Pulver und vielen anderen.

Jedem der Zeichen, deren Gesamtheit die Schrift bildet, entspricht eine Reihe Eigentümlichkeiten physischer, moralischer oder geistiger Natur. Indem man zuerst analysiert, dann das Resultat dieser Untersuchungen und Beobachtungen ordnet, erhält man das moralische und geistige Porträt eines Schreibers.

Noch einige Empfehlungen, bevor Sie sich der Lektüre des Folgenden zuwenden:

○ Beobachten Sie, schauen Sie sich um, registrieren Sie das Verhalten der Menschen; das wird Ihnen nach und nach ein instinktives psychologisches Gefühl verleihen.

○ Urteilen Sie immer mit Vorsicht und ziehen Sie keine voreiligen Schlüsse; es gibt in der Graphologie eine goldene Regel: das konstante Bemühen um Verständnis, das Bemühen, nicht destruktiv, sondern konstruktiv zu sein.

○ Bewahren Sie sorgfältig alle Schriften auf, die Sie interessieren, die Ihnen seltsam oder bizarr erscheinen. Bestimmt werden Sie nach der Lektüre des Buches gern darauf zurückgreifen.

Studieren Sie jedoch in erster Linie Ihre eigene Schrift: Beurteilen Sie sich selbst, bevor Sie andere beurteilen. Das macht Sie verständnisvoller, offener, empfindsamer – auch nachsichtiger.

Man darf hier nicht egozentrisch sein, sondern muß sich wiederholen: „Der Weg zum anderen führt über sich selbst."

Meiden Sie die Klippe, sich auf andere Menschen zu „projizieren": Gestehen Sie sich von vornherein ein, daß jeder Mensch als solcher einmalig und unersetzlich ist, anders als alle anderen. Daß er bestimmte Dinge mit Ihnen gemeinsam hat, aber auch mit Ihrem Nachbarn. Daß er eine völlig andere Mischung ist als Sie und daß Sie sich darüber im klaren sein müssen. Dann versuchen Sie ihn zu beurteilen, indem Sie Ihre eigenen Vorlieben und Ideen, Ihre Natur und Ihr Temperament ganz und gar außer acht lassen.

1. Einführung in die Graphologie

Streifzug in die Geschichte der Schrift und der Graphologie

Die Erfindung der Schrift war, neben jener des Rades und des Buchdrucks, einer der größten Meilensteine in der Entwicklung der Kulturen. Bevor es diese Möglichkeit gab, Gedanken auf Unterlagen festzuhalten, die zuerst aus Stein, dann aus Luftziegeln, Holz, bestimmten Baumblättern und Papyrus bestanden und schließlich zum Papier wurden, übermittelten sich die Menschen ihr Wissen, ihre Riten und ihre Traditionen mündlich.

Dank der Erfindung der Schrift erfuhr die kulturelle Entwicklung eine wesentliche Förderung: die mündlichen Traditionen, die uralten Epen, die Sagen und Legenden, die oft einen wertvollen Gehalt an historischer Wahrheit besaßen, hatten sich bei der mündlichen Überlieferung von einer Generation an die nächste verändert; die Schrift erlaubte es, Gedanken festzuhalten und ihnen größere Präzision und Tiefe zu verleihen.

Sie vermittelt uns zudem ein ziemlich exaktes Bild der Geschichte der Menschheit von einem bestimmten Augenblick an; genauer gesagt jener Völker, die bereits einen ziemlich hohen Zivilisationsgrad erreicht hatten.

Von den Völkern, die keine Schrift besaßen, wissen wir nichts oder wenig, zum Leidwesen der Archäologen.

Es gibt auch Völker, deren Schrift wir bislang nicht zu entziffern vermochten: dazu gehören die alten Maya, die ihr Geheimnis bewahrten, und andere Kulturen im präkolumbianischen Amerika. Auch Kreta und das alte Etrurien enthüllten uns die Rätsel ihrer seltsamen Schriftzeichen bisher nicht.

Interessant war der Übergang von der Bilderschrift zur abstrakten Buchstabenschrift, mit anderen Worten von der Ideenschrift zur Lautschrift, die Töne und keine Gegenstände mehr reproduzierte. Die Erfindung der Lautschrift schreibt man den Phöniziern zu, was jedoch von Spezialisten angefochten wird. Wie dem auch sei, geschrieben wurde bereits um das 4. Jahrtausend v. Chr.: in Kleinasien. Die Phönizier, ein Volk der Seefahrer und Handelsleute, denen die Idee von der Schrift aus praktischen Erwägungen nützlich erschien, vervollkommneten und vereinfachten sie. Ihre teuren Rechnungen erstellten sie mit Hilfe von Lettern. Und sie verbreiteten ihr Alphabet, aus dem später das griechische Alphabet hervorging, im ganzen Mittelmeerbecken.

Seit der Antike benutzten die Menschen die verschiedensten Instrumente zum Schreiben, angefangen bei dem aus einem spitzen Stein bestehenden Dolch, mit dem sie grobe Zeichen in einen anderen Stein ritzten, bis zum Gänsekiel unserer Vorfahren – der noch gar nicht so lange der Vergangenheit angehört. Ich habe die „Unterlagen“ angeführt, die vor der Erfindung des Papiers verwendet wurden. Verbreiten wir uns nicht über die Wahl der Farbsubstanzen, die vor Einführung der Tinte in Gebrauch waren. Gesagt sei hier nur, daß die eigentliche Schreibtechnik eine sehr lange Entwicklung durchmachte, bevor sie die heutige „Kurrentschrift“ (die fortlaufend geschriebene, rasche Schrift) ermöglichte, die für den Graphologen so ausdrucksstark ist. Der Graphologe geriete in arge Verlegenheit, sollte er beispielsweise den Charakter eines alten Mesopotamiers anhand seiner Keilschrift beurteilen. Genausowenig könnte er die arabische, semitische, chinesische, koreanische Schrift u. a. m. „deuten“ oder gar kurrent praktizieren.

Nach dem Zweiten Weltkrieg erlebten wir die weltweite Verbreitung des Kugelschreibers. Er brachte eine echte Umwälzung in der „Wahl des Werkzeugs“, die zuvor sehr wichtig gewesen war: Eine gute Füllfeder wählen, sie schreibend formen und unter keinen Umständen verleihen, damit die Schräge der Feder nicht durch eine fremde Hand verformt werde – diese Vorstellung hat sich überholt.

Man verwendet natürlich noch Füller mit Goldfeder und Iridiumspitze, aber ungleich seltener als den Kugelschreiber, der anfangs die Graphologen zur Verzweiflung brachte. Er hat die Schrift tatsächlich verwandelt, hat sie in gewissem Sinn verarmt, doch ihr oft auch größere Klarheit und Feinheit in den Details verliehen. Was er ihr also auf der einen Seite nahm (vom Standpunkt des „Strichs“), gab er ihr auf der anderen Seite wieder.

Den vollständigsten Überblick über die Graphologie vermittelte uns der französische Graphologe Crépieux-Jamin. Ich will ihre Geschichte hier natürlich nicht im Detail darstellen. Aber erwähnt sei, daß bereits Aristoteles und der Historiker Sueton ahnten, wieviel die Schrift vom Charakter eines Menschen zu enthüllen vermag.

Der erste wirkliche Graphologe – das Wort existierte damals noch nicht – war ein Italiener: Baldi, Autor eines sehr selten gewordenen Büchleins mit dem Titel *Die Art und Weise, den Charakter und die Eigenschaften des Schreibers aus einem Brief zu erkennen* (datiert 1662).

Auch Goethe interessierte sich für die Bedeutungen der Schrift und überredete seinen Freund, den Zeichner Lavater, sich an ihre Untersuchung zu machen. Lavater verdanken wir folgenden Satz, der ein regelrechtes Resümee ist: „Ich finde eine bewunderungswürdige Analogie zwischen der Sprache, dem Gang und der Handschrift der meisten Menschen.“ Damit zeigte Lavater bereits auf, wie sehr der Mensch ein einheitliches Ganzes bildet, bei dem alles übereinstimmt, alles sich in derselben Richtung bewegt. Tatsächlich kann man sich nicht vorstellen, daß ein Zauderer mit zögerndem Schritt und ungewandter Redeweise schnell schreibt.

In der Folgezeit gab es „intuitive“ Graphologen, die keine sehr bedeutenden Arbeiten hinterließen. Doch schon um 1830 existierte in Frankreich eine regelrechte Schule für Handschriftendeutung, angeführt von Abbé Flandrin. Zu ihr gehörten vor allem Mgr. Boudinet, Bischof von Amiens, und Kardinal Régnier, Erzbischof von Cambrai, aber auch andere, weniger namhafte Männer. Abbé Michon aus derselben Schule gab dann der Graphologie eine bis dahin ungekannte Breite und veröffentlichte eine Reihe von Werken, darunter das berühmte (und heute noch mit Gewinn zu lesende) *System der Graphologie.*

Crépieux-Jamin schließlich, der Nachfolger und manchmal abweichlerische Schüler Michons, verlieh der Graphologie ihren ersten Adelsbrief. Er wurde 1858 in Arras geboren und kam nach Genf, um die Uhrmacherei und die Zahnmedizin zu studieren. Er schrieb viele Bücher, die bekanntesten und wichtigsten sind: *Die Grundlagen der Graphologie* sowie *Handschrift und Charakter*. Erwähnt sei noch *Ecriture des canailles* (Schrift von Schurken), ein Buch, das sehr nützlich sein kann, wenn man sich mit den extremen Schwierigkeiten von Schriftexpertisen zu befassen hat.

Tatsächlich war Crépieux-Jamin der eigentliche Begründer der französischen Graphologieschule. Diese hat sich seither unaufhörlich entwickelt und brachte zahlreiche wertvolle Werke hervor.

Auch anderswo entstanden Graphologieschulen, unter denen die bedeutendsten sind:

die deutsche Schule, begründet von Ludwig Klages (1872–1952), deutscher Philosoph und Charakterologe, der sich auf das „Formniveau“ stützte. Dieser Begriff ist nicht leicht zu erklären, man kann jedoch sagen, daß er sowohl das Lebensniveau als auch den Grad der Originalität umfaßt;

die schweizerische Schule mit Max Pulver an der Spitze, dem Züricher Philosophen, der gleich Klages 1952 starb (Crépieux-Jamin war 1940 gestorben) und für den Ambivalenz und Symbole am wichtigsten waren. Sein Hauptwerk trägt den Titel *Symbolik der Handschrift.*

Heute gibt es überall auf der Welt Handschriftenforscher und Graphologen. Die Graphologie ist nicht mehr die „arme Verwandte“, die man mit einem ironischen Lächeln bedenkt wie früher. An mehreren Universitäten, vor allem in der Schweiz und in Deutschland, wird heute Graphologie gelehrt.

Die Fragen des Graphologen

Bevor der Graphologe seine Analyse macht, will er viel wissen, er stellt Fragen, verlangt verschiedene Dinge. Wir werden sie uns ansehen und erklären, warum er so „anspruchsvoll“ ist.

Als erstes muß man Alter und Geschlecht jener Menschen angeben, deren Schrift analysiert werden soll. Dies setzt Laien gewöhnlich in Erstaunen. Warum sollte der Graphologe nicht fähig sein, das herauszufinden, wo er sich doch brüstet, sogar verborgene Persönlichkeitsaspekte nur durch Untersuchung der Unterschrift zu entdecken?

Eine erste Bemerkung hierzu: Fast immer kennt jemand, der eine Schrift analysieren lassen will, das Alter (zumindest ungefähr) des Schreibers. Außerdem weiß er, ob es sich um einen Mann oder eine Frau handelt. Warum also dem Graphologen ein Rätsel aufgeben? Es wäre, als ob man zum Arzt ginge, sich weigerte, ihm Hinweise zu geben, und lediglich sagte: „Da Sie der Arzt sind, finden Sie heraus, was mir fehlt, erraten Sie, was ich fühle!“

Um eine genaue Untersuchung vornehmen zu können, muß der Graphologe außerdem die ursprüngliche Nationalität des Schreibers kennen und wissen, ob dieser in seiner Muttersprache geschrieben hat. Ferner sind Angaben über die Ausbildung und den ausgeübten Beruf sehr nützlich.

Ich werde all dies erläutern:

Das Alter: Es gibt Erwachsene, die eine kindliche Schrift haben, ganz gemäß ihrer Mentalität. Und es gibt Jugendliche, die vorzeitig reif und überlegt sind. Aus der Schrift läßt sich das geistige Alter eines Menschen ablesen, nicht das Alter an Jahren. Man würde zweifellos meinen, wer nur die Grundschule besuchte und einen manuellen Beruf ausübt, habe zwangsläufig eine kindhafte, primitive, unbeholfene Schrift. Irrtum! Ich kannte viele sehr intelligente „Primitive", deren Schrift „erwachsen" war. Denn darum handelt es sich hier: nicht allen Menschen gelingt es, psychologisch erwachsen zu werden. Es gibt ewige Teenager, völlig kindliche Wesen, die unfähig sind, selbst zu handeln und zu entscheiden; sie haben immer das Bedürfnis, sich beschützt zu fühlen und geführt zu werden.

Im Gegensatz dazu gibt es sichere, moralisch und psychisch feste Menschen, die in der Lage sind, nachzudenken, zu überlegen, zu unterscheiden und in Kenntnis einer Sache wichtige Entscheidungen zu treffen, nachdem sie zuvor alle Konsequenzen – ob gut oder schlecht – akzeptiert haben. Solche Menschen lehnen Urteile und Ratschläge anderer nicht ab, vermögen aber letztlich allein zu entscheiden. Dies läßt das Wort des französischen Biologen Jean Rostand verständlich werden: „Erwachsen sein, das heißt allein sein." Ich würde hinzufügen: zum Alleinsein *fähig* sein.

Im allgemeinen unterscheidet sich die Schrift des Erwachsenen von jener des Kindes durch Vereinfachung der Buchstaben und Bindungen zwischen den Buchstaben, auch Schnelligkeit, schließlich die Gesamtorganisation. Der Graphologe R. Olivaux (Paris) schrieb Bemerkenswertes zu diesem Thema in seinem Buch *De l'observation de l'écriture à la compréhension de la personnalité* (Von der Beobachtung der Schrift zum Verständnis der Persönlichkeit).

Die Schrift macht in ihrer Form und ihrem Aussehen von der Kindheit, der Lernzeit in der Schule, bis zum Alter eine tiefgehende Entwicklung durch. Man kann sagen, daß sie sich, genau wie der Mensch, in mehr oder weniger ausgeprägter Weise formt, stabilisiert und deformiert. Die Schrift des achtzigjährigen Generals de Gaulle hatte eine erstaunliche Festigkeit bewahrt. Andere Menschen dagegen lassen schon mit fünfzig Jahren in der Schrift die ersten Altersanzeichen erkennen. Das ist freilich keineswegs die Regel.

Da jedoch nichts besser ist als ein gut gewähltes Beispiel (Napoleon sagte: „Eine gute Skizze ist mehr wert als eine lange Rede"), hier einige Schriften; sie zeigen:

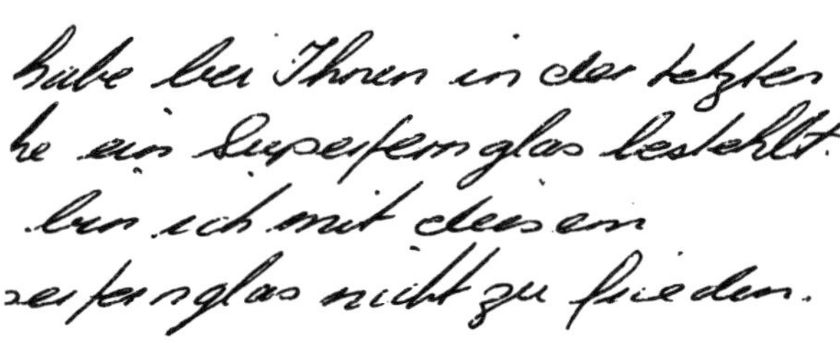

Fig. 1: Kindliche Schrift eines Erwachsenen

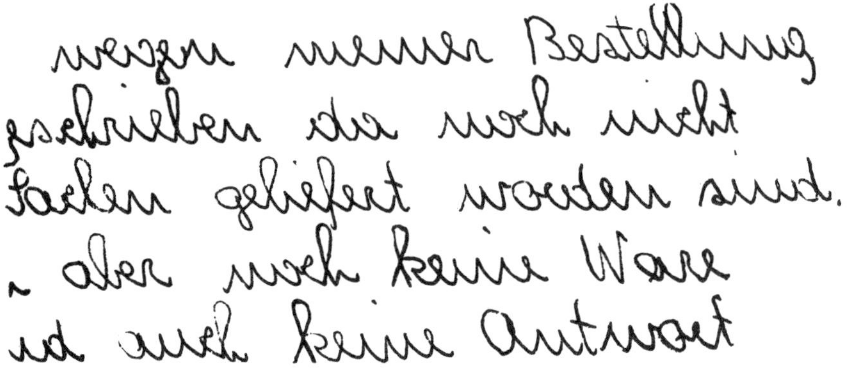

Fig. 2: Frühreife Schrift eines Jugendlichen

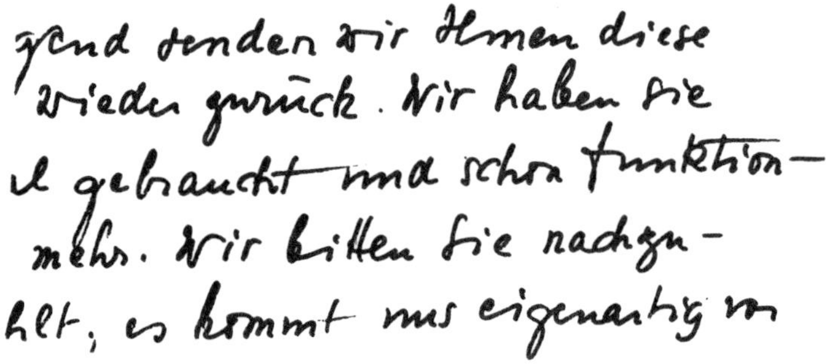

Fig. 3: Erwachsene Schrift

Das Geschlecht: Hier wundert sich der Laie erneut. Man kann das Geschlecht nicht aus der Schrift ablesen? Doch, das ist möglich, aber es bleibt eine Fehlerquote von 40 Prozent. Warum sich also – auch hier – zur Divination zwingen lassen, wenn die Auskunft so leicht zu erhalten ist?

Natürlich sind Frauenschriften (im Prinzip) zu erkennen, aber vergessen wir nicht, daß es maskuline Frauen und eher feminine Männer gibt (ohne daß man dies aufgrund eines besonderen Gebarens ahnen könnte).

Allgemein gesprochen ist die *weibliche* Strichführung unregelmäßig, rechtsschräg, druckschwach, bewegt, wellenförmig, verreichert, rechtsläufig, überhöht.

Die *männliche* Schrift ist eher fett, druckstark, oft steil, nuanciert, reliefförmig, geordnet und organisiert, manchmal ziemlich aufgebläht. (Alle diese Ausdrücke werden später erklärt.)

Das verhindert jedoch nicht, daß beispielsweise ein Mannweib anders schreibt als ein weibischer Mann. Ich entnehme bei Dr. Streletski, einem französischen Arzt und Graphologen, die folgenden Zeilen: „Ein Mensch ist fast immer, in variierenden und ungleichen Proportionen, eine Mischung des maskulinen und des femininen Typs: sexuell zweifach geboren, verrät er sein ganzes

Leben lang seinen zweifachen Ursprung." Das könnte erklären, warum beispielsweise Lamartines Schrift einen weiblichen (Fig. 4) und jene der Colette einen männlichen (Fig. 5) Anstrich hat.

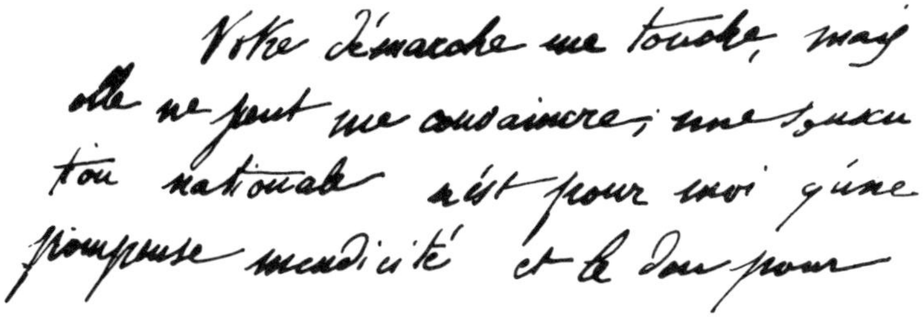
Votre démarche me touche, mais elle ne peut me convaincre; une souscription nationale n'est pour moi qu'une pompeuse mendicité et le don pour

Fig. 4: Lamartine

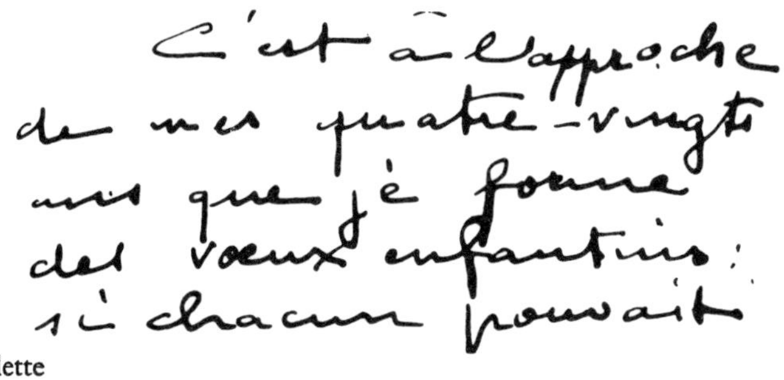
C'est à l'approche de mes quatre-vingts ans que je forme des voeux enfantins: si chacun pouvait

Fig. 5: Colette

Man kann also mit Crépieux-Jamin schließen, daß die Schrift kein Geschlecht hat, doch von der Psyche des Geschlechts ihres Urhebers beeinflußt wird. Und die Graphologin A. Teillard (Psychoanalytikerin, Schülerin von Jung) präzisiert dies mit der Behauptung, die Schrift habe das *psychologische* und nicht das *physiologische* Geschlecht des Schreibenden.

Die ursprüngliche Nationalität des Schreibenden zu kennen, erweist sich als nützlich, falls er nicht in seiner Muttersprache schreibt. Tatsächlich hat jedes Land seinen eigenen graphischen Stil, was jedoch nicht heißen soll, daß alle seine Bürger gleich schreiben. Wenn man aber einige Erfahrung in Graphologie besitzt, erkennt man rasch, ob jemand in seiner Muttersprache geschrieben hat oder nicht. Im letzteren Fall tauchen nicht nur graphische Gewohnheiten auf, die dem Herkunftsland eigen sind; wenn man in einer anderen Sprache schreibt, die man sehr gut kennen mag, die aber nicht die Muttersprache ist, zeichnen sich auch ein gewisser Zwang, eine Steifheit ab. Nicht zu reden davon, daß oft filigranartig die Mentalität des Ursprungslandes durchschimmert. Hier einige Beispiele, in denen die Schreiber sich einer Fremdsprache bedienten. Man wird sofort sehen, welche Unterschiede bestehen können:

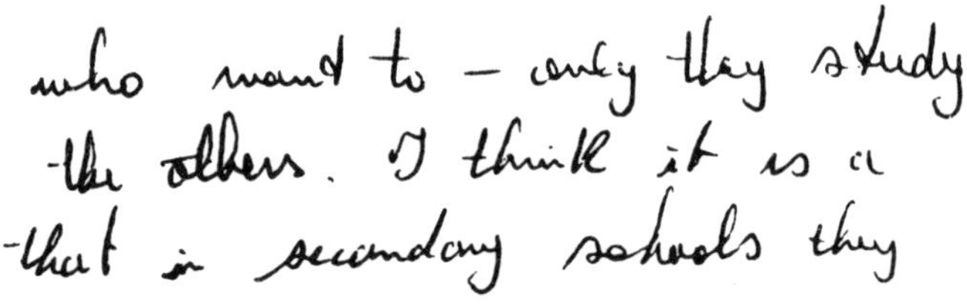

Fig. 6: Mann, 30 Jahre, Araber (Schrift von rechts nach links), der englisch schrieb

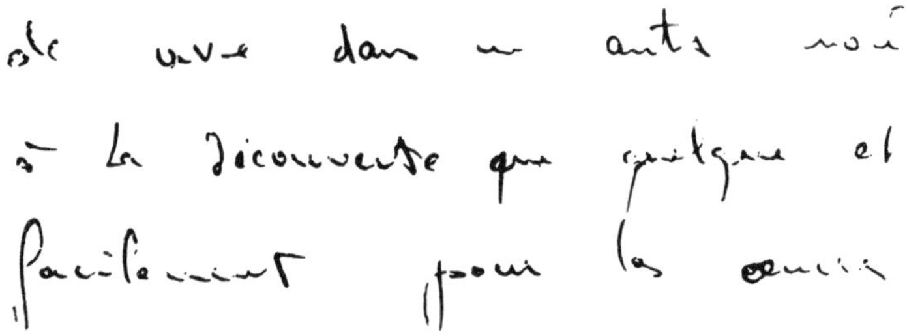

Fig. 7: Polin, 27 Jahre

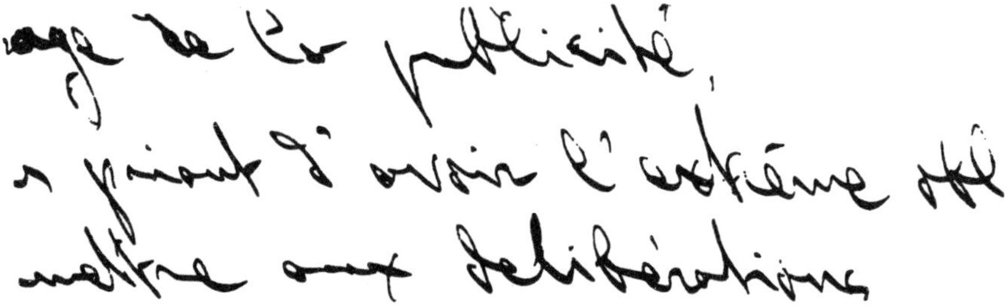

Fig. 8: Griechischer Arzt

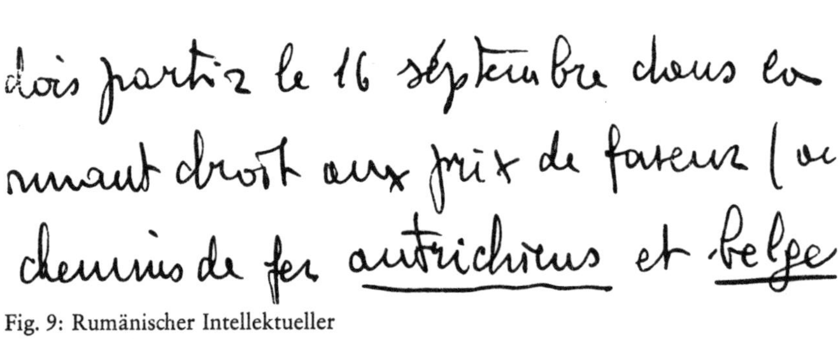

Fig. 9: Rumänischer Intellektueller

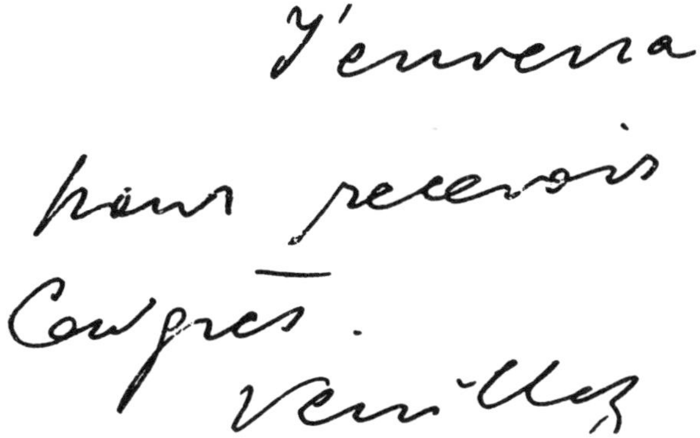

Fig. 10: Italienischer Arzt

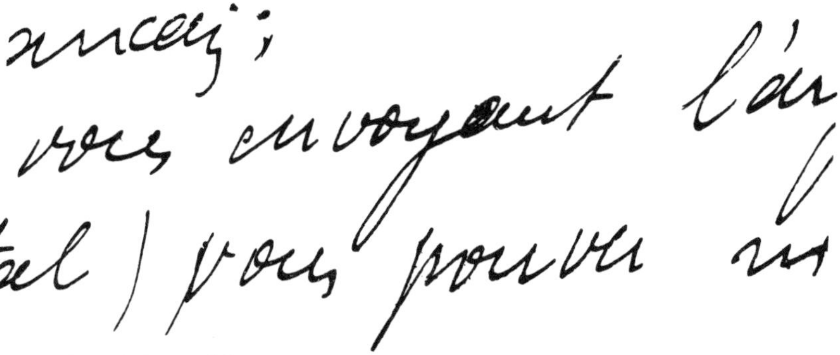

Fig. 11: Japanischer Gelehrter

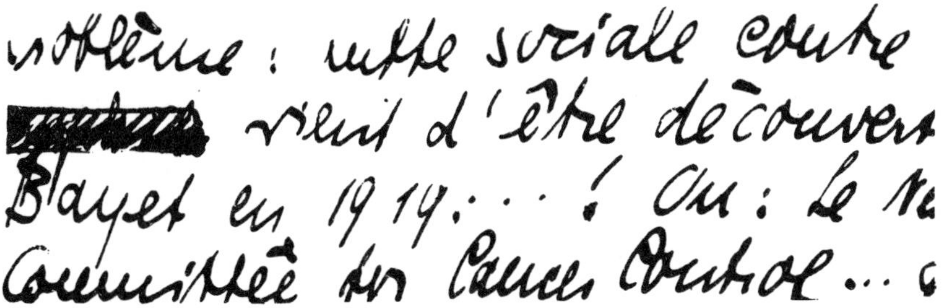

Fig. 12: Frau, 45 Jahre, deutsche Intellektuelle

Der Beruf beeinflußt die Schrift mehr, als man meint. Hier einige Beispiele von Schriften, die in dieser Hinsicht sehr typisch sind.

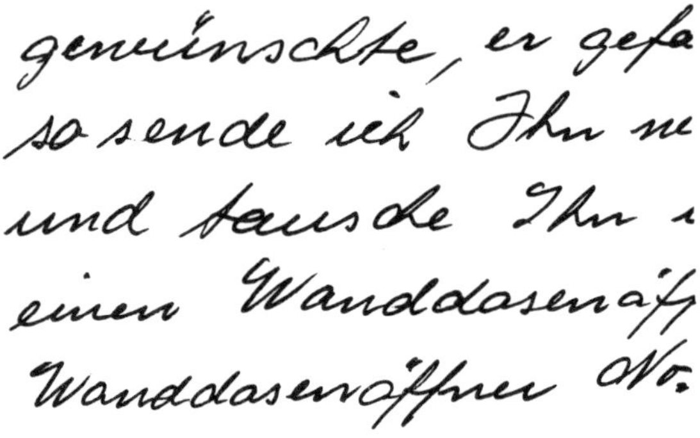

Fig. 13: Lehrerin

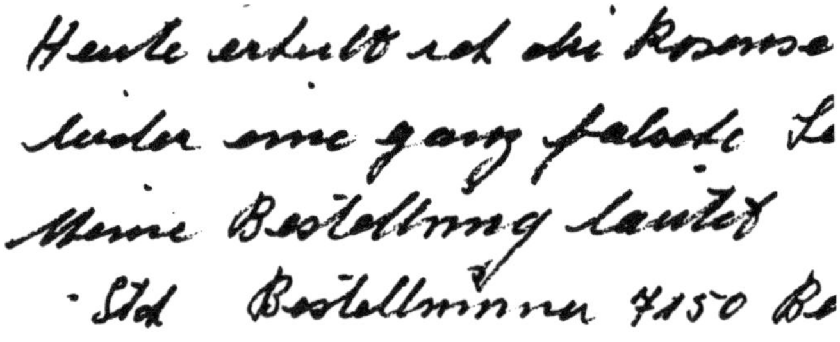

Fig. 14: Buchhalter

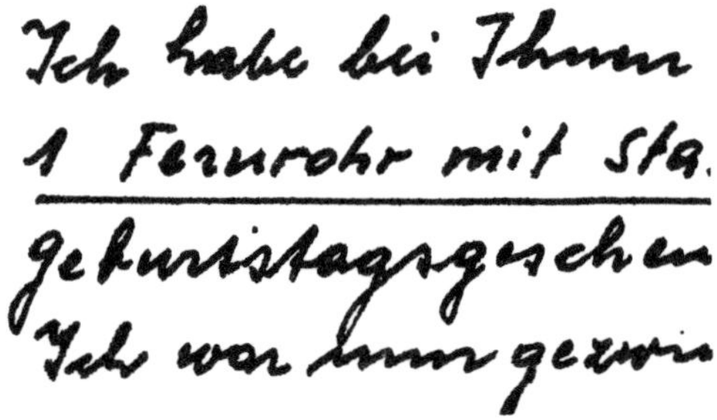

Fig. 15: Verwaltungsbeamter

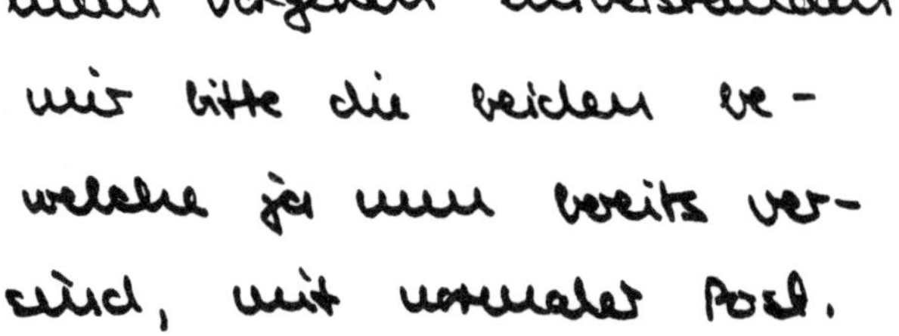

Fig. 16: Techniker

Schließlich haben wir das *Bildungsniveau:* Es anzugeben ist immer gut, und sei es nur, damit der Graphologe sich ein Bild machen kann, inwieweit die erhaltene Ausbildung die Persönlichkeit wirklich geprägt hat. Ich habe Schriften von Akademikern gesehen, die mir wegen ihrer mangelnden Eleganz und Ungezwungenheit des Strichs eher als Produkte ziemlich ungebildeter Leute erschienen. Diplome und Urkunden bezeugen nicht immer wirkliche geistige Überlegenheit und verleihen sie auch nicht. Wir alle wissen, daß es „fähige Köpfe" und „vollgestopfte Köpfe" gibt. Das erinnert mich an das treffende Urteil eines namhaften Graphologen, dem ich die Schrift eines Orientalisten, eines Universitätsprofessors, zeigte: „Das ist ein Vielwisser, aber kein Wissenschaftler." Ich besitze die Schriftprobe heute noch, aber die Diskretion erlaubt mir nicht, sie hier zu verwenden. Die Schrift ist sehr langsam, klein, enthält seltsame Komplikationen der Strichführung, die nichts mit Phantasie oder Idealismus zu tun haben; denn der Betreffende war realistisch und materialistisch, wie man es stärker nicht sein kann.

Wir kommen nun zur *Wahl des Schriftstücks:* Alle Graphologen sind sich darin einig, daß die Wahl des Schriftstücks ungeheuer wichtig für die Erstellung einer präzisen, möglichst exakten Analyse ist. Man muß unbedingt den Bleistift verbieten, tunlichst eine Schriftprobe auf unliniertem Papier verlangen, die spontan geschrieben wurde, also nichts Abgeschriebenes oder Diktiertes. Das beste Schriftstück ist immer ein ausreichend langer, datierter und unterschriebener Brief samt dem dazugehörigen Umschlag. Noch besser ist es, wenn man einige hastig gemachte Notizen beifügen kann. Man muß auch darauf achten, daß das eingereichte Schriftstück nicht unter besonderen Umständen geschrieben wurde: bei heftiger Gemütserregung, im Zorn, während einer ernsten Krankheit oder mit kältesteifen Fingern. Ferner muß man sicherstellen, daß es sich beim Schreiber nicht um einen Linkshänder handelt (was nicht immer sichtbar ist; man kann es zwar vermuten, aber es gibt Rechtshänder mit so gequetschter Schrift und Linkshänder mit so harmonischem Strich, daß man – wieder einmal – gezwungen ist, es zu erahnen). Schließlich müssen Menschen, deren Schrift wechselt, verschiedene Schriftproben liefern, damit man zu erkennen vermag, in welchem Maß und auf welchem Gebiet sie schwanken.

Große Aufmerksamkeit ist auch auf die Untersuchung des Papiers, des Schreibzeugs und der Unterlage zu verwenden. Dieser Punkt erlangt vor allem auf dem Gebiet des Gutachtens Bedeutung, wenn ein Fälscher oder die Schreiber eines anonymen Briefs versucht haben, eine Schrift (oder Unterschrift) zu imitieren bzw. ihre Schrift möglichst zu verstellen.

Zur Frage der Schriftstückwahl noch ein abschließender Punkt: Wünscht man eine sehr tiefgehende Analyse – was beträchtliche Arbeit erfordert –, muß man vom Schreiber Proben liefern, die nach einer bestimmten Zahl von Jahren gestaffelt sind. Ich habe für einen siebzehnjährigen Jugendlichen, der sehr unruhig und um sich besorgt (übermäßig von jugendlichem Narzißmus geprägt) war, eine solche Analyse vorgenommen. Er schickte mir Schriftproben, die bis in sein siebtes Lebensjahr zurückgingen. Die Arbeit ist natürlich noch interessanter und vollständiger, wenn ein Erwachsener Muster seiner Schrift bis zurück zu der Zeit liefern kann, in der er schreiben lernte.

2. Der Anstoß in der Graphologie

Die Wichtigkeit der Gesamtmerkmale

Alle Verfasser graphologischer Bücher und Abhandlungen sprechen, bevor sie die Schrift im Detail behandeln, von der Art, in der man *das Gesamtbild* beurteilt.

Nehmen wir ein Beispiel zu Hilfe: Wenn Sie eine unbekannte Stadt besuchen, erhalten Sie ein Bild, einen Gesamteindruck. Die Stadt erscheint Ihnen harmonisch, organisch gewachsen, nach einem klugen, umfassenden Gesamtplan gebaut. Oder sie kommt Ihnen unharmonisch vor, futuristische Bauten stehen neben alten usw.

Wenn Sie zum erstenmal eine Wohnung betreten, erhalten Sie ebenfalls einen Gesamteindruck; sie erscheint Ihnen warm, angenehm, gastlich, originell oder auch unordentlich, ungepflegt, eigenartig, bar alles dessen, was normalerweise den Reiz einer Stätte ausmacht, wo man lebt und Freunde empfängt.

Auch wenn Sie ein Gesicht mustern, empfangen Sie davon einen Gesamteindruck, bevor Sie die Einzelheiten wahrnehmen. Es gefällt Ihnen oder nicht, es ist Ihnen sympathisch oder unangenehm. Sie fühlen sich nicht unbedingt von klassischer Schönheit angezogen, die übrigens höchst selten ist; andere Elemente zählen: vor allem der Ausdruck, der Blick, alles, was ein Gesicht an Freundlichkeit gegenüber einem Fremden, an Verständnis und Klugheit enthüllen kann – oder im Gegenteil, an Brutalität, Beschränktheit, Schwerfälligkeit . . . Ich habe hier absichtlich sehr krasse Beispiele gewählt und schwarzweiß gezeichnet. In der Wirklichkeit gibt es oft undefinierbare Abstufungen zwischen dem, was gefällt und was abstößt.

Diese Doppelheit findet sich auf allen Gebieten. Was letztlich zählt, ist das Vorherrschende: das Negative oder das Positive.

Die Qualität der graphischen Formgestaltung

Betrachten Sie eine Schrift: in erster Linie gefällt oder mißfällt sie Ihnen. Natürlich ist es ratsam, daß Sie sich Ihr Urteil mit Hilfe der Graphologie bilden.

Ein Laie wird sich vor allem für eine vollkommen regelmäßige, kalligraphische oder ganz in Druckbuchstaben geschriebene Schrift begeistern, wie beispielsweise Techniker und Industriezeichner sie bei Angaben auf Plänen, Zeichnungen, Graphiken usw. benutzen.

Das sind jedoch absolut unpersönliche Schriften, die dem Graphologen nichts sagen. Und die er übrigens keineswegs als harmonisch ansieht. Sie sind einfach künstlich.

Woran kann man also die Qualität der Schrift – vor allen anderen Dingen – abschätzen und beurteilen?

Hier stehen sich zwei Schulen gegenüber – die einander in Wirklichkeit ergänzen. Es liegen hier keine Antagonismen vor, sondern verschiedene Auffassungen, und wenn man sich in die französische Methode von Crépieux-Jamin, dann in jene von Klages, der deutschen Schule, vertieft hat, erkennt man, daß die Autoren auf verschiedenen Wegen, unter Verwendung eigener Auffassungen von der Eigentümlichkeit der Rasse (der romanischen und der germanischen), zu denselben Schlüssen gelangten. Mit anderen Worten, was die Graphologie nach Klages als überlegene Schrift bezeichnet, wird von Crépieux-Jamin als harmonische Schrift eingestuft. Dies läuft genau auf dasselbe hinaus.

Warum diese Haarspaltereien? Weil in der Graphologie alle Schriftdetails nach der *Qualität* des gesamten Schriftbildes gedeutet werden. Hier liegt eine der Hauptschwierigkeiten dieser Wissenschaft, die aus Nuancen und Feinheiten besteht und vor allem Gewandtheit, einen scharfen, erfahrenen Blick sowie große Elastizität in der Interpretation erfordert.

Wollen Sie einen überzeugenden Beweis? Eine *winklige* Schrift: fast alles, was etwas gebogen sein wollte, hat eine winklige Basis – ohne jedoch das Aussehen einer gotischen Schrift zu erhalten; wenn natürlich das Gesamtbild harmonisch ist, wenn es den Erfordernissen für Überlegenheit entspricht, ist dies ein Zeichen für Willen, Energie, mutige Aktivität, charakterliche Unabhängigkeit, Bemühen um Rechtlichkeit.

Ist die Schrift unharmonisch oder, einfacher gesagt, häßlich, unangenehm fürs Auge, ungeordnet, gequetscht: griesgrämiges Wesen, reizbar, Wutanfälle, Aggressivität, systematischer Oppositionsgeist, Dickköpfigkeit ...

Die Bestimmung der *Qualität* einer Schrift ist somit eine vordringliche, höchst wichtige Aufgabe in der Graphologie. Ich hatte einmal eine sehr intelligente, gebildete Schülerin. Sie vermochte die Graphologie nie zu erlernen, weil sie von Anfang an unfähig war, die Qualität einer Schrift zu erkennen. Aufgrund dieser Tatsache waren alle ihre Analysen falsch. Sie hielt einen Gauner für einen Künstler und einen Wissenschaftler für einen Narren ...

In Wirklichkeit besteht die Qualität einer Schrift vor allem aus dem Gleichgewicht.

Betrachten Sie irgend jemanden: Hat er ein zu asymmetrisches Gesicht, eine Augenbraue stark gewölbt und die andere waagrecht, hat er einen undefinierbaren Gesichtsausdruck, der Unbehagen hervorruft, zwei zu verschiedene Gesichtshälften, dann werden Sie nicht sagen, er sei angenehm anzuschauen. Dasselbe gilt für die Schrift, die auch ihre Ticks und Grimassen hat. Zu große Holperigkeit macht sie häßlich, aber zu große Regelmäßigkeit läßt sie monoton wirken.

Für den deutschen Graphologen Klages ist der eigentliche Ausdruck des Lebens der Rhythmus, und diesen sucht er in der Schrift.

Daneben sucht er die Fähigkeit des einzelnen, *sich die Regel zu unterwerfen* – ein Maßstab für die Originalität jedes Menschen: seine Fähigkeit, er selbst zu bleiben, unantastbar, dabei aber die Regeln, Gesetze und Gebote des Lebens in der Gesellschaft zu erfüllen; der Mut, man selbst zu sein, ohne asozial, aufrührerisch, ein ewiger Empörer zu werden; das, was mit der Persönlichkeit der Schrift beginnt, mit dem Abweichen vom Schulmodell bei Aufrechterhaltung der Lesbarkeit.

Folglich ist für Klages der Grad der Verpersönlichung einer Schrift eines der wesentlichen Kriterien für Überlegenheit.

Bei Klages taucht der in seiner Methode sehr wichtige Begriff des „Formniveaus“ auf, der den Lebensreichtum, den Elan und die jedem Wesen eigene seelisch-geistige Lebendigkeit umfaßt. Das alles erscheint vielleicht ziemlich kompliziert.

Um die Begriffe zu erläutern, hier einige anschauliche Beispiele:

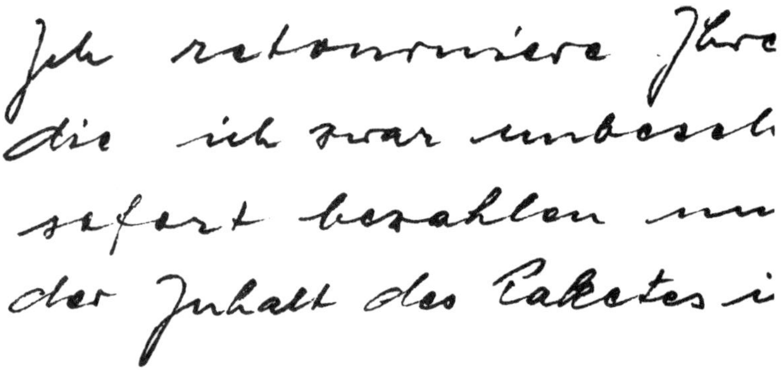

Fig. 17: Rhythmus und Harmonie

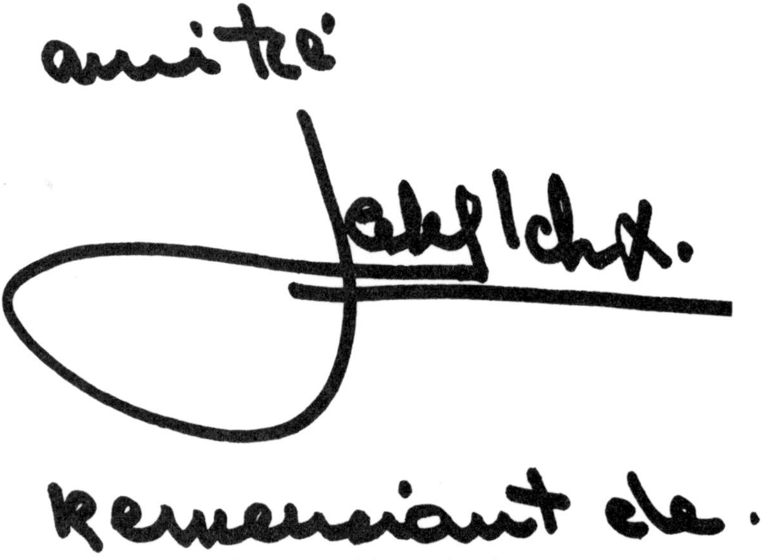

Fig. 18: Hohes Formniveau (der Autorennfahrer Jacky Ickx)

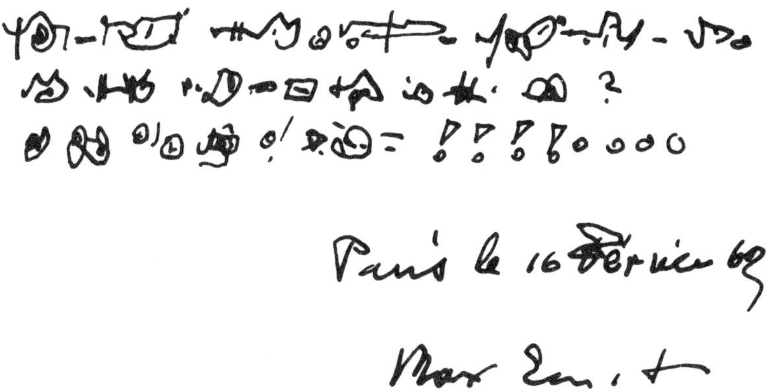

Fig. 19: Originalität (der Maler Max Ernst)

Ich möchte hier eine sehr wichtige Feststellung des schweizerischen Graphologen Max Pulver zitieren: „Entsprechend der Grundtatsache der Mehrschichtigkeit besteht das Individuum nicht aus einer einfachen Persönlichkeit und ihren Modifikationen, sondern aus mehreren Persönlichkeitskomplexen, ja möglicherweise aus Person und Gegenperson, die namentlich in Fällen ausgesprochener Wesensspaltung weitgehend sich verselbständigen. Sobald wir die Differenzierung der Wirklichkeit berücksichtigen, fällt auch der Wertung eine andere Stelle zu."

Dazu möchte ich sagen, daß jeder Mensch eine ungewöhnliche Mischung aus Gutem und Bösem, Schönem und Schlechtem ist. Niemand ist vollkommen, und der Beste unter uns hat seine Schwächen, mehr oder weniger schwerwiegende Fehler. Genau wie auch ein Halunke seine guten Seiten hat.

Der Mensch birgt in sich ein seltsames Gewirr widersprüchlicher Neigungen. Wie oft ließen wir uns doch schon plötzlich zu Aggressivität hinreißen, zu einer entschlossenen, harten und mitleidlosen Reaktion, obwohl wir Mitleid mit dem Wesen hatten, auf das wir uns mit heftigen, manchmal ungerechten, meist übertriebenen Vorwürfen stürzten! Dabei wußten wir genau, daß wir die Grenzen strenger Objektivität überschritten.

Wie oft auch begingen wir Akte falscher Güte, prahlerischen Mitgefühls, grausamer Offenheit und dergleichen mehr. Und sollte sich dies alles in der Schrift nicht zeigen? Ganz sicher zeigt es sich, genau wie in einem Gesicht. Heißt es nicht, man sei für sein Gesicht verantwortlich? Das bedeutet, daß man für seinen Gesichts*ausdruck* (und somit für seine Runzeln) verantwortlich ist. Der Ausdruck setzt sich in den Zügen fest. Ironie, Mißtrauen oder Bitterkeit prägen sich ein, genau wie Nachsicht, Güte, die Gewohnheit zu lächeln . . . Und die besten plastischen Operationen vermögen in einem Gesicht den echten Ausdruck nicht auszulöschen. Dasselbe gilt für die Schrift.

Wir wollen nun mit dem spanischen Graphologen Vels die Punkte durchgehen, die erlauben, den Grad an Harmonie oder Überlegenheit (was auf dasselbe hinausläuft) einer Schrift zu bestimmen.

Harmonie und Überlegenheit

Eine Schrift kannn als harmonisch eingestuft werden,

- wenn sie klar ist, gut organisiert, normale Seitenränder und regelmäßige Zeichensetzung aufweist,
- wenn sie druckstark oder auf jeden Fall deutlich in der Strichführung ist,
- einfach in der Form, weder zu winklig noch zu gerundet,
- eher schnell,
- mäßig schräg oder steil,
- verbunden und sogar vereinfacht in der Strichführung.

Eine gequetschte, ungeordnete, holperige, einmal große, einmal kleine, in der Schreibrichtung sehr unstabile, sozusagen schlampig geschriebene Schrift voller Details, die bei der Analyse als ungünstig einzustufen sind (wir werden sie nach und nach studieren, aber sogar der Laie kennt sie), eine solche Schrift kann kühn als unharmonisch bezeichnet werden.

Hier nun eine kleine Tabelle, mit deren Hilfe der Laie erkennen und bestimmen kann, ob eine Schrift in ihrer Gesamtheit oder zumindest auf einem gewissen Gebiet harmonisch, überlegen oder unharmonisch, unterlegen ist.

Moralischer Bereich

harmonisch	unharmonisch (unangenehm fürs Auge)
leicht unregelmäßig	zahlreiche Uneinheitlichkeiten
einfach und ohne Retuschen	holperig und zerhackt
oder mit stark sichtbaren Retuschen	

Intellektueller Bereich

sehr einfach	kompliziert
geordnet, klar, gut gegliedert	ungeordnet
eher schnell und lesbar	kalligraphisch
ausgeglichen	zu verreichert
	langsam, konfus, unlesbar

Vitaler (physischer) Bereich

groß, druckstark	schlaff
mit schwungvoll vorausgeworfenen Zügen	langsam
Zeile steigend	Zeile sinkend, eng
scharf	zu druckschwach, wenig Unterlängen

Bevor Sie sich Ihrer eigenen Schrift widmen, sie untersuchen und beurteilen, sollten Sie sich die folgenden Beispiele ansehen, die Ihnen zeigen, was eine harmonische – oder unharmonische Schrift ist. Wir berücksichtigten dabei nicht nur die Auffassung von Klages, sondern auch jene von Crépieux-Jamin und Pulver. Ohne die anderen Graphologieschulen vernachlässigen zu wollen, müssen wir doch sagen, daß diese drei die wichtigsten sind (die französische, die deutsche und die schweizerische).

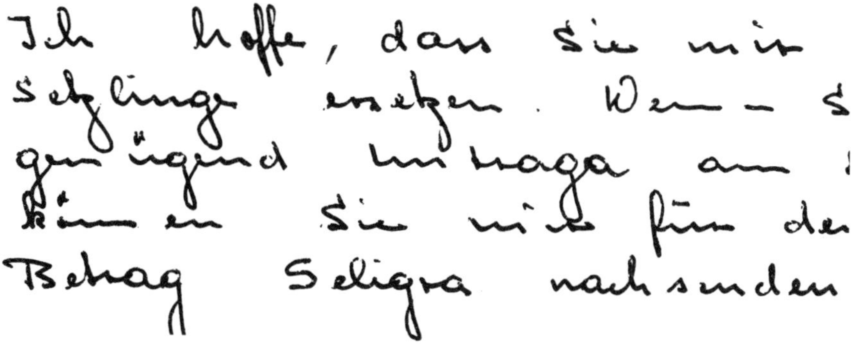

Fig. 20: Physische Überlegenheit (starker Druck – Stabilität in den Bemühungen)

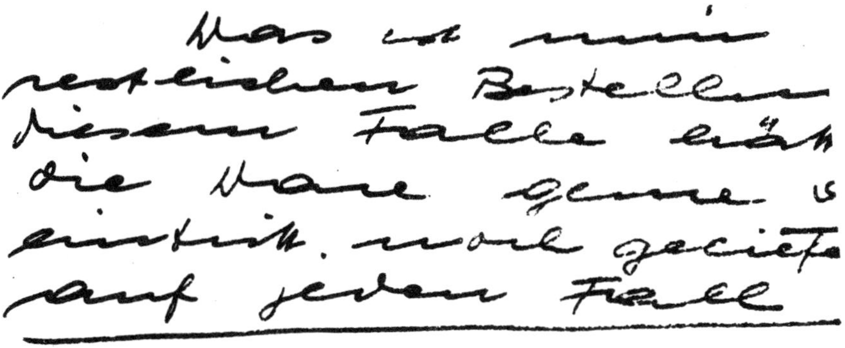

Fig. 21: Moralische Überlegenheit

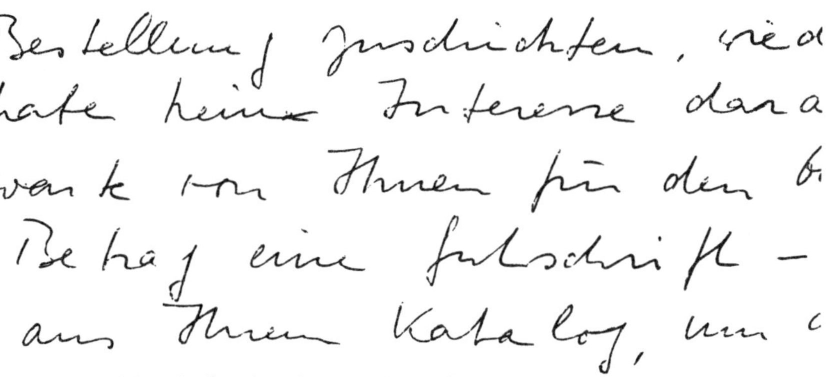

Fig. 22: Intellektuelle Überlegenheit (rasche Auffassungsgabe, praktischer Sinn)

Die Bereiche der Überlegenheit

Die Griechen hingen dem Ideal physischer und intellektueller Überlegenheit an, samt allem, was an Ausgewogenheit, Kraft und körperlicher Gewandtheit dazugehörte, verbunden mit hoher Kultur. Es verlangte Härte und Strenge gegen sich selbst, Achtung vor moralischen Werten und ethisches Empfinden. Aber dieses Ideal wurde nur selten erreicht.

In der Mehrheit der Fälle besitzt der Mensch entweder physische und vitale Überlegenheit oder intellektuelle Überlegenheit oder moralischen Wert, wobei letzterer oft mit intellektuellem Wert einhergeht.

Natürlich gibt es viele Menschen, bei denen sich physische Kraft (mittlere Überlegenheit) mit Intelligenz verbindet. Sie sind aber in keinem der beiden Bereiche hervorragend oder außergewöhnlich. Man kann sie in die Kategorie einordnen, die ich als „mittlere Überlegenheit" bezeichnen würde. Nicht in die Kategorie „unvergleichlich".

Ich habe mehrere Schriftbeispiele gesucht, um den in der Graphologie so bedeutsamen Grundbegriff der Überlegenheit, der den Wert und die Genauigkeit der Analyse bestimmt, zu veranschaulichen und deutlich zu erklären. Ich verweise hier so nachdrücklich darauf, wie wichtig es ist, die Qualität einer Schrift zu erkennen, weil man ohne diese keine Graphologie betreiben kann; weil ein graphisches Zeichen, welches auch immer, nur *relativen* Wert besitzt. Alles hängt vom Milieu, vom Gesamten, ab. So kommt es, daß ein und dasselbe Schriftmerkmal diametral entgegengesetzte Bedeutungen haben kann; so kann eine unverbundene Schrift (mit völlig getrennten Buchstaben – nicht zu verwechseln mit dem „Script") Unlogik oder erstaunliche Intuitionen anzeigen, eine fadenförmige Schrift (langgezogen wie ein Faden) ein Fehlen von Moralität oder intensives Innenleben.

Wir werden zuerst die Methode Crépieux-Jamins heranziehen, mit deren Hilfe man, wenn man noch nichts über Graphologie weiß, den Grad der *intellektuellen Überlegenheit* zu bestimmen vermag. Wichtig ist hier in erster Linie, daß man *schauen* kann, daß man eine Schrift aufmerksam untersucht und notfalls zu dem erstaunlichen Mittel greift, das Crépieux-Jamin vorschlägt: die zu untersuchende Schrift so genau wie möglich durchzupausen. Man wird sich so ihrer Eigenheiten viel deutlicher bewußt.

Im allgemeinen weist eine fürs Auge angenehme (nicht *kalligraphische*), originelle, einfache Schrift auf Überlegenheit des Geistes hin, eine klare, geordnete Schrift ohne übertriebene, exzessive Bewegung. Kurz, eine solche Schrift muß, ohne schulmäßig zu wirken, klar, ausgewogen, völlig lesbar und dennoch sehr persönlich sein. Natürlich ist das Thema damit bei weitem nicht erschöpft; die Suche nach dem intellektuellen Wert in der Schrift stellt sogar ein sehr umfangreiches Thema dar. Aber uns geht es hier vorläufig nur um die großen Linien.

Zwei Beispiele:

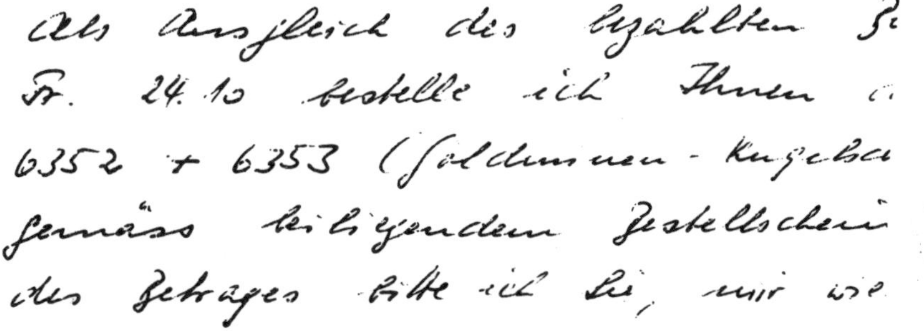

Fig. 23: Deutliche intellektuelle Überlegenheit – Geistesarbeit

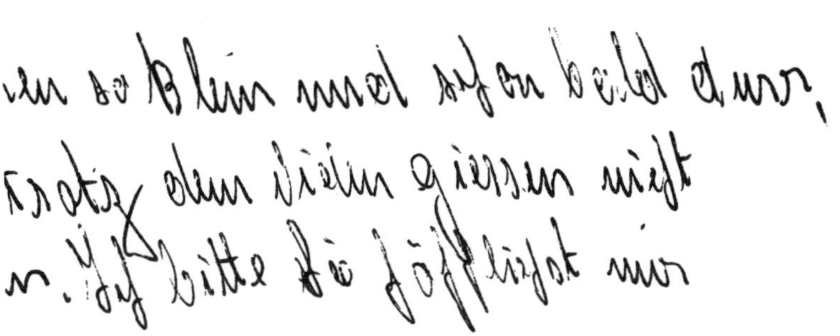

Fig. 24: Geistige Inferiorität – Begriffsverwirrung

Kommen wir nun zum *moralischen* Wert.

Er besteht vor allem aus Aktivität (man kann sich keinen wertvollen Menschen vorstellen, der faul im Bett liegt oder in einem Sessel lümmelt), Sensibilität, Einfachheit, Mäßigkeit in allem, Geradheit und Großzügigkeit.

Hier (Fig. 25) ein schönes Beispiel für moralischen Wert: Mann, 40 Jahre, Techniker.

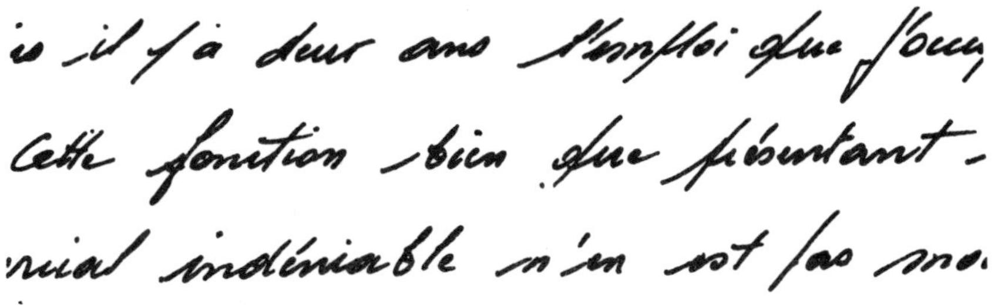

Fig. 25: Moralischer Wert

Die negative Seite zeichnet sich in Inaktivität, Gefühllosigkeit, Stolz, Maßlosigkeit, Lüge und Egoismus ab.

Das folgende Beispiel (Fig. 26) veranschaulicht deutlich moralische Minderwertigkeit; dennoch ist die Schrift in ihrer Gesamtheit geordnet, sie wirkt auf den Laien harmonisch, aber die Buchstaben sind zu kompliziert, zu eingerollt, und das entspricht nicht den Kriterien für moralischen Wert. Die Probe stammt übrigens von einem Menschen, der sich Unehrlichkeiten zuschulden kommen ließ: Mann, 30 Jahre.

Fig. 26: Moralische Minderwertigkeit

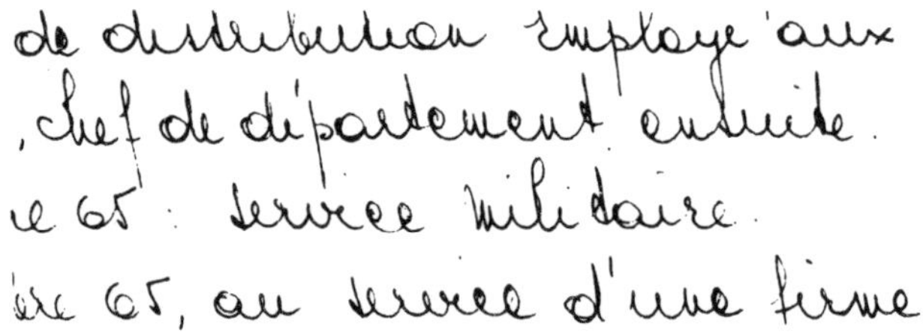

Im positiven Sinn muß eine Schrift, die moralischen Wert ausdrückt, folgendermaßen sein: schnell, die t-Striche rechts neben dem Buchstaben stehend, schneller Punkt, in einen Akzent verwandelt, verbundene Wörter; vor allem darf die Schrift nicht monoton sein, dabei muß sie stabil bleiben von einem Schriftstück zum nächsten; leicht rechtsschräg, einfach, geordnet, ziemlich horizontale Zeilen.

Ich bekam oft Briefe von Menschen zu analysieren, die sich auf eine Zeitungsanzeige hin um einen Posten bewarben. Wenn sie wußten, daß sie keine sehr günstige Schrift hatten, beauftragten sie entweder jemand anderen, die Bewerbung für sie zu schreiben, oder sie vollbrachten ein Stück Schönschrift. Zu ihrem Pech gerieten sie in eine ziemlich unangenehme Lage, wenn man sie bei der Vorsprache einer schriftlichen Prüfung unterzog . . . Es blieb nichts von der vorgeblich harmonischen Schrift.

Eine Schrift, die *keinen moralischen Wert* anzeigt, ist von zu vielen Kurven geprägt, der t-Strich fehlt, ausgesprochen langsame Schreibweise, monoton, zu stark verreichert, zu kompliziert, große Federbewegungen, Ungeordnetheit, schlecht geformte, oft absichtlich konfuse Buchstaben, versteckte Häkchen in Großbuchstaben und Endungen.

Sucht man nach dem Vorhandensein *physischer Überlegenheit,* muß man zu Überlegungen anderer Art übergehen.

Vor allem dürfen Sie nicht glauben, daß ein Mensch, der körperlich kräftig, sogar athletisch ist, eine vor lauter Schreibdruck breitgequetschte Schrift besitzt. Weit gefehlt, er mäßigt und bändigt seine physische Kraft, seine Schrift wird fast leicht sein, aber festen, regelmäßigen Druck aufweisen. Der Strich, wenn man ihn mit der Lupe untersucht (es sei denn, der Schreiber benützte einen sehr schlechten Kugelschreiber, blasse Tinte, stark saugendes Papier oder schrieb auf einer rauhen Unterlage wie schlecht gehobeltem Holz), wird klar und regelmäßig sein.

Natürlich wird eine Schrift dieser Art nur selten klein sein (eine reduzierte Schriftgröße verweist im allgemeinen auf große geistige Aktivität oder schmerzlichen Rückzug in sich selbst). Sie wird eher groß sein, gewöhnlich weitspurig, etwas ansteigend, von gleichmäßigem, starkem Druck, regelmäßig, ohne irgendwie übertrieben zu wirken. Es ist auch eine Schrift, die Bewegung „atmet" und Lebensschwung anzeigt, das Bedürfnis nach Platz, nach Luft, nach physischer Entspannung. Es handelt sich hier um Menschen, die es nicht ertragen können, eingesperrt, eingeengt, seßhaft zu sein. Stecken Sie sie nie in ein Büro, das wäre unheilvoll.

Hier Schriftbeispiele zur Erläuterung der vorstehenden Erklärungen:

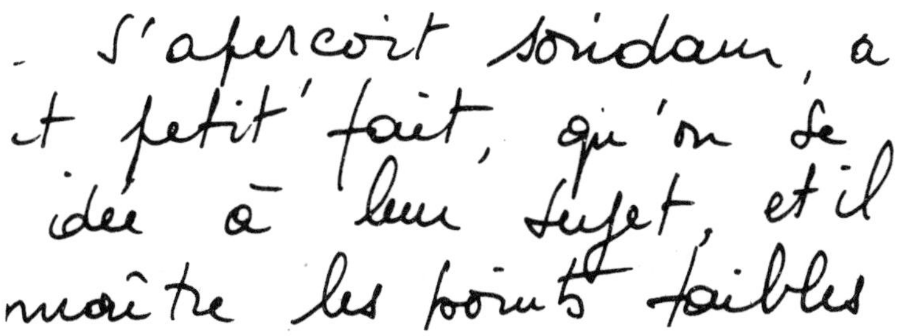

Fig. 27: Physische Überlegenheit einer Frau, 35 Jahre. Bemerkenswerte Widerstandskraft, echte Naturkraft und erstaunliche Ausdauer gegen Ermüdung.

Fig. 28: Frau, 24 Jahre; ziemlich große Schrift, aber hier handelt es sich um eine Demonstration von Kraft und nicht um wirkliche physische Überlegenheit. Mangel an Vitalität und Solidität.

Wir werden noch Gelegenheit haben, Schriften zu untersuchen, die keine physische Kraft anzeigen, beispielsweise Schriften von Kranken; das Bisherige sollte nur eine Einführung darstellen und Ihnen helfen, in Ihrer eigenen Schrift das zu suchen, was diese auf die drei Qualitätsebenen stellt: die geistige, moralische und physische.

Zum geistigen Wert würde ich sagen, daß jeder ein entwicklungsfähiges Gehirn hat und man im allgemeinen einen viel zu großen Teil davon brachliegen läßt.

Das moralische Empfinden ist meines Erachtens eine Sache der Erziehung und auch der persönlichen Disziplin.

Der physische Wert ist zweifellos nicht gleichmäßig verteilt. Es gibt „Naturkräftige" und Schwächliche. Die letzteren mögen noch soviel Sport und Gymnastik treiben, sie können ihre Statur kaum verändern, aber (das ist eine Tatsache) ihre physische Widerstandskraft beträchtlich steigern.

Schauen wir uns nun die Überlegenheit laut Klages an: Sein Begriff des „Formniveaus" kann zur Verwirrung führen; aber wir haben gesehen, daß er vor allem auf die Verpersönlichung der Schrift abzielt, auf das, worin sie sich in harmonischer Weise von der Schulvorlage unterscheidet.

Man begreift schließlich sehr gut, was der Autor etwas obskur formulierte: das „Formniveau", die „Lebensfülle" sind die originelle, persönliche Art jedes einzelnen, sich auszudrücken, und zwar von dem Augenblick an, wo er über das Stadium des kalligraphischen und schulischen Modells hinauswächst. In diesem Augenblick muß man fähig sein, den Eigenrhythmus der Schrift – denn jede Schrift hat ihren Rhythmus – und ihre Ausdruckskraft auszumachen und zu verstehen.

Hier zwei Beispiele, die, so hoffe ich, in überzeugender Weise Lebensfülle und deren Gegenteil, die Vitalschwäche, aufzeigen:

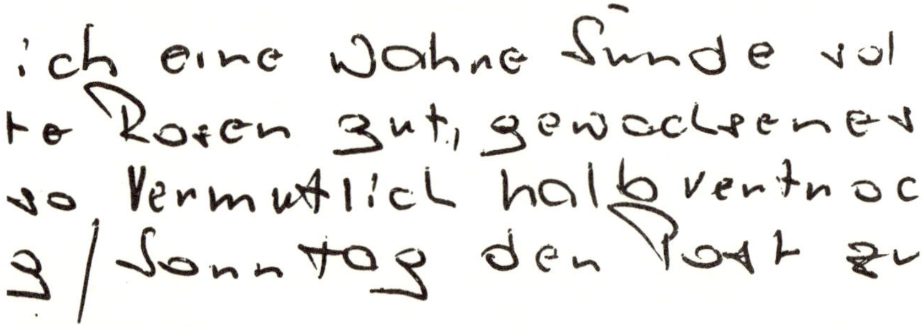

Fig. 29: Lebensfülle

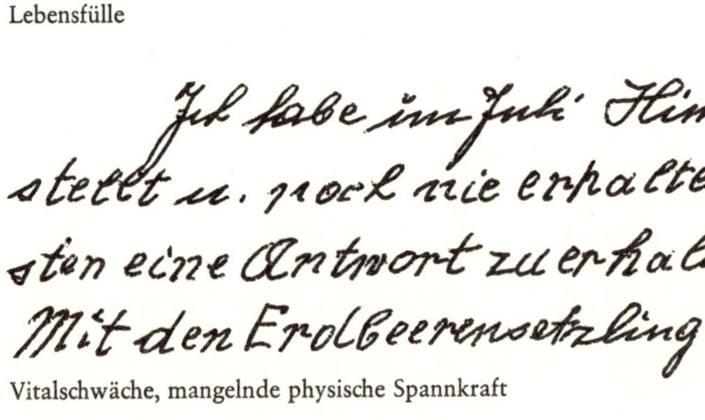

Fig. 30: Vitalschwäche, mangelnde physische Spannkraft

3. Schrift und Gesundheit

Sind Sie in Form? Robust? Oder widerstandsfähig, aber nicht besonders muskulös? Wäre es vielleicht ratsam, daß Sie – vorsichtshalber – Ihren Arzt aufsuchen? Wenn Sie mit der Graphologie und dem, was sie anzudeuten vermag, hinreichend vertraut sind, können Sie das alles sofort erkennen.

Zweifellos werden Sie mir sagen: „Ich fühle mich wohl. Ich weiß, ob ich krank bin oder nicht."

Ich muß Sie eines besseren belehren: Man möge mir verzeihen, daß ich von mir spreche; da jedoch das ganze Buch vor allem auf Beobachtung der eigenen Schrift basiert, erscheint mir das logisch. Ich bemerke manchmal Schwächen in meiner Strichführung. In solchen Augenblicken fühle ich mich tatsächlich weniger „in Form". Es geschieht auch, daß bestimmte Stockungen und gewisse Unregelmäßigkeiten im Schreibdruck gesundheitliche Störungen ankündigen, die ich noch nicht spüre. Jedesmal, wenn ich diese Eigenheiten konstatierte, erkannte ich einen oder zwei Tage später, warum die Schrift – der getreue Registrator – mich gewarnt hatte.

Ein anderes Beispiel: Eine meiner treuen Kundinnen, die mich wegen ihrer fünf Kinder periodisch konsultierte, benötigte, weil sie krank und stets müde war, eine Erzieherin für ihre jüngsten. Mehrere Bewerberinnen hatten geschrieben, und sie hatte sich für eine entschieden, die ihr mit Abstand als beste erschien. Vorsichtshalber jedoch war sie mit dem Schreiben zu mir gekommen. Ich hatte nachdrückliche Vorbehalte wegen der Gesundheit der Bewerberin erhoben. Der Mann meiner Kundin war Arzt, er fand nichts. Es sah so aus, als hätte ich mich getäuscht. Etwa sechs Monate später schrieb mir die Dame: „Es ist erstaunlich, Sie hatten recht, meine arme Erzieherin leidet an Arteriosklerose im Anfangsstadium."

Ich möchte jedoch hier eines klarstellen: Wenn der Graphologe auch Gesundheitsstörungen konstatieren kann, selbst wenn er dank seiner Erfahrungen, Lektüre und Studien die Natur der Störung erkennt, so vermag er doch nie eine Diagnose zu stellen; diese ist ausschließlich den Ärzten vorbehalten! Er kann den Ratsuchenden nur warnen und ihm dringend zu einer ärztlichen Untersuchung raten. Das habe ich sehr oft getan, und man dankte mir dafür, besonders eine junge Frau, bei der sich eine ernste Anämie entwickelte, ohne daß sie es bemerkte. Auf mein Drängen suchte sie – noch rechtzeitig – ihren Arzt auf.

Druckunterschiede

Es gibt Mittel, nämlich das Studium des Schreibdrucks – der Art, in welcher man auf das Papier drückt –, sich vieler Dinge bewußt zu werden. Allerdings nicht einzig im Bereich der Kraft und der Gesundheit, sondern auch im Bereich der Instinkte sowie der Macht, mit der sie sich offenbaren, und schließlich in jenem Bereich, den man als psychische Energie bezeichnet und der eine Art inneren Elan des Menschen umfaßt.

Die Graphologen waren anfangs sehr verwirrt und beunruhigt, als vor etwa fünfundzwanzig Jahren die ersten Kugelschreiber auftauchten. Man muß dieses Utensil fast senkrecht zum Papier halten, damit es schreibt. Das störte jene sehr, die zuvor einen Füller benützt hatten, vor allem, wenn sie gewöhnt gewesen waren, ihn ziemlich flach zu halten. Außerdem vermittelt der Kugelschreiber den Eindruck, man müsse weniger drücken; dies ist eine Täuschung, man muß stärker – und anders – drücken als mit einer Feder. Ich will hier keine wissenschaftlichen Vergleiche über die beiden „Werkzeuge" anstellen, aber ich möchte sagen, daß mit dem Erscheinen des „Kulis" zwar einige Aspekte der Strichführung verschwunden sind, dafür aber andere, genauso aufschlußreiche deutlicher zutage traten. Die Sache glich sich also aus. Natürlich kann es, wenn man in die Tiefe gehen will, sehr interessant sein, sich mit Füller und mit Kugelschreiber geschriebene Schriftstückproben eines Menschen zu beschaffen.

Um den Schreibdruck – diese dritte Dimension der Schrift (die Tiefendimension) – richtig untersuchen zu können, sollte man ohnehin nach Möglichkeit mehrere Proben zur Verfügung haben. Wenn auch die „Empfindung" im Strich einer Kugelschreiberschrift weniger gut zu erkennen ist, so darf man doch nicht vergessen, daß sie sich in anderen Schriftmerkmalen ebenso deutlich zeigt: in verhältnismäßig starkem Druck – er ist mit Kugelschreiber oder Füller gut zu erkennen –, in der Stabilität des Schriftbildes, in fettem Druck und ziemlich völligen (nicht auf einen einfachen Stab reduzierten) Unterlängen, in kraftvollen Ansätzen der Buchstaben von oben nach unten und manchmal absinkenden Wortenden (Finalen).

Zu echter Verzweiflung bringt den Graphologen der Filzschreiber, der einen *gleichmäßig* fetten, warmen Schreibdruck ergibt. Und dennoch, wenn man genau hinsieht und eine stark vergrößernde Lupe benützt, kann man auch hier bestimmte Eigenheiten unterscheiden.

Warum legt man soviel Gewicht auf den Schreibdruck, auf den sogenannten „Strich", der ein Ergebnis der Art des Aufdrückens, des verwendeten Schreibutensils (besonders seiner Färbung), der gewählten Unterlage (Papier, Karton, Pergament usw.) und der Auflagefläche (glatte oder rauhe Oberfläche, hart wie Glas beispielsweise oder weich wie mehrere Lagen Löschpapier) ist? Weil tatsächlich jeder Mensch seine eigene Art zu drücken hat. Das steht so unverrückbar fest, daß mir dies bei verschiedenen Schriftgutachten als Argument diente. Noch einmal sei mir erlaubt, hier meine persönlichen Erlebnisse anzuführen. Sie vermögen, so glaube ich, die große Wichtigkeit, die dem vorliegenden Kapitel beigemessen werden muß, besser verständlich zu machen.

Die Gutachten

Wenn man zum Gutachter in Rechtsstreitigkeiten bestimmt wird (fast immer handelt es sich um anonyme Briefe oder um Unterschriften- bzw. Urkundenfälschungen), hat man mit Gegengutachtern zu tun. Natürlich sind diese Gutachter (es kam schon vor, daß in ein und demselben Fall schließlich sechs auftraten) kaum je derselben Ansicht. Fragen Sie mich nicht, warum; es würde zu lange dauern, das zu erklären. Gehör findet letztlich jener, dessen Ausführungen am klarsten, am überzeugendsten und am besten durch Beweise untermauert sind. Doch die Juristen haben einen kritischen Geist und zögern nicht, ihn einzusetzen, um die Gutachter „in die Zange" zu nehmen.

In einem Fall mit anonymen Dokumenten gelang mir eine überzeugende Beweisführung vermittels des Epidiaskops: die Dokumente wurden auf eine Leinwand projiziert. Die Eigentümlichkeiten des Strichs und andere Details, wie sie für den Anonymographen und für die verdächtige Person charakteristisch waren, brachten die Unschuld des Verdächtigten an den Tag.

In einem anderen Fall – in dem es um gefälschte Schecks ging – hatte ich weniger Glück: eine Beweisführung vermittels des Epidiaskops wurde nicht zugelassen, das Gericht begnügte sich mit der photographischen Vergrößerung als Illustrierung der Aussagen des Gutachters. Und man hielt mir das ganze „Substratum" vor, das ich angeblich nicht genügend berücksichtigt hätte (das heißt, die Gesamtheit von Schreibwerkzeug, Papier, Unterlage und Auflage). Der Angeklagte verteidigte sich wie eine beleidigte Unschuld gegen den Vorwurf, die Schecks gefälscht zu haben. Er sprach die Wahrheit; aber er war keineswegs unschuldig! Ein Netz stichhaltiger Beweise erbrachte den Nachweis, daß einzig er – als Angestellter der Bank – von der hohen Einlage auf dem in Rede stehenden Konto zur gegebenen Zeit hatte wissen können. Wie sich erst in der Folge herausstellte, hatte er Komplizen gehabt. Meine Rolle aber beschränkte sich ausschließlich auf die Beantwortung der Frage „Wurden diese Schecks von Herrn X gefälscht, dessen Schrift Sie gesehen haben?" Mit meinem „Nein" beantwortete ich nicht die Frage der Unschuld des Angeklagten. Ich gelangte vor allem durch den Vergleich des Strichs zu diesem Schluß.

Die Eigentümlichkeit des Drucks und ihre Bedeutung

Verlassen wir jedoch das Gebiet des Gutachtens, kehren wir zu Ihrer eigenen Schrift zurück und zu dem, was ich die „Alltagsschriften" nennen möchte.

Es gibt das, was man als *Gewicht* der Schrift bezeichnen könnte, was in Schriften mit schwachem, starkem und fettem, lastendem oder ungleichmäßigem Druck sichtbar wird.

Es gibt das *Aussehen* des Strichs, das sich in druckstarken, reliefartigen oder verwaschenen, mageren, schmierigen Schriften offenbart.

Den *ungleichen Druck* sehen wir in einer Schrift mit spindelförmigem Druck, in keulenförmigen und scharfzügigen Schriften.

Schließlich erkennen wir *Anomalien* in verdrehten Schriftzügen, in Zitterzügen, teigigem Druck und gebrochenen Schriftzügen.

Da wir gesehen haben, welche Bedeutung dem verwendeten Schreibutensil – aber auch dem Papier – zukommt, möchte ich darauf hinweisen, daß die Art des Schreibgerätes immer berücksichtigt werden muß, ob Kugelschreiber oder Füller. Welches Gerät verwendet wurde, erkennt man sofort, ohne Graphologe zu sein. Der Bleistift eignet sich für eine Schriftstudie nicht.

Klages und Pulver – wir wissen bereits, daß sie berühmte Schrittmacher der Graphologie waren – haben ebenfalls ausführlich über den Druck gesprochen. Vor allem das Folgende (von Pulver) sollte man nicht vergessen: „Haben wir im Schreibdruck also immer irgendeinen Energieausdruck vor uns, so bezieht dieser doch zunächst seine Intensität aus der Vitalsphäre; der Druck ist also primär eine Triebmanifestation und nicht ein Ausdruck des bewußten Willens."

Der Druck ist nicht nur das Ergebnis der aufgewendeten Kraft, sondern auch jenes der Hindernisse, auf welche diese Kraft stößt. Eine Schrift, die sich verlangsamt und deren Druck zunimmt, verrät Hemmung (mehr oder weniger herabgesetzte Spontaneität).

Hier nun eine Tabelle aus Klages' Buch über die Graphologie, worin die Ansichten des Autors über den Druck vollkommen zusammengefaßt sind:

Teigigkeit

in einer positiven Schrift:	*in einer negativen Schrift:*
Anschauungsfreude	Mangel an Geistigkeit
Sensualität	grobbesaitete Natur
Ursprünglichkeit	Derbheit
Sinnlichkeit	Mangel an Selbstdisziplin
Triebhaftigkeit	Sichgehenlassen
Lebensfreude	Ausschweifungshang
Genußfähigkeit	Vergnügungssucht
Abwechslungsbedürfnis	

Schärfe

in einer positiven Schrift:	*in einer negativen Schrift:*
Spiritualität	Mangel an Anschauungskraft
Feinfühligkeit	Mangel an Intuition
Reizbarkeit	Begrifflichkeit
Sensibilität	Gedankenblässe
Selbstdisziplin	Sinnlichkeitsmangel
Haltung	Genußunfähigkeit
Bestimmtheit	Gezwungenheit
Entschiedenheit	Hang zur Askese

Was besagen die obigen Ausdrücke? Lesen Sie das Folgende langsam, aufmerksam und prüfen Sie bei jeder untersuchten Eigentümlichkeit, ob sie sich in Ihrer Schrift oder in der Schrift von Menschen findet, die Sie gut kennen. Das ist eine gute Beobachtungs- und Beurteilungsübung.

Druckschwäche: deutlich mit leichter Hand geschrieben – also mit wenig Druck, dabei aber ziemlich scharf: dies ist ein Merkmal von Personen mit vorwiegend geistigen und intellektuellen Interessen. Ist die Schrift jedoch häßlich, unharmonisch (siehe vorhergehendes Kapitel), kann es ein Anzeichen für Reizbarkeit sein. Manchmal deutet es auf mangelnde physische Kraft hin, vor allem wenn im gesamten Schriftbild Anzeichen von Schlaffheit und Müdigkeit (z. B. fallende Zeilen) zu erkennen sind. Ich bekam wiederholt druckschwache Schriften von sehr robusten Leuten zu sehen; einmal von einem fast siebzigjährigen Bauern, der trotz seines Alters mühelos einen Zentnersack Kartoffeln trug (Fig. 31).

Fig. 31: Schwacher Druck (Bauer)

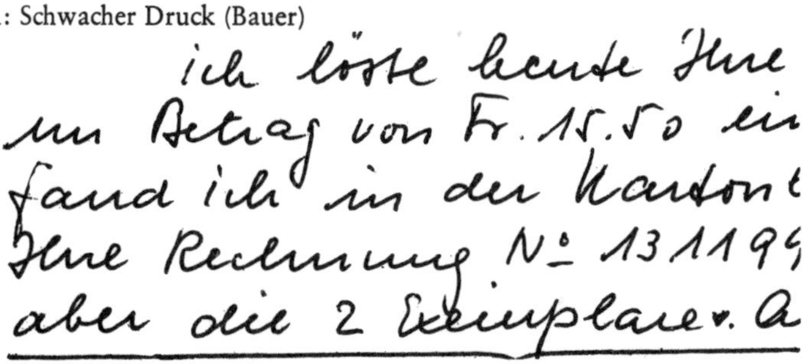

Schwacher oder auch leichter Druck kennzeichnet im allgemeinen das Schriftbild der Sanften und Zarten, die dem Leben wehrlos gegenüberstehen, weil ihnen vor dem Kampf graut, weil sie niemanden verletzen, kränken oder bekümmern wollen; weil sie jede Reibung vermeiden wollen (die sie im Grund selbst fürchten, ohne daß man sie jedoch der Feigheit zeihen könnte).

Die druckschwache Schrift hat noch eine andere Seite: In einigen Einzelfällen, die man leicht an der bemerkenswerten Regelmäßigkeit des Strichs erkennt (keine Unterbrechungen, keine Unsauberkeiten, ein absolut scharfer und immer regelmäßiger Strich), ist sie Ausdruck einer ruhigen, ausgewogenen Vitalität und zeigt Kraft an, deren ständiger Einsatz jedoch für überflüssig gehalten wird (ähnlich wie große Hunde angsterregend sein könnten, sich aber als äußerst sanft erweisen, während ganz kleine durchaus böse und bissig sein können). In der Mehrzahl der Fälle jedoch verrät diese Eigentümlichkeit – der leichte Druck – instinktive Einschränkung der körperlichen Anstrengung. Menschen, die kein Übermaß an Vitalität besitzen, schreiben so, weil sie unbewußt Kräfte sparen.

Zu sagen bleibt noch, daß auch bestimmte unverbesserliche Faulpelze beim Schreiben wenig drücken. Aber sie brauchen sich nur plötzlich von etwas beflügelt zu fühlen, das ihnen gefällt, und schon wird ihr Schriftbild kräftiger, druckstark. Deshalb ist es immer gut, wenn man von ein und derselben Person mehrere Schriftproben hat. Ein Moment der Müdigkeit oder Hilflosigkeit kann Schriften, die normalerweise druckstark sind, druckschwach machen.

Das beste Mittel, den Druck zu bewerten: den Bogen umdrehen und prüfen, ob das Papier wirklich rinnenförmige Eindrücke aufweist, die auf der Rückseite ein mehr oder weniger deutliches Relief ergeben müssen.

In einer harmonischen – oder (gemäß Kapitel 2) positiven – Schrift zeigt die Druckschwäche eine aus Lebenskraft hervorgehende Freiheit, ferner Anpassungsfähigkeit, Verständnis und Empfindlichkeit an.

In einer unharmonischen – oder negativen – Schrift zeugt sie von mangelnder Lebenskraft, oft Charakterschwäche, Unentschlossenheit, Verdrossenheit, Angst zu handeln, Unbeständigkeit der Gefühle; auch Angst vor Prüfungen. Es sind dies Menschen von gewollter Bescheidenheit, nicht ohne Persönlichkeit; aber ihr Glück besteht darin, von der Umgebung mehr oder weniger ignoriert zu werden.

Druckstark: der Strich ist eckig, ausgesprochen scharf und entschlossen.

Fetter Druck: der Strich ist gut mit Tinte gespeist und in den Grundstrichen sehr ausgeprägt (Fig. 32), was schwierig zu erzielen ist, wenn man einen Kugelschreiber verwendet (Fig. 33).

Fig. 32: Fetter Druck (Tinte)

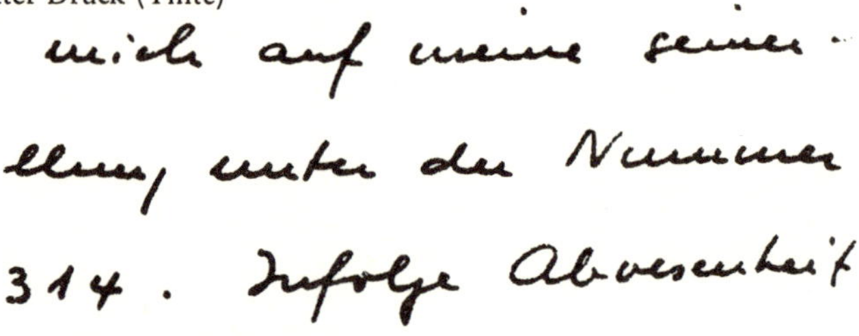

Fig. 33: Fetter Druck (Kugelschreiber)

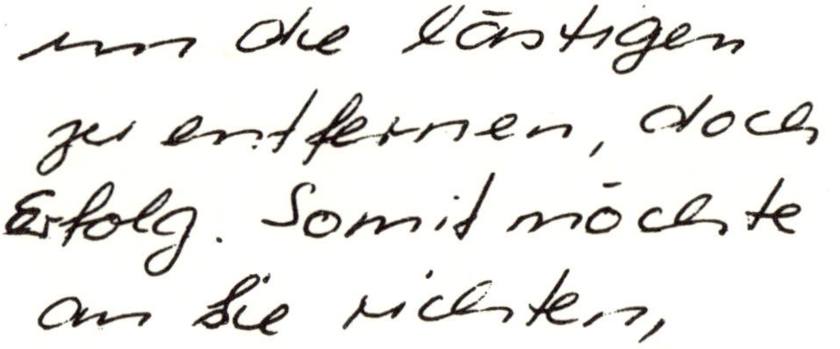

Die Bedeutung der beiden Druckarten: Vitalität, gutes allgemeines Gleichgewicht. Sie zeugen von der Dynamik des Menschen, den Begeisterung, Schwung und Widerstandskraft erfüllen, sowohl moralische als auch physische, von der Handlungsbereitschaft und dem Elan jedes Menschen, dessen Persönlichkeit sich aufzwingt, der aber auch viel Festigkeit besitzt und sich dessen bewußt ist, was er beschlossen hat.

Wenn allerdings die Schrift unharmonisch ist, kann dieses Merkmal einen starken Anstau zu gewaltsam unterdrückter Gefühlsspannung anzeigen, die sich plötzlich in ebenso unangemessener wie ungeschickter Art Luft zu machen droht; somit: Leidenschaft und Aggressivität, auch Zornanfälle.

Lastend: deutlich mit schwerfälliger Hand geschrieben; dies ist der *dickflüssige* Druck der französischen Schule. Hier muß man die Deutungen sehr nuancieren, und man muß – es sei noch einmal gesagt – *sehen* können; man darf sich nicht vom ersten Augenschein täuschen lassen.

Warum ist ein Schreibdruck dickflüssig? Das ist die erste Frage, die man sich stellen muß, während man vor allem anderen das verwendete Schreibgerät untersucht: Wurde ein dicker Filzstift verwendet, besagt die Dickflüssigkeit des Strichs gar nichts. Auch bei einer Rund- oder Redisfeder muß man mit dem Urteil zurückhalten.

Die Dickflüssigkeit des Strichs – und hier ist besondere Aufmerksamkeit notwendig – kann von der Anstrengung eines Kindes herrühren, das noch nicht richtig schreiben gelernt hat und zu fest auf sein Schreibgerät drückt; sie kann von dem Bemühen eines alten Menschen kommen, sein Zittern zu unterdrücken, oder aber bei einem ungebildeten Menschen auftreten, der Mühe hat zu schreiben, die Buchstaben zu formen wie ein (unbegabtes) achtjähriges Kind.

Was hier zutrifft, erkennt man natürlich an anderen Zeichen. Der alte Mensch, der sich beherrscht (oder der Kranke), kann sehr gut ausgearbeitete Buchstaben haben, die auf gründliche geistige Bildung hindeuten und die weder das Kind noch der Erwachsene, der nur eine Volksschule besuchte, besitzen. Was ist das unterscheidende Merkmal? Die Naivität des Strichs beim Kind, die man normalerweise beim Erwachsenen nicht findet, auch wenn dieser sehr wenig schreibt. Auch wenn er eine nur ungenügende Schulbildung genoß, das Leben hat ihn geknetet, es hat ihn viele Dinge gelehrt, er ist davon geprägt, und seine Schrift zeigt es.

Eine sehr druckstarke Schrift kann auf schwerfälligen, ärmlichen Geist, auf Sinnlichkeit hindeuten oder auch das Auftreten einer Kongestion anzeigen, die medizinischer Behandlung bedarf, genausogut aber etwas ganz anderes.

Hier (Fig. 34) haben wir die Schrift eines Facharztes, der zu seiner Zeit (er ist mittlerweile gestorben) wegen seiner Forschungsarbeiten in hohem Ansehen stand. Es ist eine druckstarke, aber harmonische Schrift, klar und gewandt, die eine bemerkenswerte geistige Bildung verrät, in ihren Unterlängen jedoch auch Materialismus und mächtige Instinkte.

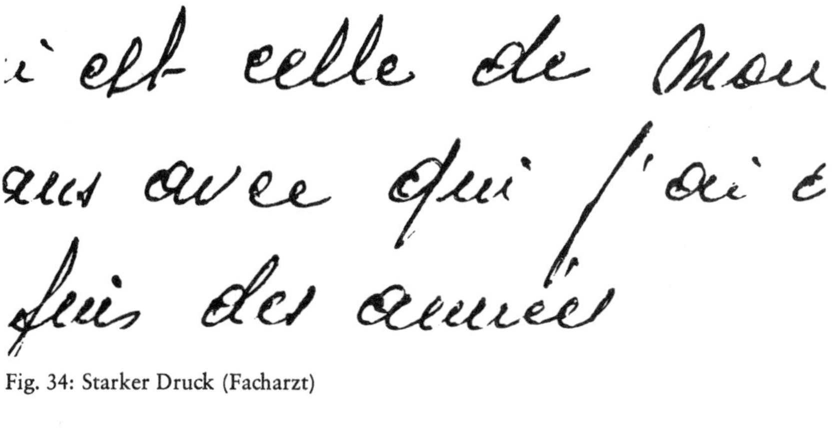

Fig. 34: Starker Druck (Facharzt)

Der dickflüssige Druck zeigt vor allem das Bedürfnis, sich durchzusetzen, Liebe zum Sport, zum Kraftaufwand, Vorherrschaft des Instinktlebens, praktischen Sinn.

Diese Schrift findet man häufig bei Künstlern, die so ihre Instinkte „sublimiert“ haben; sie fanden – psychoanalytisch gesprochen – in ihren Instinkten ihre Imaginations-, Schöpfungs- und Ausdrucksquelle.

Ungleicher Schreibdruck: hierbei mischen sich druckstarke Striche mit druckschwachen (Fig. 35).

Fig. 35: Ungleicher Druck

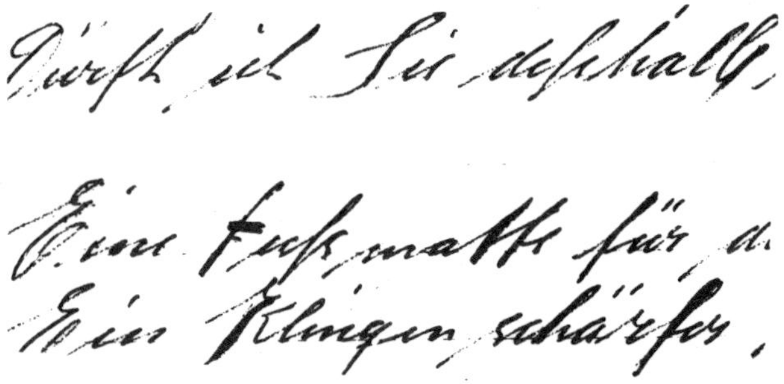

Er verrät beim Schreiber die Tendenz zu heftigen Emotionen. Bald verhält sich der Schreiber übertrieben sanft und freundlich, bald wird er plötzlich gereizt und aggressiv. Dies ist die Folge des ständigen Konflikts zwischen den natürlichen Tendenzen und den allzu variablen Reaktionen eines Menschen, der sich nicht ausreichend zu beherrschen und in Gewalt zu haben weiß. Zeitweise gelingt es ihm, urplötzlich aber erfolgt ein Ausbruch, weil er genug hat von den Fesseln, weil sein innerstes Wesen sich auflehnt.

Diese Eigentümlichkeit kann auch Herzanomalien oder Atemstörungen verraten.

Relief-Schriften: man muß sicherstellen, daß sie nicht das Resultat einer Rundschriftfeder sind (die heute selten verwendet wird). Diese Eigentümlichkeit zeigt einen deutlichen Kontrast zwischen Grundstrichen und Haarstrichen, die Ränder sind scharf, sie scheinen hervorzutreten. Die Schrift kündet von sehr gutem vitalem Gleichgewicht, Ausdauer, physischer und moralischer Widerstandskraft, Durchsetzungsvermögen und harmonischen gesellschaftlichen Kontakten, Anpassung an die Realitäten des Lebens, an seine Notwendigkeiten. Und das deutet auf Realismus von echtem Schrot und Korn hin (Fig. 36).

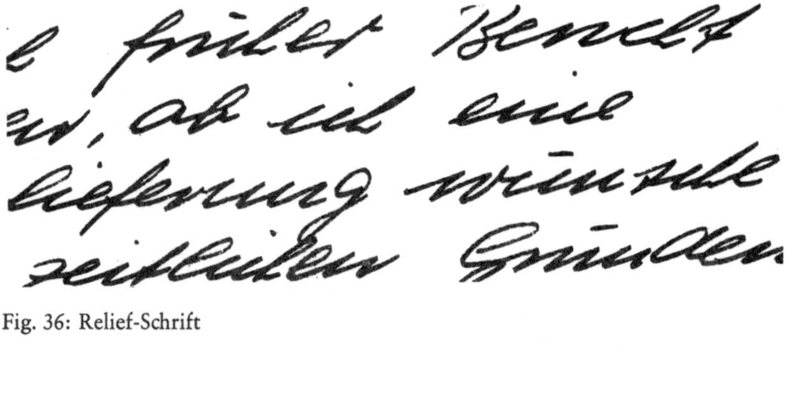

Fig. 36: Relief-Schrift

Fast im Gegensatz zu der eben untersuchten Schrift steht die *verwaschene Schrift,* der – wie schon der Name sagt – Schärfe des Strichs fehlt; man erkennt sie an unsauberen, verschwommenen Konturen. Hier muß man sich allerdings der Papierqualität versichern, weil ein „saugendes" Papier bei jedermann eine verwaschene Schrift ergibt (Fig. 37).

Fig. 37: Verwaschene Schrift

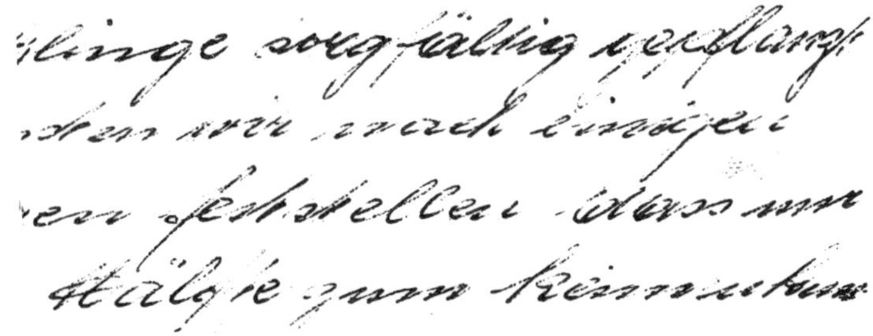

Hat man die Prüfung des Papiers vorgenommen (die nur durch Vergleich mehrerer Schriftproben derselben Person auf verschiedenen Unterlagen möglich ist), kann diese Eigentümlichkeit ernste allgemeine, vor allem physische Abgespanntheit, eine vorübergehende Depression oder starke Müdigkeit anzeigen. Hier ist fast immer die Gesundheit angegriffen.

Die magere Schrift: gleichzeitig druckschwach und dürr in der Form, im allgemeinen von kärglichem, nüchternem Aussehen. Sie verweist auf nüchterne Intelligenz, Phantasielosigkeit und vor allem Herzlosigkeit, ein prosaisches Wesen. Ist sie sehr rechtsschräg, liegt Fatalismus vor (Fig. 38).

Fig. 38: Magere Schrift

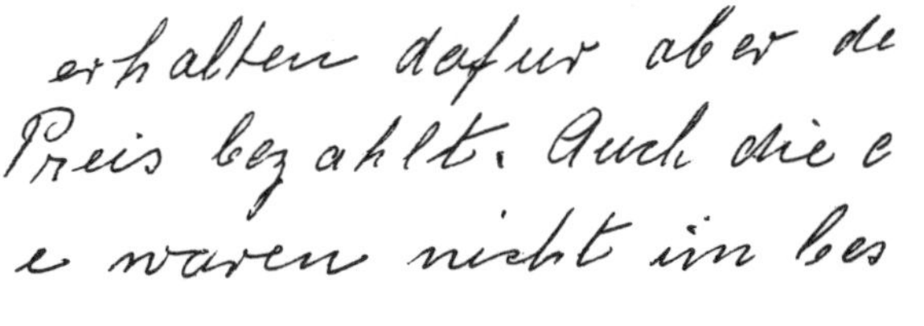

Oft verweist sie auf den schwierigen Charakter eines unbewußt aggressiven Menschen. Nur selten wird der Urheber einer solchen Schrift es wagen, seiner Umgebung seine schlechte Laune offen zu zeigen; er ist ein griesgrämiger Drückeberger und Feigling, der ständig hin und her überlegt, was er hätte sagen oder tun sollen. Er hält sich für ein ewiges Opfer, sogar für verfolgt. Dieser Haltung liegen im allgemeinen ein sehr altes Schuldgefühl und zahlreiche verwickelte Komplexe zugrunde.

Schmierige und teigige (oder pastöse) Schrift: schwerer, dicker und fetter Strich, erkennbar vor allem an den Schleifen des „o", „e" usw., die zugeflossen sind. Man muß natürlich prüfen, ob das nicht von einer alten Feder oder einem zu Ende gehenden „Kuli" herrührt, die leicht „patzen". Diese Eigentümlichkeit verrät vorherrschende Gefühle, Blockierung der Instinkte, Mangel an Urteilsvermögen, übertriebenen Egoismus, schwerfälligen Geist, Mangel an Schwung. In physischer Hinsicht besteht die Möglichkeit einer Krankheit, vor allem von kardio-vaskulären Störungen. Bisweilen liegt auch grundlegende Amoralität oder Senilität vor.

Man kann dieser Eigentümlichkeit jedoch auch in sehr originellen Schriften begegnen, denen es keineswegs an Harmonie fehlt, die sogar eine gewisse Schönheit besitzen: das ist der Fall bei Künstlern oder zumindest bei jenen, die Kunst sehr lieben.

Ist aber die Schrift unharmonisch und häßlich: Egoismus, Amoralität, notorischer Mangel an Taktgefühl. Hier drängt sich der Gedanke an den Elefanten im Porzellanladen auf (Fig. 39).

Fig. 39: Schmierig, unharmonisch

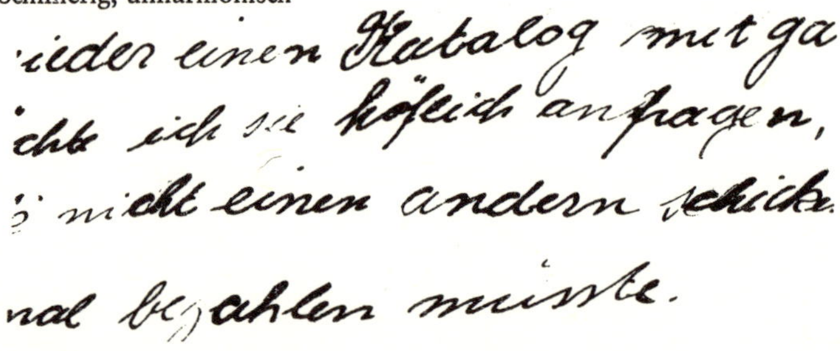

Druckanomalien

Spindelförmiger Druck präsentiert sich als plötzliche Verdickung im Strich, als bilde sich an der Linie eine Schwellung. Das ist im allgemeinen fürs Auge unangenehm. Bedeutungen gibt es dafür viele, man kann aber sagen, daß er in der Mehrzahl der Fälle Naschhaftigkeit, Geilheit, Sensationslust, also ein Vorherrschen des Instinktlebens anzeigt (Fig. 40).

Fig. 40: Spindelförmiger Druck

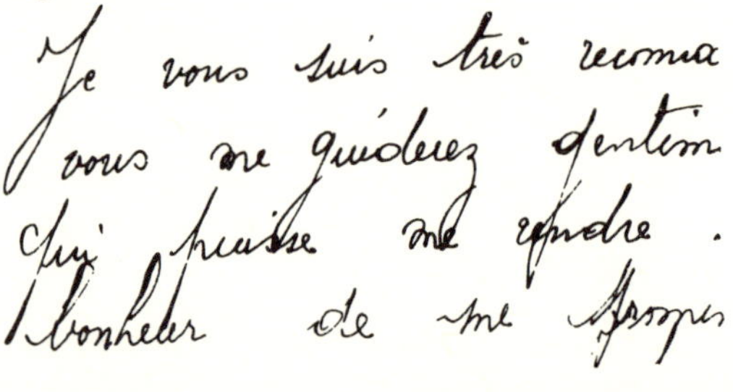

Er kündet auch von der Neigung, mittels Szenen oder Provokationen zu überraschen. Wenn die Schrift bereichert und verschnörkelt ist, kann er Koketterie bedeuten – auch ein Zuviel an Geschicklichkeit; oft Mangel an Schamgefühl, einen gewissen Exhibitionismus. Doch Achtung: diese Eigentümlichkeit verweist oft auch auf bestimmte Drüsenstörungen, Herz- oder Verdauungsstörungen und Alkoholismus.

Noch einmal Achtung: stellen Sie *nie* eine Diagnose! Sie können vom Schreiber hinsichtlich seiner Gesundheit denken, was Sie wollen, aber damit müssen Sie es bewenden lassen, Ihre Analyse muß zu diesem Punkt schweigen.

Die *keulenförmige Schrift* weist plötzliche Verdickungen auf, und zwar nicht mehr im Verlauf des Strichs, sondern am Wortende und auch in den t-Strichen. Es ist eine heftige, brutale Bremsbewegung, die man dem auferlegt, was man eigentlich hätte ausdrücken wollen. Menschen mit solcher Schrift empfinden das instinktive Bedürfnis, sich zu äußern, manchmal brutal. Und hier legt man einmal mehr den Finger auf die Schwierigkeit in der Graphologie; denn diese Eigentümlichkeit kann zwei unvereinbare Dinge bedeuten: sie kann einmal Manierismus, Bluff anzeigen; zum anderen verrät sie, wenn sie unharmonisch ist, Brutalität, Materialismus, auch Herrschsucht im häuslichen Kreis, die der Umgebung das Leben nicht angenehm macht (Fig. 41).

Fig. 41: Keulenförmige Schrift

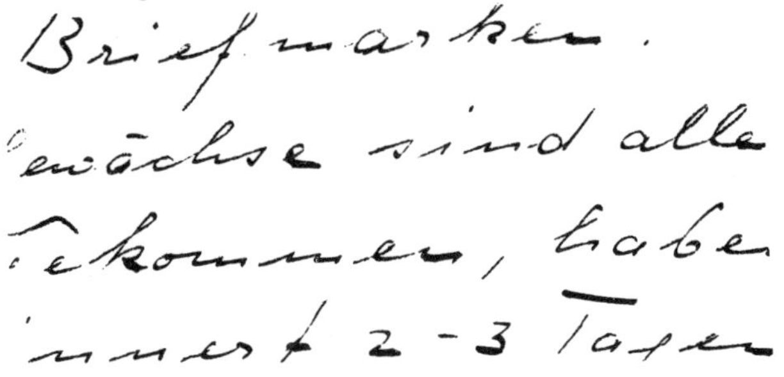

Man muß bei solchen Menschen vorsichtig, achtsam und psychologisch geschickt vorgehen, ihre Reaktionen und jenen Augenblick zu erraten versuchen, von dem an sie heftig, aggressiv werden und zu Gewalttätigkeiten fähig sind.

Scharfzüge: sie sind das genaue Gegenteil der keulenförmigen Schrift: statt mit einer Verdickung weisen die Endzüge eine scharfe Spitze auf. Es handelt sich hier um eine Entladungsreaktion, die ungenügende Selbstbeherrschung in allen Bereichen verrät.

Wenn die Zeilen sinken und der Druck schwach ist, können Scharfzüge ein Zeichen für morbide Neigungen sein, für ein schlechtes physisches Gleichgewicht; in einer harmonischen Schrift dagegen deuten sie auf intellektuelle Schärfe, Scharfblick, lebhaften Geist hin; auf Neugierde, Ironie, Schlagfertigkeit, kritischen Sinn. Häufig bei Chirurgen und Bildhauern: sie benutzen spitze Instrumente.

Ist die Schrift jedoch unharmonisch, häßlich anzusehen, unproportioniert: Achtung vor Zorn, Reizbarkeit, vorherrschendem Instinkt. Bösartige, jähzornige und rachsüchtige Menschen schreiben so.

In einer nüchternen Schrift, einer Winkelschrift schließlich bedeuten Scharfzüge Tücke, ja Grausamkeit. Diese findet sich im Schriftbild von Metzgern,

Killern, Stierkämpfern – von denen man nicht sagen kann, daß sie durch Sensibilität glänzen (Fig. 42).

Fig. 42: Scharfzüge

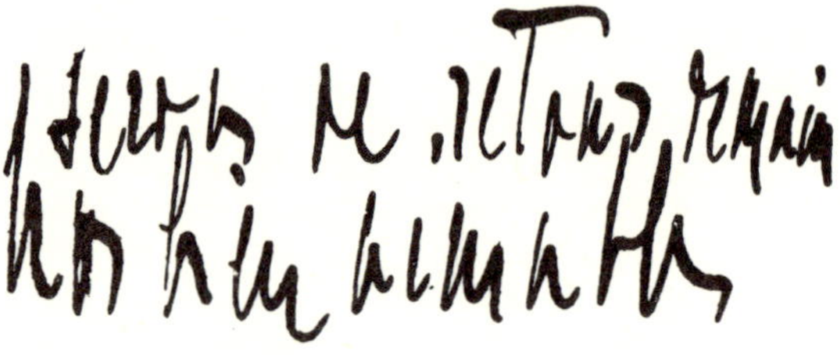

Die Zitterschrift und die Krankheit

Sie kann auftreten, weil man in einem fahrenden Zug oder Wagen schreibt. Hier liegt eine zufällige Ursache vor. Man muß sie zu erkennen wissen, und das ist keineswegs unmöglich, denn die Zitterzüge treten als Folge von Stoßbewegungen auf, und es gibt Augenblicke, in denen die Schrift völlig normal ist. Die wirkliche Zitterschrift dagegen ist ständig zitterig. Frieren oder starke Erregung können den Schreiber ebenfalls zittern machen.

Die folgenden Ausführungen entnahm ich bei dem Arzt und Graphologen P. Streletski.

Wichtige Anmerkung: Zittern nicht mit Zerhackungen und Verdrehungen verwechseln.

Ursachen: Kälte (Frieren), konstitutionelle oder vorübergehende Erregung, Angst, Schüchternheit; Vererbung; Senilität; Intoxikationen: Alkohol, Tabak, Kaffee, Rauschgift; schwere Infektionen; allgemeine Lähmung, Parkinsonsche Krankheit, Enzephalitis (Gehirnentzündung), Arteriosklerose usw.

Die Ursachen des Zitterns oder Tremors lassen sich unterscheiden in:

Senilität: Die Rundungen und Ovale werden eckig, der Strich ist zerstückt, die Schrift unverbunden, voller Verklecksungen, „kleine Haare" verraten das Zögern der Bewegung beim Übergang von einem Wort zum nächsten.

Chronischen Alkoholismus: Vertikale Schwankungen. Häufige Unterbrechungen der Haarstriche; in akuten Fällen: ruckartige, zerhackte, disharmonische Schrift.

Allgemeine Lähmung: Schwankungen in der Schriftweite, im Rhythmus und in der Richtung, Auslassen von Buchstaben, Wörtern, Korrekturen in Form von Überschreibungen, oft dazu noch fehlerhaft, zögernde, ungleichmäßige, zerhackte Strichführung, vorausgeworfene Züge, Kleckse, „Kompromiß"-Orthographie.

Parkinsonsche Krankheit: Kleine *horizontale* Schwankungen, langsamer und kleiner Strich.

Arteriosklerose: Starke Schwankungen, schwerwiegende Deformationen von Buchstaben, zerstückter Zug. Oft wird auch der Punkt durch einen mehr oder weniger langgezogenen Strich ersetzt, „a" und „o" bilden keine fortlaufende

Kurve, sondern eher ein Vieleck, geformt aus einer Reihe kleiner gerader, unverbundener, unterbrochener Linien – der Bewegungsablauf ist gestört.

Neurosen: auch psychogene Krankheiten äußern sich in Zitterschrift.

Die Ärzte lehren uns, daß der Tremor eine Folge von Erkrankungen zweier Gehirnregionen ist (Dr. Resten *Graphologie et caractère*). Die Gehirnrinde ruft den Intentionstremor hervor, die graue Substanz an der Gehirnbasis und im Mittelhirn produziert den statischen und permanenten Tremor.

Dr. Resten gelangt auch zu dem Schluß, daß in gewissen pathologischen Fällen das Bewußtsein unfähig ist, unbewußtes Einfließen zu bremsen, den Leidenszustand, der sich sofort in der Schrift niederschlägt.

Das Zittern des Kindes, das noch mit unsicherer Hand schreibt, ist von ganz anderer Art als jenes, dessen Ursache eine Krankheit oder Intoxikation ist. Man darf das eine nicht mit dem anderen verwechseln.

Bei allgemein schwachem oder leichtem Druck: Empfindlichkeit, Nervosität, Reizbarkeit, auch Angst. Bei Frauen: Neigung zu Falschheit.

Allgemein gesprochen: Mißtrauen Sie diesen Schriften und ihren Urhebern.

Verschobener Druck: hierbei erfolgt der Druck nicht in der klassischen Richtung – von oben nach unten –, sondern in den Querstrichen (horizontal).

Das sieht man vor allem an den Unterlängen: krampfhafter Einsatz des Willens; der Vitalität wird Kraft entzogen, diese wird ungeschickt genutzt, falsch eingesetzt. Störungen des Instinktbereichs, was ein Anzeichen für beginnende psychische Störungen sein kann (Fig. 43).

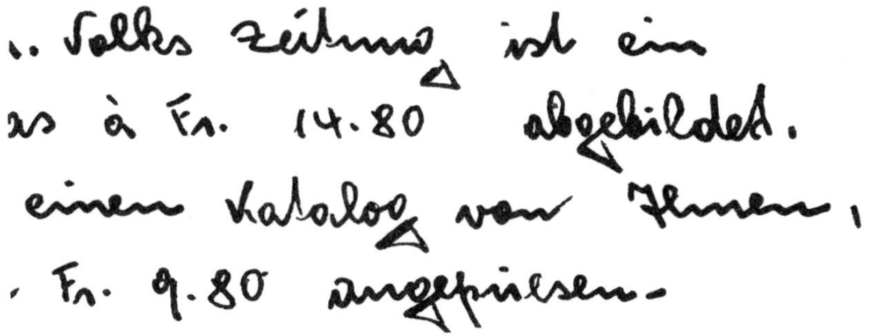

Fig. 43: Druck in Aufstrichen – psychische Störungen

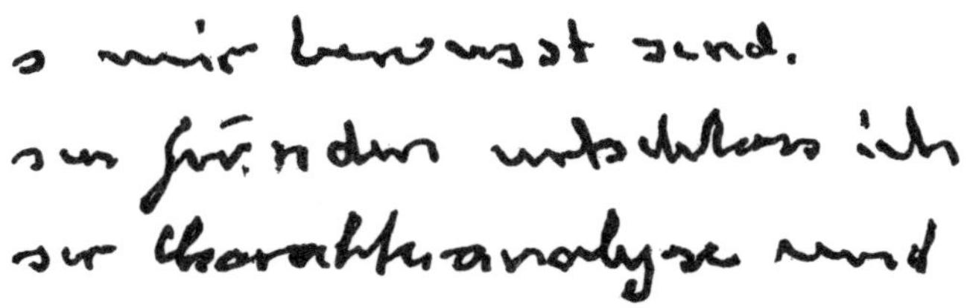

Fig. 44: Druck verschoben – Alterserscheinung

Fig. 45: Druck in Querstrichen – Kreislauf- und Atemstörungen

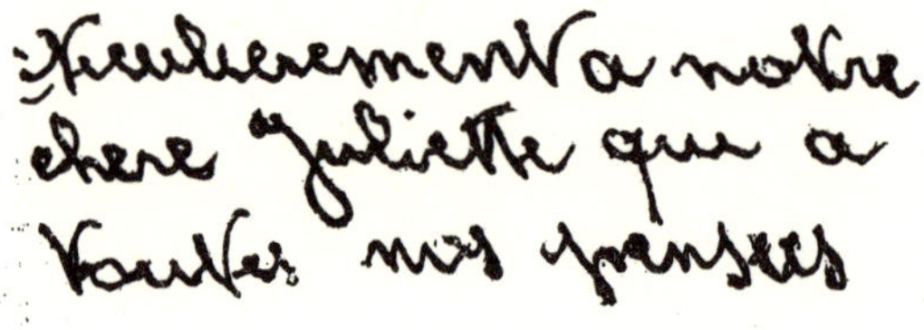

4. Schriftbild und Darbietungsart

Anordnung und Gliederung der Schrift

Wir begeben uns nun auf das sehr wichtige Gebiet der Gliederung, d. h. der Raumeinteilung oder Verteilung der Schrift auf der Gesamtheit der Seite sowie ihrer Anordnung. Die Gliederung gibt zweifellos eine Menge wertvoller Hinweise. In erster Linie über die Klarheit des Geistes und die Organisations*qualität,* ob es sich um die Formulierung von Gedanken handelt oder, etwas prosaischer, um die Art, in der man seine Aufgaben über den gesamten Tag verteilt.

Vielleicht neigen Sie zu der Ansicht, Organisation sei gut für Buchhalter und „Verwaltungsleute". Nein, jeder kann und muß in seinem Leben, seiner Zeiteinteilung, seinen Ausgaben und anderen Dingen ein Minimum an Methode haben. Die Phantasie allein würde aus jedem von uns einen netten Menschen machen, der nur in den Tag hinein lebte und ziemlich verzweifelt wäre, wenn harte Zeiten oder Prüfungen kämen.

Man kann sogar eine künstlerische oder schöpferische Natur sein und dennoch einen Sinn für Methode haben. Selbstredend kommt die Inspiration, wann sie will. Aber wie viele Schriftsteller beispielsweise – und nicht die schlechtesten – haben oder hatten die Gewohnheit, sich zu völlig regelmäßigen Zeiten an den Schreibtisch zu setzen und vielleicht nur eine Seite am Tag zu schreiben, und brachten geläuterte, sich aufs Wesentliche konzentrierende Texte in einer gereinigten, flüssigen Sprache zustande, die einer frischen Quelle zu entspringen schien!

Über ein geordnetes und klares Schriftstück ist viel zu sagen. Es stellt vor allem ein kostbares Indiz für den Grad an Geselligkeit, Höflichkeit und Rücksichtnahme auf andere dar. Man kann auch sagen, daß große Genauigkeit im Detail, das Bemühen um Präzision, Geordnetheit der Buchstaben und der Interpunktion einen analytischen Geist enthüllen. Dagegen verweisen die Bemühungen um gute Darbietung des Ganzen und eine allgemeine Anordnung des Textes eher auf einen synthetischen Geist.

Man kann aber noch weiter gehen: Die Besitznahme des weißen Papierraums (oder des jungfräulichen; die Papierfarbe spielt keine Rolle) ist im Grund die Art, wie der Schreiber sich in der Welt situiert, sich präsentiert, seinen Platz unter den anderen versteht. So werden Sie beispielsweise nie sehen, daß ein wirklich schüchterner Mensch eine Schrift hat, die buchstäblich die ganze Seite „überfüllt". Er „wagt nicht", sich zu präsentieren, genau wie er Angst hat zu sprechen. Dagegen verrät eine absolut wirre Anordnung des Textes psychisches Ungleichgewicht. Beim Schreiber handelt es sich um einen Menschen, der sich vor der Leere seines Blattes Papier genausowenig zu orientieren vermag wie in seinem Leben. Ebenso werden Sie nie sehen, daß ein überschwenglicher, selbstsicherer Mensch, der sich des Lebens freut und keine Hemmungen oder Komplexe hat, seinen Text auf der Mitte der Seite zusammendrängt, breite Ränder läßt und vor allem große Zwischenräume zwischen den Wörtern macht.

Doch *Achtung:* Es kann vorkommen, daß äußerst begabte, intelligente Menschen mit überströmender Phantasie und Schöpfergabe eine in ihrer Anordnung bestürzende Schrift haben. Genau wie es vorkommen kann, daß die Schrift von Geisteskranken ungewöhnlich „weise" und geordnet ist. In solchen Augenblicken muß man *den Text befragen.* Jener des Geisteskranken, der sich einen vollkommenen graphischen Automatismus bewahrt hat, wird zur Erläuterung ausreichen. Dies ist übrigens einer der seltenen Fälle, wo man sich vom Text beeinflussen lassen darf.

Man könnte fast sagen, daß die Untersuchung der Gliederung eines Schriftbildes in erster Linie ein Studium dessen ist, was nicht geschrieben wurde: der Zwischenräume zwischen den Wörtern und des Rhythmus ihrer Verteilung. Wie es der Schweizer Graphologe Pulver so richtig ausdrückt, beruht die Untersuchung der Schriftgliederung in einer Analyse der Zwischenräume zwischen den Zeilen, den Wörtern, den Buchstaben und auch des Raumes zwischen dem Text und den vier Rändern der Seite. Pulver gibt übrigens den Rat, das Manuskript auf den Kopf zu stellen, da man so die Raumverteilung am leichtesten beurteilen könne.

Der Zeilen- und Wortabstand

Eine wesentliche Voraussetzung für Klarheit liegt im Zeilenabstand. Wenn die Unterlängen einer Zeile sich mit den Oberlängen der folgenden Zeile überschneiden, fehlt es der Schrift zweifellos an Harmonie in der Gliederung; sie wird schlechter lesbar.

Deshalb weist eine sinnvolle Gliederung immer auf Klarheit des Urteils hin. Der Schreiber mit einer solchen Gliederung nimmt jedoch auch eine distanzierte Haltung ein, um seinem Bedürfnis nach Objektivität besser gerecht werden zu können. Dieses Bedürfnis geht zwangsläufig eher mit relativ kühler Haltung als mit Überschwenglichkeit einher.

Menschen mit Kontaktschwierigkeiten – deren Ursachen von einfacher Schüchternheit bis zu krankhafter Isolierung des „Ich" reichen können – machen nicht nur große Abstände zwischen Wörtern und Zeilen, sondern lassen auch rechts einen breiten Rand. Der Grund für diese Desorganisation kann physischer oder psychischer Natur sein. Natürlich sollte man bei einem solchen Zustand dem Arzt das Wort lassen.

Die übermäßige Isolierung der Wörter verrät geistige Unzulänglichkeit, Zerfahrenheit. In diesem Zustand beginnt die Schrift sich aufzulösen.

Es kann auch vorkommen, daß die Wortabstände normal, die Zeilen aber verstrickt sind: dies zeigt auf, daß der Schreiber sein Leben täglich rationell arrangiert, doch nicht in der Lage ist, alles das abstrakt zu sehen und zu organisieren, was über seinen persönlichen Kontakt mit der Welt hinausgeht und sich außerhalb seines täglichen Wirkungsbereichs abspielt.

Zu kleine Wort- und Zeilenabstände gelten allgemein als Zeichen für eine Vorherrschaft der Impulsivität über den Verstand, manchmal aber auch für reiche Phantasie, schöpferische Sinnlichkeit.

Eine Schrift mit zu geringen Wortabständen verweist auf Gezwungenheit, ein zu großer Abstand auf Zwangsneurose. Ich bin hier versucht zu sagen: Wie weit sind wir doch vom antiken Gleichgewicht entfernt! Aber ich müßte sofort hinzufügen, daß die Schriften der Antike nicht leicht zu entziffern sind, da bei ihnen nicht nur jede Interpunktion (sie ist eine relativ junge Erfindung), sondern auch die Wortabstände fehlen.

Diese Bemerkung erlaubt mir festzustellen, daß die Gliederung eines Schriftstücks auch von der Länge des Textes bei möglicherweise beschränktem Papiervorrat abhängen kann. In diesem Fall wird das „Engschreiben" zu einem Synonym für Anpassung.

Betrachten wir auch die Schrift selbst. Ist sie ungeordnet, überwuchernd (ohne Ränder), konfus, überladen, vernachlässigt, unsauber? All dies widerspricht einer guten Schriftgliederung.

Es genügt hier, drei wesentliche Punkte anzuführen:

○ Eine sehr persönliche, aber logische und klare Gliederung deutet Originalität an.

○ Eine zu strenge, unerbittliche, steife Gliederung kann auf einen Menschen verweisen, der sich in seine Vorstellungen, Vorurteile und engstirnigen Ansichten verbohrt und allzusehr Sklave der Stunde und der Gewohnheiten ist. Im äußersten Fall ist er ein wunderlicher Kauz, ein Besessener, zumeist einfach ein Neurotiker.

○ Dagegen verrät die absolute Unfähigkeit, den Text zu gliedern, entweder einen Menschen, der keine Möglichkeit zu normalem Schulbesuch hatte und auf einem ziemlich niedrigen Bildungsniveau steht, oder einen Menschen, der nicht fähig ist, normale Kontakte zur Umwelt zu knüpfen.

Vergessen wir schließlich nicht, daß die Darbietungsart, die allgemeine Gliederung einer Schrift und das Bemühen um Leserlichkeit *erworbene* Dinge sind. Kein Kind kommt sauber und als sorgfältiges Wesen zur Welt, dasselbe gilt für das Erlernen der Schrift. Und die Schrift vermittelt ein genaues Bild vom Anpassungsvermögen des Menschen an bestimmte gebieterische Umstände. Es gibt Menschen, die keine saubere, klare, leicht lesbare Schrift haben (und im Grund auch nicht haben *wollen*). Dies ist eine negative Reaktion, die vor allem eine affektive Störung oder Gefühlsblockierung verrät. Dagegen künden der Wunsch nach Anpassung, die überlegte Unterordnung unter gewisse Regeln von Intelligenz, Besonnenheit, gutem Gleichgewicht, Selbstbeherrschung; mit einem Wort: von affektivem Gleichgewicht.

Die obigen Ausführungen sind keine Deutung, sondern verifizierbare Tatsachen, belegt durch Hunderte, ja Tausende von Fällen. Wer mein Buch liest, sei bitte voll und ganz überzeugt: Nichts des hier Gesagten wird leichtfertig vorgebracht.

Es erscheint nun ratsam, mit Hilfe von Beispielen Ordnung in diese vielfältigen Überlegungen über die Darbietungsart der Schrift zu bringen, diesen Spiegel der Persönlichkeitspräsentation.

Die Ränder

Linksrand kaum oder nicht vorhanden: Sparsamkeit, das Bedürfnis, alles an sich zu ziehen, ob es sich um Urteile, Bewertungen oder das Verhalten handelt. Klar ausgedrückt heißt das Egoismus. Oft sind Menschen, bei denen der linke Blattrand fehlt, auch noch von Kindheitserinnerungen geprägt, versetzen sich gern in die Kindheit zurück und nehmen im Leben eine kindhafte Haltung ein; sie suchen Schutz, welchen auch immer. Außerdem ist dies ein Anzeichen für mangelnde Höflichkeit und ein sehr relatives ästhetisches Empfinden. Mißtrauische Persönlichkeit, häufig voller innerer Konflikte.

Linksrand unregelmäßig: Wankelmut, Unbeständigkeit, Mangel an Ordnung und Disziplin, Haltung und Gedanken sehr wechselnd. Dies sind Menschen, auf die man sich nicht verlassen kann.

Linksrand breit oder sehr breit: Sorglosigkeit und oft Zeitvergeudung, Verzettelung, Verschwendungssucht; sehr hohe Ansprüche vom ästhetischen und auch vom materiellen Standpunkt aus. Anzeichen für gehobene Lebensweise, aber auch für distanzierte Haltung gegenüber anderen. (Sehr breite linke Ränder werden immer seltener.) Ist die Schrift klein, bringt der Schreiber dem Adressaten ein Übermaß an Respekt entgegen, er verrät so seine Schüchternheit, seinen Minderwertigkeitskomplex und sein Bedürfnis, in den Hintergrund zu treten.

Linksrand von oben nach unten wachsend: Unabhängigkeitsbedürfnis; Leidenschaftlichkeit, Beeinflußbarkeit, Mangel an Widerstand gegen stärkere Persönlichkeiten, oft auch Inkonsequenz, Mangel an Vorsicht, Impulsivität, Drang zum Vorwärtsstürmen und Wagnis, selbst wenn es unvorsichtig ist. Menschen, die so schreiben, haben Mühe, mit ihrem Budget auszukommen. Sie verraten auch – wenn es sich um Jugendliche handelt – eine unbewußte Neigung, der elterlichen Bevormundung zu entfliehen. Übrigens macht sich diese Neigung heute zusehends bewußt geltend und ist in vielen anderen Schriftmerkmalen zu erkennen, vor allem in der absichtlichen Ungeordnetheit, in einer totalen Zwanglosigkeit der Schriftgliederung.

Linksrand von oben nach unten abnehmend: Die Deutung hier ist tatsächlich das Gegenteil der vorhergehenden: ängstliche, allzu gewissenhafte, mißtrauische Person, von Neid, Eifersucht und egozentrischer Einstellung geprägt; fixiert auf die Kindheit, unbewußt an die Mutter gebunden, verantwortungs- und entscheidungsscheu. Oft weigern sich diese Menschen, ihre eigene Verantwortung anzuerkennen, und wenn ihnen etwas fehlschlägt, sind immer die anderen schuld, die Umstände . . . Diese Menschen sind anormal und scheinbar grundlos müde, deprimiert, mutlos, was so weit gehen kann, daß sie keine Lust mehr haben, irgend etwas zu unternehmen (das reicht bis zur Asthenie).

Wenn allerdings der linke Rand nur gelegentlich so ist, einfach weil der Schreiber fürchtet, nicht genügend Platz zu haben, bedeutet er Mangel an Voraussicht und auch einen relativen Mangel an Rücksicht auf den Adressaten des Schreibens.

Es gibt noch zwei weitere Varianten des linken Randes: Er kann ein *konvexes* Aussehen haben. Dies ist der Versuch der Selbstbeherrschung, die Reaktion des Menschen, der seine Schwächen erkennt und kennt, der kämpft, aber das Sprichwort veranschaulicht: „Verjagt das Naturell, und es kommt im Galopp wieder.“

Das heißt, daß beispielsweise ein Mensch unbedingt sparsam, vorsichtig und vorausschauend werden will; er spart anfangs am falschen Ende und landet bald wieder bei seinen großen Ausgaben. Die Engländer sagen „penny-loose and pound-crazy“, was bedeutet: „Im Kleinen sparsam, im Großen verschwenderisch.“

Das Umgekehrte, der *konkave* Rand, verrät den entgegengesetzten Versuch: das Bemühen um eine generösere und gelöstere Haltung auf allen Gebieten, siegreich bekämpft von den gegenteiligen Neigungen. Es zeugt auch von instinktiver Sparsamkeit, verborgen hinter einer mehr oder weniger generösen Lebensweise, die manchmal von den Umständen aufgezwungen wird – oder von der Umgebung.

Schema der linken Ränder

a) nicht vorhanden b) unregelmäßig c) breit d) wachsend

e) abnehmend f) konvex g) konkav

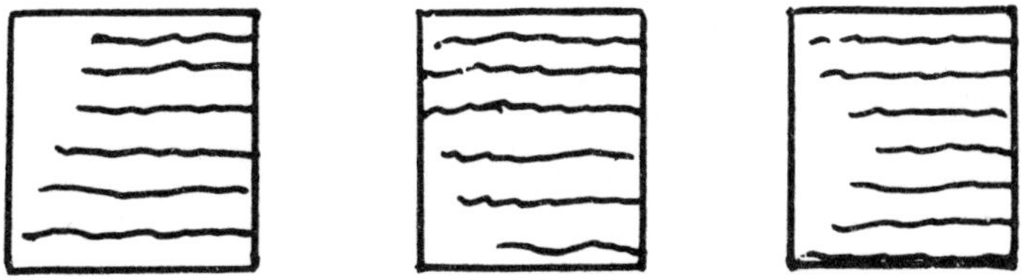

Rechtsrand, schmal oder fehlend: Das ist, so könnte man sagen, ein allzu geselliger, lästig werdender, aufdringlicher Mensch, dem es ein wenig an Takt, an Gefühl für das Maß mangelt, der um elf Uhr abends beim Nachbarn klingelt, weil er Lust hat, mit ihm zu plaudern, und der sich keineswegs fragt, ob er den Nachbarn nicht vom Schlafen abhält. Fast alle im Verkauf beschäftigten Menschen, besonders die Vertreter, lassen kaum einen Rechtsrand stehen: sie müssen von ihrem Beruf her fähig sein, sehr leicht und „problemlos“ Kontakte zu knüpfen.

Rechtsrand breit oder zu breit: Dies zeigt Furcht vor dem Kontakt mit anderen an, Angst vor der Zukunft. Dieser Rand ist ein Merkmal der Übergewissenhaften, der Schüchternen, jener, die vor der Brutalität der Wirklichkeit zurückweichen. Es ist das typische Indiz übersensibler Introvertierter, die ihre

Zurückgezogenheit zu schützen suchen, ihr Innenleben und auch ihr Geistesleben, das sehr schöpferisch sein kann; man kann ja schließlich nicht schöpferisch tätig sein, wenn Tumult oder Lärm herrschen, wenn man sich inmitten von Menschen befindet . . . Ein breiter Rechtsrand verrät gelegentlich auch einen Ödipuskomplex, Fixierung auf die Mutter, Einfluß der Vergangenheit, Pessimismus, das Bedürfnis, nachzugrübeln und zu analysieren.

Rechtsrand abnehmend: Dies wiederum kündet vom Bedürfnis nach Kontakt mit anderen, dem vordringlichen Trachten, seine Pläne zu verwirklichen, was die Überwindung der ursprünglichen Ängste erlaubt. Zuerst Angst, dann Kühnheit.

Der Rechtsrand ist jedoch nicht nur breit, schmal oder nicht vorhanden, sondern fast immer unregelmäßig: der Mensch kann seiner Schrift keinen festen Rahmen geben wie bei einer Druckseite. Ist jedoch die Unregelmäßigkeit sehr ausgeprägt, hat man es mit einem ziemlich unbeständigen Wesen zu tun, das zwischen Angst und Hoffnung schwankt, zwischen Geselligkeit und Zurückhaltung.

Was soll man schließlich zu den fallenden Zeilen jener Menschen sagen, die es nicht fertigbringen, ein Wort zu trennen, das zu lang für die Zeile ist? In etwa dasselbe, was für das Fehlen des Randes gilt. Die fallende Zeile wird als schlechte Organisation der Zeit und der Finanzen gedeutet, aber auch als Anzeichen für bestimmte innere Konflikte.

Schema der Rechtsränder

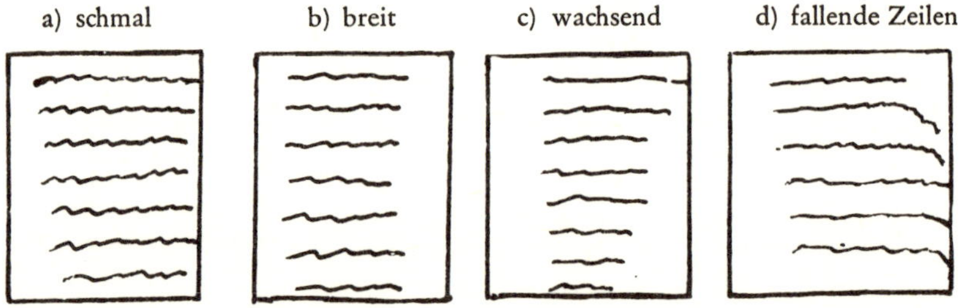

Oberer Rand breit: gute Erziehung, rücksichtsvolle Haltung gegenüber der Person des anderen, eine gewisse Würde. Wir haben es mit einem Anzeichen für gute soziale Bildung zu tun. Bei kleiner Schrift kann es bestimmte Anpassungsschwierigkeiten oder Mangel an Sicherheit verraten.

Oberer Rand schmal: ist eher bezeichnend für einen unterwürfigen Menschen, dem es an Takt fehlt, der schnell vertraulich wird. Folglich deutet dieser Rand auf eine etwas nachlässige Erziehung hin, auf mangelnde Zweckbestimmtheit des Verhaltens (Inopportunität). Doch Menschen, die Kontakte brauchen, die zur aufdringlichen und beschlagnehmenden Sorte gehören, haben ebenfalls einen schmalen oberen Rand.

Unterer Rand breit: bedeutet ein Vorherrschen des ästhetischen Empfindens und wenig Sinn für Sparsamkeit.

Unterer Rand schmal: Tendenz zu utilitaristischen Prinzipien, vor allem wenn das Gesamtbild zusammengedrückt und eng ist. Auch deutliches Anzeichen für Sparsamkeit. Oder der Schreiber wollte, wenn die Schrift schnell ist, den Fluß seiner Gedanken nicht unterbrechen und nutzte die Seite soweit wie möglich aus, bevor er zur nächsten Seite überging.

Fehlen des unteren Randes schließlich verrät mangelhafte Organisation, fehlendes Gefühl für die Nutzung von Zeit und Geld; im allgemeinen findet sich dieses Merkmal bei Menschen, die nie Zeit für irgend etwas haben und ständig in Trab sind, weil sie weder Ordnung noch Methode kennen. Es ist oft auch ein Anzeichen für unverbesserliche Schwatzhaftigkeit.

Das Aussehen der Schrift

Wir werden jetzt die wichtigsten Schriftmerkmale vom Gesichtspunkt der Ordnung im allgemeinen aus untersuchen.

Die klare Schrift (Fig. 46) weist eine harmonische Aufteilung von Text und Zwischenräumen auf. *Theoretisch* soll der Abstand zwischen den Buchstaben einen Millimeter, zwischen den Wörtern zwei und zwischen den Zeilen zehn Millimeter betragen. Diese Angaben für die Größe der Zwischenräume sind jedoch sehr relativ, denn man muß die Schriftgröße in Betracht ziehen. Eine große Schrift beispielsweise braucht, um klar zu bleiben, einen größeren Zeilenabstand als eine ganz kleine Schrift.

Die klare Schrift zeigt eine genaue Vorstellung vom „Dein“ und „Mein“ an, ausgewogenes Urteil, das Bemühen um Gerechtigkeit. Sie ist ein Charakteristikum von vernünftigen, klugen Menschen. Ist der Zeilenverlauf horizontal, liebt es der Schreiber, die Dinge zu verstehen und zu erklären. Und er lehnt es ab, mit Menschen in Kontakt zu treten, die kein Moralgefühl haben. Dies gilt jedoch nur für eine Schrift, die eine gewisse Originalität aufweist, die wirklich „persönlich“ ist. Andernfalls ist es ein Anzeichen von Bedeutungslosigkeit.

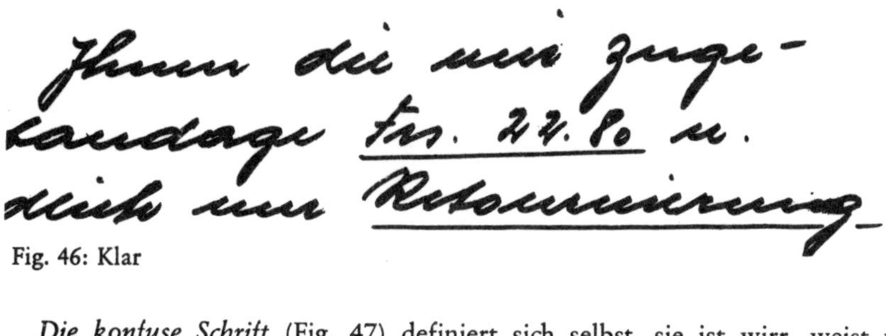

Fig. 46: Klar

Die konfuse Schrift (Fig. 47) definiert sich selbst, sie ist wirr, weist verstrickte Zeilen auf und läßt sich schwer lesen. Sie kann eine Vorliebe für leicht zu schließende Kontakte mit Leuten ohne Moralgefühl andeuten (gleich und gleich gesellt sich gern) und einen Hang zu sehr schlechter Organisation von Zeit, Arbeit und den zu erledigenden Aufgaben.

Es kann auch sein, daß die Schrift absichtlich unklar ist. Dies bezeichnet einen Menschen, der „den Fisch zu ertränken" versucht: er überschwemmt Sie mit einer Flut von Worten, Erklärungen, Einwänden und Erwägungen, so daß Sie am Ende nicht mehr wissen, was er sagen wollte; und wenn Sie gar eine Erklärung, die Rechtfertigung einer Tat oder vielleicht einer Rechnung verlangt haben, werden Sie nichts Klares, Zusammenhängendes erfahren, Sie werden versucht sein, aufzugeben oder sich anderswo zu erkundigen, wenn Sie nicht der Betrogene sein möchten.

Die konfuse Schrift kann auch ein Anzeichen (aber nur bei originellen, nicht uneleganten Buchstaben) für ein Übermaß an Phantasie, für schöpferische Begabung sein. Andernfalls bedeutet sie Exaltation, Illusionismus und Neigung zu Utopien, bisweilen sogar Geistesgestörtheit.

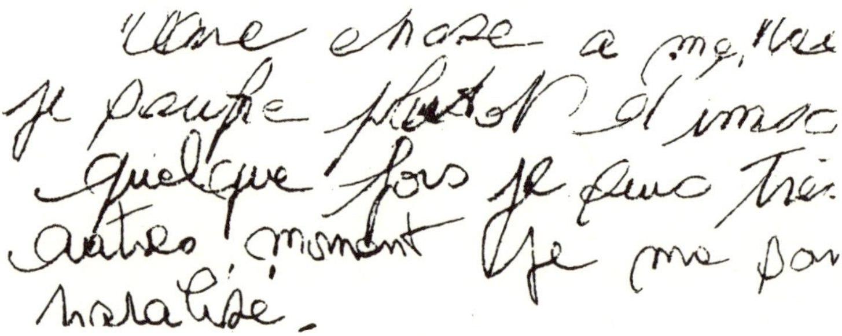

Fig. 47: Konfus

Die geordnete Schrift (Fig. 48) ist insgesamt nach einem strengen Plan angelegt: Symmetrie, Briefkopf, Ränder, Absätze, Abstand zwischen Buchstaben, Wörtern und Zeilen, Proportionen, regelmäßige Interpunktion – das alles erweckt den Eindruck, Gegenstand gespannter Aufmerksamkeit gewesen zu sein. Die Bedeutungen dieser Schrift sind sehr positiv: Ordnung, Methode, Pünktlichkeit, Verbindlichkeit, Höflichkeit.

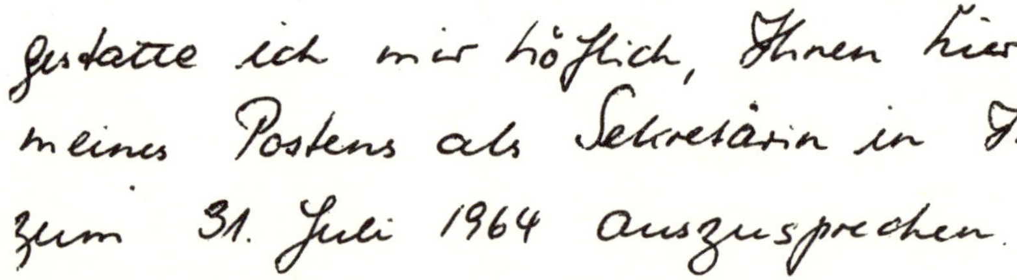

Fig. 48: Geordnet

Die ungeordnete Schrift (Fig. 49): Fehlen eines Gesamtplans, die Schrift breitet sich mehr oder weniger tumulthaft über die Seite aus, ohne allgemeines Darbietungssystem oder ästhetischen Anstrich. Alle Schriftelemente sind hier unregelmäßig und unzusammenhängend. Hinzu kommen häufige disproportionierte Bewegungen. Die Bedeutung einer solchen Schrift ist entweder übermäßige Erregung oder Trägheit oder auch Überspanntheit. Auf jeden Fall aber wirrköpfige Aktivität und Impulsivität.

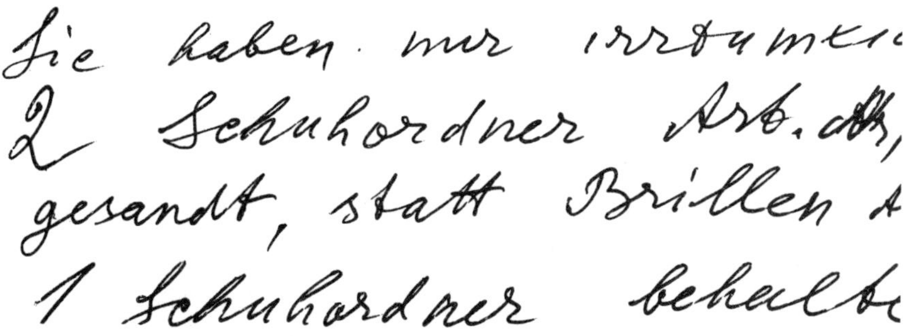

Fig. 49: Ungeordnet

Die beschlagnehmende Schrift (Fig. 50): Ohne Ränder, die ganze Seite bedeckend. Bei großer Schrift ein Zeichen für Großzügigkeit, ja Verschwendungssucht, Hang zu Luxus, hohen materiellen Ansprüchen, Neugier, Mangel an Takt; ein Hinweis auf eine ermüdende, lästige Person, die nur von sich selbst spricht. Hier erfolgt gewissermaßen die Vergöttlichung des „Ich". Der Urheber einer solchen Schrift erscheint materialistisch, egozentrisch, er belegt andere mit Beschlag, schließt durch seine Gegenwart, seine persönlichen Geschichten die ganze übrige Welt aus, verheißt schöne Tage, hat eine strahlende Vitalität, knüpft leicht Kontakte und kennt nur ein sehr oberflächliches Mitgefühl. Ist die Schrift dagegen zusammengedrückt und eng, bedeutet sie eine an Schäbigkeit grenzende Sparsamkeit.

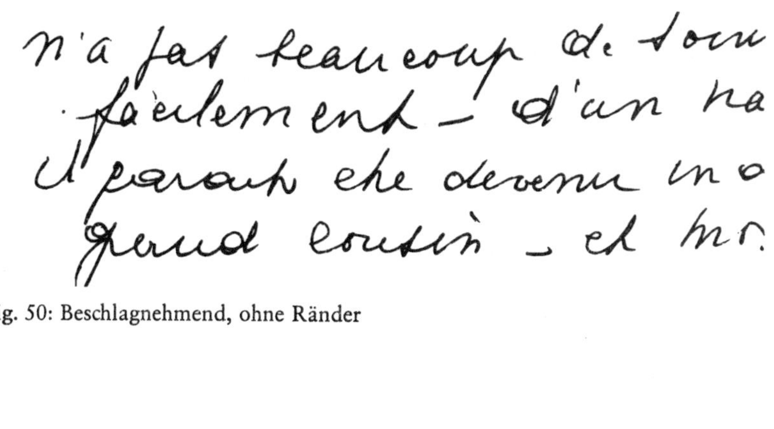

Fig. 50: Beschlagnehmend, ohne Ränder

Die luftige Schrift (Fig. 51): Sinnvolle Aufteilung des Raumes mit viel Weiß, das deutlich, aber nicht übertrieben ist. Intelligenz, klares Denken, objektive Urteile, synthetischer Geist (seltener als analytischer Geist).

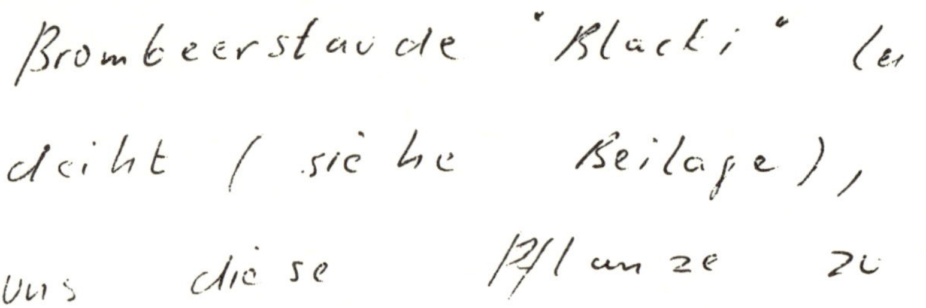

Fig. 51: Luftig

Die enge oder konzentrierte Schrift (Fig. 52): Zusammengepreßte, enge Wörter und Zeilen. Ist die Schrift trotzdem harmonisch, zeigt sie Aufmerksamkeit, Konzentration, Selbstbeherrschung und ein Gedächtnis für Details an. Eine unharmonische, häßliche Schrift kennzeichnet kleinliches, übergewissenhaftes Naturell, Egoismus, Geiz, Einseitigkeit.

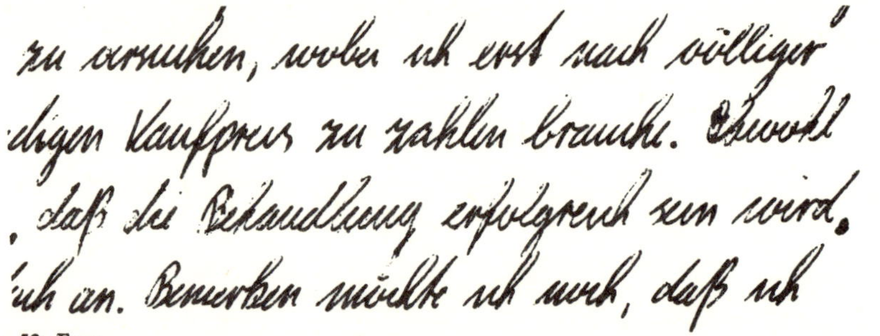

Fig. 52: Eng

Die übermäßig gesperrte Schrift (Fig. 53): Zuviel Weiß zwischen den Zeilen und Wörtern. Bei kleiner Schrift bedeutet dies das Bedürfnis nach Freiheit und vor allem Isolierung, kaltes, distanziertes, mehr als reserviertes Wesen, Verlust des Kontakts zur Umwelt. Je größer die Abstände zwischen den Wörtern werden, desto mehr erhält das Verhältnis zwischen Wort und Pause, zwischen dem Sich-Äußern, Sich-Erklären und dem Schweigen den Charakter des Unnormalen. Hier wird die schöpferische Pause zur Lücke, ein Verlust jeder Spontaneität liegt vor.

In bestimmten Fällen psychischer Gestörtheit nimmt die Vergrößerung der Wortabstände ein solches Ausmaß an, daß die Seite schließlich einer Wüste gleicht, auf der hier und da ein Wort steht.

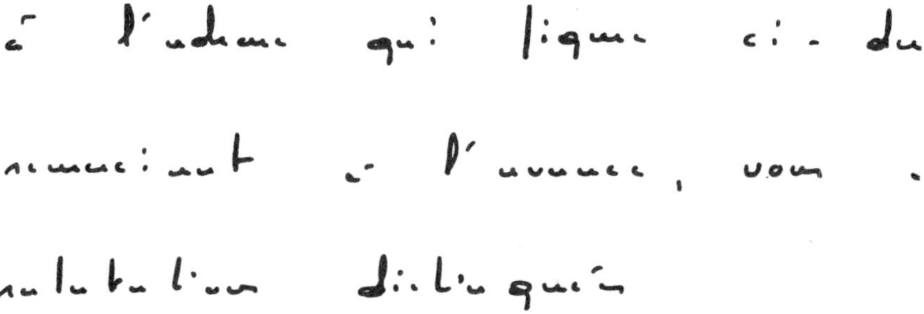

Fig. 53: Gesperrt

Verstrickte Zeilen (Fig. 54), bei denen (wie schon gesagt) die Unterlängen einer Zeile die Oberlängen der folgenden Zeile berühren und für die die Nichtbeachtung der Regeln über Wort- und Buchstabenabstände charakteristisch ist, zeigen Geistesverwirrung an, schlecht gesteuerte Phantasie, unproduktive Erregung. Die Verlängerung der Unterlängen (im allgemeinen geht sie mit deren Aufblähung einher), die zum wesentlichen Teil zur Verstrickung der Zeilen beiträgt, verweist auf schrankenlosen Materialismus, ein übermäßiges, unaufhörliches Bedürfnis nach Bewegung, Zerstreuung und Überreizung.

Nun bleibt uns noch zu untersuchen, an welche *Stelle* die *Unterschrift* im Verhältnis zum Text plaziert ist. Die Unterschrift selbst – ein spannendes Thema – wird später Gegenstand einer gesonderten Untersuchung sein.

Normalerweise soll sich die Unterschrift rechts auf der Seite befinden, genau unter dem Text. „Klebt“ sie jedoch zu eng am Text, zeigt sie Mißtrauen an. Bei normaler Stellung bedeutet sie ein gutes Aktivitätsniveau, Initiative, allgemeines Gleichgewicht.

Eine in der Mitte der Seite stehende Unterschrift ist ein Hemmungszeichen. Der Schreiber vermeidet den Kontakt mit anderen, ist verkrampft und hat Angst, wichtige Entscheidungen zu fällen. Je weiter sich die Unterschrift auf der Seite nach links orientiert, desto größer ist die Zurückhaltung angesichts zu lösender Schwierigkeiten.

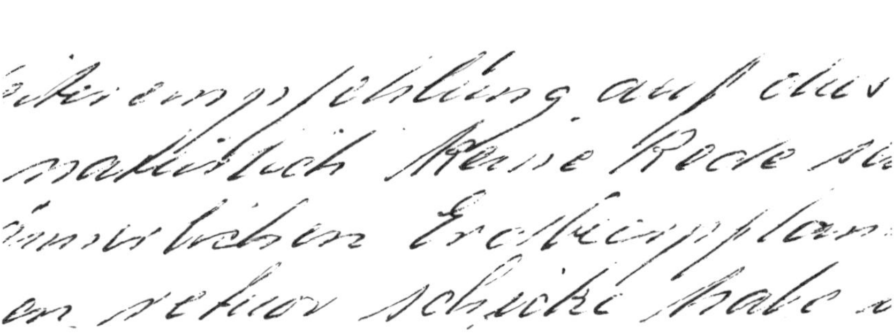

Fig. 54: Verstrickte Zeilen

Eine ganz nach links gerückte Unterschrift kann, Pulver zufolge, eine beunruhigende Selbstvernichtungstendenz verraten. Mit anderen Worten, sie verweist auf einen Selbstmordkandidaten oder zumindest auf den Wunsch, sich aufzugeben; dies vor allem, wenn die Unterschrift fällt.

Nun sind Sie in der Lage, sich selbst nicht nur vom Standpunkt allgemeinen Gleichgewichts, der Einstellung zum Leben und zu anderen sowie des Grades an Organisation und Methode aus zu beurteilen, sondern auch viele Einzelheiten im Verhalten der Menschen Ihrer Umgebung zu erkennen, indem Sie deren Schrift beobachten. Hüten Sie sich jedoch vor Indiskretionen; Sie müssen fähig sein, die Früchte Ihrer Beobachtungen für sich zu behalten.

5. Die Zeilenrichtung

Wie ist Ihr Geisteszustand? Haben Sie im allgemeinen Schwung, oder denken Sie im Gegenteil „Was soll's?", bevor Sie irgend etwas unternehmen? Sind Sie guten Mutes oder deprimiert? Oder schlägt Ihre Stimmung leicht von Begeisterung in Mutlosigkeit um? Fühlen Sie sich verdrossen oder voller Enthusiasmus?

Wenn Sie das in Erfahrung bringen wollen, lesen Sie das Folgende aufmerksam; bedenken Sie aber, daß in der Graphologie alles nuanciert sein muß. Keine vorschnellen Urteile! Wenn eine Schrift steigende Zeilen aufweist, muß ihr Urheber nicht *zwangsläufig* eine gute Stimmung haben, die jeder Prüfung standhält.

Viel ist über den Zeilen*verlauf* zu sagen, über steigende oder sinkende, bogige oder wellenförmige Zeilen oder Zeilen, die keine definitive Richtung haben. Sehr rasch werden Sie bemerken, daß eine Schrift nicht immer streng denselben Zeilenverlauf aufweist, sondern sich *in ihrer Gesamtheit* dieser oder jener Kategorie nähert.

Das Kind, das schreiben lernt, braucht liniertes Papier. Erst später kommt es ohne dieses aus, erst wenn es eine gewisse Unabhängigkeit, ein bestimmtes persönliches Gleichgewicht erlangt hat – und natürlich auch ein Minimum an Schreibfertigkeit.

Ein Rat en passant: Prüfen Sie immer, ob ein sehr horizontaler und hinsichtlich des Zeilenabstandes sehr regelmäßiger Zeilenverlauf nicht einfach das Ergebnis eines untergelegten Linienblattes ist.

Hier nun einige grundlegende Erwägungen, die auf der Anatomie beruhen, auf der Beschaffenheit der Muskulatur und auf dem, was diese Muskulatur steuert; kurz: auf dem, was, physiologisch gesehen, den Zeilenverlauf steuert. Denn es ist wichtig, sich vor allem zu fragen, ob bei der hier behandelten Tendenz – nämlich während des Schreibens „horizontal zu bleiben" oder „zu sinken" – neben der Gemütsspannung nicht Gesichtspunkte der Kraft und Gesundheit mit hereinspielen. Dies ist tatsächlich der Fall, und ihre Berücksichtigung ist sehr wichtig. Ich möchte Sie hier mit den klugen, präzisen anatomischen Erklärungen verschonen, die Dr. Périot und P. Brosson in ihrem Werk *Morpho-physiologie de l'écriture* (Paris, 1957) geben, und zu direkten, für den Laien verständlicheren Schlußfolgerungen übergehen.

Es ist *sehr schwer*, ganz geradlinig zu schreiben, denn dies erfordert die Einschaltung zahlreicher Muskeln. Der Schreiber legt instinktiv sein Blatt so vor sich, daß die Feder (oder das benützte Schreibgerät) eine Entfaltungsmöglichkeit in einem Winkel von 45 Grad links und rechts der Hand hat. In das Bemühen, genau horizontal zu schreiben, schaltet sich nicht nur das Kleinhirn ein, sondern dazu ist auch eine bemerkenswerte Meisterschaft erforderlich, die ihren

Ursprung im Bereich des Gehirn-Frontallappens hat. Schließlich tragen Wille und Beharrlichkeit sehr wesentlich zur Erlangung eines streng horizontalen Zeilenverlaufs bei.

Die Unterschiede im Zeilenverlauf

Die vollkommen horizontale Zeile (sehr selten) verweist auf Eigensinn, auf geduldige, fortgesetzte Widerstandsbemühungen gegen Hindernisse, verbissenen Willen, die Liebe zu geometrischer Anordnung. Menschen, die so schreiben, mögen keine Kurven. Unter den Anhängern der strengen Horizontalzeile unterscheidet man drei Kategorien:

1. Jene, die aus Notwendigkeit und Passivität so sind (die Buchstaben bleiben kurvig).
2. Jene, die es aus dem Gefühl heraus sind (horizontale Zeile und rechtsschräge Buchstaben – Sanguiniker).
3. Jene, die es aus Vernunft sind (Winkel und steile Schrift – gallige Verstandesmenschen, gewissenhaft, hart).

Progressives Steigen der Zeilen nach horizontalem Beginn: Zu deuten als schrittweises Überwinden von Schranken, Steigerung der Schnelligkeit. Hier wird der Thalamus rege, der Schwung nimmt schrittweise zu, geschürt und stimuliert durch die Beschwörung des zu erreichenden Ziels. In der Folge läßt sich daraus Befriedigung erlangen.

Progressives Sinken nach horizontalem Beginn: Die Deutung läuft auf das Gegenteil des zuvor Gesagten hinaus: Immer ausgeprägterer Pessimismus, je weiter sich das Schreiben fortsetzt. Die Laune hängt vom Thalamus und den Schwankungen seiner Spannung ab. Man kann hier also an eine – vielleicht nur augenblickliche – ängstliche und traurige Stimmung denken. Keine Rede von verringerter Vitalität, aber momentaner Abfall der Lebensdynamik.

Bei gelegentlichem Auftreten: Zeichen der Schwäche, Müdigkeit, Traurigkeit, Unruhe; bei chronischem: Mangel an Selbstvertrauen, Pessimismus.

Wellenförmige Zeilen (abwechselnd divergente und konvergente Linien): Sich-Fügen ins Leben und gegenüber dem Himmel. Der Schreiber versucht seinen Pflichten zu entfliehen.

Unstabiler Zeilenverlauf: Normal bei Nervösen, verrät übermäßige Beeindruckbarkeit, krankhafte Ängstlichkeit, unvorhersehbare Reaktionen, Erregbarkeit, Widerspruchsgeist, kritischen Sinn.

Schließlich führt eine bestimmte frontal-kortikale Debilität zu einer phantastischen oder fehlenden Interpunktion, zu Vergessen, Lücken, Auslassungen, groben Orthographiefehlern usw.

Wie man sich denken kann, spielen jedoch nicht nur rein physische und anatomische Ursachen eine Rolle. Beim Menschen steht alles in einer engen Wechselbeziehung. Schlechte Stimmung beeinflußt das Physische, und umgekehrt können eine angegriffene Gesundheit, fortdauernde Müdigkeit, Erschöpfung, die physische Schwierigkeit, Pläne oder Absichten zu verwirklichen, den Zeilenverlauf beeinflussen (was aber nichts zu tun hat mit der *Schriftlage,* das heißt dem Neigungswinkel der Buchstaben: man kann beispielsweise senkrecht bei sinkender Zeile oder linksschräg bei steigender Zeile schreiben).

Deshalb könnte man bei der Prüfung des Zeilenverlaufs sagen: Man fühlt den Puls der Laune, man mißt das Maß an Schwung, den Grad an Begeisterung oder umgekehrt. Nicht sagen darf man – in uniformer, vereinfachender Weise –, eine steigende Zeile bedeute Fröhlichkeit und Schwung, eine sinkende Zeile das Gegenteil und eine ziemlich horizontale Zeile Ruhe und Ausgewogenheit.

In der Graphologie ist alles äußerst nuanciert. Man muß eine Menge Details berücksichtigen, ebenso Variationen der untersuchten Merkmale. Man muß unter anderem prüfen, ob der Zeilenverlauf *regelmäßig* ist, *in konstanter Weise* steigend, sinkend, horizontal oder wellenförmig.

Betrachten Sie Ihre eigene Schrift genau, dann werden Sie vermutlich feststellen, daß sie nicht dasselbe Aussehen, nicht denselben Schwung hat, wenn Sie müde sind oder wenn Sie sich wohl fühlen. Sind Sie krank oder matt, haben Sie eine schlechte Nachricht erhalten (und müssen in diesem Augenblick schreiben), dann werden Sie sehen, wie Ihre Schrift sich von jener zu normalen Zeiten unterscheidet. Deshalb ist es, allgemein gesprochen, wünschenswert, sich nicht auf ein einziges Dokument zu stützen; man sollte immer über mindestens drei Schriftproben von derselben Person verfügen, um sicherzugehen, daß man kein voreiliges Urteil fällt.

Bei genauer Beobachtung der Schriften zeigt sich, daß es folgenden Zeilenverlauf gibt:

- ○ horizontal
- ○ steigend
- ○ sinkend
- ○ wellenförmig
- ○ dachziegelförmig steigend
- ○ dachziegelförmig sinkend
- ○ konkav (gehöhlt)
- ○ konvex (gewölbt)

Die horizontale Zeile (Fig. 55): Man muß sicherstellen – ich betone es noch einmal –, daß die Schriftprobe nicht mit Hilfe eines Linienblattes zustande kam. Doch da es sich hier um eine sehr stabile, sozusagen permanente Schreibweise handelt, braucht man beispielsweise nur einen Umschlag mit einer Adresse zu vergleichen, um herauszufinden, ob der Schreiber wirklich horizontal schreibt oder nicht.

Auf Menschen mit einer solchen Zeilenführung kann man sich verlassen, denn sie ändern nicht ständig ihre Vorstellungen und Pläne; sie tun, was sie gesagt haben, oft voll strengem Ernst, entschlossen, ohne ein Jota davon abzuweichen. Dieses Merkmal zeigt auch – häufig – psychische Reife an, Rationalismus, Selbstbeherrschung. Hier ist jedoch eine kleine Korrektur anzubringen: Ich kenne jemanden, der eine horizontale Zeilenführung hat, doch in einem solchen Ausmaß nervös-emotional ist, daß ihn seine Selbstbeherrschung oft im Stich läßt . . . Er „explodiert“ leicht. Was bei ihm an zahlreichen Unregelmäßigkeiten in den Buchstaben selbst zu sehen ist (auf das Kapitel Unregelmäßigkeiten der Schrift werden wir noch zurückkommen).

Wenn die Schrift schlaff und wenig harmonisch ist, deutet die horizontale Zeile auf mittelmäßigen Konformismus und ein Fehlen von Phantasie hin. Und Gott weiß, daß man im Leben wahrlich etwas Phantasie braucht, sonst wird man für die Mitmenschen langweilig wie ein Regentag im Urlaub.

Ist die Schrift nicht nur streng horizontalzeilig, sondern sieht sie zudem starr aus – was relativ selten ist, aber vorkommt –, hat man es mit einem Menschen zu tun, der keinerlei Spontaneität besitzt, der in allen Bereichen unerbittlich streng ist, ständig das Betragen aller anderen prüft, kurz, der allem mit aggressiver Härte begegnet, was nicht seinen Konzeptionen, seinen persönlichen Ansichten entspricht. Wer mit solchen Menschen arbeiten oder leben muß, ist wirklich nicht zu beneiden.

Allgemein gesprochen, ohne Berücksichtigung solcher Extreme, kündet die horizontale Zeile von Willen, Ausdauer, geduldigem, beharrlichem, zähem Widerstand gegen Hindernisse.

So schreiben Verfechter „des Inneren“. Sie vermögen aber häufig einen solchen Verfechter, der von außen kommt, nur schwer zu akzeptieren. Man kann also sehr unabhängig und gleichzeitig sehr streng und sich selbst gegenüber sehr anspruchsvoll sein. Ich verweise hier – noch einmal – nachdrücklich auf die unbedingte Notwendigkeit, die Graphologie, wenn man sie verstehen will, entsprechend zu assimilieren, also niemals ein einseitiges, schneidendes, starres Urteil zu fällen. Schließlich trifft man nicht oft Menschen, die ganz aus einem Guß sind . . .

Die starre Schrift ist streng horizontalzeilig, winkelig und dürr. Generell gesehen ist ihr Urheber sehr für die Gerechtigkeit eingenommen und von unerbittlicher Prinzipienstrenge, sowohl was ihn selbst als auch was andere anbelangt. Ist diese Schrift aber nicht sehr harmonisch, hat man es mit einem Despoten zu tun. Vor allem wenn der Winkel vorherrscht und wenn sogar die Striche, die normalerweise gerundet oder zumindest oval sein sollten, in Winkel verwandelt wurden. Diese Menschen haben zweifellos ihren Willen bemerkenswert geschult, sie lassen sich nicht beeinflussen; aber es ist mehr als schwierig, mit ihnen zu leben. (Männer, nicht Frauen, haben eine solche Schrift.)

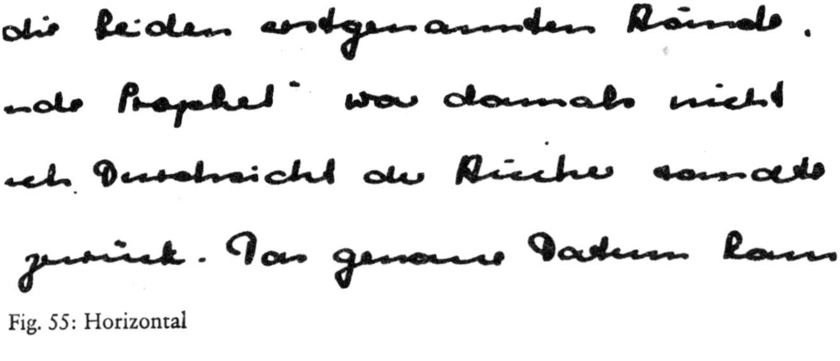

Fig. 55: Horizontal

Die steigende Zeile (Fig. 56): Die traditionelle, sehr klassische Deutung der steigenden Zeilen spricht von Elan, Optimismus, Fröhlichkeit. Ja, aber . . . das ist zu einfach; es ist angebracht, diese allzu bequeme Deutung stark zu nuancieren.

Ich kannte eine Frau, deren Zeilen *regelmäßig* stiegen: Sie hätte nach der üblichen Bedeutung dieses Merkmals fröhlich und optimistisch sein müssen. Das genaue Gegenteil traf zu, es gab keine größere Pessimistin, sie war bitter, fürchtete stets das Schlimmste, sagte immer das Scheitern alles dessen voraus, was in ihrer Umgebung unternommen wurde oder was sie selbst unternahm. Sie pflegte diesen Katastrophengeist regelrecht, malte den ganzen Tag schwarz, hielt sich bei ihren Träumen auf, die sie regelmäßig als Anzeichen von zumindest argen Unannehmlichkeiten deutete. – Wie ist zu erklären, daß ihre Schrift so munter stieg? Es rührte daher, daß sie eine leidenschaftliche, aktive Natur hatte – und leicht aufbrauste. Sie war öfter zornig als friedlich gestimmt. Ihre täglichen Wutausbrüche ließen sich nicht zählen, endeten mit Versöhnung und bewirkten einen permanenten Zustand übermäßiger Reizbarkeit. Sie war immer „auf Touren“, immer aus diesem oder jenem Grund aufgebracht.

Dem Graphologen Zanetti zufolge sind Menschen, deren Schrift zeit ihres Lebens steigende Zeilen aufweist – gleichgültig, in welcher Stimmung sie sich gerade befinden –, Aktive, die ständig irgend etwas tun müssen. Wozu ich anfügen möchte, daß man, wie mich meine Erfahrung ganz klar lehrte, leidenschaftlich aktiv sein kann, ohne eine Schrift mit steigenden Zeilen zu haben. Wie dem auch sei, für diesen Graphologen ist sie Anzeichen für das Streben nach einem hohen Niveau, auf welchem man sich aus Zwang hält. Sie ist auch ein Zeichen für eine innere Haltung täglicher Reaktionen auf Depressionsursachen inneren oder äußeren Ursprungs. Schließlich kündet sie von scheinbarem Enthusiasmus, geistiger Erregung und manchmal Unausgewogenheit.

Diese Deutung kann ich voll und ganz bestätigen. Ich erlebte – unter anderen – einen verblüffenden Fall, der sie treffend illustriert. Es handelte sich um einen Mann von hoher geistiger Kapazität, doch ein Wesen des Übermaßes und der Extreme in allem, im Grund sehr unglücklich, voll widersprüchlicher Reaktionen. Dieser seltsame Mensch schäumte über von Ideen und brachte immer gleich alle in Schwung. Er hatte nicht seinesgleichen, wenn es darum ging, andere zu begeistern und die Gutwilligen zu mobilisieren. Plötzlich dann, ohne Grund, gab er alles auf und jagte einem anderen Hirngespinst nach. Schließlich ermüdete er seine ganze Umgebung, er verschleuderte sein Vermögen (denn er war auch größenwahnsinnig) und nahm ein sehr trauriges Ende: er starb arm und einsam. Seine Zustände der Exaltation verrieten deutlich seine geistige Erregung und Unausgewogenheit. Wenn er schrieb – ihm lag immer daran, sehr leserlich und sorgfältig zu schreiben –, begann er ziemlich horizontal; aber die letzten Zeilen am Ende der Seite stiegen in wahrhaft verstiegener Weise (selbst ein Linienblatt half ihm nicht viel).

Betrachten wir nun mit dem Schweizer Graphologen und Psychoanalytiker L. Bousquet die *regelmäßig* steigende Zeile, die gleichbleibend das Merkmal aller Schriftstücke einer Person ist. Sie verweist auf Schwung, Dynamik und

Selbstvertrauen. Auch auf das Bedürfnis zu handeln und auf Glücksfähigkeit (die nicht jedermann gegeben ist).

Tritt die steigende Zeile nur gelegentlich auf, verrät sie einen *vorübergehenden* Erregungszustand, beispielsweise schwärmerische Begeisterung oder Zorn.

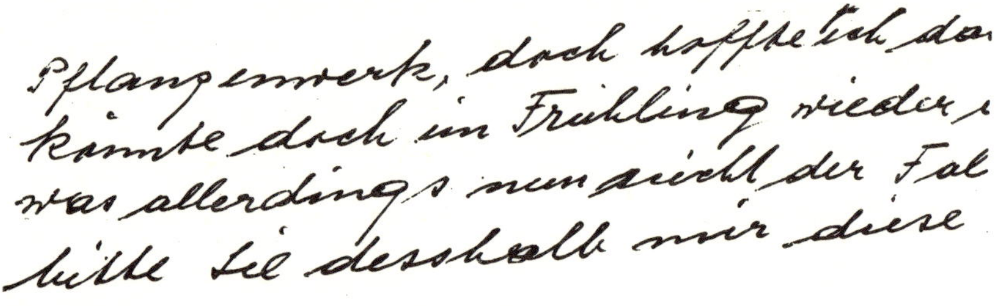

Fig. 56: Steigend

Die Zeile kann auch *dachziegelförmig steigen* (Fig. 57). Dies bedeutet, daß die Wörter ähnlich Dachziegeln stehen, in ansteigender Form gestaffelt sind.
In einer harmonischen Schrift ist dies ein Zeichen für ständig gebremsten Eifer, für gezügelten Ehrgeiz. Das Bemühen setzt immer wieder neu ein, ist jedoch nicht ausdauernd genug. Diese Zeilenform bedeutet auch Kampf zwischen dem Bewußtsein und den unbewußten Trieben.

In einer unharmonischen Schrift (wir wissen, was das ist – siehe Kapitel 2) drückt dieses Merkmal die Zurückdrängung unbewußter Neigungen und Bedürfnisse aus. Sie machen sich dennoch bemerkbar, beispielsweise in Form einer schlecht beherrschten Emotivität. Das kann die Veranlagung zu Neurosen anzeigen, Erregungskrisen können mit Perioden der Niedergeschlagenheit abwechseln (Zyklothymie – die wir später eingehender untersuchen werden), und das vor allem, wenn die Wortenden sinkende Tendenz haben.

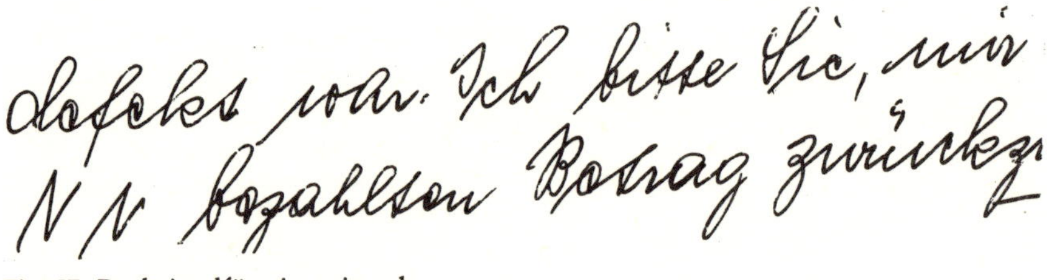

Fig. 57: Dachziegelförmig steigend

Die sinkende Zeile (Fig. 58): Der klassischen Deutung zufolge zeigt sie ein erschöpftes neuromuskuläres Potential, einen ziemlich ausgeprägten Ermüdungszustand an: dieser kann vorübergehend oder dauernd sein. Noch einmal, die *Permanenz* der sinkenden Zeile in allen Schriftstücken enthüllt dies. Sie verrät auch Enttäuschung, Mutlosigkeit, Kummer oder passive Neurose.

Ein düsteres Bild, werden Sie denken. Hier sind ebenfalls Nuancierungen und Präzisierungen erforderlich. Sinkt die Zeile *gelegentlich,* bedeutet sie ein Aufgeben des Kampfes, ein Gefühl des Entrücktwerdens, manchmal Bedauern und Gewissensbisse.

Was ruft, physiologisch gesehen, das Sinken der Zeilen hervor? Das Erschlaffen des Armes, der sich zum Körper hin abbiegt; also Müdigkeit, zu deren Bekämpfung man keine moralische Kraft, keine Lust mehr hat: folglich ein bestimmtes Nachlassen des Willens. So können bei schweren Krankheiten die Zeilen immer stärker sinken, besonders wenn die Schrift langsam, zitterig und der Strich zu häufig unterbrochen ist.

Bei einem jungen, gesunden Menschen ist ein solcher Zeilenverlauf ein Zeichen großer Ermüdbarkeit. Ich kannte jemanden, der im Alter von etwa zwanzig bis dreißig Jahren eine Schrift mit stark sinkenden Zeilen hatte. Dann wurden sie dachziegelförmig sinkend und schließlich völlig horizontal. Der Wille hatte wieder die Oberhand gewonnen. Diese Person ist noch immer von sehr zarter Gesundheit sowie deutlich anormaler Ermüdbarkeit, und zwar mangels physischer (nicht psychischer) Kräfte, aber sie hat sich wieder angewöhnt, zu kämpfen und sich im Leben zu bewähren.

Es gibt auch Schriften mit regelrecht „herunterpurzelnden" Zeilen, und zwar in zunehmendem Maß. Ich werde den frappierendsten Fall schildern, den ich in dieser Hinsicht erlebte: den einer neunzehnjährigen Studentin. Ausgeprägte Neurose, Mythomanie (krankhafte Lügensucht), Selbstmordgedanken, dabei aber das Bedürfnis, Komödie zu spielen, ihre Umgebung in Angst um sie zu versetzen; eine Art affektiver Erpressung. Es folgten Aufgabe des Studiums, totaler Schlafverlust; physischer Verfall infolge Mißbrauchs von Arzneimitteln, besonders Barbituraten. Ihre Schrift zeigte immer stärker sinkende Zeilen. Sie hatte das Bedürfnis, sich auszubreiten, sich dem Papier anzuvertrauen, und schrieb mir in ihren Momenten schlimmster Depression Hunderte von Seiten in einer fast unleserlichen Schrift.

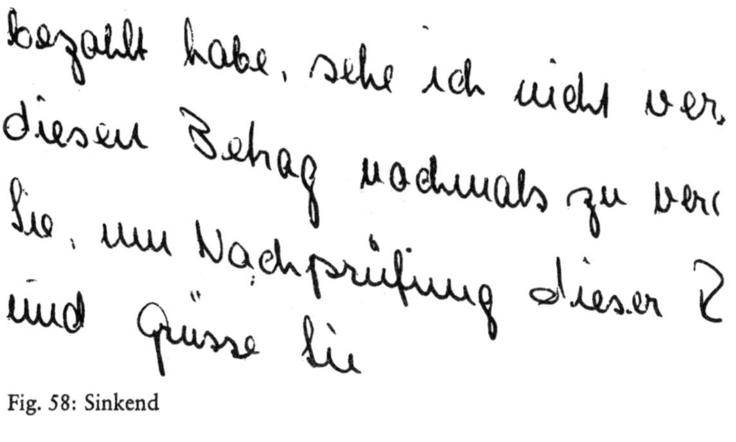

Fig. 58: Sinkend

Mitunter sinken nur die *Zeilenenden* ab (Fig. 59): Das bedeutet Elan, der übers Ziel hinausschießt, Mangel an Organisation und Voraussicht.

Den Psychoanalytikern zufolge verweist eine Schrift mit sinkenden Zeilen und sehr entwickelten Unterlängen beim Mann auf Aggressivität, Virilität, einen gewissen Sadismus. Bei der Frau verrät dasselbe Merkmal ein Bedürfnis, sich preiszugeben, sich zu erniedrigen, Masochismus.

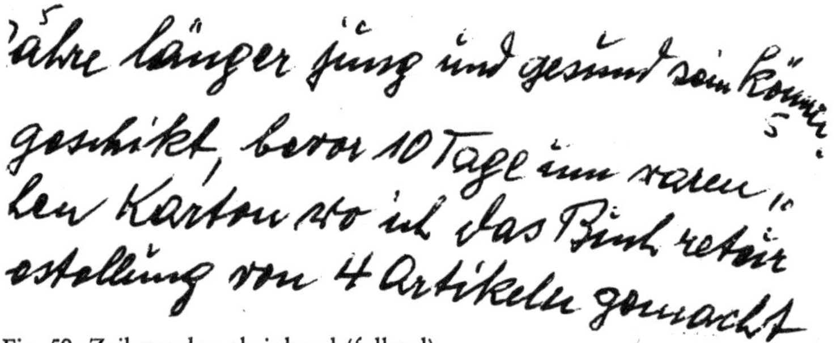

Fig. 59: Zeilenenden absinkend (fallend)

Und die *dachziegelförmig sinkende Zeile* (Fig. 60)? In der Deutung das genaue Gegenstück zur dachziegelförmig steigenden Zeile. Wenn Sie berücksichtigen, was zum Thema der steigenden und sinkenden Zeilen erklärt wurde, werden Sie mühelos finden, daß dieses Merkmal Kampf gegen die Entmutigung ausdrückt. Es ist bei depressiv veranlagten Menschen die Anstrengung des Willens, der ständig gegen die depressive Neigung kämpft. Es ist ein endloses Ringen zwischen zwei entgegengesetzten, unvereinbaren Tendenzen. Es kann auch die Mutreaktion eines Kranken sein.

Der große französische Graphologe Crépieux-Jamin definierte dieses Schriftmerkmal als Anzeichen von Beharrlichkeit ohne Hoffnung, von düsterer Hartnäckigkeit einer des Schwungs beraubten Energie, von traurigem Trotz und gutem Willen, der nicht zum Ziel gelangt, weil der innere Schwung fehlt.

Allgemein gesprochen zeigt das Merkmal besonders Traurigkeit an, Unlust (ich kenne jedoch niemanden, der in einem Gefühl ständiger Unlust lebt und dessen Zeilen steigen!), Unzufriedenheit mit sich und anderen, Flucht in homosexuelle Neigungen, Depression. Ferner: Beeinflußbarkeit, Sich-gehen-Lassen, vor allem wenn die Schrift schleppend, schlaff, langsam, ungeordnet ist. Man kann auch die Neigung zu moralischer Korruption, Untreue, Egoismus und Heuchelei annehmen. Und schließlich: Anfälligkeit für Neurosen.

Fig. 60: Dachziegelförmig sinkend

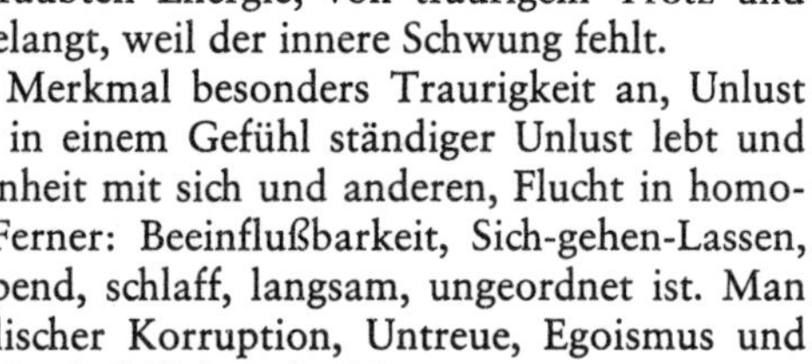

Die konkave (gehöhlte) Zeile (Fig. 61) nimmt zuerst einen sinkenden Verlauf und steigt dann wieder. Sie bedeutet Depression, gefolgt von dem Bemühen, sich wieder aufzurichten, Reaktionswillen, die Verteidigungsgeste, die Wirkung der Moral auf den physischen Zustand, beispielsweise im Fall einer Krankheit. Die konkave Zeit offenbart oft ein lymphatisch-nervöses Temperament, wie es Menschen eigen ist, die Mühe haben, sich in Schwung zu bringen, die sich jedoch in der Aktion erwärmen und begeistern.

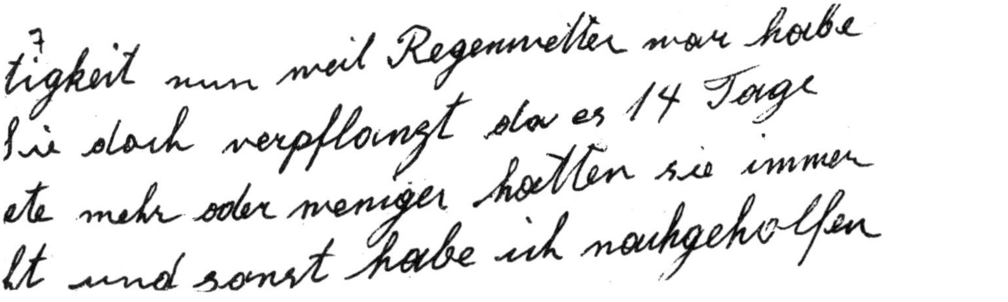

Fig. 61: Konkav (gehöhlt)

Die konvexe (gewölbte) Zeile (Fig. 62) ist natürlich das Gegenteil der konkaven Zeile: die Schrift steigt zuerst und sinkt dann wieder. Es ist das Bemühen, gefolgt von Depression, Neigung zum Schwärmen, zu Begeisterungsausbrüchen, die zu nichts führen. So schreiben Menschen, die eine Menge Pläne machen, zahllose Dinge anfangen und nichts fertigbringen, weil sie bei der ersten Schwierigkeit aufgeben. Und weil es ihnen an ausreichenden physischen Kräften fehlt, um beharrlich zu arbeiten, zu reagieren, zu kämpfen; denn man benötigt auch körperliche Widerstandskraft, nicht nur moralische. Wenn diese Spannung, dieser physische Tonus fehlt, kämpft man eine gewisse Zeit und gibt dann auf.

Im allgemeinen haben Menschen, deren Zeilen konvex verlaufen, mehr Wünsche als Willen. Man trifft sie übrigens ziemlich häufig an. Ihren Worten und Absichten nach wollen sie viel unternehmen, ihr Leben umkrempeln, alles verwandeln. Trifft man sie einige Tage später, haben sie ihre Beschlüsse völlig vergessen und sich in die übliche Tristheit zurücksinken lassen. Ausgeprägt konvexe Zeilen verraten Aggressivität, in deren Gefolge Angst. Sie treten bei Personen auf, die eine zu lebhafte Phantasie sowie ein ungeduldiges Wesen haben und rasch ermüden.

Häufig handelt es sich auch um Zyklothyme, von denen wir bereits bei der dachziegelförmig steigenden Zeile gesprochen haben: himmelhoch jauchzend, zu Tode betrübt; einen Tag voll Eifer, am nächsten maßlos deprimiert, ohne Lust zu irgend etwas. Auf die Versprechen solcher Menschen sollte man nicht bauen, denn sie geben sie guten Glaubens in ihrer Euphorie, vergessen aber leicht.

Fig. 62: Konvex (gewölbt)

Es gibt auch einen Zeilenverlauf, den manche Graphologen als *Schlangenlinie* bezeichnen, weil die Zeile sich auf und ab windet und tatsächlich an die Bewegungen einer Schlange erinnert.

Man wollte sie in subtilen Nuancen von der *wellenförmigen Zeile* (Fig. 63) unterscheiden. Doch es ist besser, beides unter dem Wort „wellenförmig" zusammenzufassen, einem Ausdruck, der die Eigenheit der Zeilen mit dem ständig schwankenden Verlauf gut veranschaulicht. Nebenbei bemerkt sei hier, daß man den Verlauf einer Zeile genau ermitteln kann, indem man mit Bleistift leicht der Basis aller Wörter einer Zeile folgt.

Dieser Zeilenverlauf enthüllt lebhafte Empfänglichkeit für äußere Einflüsse, das Bedürfnis zu diskutieren und zu widersprechen, das mangelhafter innerer Festigkeit entspringt. Ferner kündet er von einer gewissen psychischen Zartheit. Den Menschen, die so schreiben, fehlt es oft an Festigkeit im Leben, sie wissen nicht genau, wohin, in welche Richtung sie sich wenden wollen.

Ist die Schrift harmonisch, verrät sie vor allem Intelligenz, bedeutet der Zeilenverlauf Schlauheit, Diplomatie, Geschick, Gewandtheit (die auch zu weit gehen kann) und Anpassung der Gefühle; auch Sinn für Humor. Ist die Schrift jedoch sehr wellig, kann sie auf einen umhergetriebenen Menschen verweisen, der grausam unter dem Mangel an innerer Sicherheit leidet (in solchen Augenblicken treten häufig große Wortabstände auf). Er wankt, sucht und schwankt schmerzlich. Es handelt sich nicht wirklich um eine Depression, sondern eher um das, was daraus entstehen kann. Es empfiehlt sich hier, große Vorsicht walten zu lassen; denn Menschen, deren Zeilen sehr *wellenförmig* verlaufen, sind höchst unsicher, und man baut besser nicht auf sie. Sie sind voller Widersprüche, ambivalent, wie man sagt, der List fähig, labil und äußerst beeinflußbar. Es sei denn, andere Zeichen in der Schrift bestätigen – in diesem Augenblick –, daß es sich um Müdigkeit und vor allem Sehstörungen handelt.

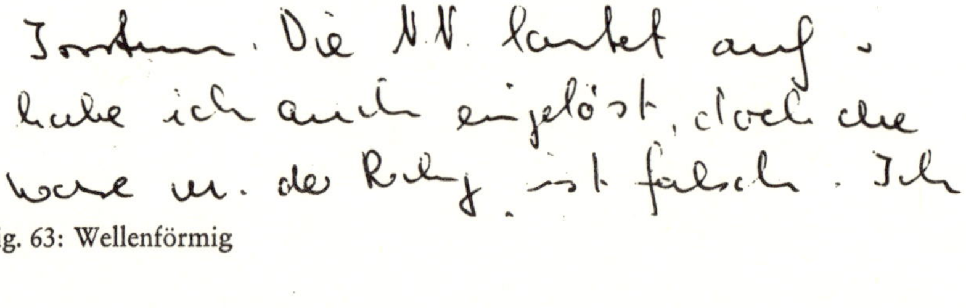

Fig. 63: Wellenförmig

Fassen wir zusammen: bei harmonischer Schrift: große Sensibilität und elastischer, scharfsinniger, kluger Geist, Feinfühligkeit, Raffinesse, Opportunismus. Diese Menschen sind Meister im „Kurvennehmen".

Bei unharmonischer Schrift: Mangel an Durchsetzungsvermögen und an Entfaltung auf sexuellem Gebiet, sehr beeindruckbare und beeinflußbare, unentschlossene Menschen, die oft gemeine Mittel wie Hinterlist und Durchtriebenheit einsetzen. Das kann von Wankelmut, Flatterhaftigkeit bis zu Gaunerei oder fehlendem Moralempfinden gehen.

Die Unregelmäßigkeiten des Zeilenverlaufs und ihre Ursachen

Sie können sehr zahlreich und unterschiedlich sein. Sogenannte „gebrochene" Zeilen, die gleichzeitig steigen und sinken, verraten plötzliche Stimmungsumschwünge, Neurosen, Unbeständigkeit von Grund auf, Reizbarkeit. Wer mit solchen Menschen leben muß, ist zu bedauern, denn sie können nur unglücklich sein und, da sie psychisch erschöpft sind, in allen Dingen nervös. Tatsächlich ist nichts strapaziöser als das Zusammenleben mit einem Menschen, von dem man nie weiß, welche Haltung er einnehmen und wie er unter bestimmten Umständen reagieren wird.

Allgemein gesprochen, verraten Zeilen mit unzusammenhängender oder sehr ungleicher Richtung, die bald steigen, bald sinken, manchmal gerade und manchmal gewunden sind, einen fast ständigen inneren Kampf und tiefsitzende Unbeständigkeit; auch Mangel an Selbstvertrauen und Selbstbeherrschung.

Menschen, die so schreiben, steuern im Leben ihr Schiff sehr schlecht, was bei ihnen bis zu fehlendem Moralempfinden, Heuchelei, Illoyalität gehen kann. Da sie keine feste, genau bestimmte Richtung kennen, verhalten sie sich – laut dem spanischen Graphologen Vels – wie ein „steuerloses Schiff im Sturm".

Hier einige weitere Präzisierungen der Unregelmäßigkeiten:

○ *Steigende, dann wieder horizontal verlaufende Zeile:* Bemühen um Mäßigung; dem Schreiber gelingt es, den ziemlich lebhaften Impuls seiner ersten Bewegung durch Selbstbeherrschung oder Zwang zu kontrollieren.

○ *Steigende, dann sinkende Zeilen:* starke Verminderung des Nervenstroms, Mangel an Selbstvertrauen, der Schreiber erträgt wegen Übermüdung oder Krankheit keine längerdauernde Anstrengung, sehr gefühlsabhängige Konstitution. Die nervöse Erregung bewirkt eine Muskelspannung, die zur ansteigenden Zeilenrichtung führt. Die nervöse Depression dagegen entspannt die Muskeln, somit plötzlicher Wechsel von Erregung zu Depression, Eifer, der nicht anhält, krankhafte Sensibilität, Niedergeschlagenheit, Kummer.

○ *Immer stärker steigende Zeilen:* starke Zunahme der Erregung, die unangenehmerweise nicht gebremst werden kann, Unordnung verschiedenster Art steht zu befürchten, vor allem wenn die Schrift schwungvoll vorausgeworfene Züge aufweist. Das Schriftbild einiger Künstler unter dem Einfluß der Inspiration: ist diese gewissermaßen seelisch-geistige Krise, dieses schöpferische Fieber vorüber, wird ihre Schrift wieder normal. Fiebrige Erregung, Unruhe, Exaltation, krankhafte Sensibilität.

○ *Sinkende, dann wieder horizontal verlaufende Zeilen:* augenblickliche zu große Müdigkeit, um irgend etwas zu unternehmen; aber in dem Maß, in dem sie sich gibt, überwindet der Schreiber seine Depression und erlangt sein Gleichgewicht wieder. Er ist auf jeden Fall beeindruckbar.

○ *Sinkende, dann steigende Zeilen:* das Gleichgewicht wird ersetzt durch Erregung, große Emotivität, Reaktion gegen Abspannung, krankhafte Sensibilität.

○ *Immer stärker sinkende Zeilen:* sie zeigen stets einen ernstlich beeinträchtigten Gesundheitszustand an, der ärztlicher Behandlung bedarf. Die Gesundheit wirkt sich ja auf die Gemütsverfassung aus, daher die Möglichkeit eines völligen seelischen Erschlaffens. Auch bei Hypochondern anzutreffen.

○ *Zeilen mit unstabiler Richtung:* hyperemotionale Konstitution, krankhafte Unruhe, Anwandlungen von Zweifeln, Zögern, Impulsivität, mangelndes Gleichgewicht, widersprüchliche Natur, unvorhersehbare Reaktionen.

○ *Bald gerade, bald wellenförmige Zeilen:* geistige Sensibilität, Geistesarbeit, Geschmeidigkeit, Wankelmut.

○ *Zeilen mit unzusammenhängender Richtung:* übermäßige Emotivität und Unruhe, Ungleichgewicht.

○ *Auf liniertem Papier:*

Buchstaben über und unter der Zeile: sehr lebhafte geistige und seelische Sensibilität, Scharfsinnigkeit.

Bei unharmonischer Schrift: Zögern, Unschlüssigkeit, Beweglichkeit, geistige Unruhe.

Schrift über der Zeile: entspricht der regelmäßigen, leicht steigenden Zeile.

Schließlich zeigen jene, die mit Vorliebe immer auf liniertem Papier schreiben, ihr Bedürfnis nach einer Stütze, nach Führung und Abhängigkeit (natürlich ohne sich dessen bewußt zu sein).

6. Die Schriftlage

Der Neigungswinkel der Buchstaben läßt uns nun in den Gefühlsbereich eintreten. Natürlich wissen Sie, ob Sie mehr oder weniger sensibel und sentimental sind. Aber Sie können sich jetzt des Veränderlichkeitsgrades und auch der Intimität der Gefühle klarwerden.

Es gibt, was den Neigungswinkel anbelangt:

- steile oder senkrechte Schriften,
- schräge und manchmal sehr schräge Schriften,
- linksschräge Schriften,
- Schriften mit zu schwankender Lage, als daß man sie in eine der Kategorien einordnen könnte.

Die Schriftlage ist zwar, allgemein gesehen, äußerst bedeutungsreich, weil sie das Ausmaß des Dialoges – oder Kampfes – zwischen Impulsivität und Selbstkontrolle enthüllt, aber sie umfaßt mehr als nur den Bereich des motorisch Affektiven. Man kann daher die Schriftlage nicht allein als Kampfgebiet von Herz und Kopf, von Gefühl und Verstand betrachten. Sie ist auch der Bereich des mit den Sinnen verbundenen Gefühlslebens.

Interessant ist in diesem Zusammenhang, daß fast alle Verfasser anonymer Briefe ihrer Schrift eine linksschräge Neigung geben, weil sie naiverweise glauben, dadurch ihr Schriftbild besser verändern zu können. Dagegen denken Menschen mit normalerweise linksschräger Schriftlage, wenn sie zum so häßlichen Verfahren des anonymen Briefes greifen, nicht daran, rechtsschräg zu schreiben. Sie verstellen ihre Schrift anders.

Doch verlassen wir einstweilen das Kapitel des Schriftgutachtens: es kann begeistern, aber es ist keine Graphologie mehr. Im allgemeinen sind die besten Schriftgutachter zwar Graphologen, weil sie alle Merkmale der Schrift, die Art ihrer Formung oder Verformung kennen; aber sie müssen die besondere Technik des Gutachtens studieren, denn es ist ihnen nicht erlaubt, in einem Gutachten als Graphologen zu sprechen. Wir haben es hier mit zwei sehr verschiedenen Fachzweigen zu tun.

Noch eine Anmerkung ist hier zu machen: Der Neigungswinkel der Buchstaben enthüllt, generell gesehen, die Qualität des Kontakts mit Mitmenschen und die Neigung dazu, die Geartetheit der Beziehungen zur Außenwelt und den Drang danach. Die einen brauchen ständig Menschen um sich, die anderen kommen leicht ohne Gesellschaft aus, und einige schließlich meiden sie pfleglich. Sie benötigen die Einsamkeit und lieben es nicht, gestört, aus dem Fluß ihrer Gedanken oder aus ihrer Arbeit gerissen zu werden.

Schließlich gibt es jene, deren Buchstaben keine genau definierbare Richtung haben: sie sind ewig unbeständig, ambivalent, hin- und hergerissen zwischen widersprüchlichen Tendenzen; man weiß nie, wie sie reagieren werden, wenn man sich erkühnt, an ihrer Tür zu läuten.

Die Unterschiedlichkeit des Neigungswinkels

Vergegenwärtigen wir uns die medizinisch-physiologischen Beobachtungen Dr. Périots *(Morpho-physiologie de l'écriture)*, so müssen wir anführen, daß ihm zufolge der Neigungswinkel von der Handhaltung und der Papierlage abhängt. Die steile Schrift sei eine Folge aufrechter Körperhaltung und erzieherischer Disziplin; die sehr schräge Schrift sei die Frucht von Nachlässigkeit und körperlichem Sich-gehen-Lassen, das Resultat einer ungezwungenen, geschmeidigen Haltung. (Die Schrift von General de Gaulle – siehe Seite 85) – ist sehr rechtsschräg. Konnte man ihm Nachlässigkeit und körperliches Sich-gehen-Lassen vorwerfen? Das wäre lächerlich.)

Für Dr. Périot haben ferner die reinen Sanguiniker eine sehr volle, bewegte und rechtsschräge Schrift. Und dies wegen Auflehnens des Körpers auf den Tisch, der Hand auf den Unterarm. Wenn der Schreiber sich aufrichtet, tut es auch die Schrift.

Was die linksschrägen Schriften anbelangt, so stellt Dr. Périot eine Verbindung zwischen ihnen und dem Tragen zu enger Schuhe her . . . (Wir lassen ihm allein die Verantwortung für diese etwas überraschende Behauptung, für die ich persönlich nie eine Bestätigung gefunden habe.)

Nach dieser kaum befriedigenden Einführung über die Schriftlage (man darf sie nicht, was Anfänger oft tun, mit der Zeilenrichtung verwechseln) werden wir nacheinander die Merkmale der steilen, rechtsschrägen und linksschrägen Schrift untersuchen.

Die sehr rechtsschräge Schrift (Fig. 64)

Sie ist mehr als 45 Grad nach rechts geneigt und bedeutet immer ein Zeichen von mangelndem Gleichgewicht, hemmungsloser Impulsivität, einem Bedürfnis nach Gefühlen, einem Sich-gehen-Lassen, das sehr weit zu gehen droht. Dieses Schriftmerkmal findet sich bei Menschen, denen es an Zurückhaltung, Mäßigung und Gleichgewicht fehlt. Sie sind leidenschaftlich und suggestibel, mehr als beeinflußbar. Haltlosigkeit, keine Hemmung, Unüberlegtheit, Frivolität, große Unbeständigkeit und Leichtfertigkeit prägen diese Menschen, die ihr Leben sehr schlecht steuern. Es sind maßlose Menschen, die sich nicht beherrschen, alles übertreiben – wie sexuell Erregte, die sich zu exhibitionistischer Bloßstellung hinreißen lassen. Ihr Bedürfnis, „sich beliebt zu machen", kann sie zu unverständlichem Verhalten und unbegreiflichen Taten verleiten (wie beispielsweise die *„Schöne des Tages"* von J. Kessel). Oder auch: antisoziale Haltung bis zur äußersten Grenze.

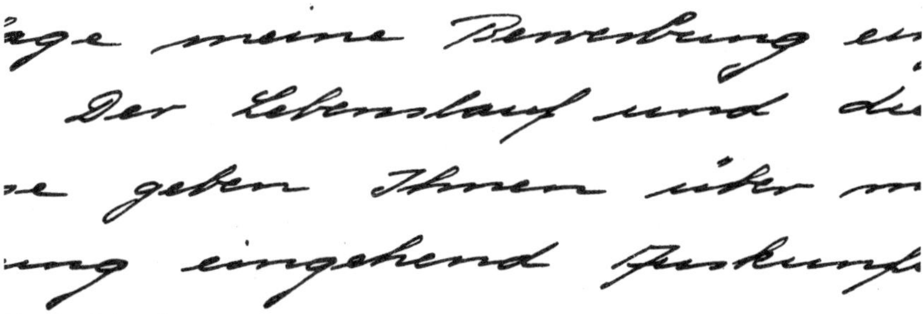

Fig. 64: Sehr schräg

Alles in allem werden sie von ihrem sexuellen und sinnlichen Appetit geleitet, beherrscht, getrieben, sind aber völlig unbeständig im Gefühlsbereich. Bedürfnis nach Zärtlichkeit und Liebkosungen, Narzißmus, Eifersucht, Egozentrik im affektiven Bereich, Zügellosigkeit der manchmal wilden Leidenschaften ...

Achtung: Wenn in diesem Fall die Schrift buchstäblich aufs Papier geworfen ist und die Wortenden die Form scharfer Spitzen haben – dann ist es besser, auf der Hut zu sein.

Da jedoch in der Graphologie nichts einfach ist, gibt es auch hier Nuancen. So verrät Steifheit in der Schräge auch Starre der Prinzipien, und hier sei es erlaubt, die Schrift General de Gaulles nochmals zu erwähnen. Darin kommt die Unbeugsamkeit des Menschen zum Ausdruck, der nicht von bestimmten Regeln abweicht. Beachten Sie übrigens, wie klar, geordnet und auch trocken diese Schrift ist. Sie hat eine Einfachheit der Form, die manchmal einen Buchstaben auf ein simples Schema zurückführt, wobei die Schrift jedoch vollkommen leserlich bleibt (Fig. 70).

Weist dagegen die sehr schräge Schrift wenig Festigkeit auf und haben die Buchstaben mit Unterlängen die Form einer „8", kann man darin ein Zeichen für homosexuelle Tendenzen sehen. Bei plötzlich zurückgestellten Endungen der Großbuchstaben nach links bedeutet sie Egoismus der Gefühle, Eifersucht, Reizbarkeit und aggressive Rachsucht von Menschen, denen es nicht gelang, sich beliebt zu machen, und die sich in unerbittliche Feinde verwandelten (laut dem spanischen Graphologen A. Vels).

In diesem Zusammenhang ist interessant, daß sich während einer psychoanalytischen Behandlung die Schriftlage oft verändert. Meist hat sie sich am Ende der Behandlung völlig gewandelt, was ganz normal ist, weil dem Menschen durch die Behandlung seine Komplexe sowie ihr Ursprung bewußt wurden und er sich gewissermaßen davon befreite, indem er gewisse Dinge billigte und zugestand, indem er sein eigenes Wesen nicht mehr ablehnt, sondern hinnimmt.

Die rechtsschräge Schrift (Fig. 65)

Schräg, aber ohne übertriebenen Neigungswinkel: sie verrät Zärtlichkeit und Zuneigung ohne Triebhaftigkeit. Alles ist hier besonnen, maßvoll, dosiert. So schreiben liebenswürdige Menschen, sie sind freundlich, höflich, wissen Sympathien zu wecken, vor allem wenn ihre Schrift rund ist.

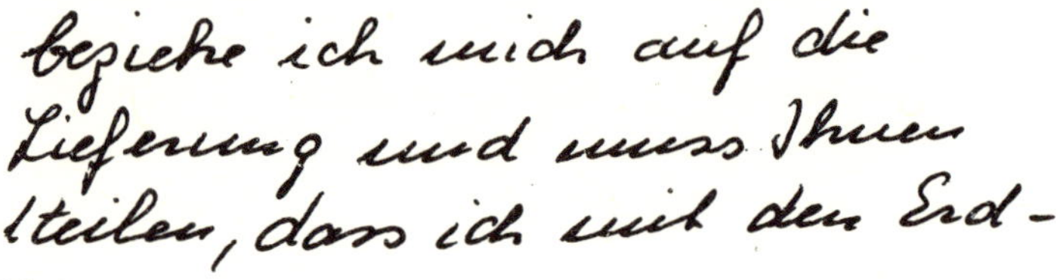

Fig. 65: Schräg

Aber ich muß hier zwei sanfte Korrekturen vornehmen: Die erste betrifft den Schulunterricht und gilt natürlich nicht mehr für die jüngsten Jahrzehnte. Wir dürfen jedoch nicht vergessen, daß am Beginn des Jahrhunderts und in den Jahren danach die mäßig rechtsschräge Schrift obligatorisch war und nur wenige sich davon lösten. Man muß also, wenn man die Schrift eines Menschen studiert, der ein gewisses Alter erreicht hat, dies und das Sich-Fügen in einen aufgezwungenen Schrifttyp berücksichtigen. Sofern es sich um Schriften handelt, die sich völlig von diesen, heute übrigens nicht mehr auferlegten Fesseln befreit haben, läßt sich beifügen: Einer mittelschrägen, druckschwachen und leicht runden Schrift begegnet man häufig bei Klosterfrauen. Sie zeigt das lebenswichtige Bedürfnis nach Gefühlen und Zärtlichkeit sowie den Geist der Selbstverleugnung und auch der Unterwerfung.

Wieder aber muß ein wichtiger Vorbehalt erhoben werden: Ist die Schrift winklig, verweist sie auf Beharrlichkeit in der Aktion, Verbissenheit, mitunter äußerste Härte. Die Schrift Bismarcks kann in dieser Hinsicht als bedeutsam gelten (Fig. 69).

Hier nun die Meinung des ausgezeichneten Graphologen J. Brach, die berücksichtigt werden sollte. Ich möchte sie hier anführen, weil sie die ungeheure Kompliziertheit der Graphologie veranschaulicht und aufzeigt, daß es fast unmöglich ist, sich ausschließlich an bestimmte sogenannte „klassische" Deutungen zu halten.

J. Brach schreibt, die rechtsschräge Schrift enthülle weder Sensibilität noch Zärtlichkeit, noch das Bedürfnis nach einer Stütze, noch Geselligkeit, Suggestibilität oder Leidenschaft. Ihm zufolge entspringt diese Schrift dem fast ständigen Bedürfnis nach der Gegenwart anderer im Leben des Schreibers, d. h. seiner Neigung, auf der Suche nach Partnern zu sein. Sie entspricht auch einer gewissen Beeinflußbarkeit, aber nur in begrenztem Maß.

Die schräge und winklige Schrift verweist demselben Graphologen zufolge auf Streitsucht, Widerspruchslust, Widerstandsgeist (Verteidigungs- und Kampfinstinkt). Bei Kurvigkeit zeigt sie eher Anpassung an, Sympathie zum Mitmenschen, Mitarbeit, Geselligkeit. Hat die schräge Schrift schließlich etwas Erstarrtes, fast Automatisches, enthüllt sie Konformismus, Schablonenhaftigkeit, zeremonielle Höflichkeit und Schmeichelei, mit einem Wort: förmliche Liebenswürdigkeit und hohle Phrasen.

Zum Schluß noch eine Tabelle der Bedeutungen, die Dr. Périot der schrägen Schrift und ihren Abstufungen von extrem rechtsschräg bis senkrecht gibt:

Rechtsschräg, mehr als 45 Grad – Entfesselung der Leidenschaft ohne Hemmung durch den Selbsterhaltungstrieb. Solche Menschen können gefährlich werden, alles hängt in solchen Augenblicken von ihrer Intelligenz, ihrer geistigen Überlegenheit und den Motiven ihrer Taten ab.

Von 45 bis 33 Grad – leicht bremsende Kontrolle. Sanguinisch, aber gemäßigt durch den Verstand oder den Willen. Man kann diese Menschen zur Ordnung rufen – natürlich mit Vorsicht. Bebende Sensibilität, impulsiv. Launenhafte Menschen, die schnell in Wut geraten.

33 Grad – so schreiben die Konformisten, die auf Kosten selbst ihrer Persönlichkeit stets um Anpassung bemühten Opportunisten.

Zwischen 33 und 20 Grad – das Gefühl weicht mehr und mehr dem Verstand, der letztere gewinnt die Oberhand. Es ist auch die Schriftlage von Menschen mit sympathischem Temperament, die lebhafte Wünsche und viele Pläne haben, sich aber von den Schwierigkeiten abschrecken lassen.

Die steile Schrift (Fig. 66)

Die steile oder vertikale Schrift betrachtet man im allgemeinen als Zeichen von Beständigkeit, Festigkeit, besonders wenn die Buchstaben sehr regelmäßig vertikal sind. Diese Schriftlage haben häufig Menschen (Achtung jedoch auf andere Schriftmerkmale), die sich reserviert geben, denen es an Spontaneität fehlt. Bei ihnen herrscht auch der Verstand vor, der Stolz ist ausgeprägt, ebenso Mißtrauen und Egoismus. Wer so schreibt, das kann man grundsätzlich sagen, der kämpft, tut seinen natürlichen Neigungen Zwang an, besitzt eine gute Portion ausdauernder Hartnäckigkeit und große Willenskraft.

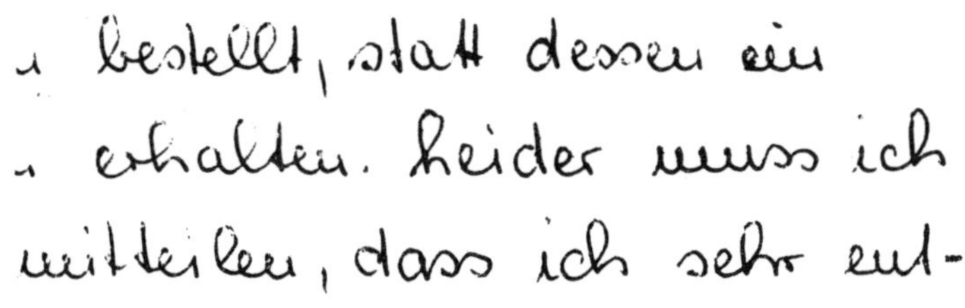

Fig. 66: Steil oder vertikal

Es heißt oft, steil schreibende Menschen seien kalt. Dieses Urteil ist in manchen Fällen vorschnell und falsch. Wenn man genau hinsieht, erkennt man, daß steile Schriften oft mit zahlreichen kleinen Unregelmäßigkeiten und Ungleichmäßigkeiten einhergehen, auch mit einer gewissen Anmut, mit Geschmeidigkeit oder Originalität der Buchstabenform.

Sprechen wir also nicht mehr von Reserviertheit, von Kälte. Sehen wir statt dessen die Prägung eines äußerst sensiblen Menschen, der es gelernt hat, seine Sensibilität zu verschleiern, zu beherrschen. Er ist übermäßig zurückhaltend geworden, auch übervorsichtig.

Der Geist ist aufnahmebereit, das Herz noch mehr, Verstand und Erfahrung schalten sich ein, um den etwas zu spontanen Schwung zu bremsen. Auch das Bedürfnis der Unabhängigkeit macht sich hier bemerkbar. Der Schreiber versteht es, Distanz zur Außenwelt herzustellen. Genau wie er warmherzig zu jenen sein kann, die er gut kennt und akzeptiert hat, so kann er – sagen wir – kühl verbindlich, untadelig höflich und sogar dienstbeflissen gegenüber der Außenwelt sein, ohne sich gefühlsmäßig zu engagieren.

Ein Mensch mit steiler Schrift ist schwer zu fassen, denn er kann unendlich reiche Herzensqualitäten haben, mehr sogar als ein Mensch mit schräger Schrift. Aber er verbirgt sie, er hütet sie fast wie ein Geheimnis, das man zu entdecken verstehen muß, zumal er es gar nicht gern erraten läßt.

Es gilt als sicher (ich kontrollierte es viele Male und fand es bestätigt), daß ein Mensch mit steiler Schrift nach seinem Belieben disponieren, akzeptieren oder ablehnen kann. Er überlegt und denkt nach, doch es wäre falsch zu glauben, er habe keine Gefühle.

Menschen mit steiler und gleichzeitig harmonischer Schrift, die mit ausgeprägter Zwanglosigkeit geschrieben wurde, erfreuen sich eines guten psychischen Gleichgewichts. Sie sind im allgemeinen Freunde des richtigen Maßes und verabscheuen Exzesse auf allen Gebieten.

Hier folgt eine Zusammenfassung der Deutungen, welche die steile Schrift bei den wichtigsten graphologischen Autoren findet:

Michon – Herren ihrer Eindrücke;
Crépieux-Jamin – Beständigkeit, Festigkeit, Solidität, Klarheit;
Teillard – Herzenskälte;
Pulver – abwägende Haltung und Verstand;
Jacoby – Unabhängigkeitsgeist;
W. Müller – freier Wille;
Rohner – ein Mensch, der nachdenkt, überlegt, aber deshalb nicht weniger Gefühle hat.

Ist die Schrift jedoch häßlich, unharmonisch und zudem sichtlich langsam, dann offenbart ihre Steilheit eine dauernd bemühte Selbstkontrolle zur Aufrechterhaltung eines heiklen Gleichgewichts, einen Menschen voller Komplexe, die er nur mühsam überwindet.

Die linksschräge Schrift (Fig. 67)

Zur linksschrägen Schrift eine erste, äußerst wichtige Bemerkung: Linkshänder haben gewöhnlich eine nach links geneigte Schrift, was sehr gut verständlich ist. Deshalb muß man sich vor der Abgabe eines Urteils über eine linksschräge Schrift vergewissern, daß sie nicht von einem Linkshänder stammt. Tut man dies nicht, riskiert man, sich bei der Bewertung gründlich zu täuschen.

Fig. 67: Linksschräg

Stammt die linksschräge Schrift von einem Rechtshänder, führt sie uns auf ein sehr interessantes Gebiet, jenes der Komplexe und inneren Konflikte.

Die linksschräge Schrift findet man nie bei einem Kind. Sie erscheint beim Jugendlichen, während des schmerzhaften Werdens eines Menschen, der sich sucht, der fragt und grübelt, dessen Qualen und inneren Konflikte bisweilen so unerträglich sind, daß sie zum Selbstmord führen. Übrigens geht der junge Mensch mit seinem Leben großzügig um, er hängt noch nicht daran. Erst im Lauf der Jahre klammert man sich mehr und mehr ans Leben. Alte Menschen begehen nur selten Selbstmord.

Kehren wir zur linksschrägen Schrift zurück, zur „Komplexenthüllerin" par excellence. Es gibt viel über sie zu sagen, denn sie ist nicht natürlich, wird in keiner Schule gelehrt (außer offenbar in einigen baltischen Ländern), ist keine Schönschreibekunst. Und sie wirkt aufs Auge unangenehm.

Dieses Schriftmerkmal verweist – unter anderem, denn die Deutungsmöglichkeiten sind hier sehr breit gefächert – auf Verdrängung. So drückt sich folglich oft ein Gefühl der Angst und Schüchternheit aus (das häufig bei Jugendlichen auftritt, die hin- und hergerissen werden zwischen ihrer Schüchternheit und ihrem Bedürfnis, die Krallen zu schärfen – natürlich an den Erwachsenen). Mangels Äußerung besteht das Bedürfnis, alles in Frage zu stellen, sich in Mißtrauen zu hüllen und sogar zu verstellen. Solche Menschen haben keine Lust zu sagen, was sie denken; das ist die Verteidigung derjenigen, die sich nicht am stärksten fühlen.

Ist die Schrift stark nach links geneigt, kann sie eine egozentrische Haltung verraten, das Bedürfnis, sich als Sonderling zu geben und sich von den anderen zu distanzieren. Manchmal schreiben auch jene so, die von Lebensangst erfüllt sind, aber dann muß ein breiter rechter Rand hinzukommen.

Sie ist außerdem ein Anzeichen für Widerwillen und Aversion, Reserviertheit und Mißtrauen. Pulver fügt hinzu, sie sei ein Zeichen von Faulheit, was ich nur einschränkend gelten lassen möchte: die Faulheit ist zumeist vor allem eine zusätzliche Form der Weigerung, zumindest der Diskussion. Auf jeden Fall liegt Verlust der natürlichen Spontaneität vor, der immer als Folge eines Schocks eintritt, welchen der Mensch im Zusammentreffen mit der Außenwelt erhielt, eines Schocks oder Konflikts, in welchem er der Unterlegene war. Die Antipathie ist somit hier enttäuschte Sympathie. Eine Verteidigungshaltung dessen, der sich schwach fühlt und die Realität nicht erträgt. Das kann leicht zu Verstellung, zu Scheinheiligkeit führen.

Noch einmal: diese Deutungen gelten für Erwachsene. Bei Jugendlichen sieht man die Linksschräge immer häufiger. Sie zeigt vor allem Entsetzen vor der erwachenden Sexualität an, vor dem Leben und seinen großen Unbekannten. Stets handelt es sich hierbei um eine gezwungene Schrift.

Generell kann man sagen, daß die Schriftlage die Beziehung zwischen Impulsivität und Selbstkontrolle kennzeichnet. Bei der linksschrägen Schrift geht diese Selbstkontrolle bis zur Abblockung der Impulse.

Von einem richtigen Lebensmilieu kündet zweifellos die rechtsschräge Schrift.

Wer linksschräg schreibt, lebt in einer negativen Beziehung zu anderen, er findet oder fand keinen eigenen Weg der Anpassung an die Außenwelt, er zieht sich in sich selbst zurück, statt sich zu entfalten und frei, normal aufs Leben und die Mitmenschen zuzugehen. Es kann auch sein, daß starke Linksneigung große Erregung verrät, die sich hinter Beherrschung verbirgt, und auch hier ist die Ursache häufig in Enttäuschungen zu suchen. So war es bei einem Doktor der Rechte, den ich kenne: Er glaubte, nicht die Stellung erhalten zu haben, die ihm gebührte. Da er seine Unzufriedenheit im Lauf des Tages nicht abreagieren konnte, verkrampfte und versteifte er sich. Er wurde bitter, ironisch, bissig und wirklich böse. Man flieht ihn, er ist regelrecht gefürchtet.

Zahlreiche graphologische Autoren haben das Wissen über die linksschräge Schrift vertieft. Hier ein *Resümee* ihrer Schlußfolgerungen:

○ Selbstbespiegelung (Eigenliebe), Lebensfurcht, Faulheit, psychische Schwächung (Pulver), Haltung nach der verlorenen Schlacht, Zügelung, Schutzgebärde,

○ Egozentrik, Zurückweichen vor dem Beruf, Erschrockenheit vor der Welt und dem Leben (Jacoby),

○ Einkehr bei sich selbst (R. Heiss),

○ zurückgedrängte Emotivität, Protest der Sensibilität, Rebellion, Mißtrauen, Furcht und Verstellung (Crépieux-Jamin),

○ zurückgedrängte extreme Leidenschaftlichkeit (Saint-Morand),

○ Mangel an Spontaneität (H. Hertz),

○ ungelöste innere Konflikte, Mangel an Freiheit, Gezwungenheit (Kurka),

○ Zurückhaltung und Skepsis (Müller),

○ die Maske desjenigen, der das Leben fürchtet (Christiansen),

○ der Minderwertigkeitskomplex jener, denen es nicht gelingt, wirklichen Wert auszudrücken.

Natürlich muß man auch bei der linksschrägen Schrift, obwohl sie ausgesprochen unharmonisch wirkt, Unterschiede machen. Selbstverständlich drückt sie nicht immer das Schlimmste dieser Bedeutungen aus.

Ist sie teigig, schwer im Strich, rund, deutlich langsam, kündet sie vor allem von äußersten Anpassungsschwierigkeiten, sogar Ungeselligkeit und auch Äußerungsmangel. Sie verrät zudem die ziemlich infantile Haltung, sich sanft bis unterwürfig zu zeigen und hintenherum zu kritisieren und zu mäkeln. Falschheit? Ja, aber auch Manifestation eines doppelten Gefühls, Zuneigung auf der einen, Antagonismus auf der anderen Seite.

Die Linksschräge kann auch Naschhaftigkeit bedeuten, das Verlangen nach materiellen Genüssen, Komplimenthascherei, Vorherrschen des rein vegetativen (gewissermaßen animalischen) Lebens.

Bei winkliger, großer, mehr oder weniger enger Schrift kann sie ein Zeichen für Stolz sein, für das Bedürfnis, Distanz herzustellen, Effekte zu erzielen. Für hohes Selbstbewußtsein ein äußerstes Streben nach Geradheit, nach Korrektheit, die an Ablehnung oder Zurückweisung grenzt, aber einem wirklichen Bedürfnis nach Rechtschaffenheit entspringt, vor allem basierend auf der eigenen Werteinschätzung. Man kümmert sich nicht um die Meinung und Urteile anderer, nur die eigenen zählen.

Die unregelmäßige Schriftlage

Wir alle haben schon Schriften gesehen, die sehr holperig und unangenehm fürs Auge sind. Wenn Sie solche Schriften aufmerksam betrachteten, stellten Sie sicher fest, daß sie unharmonisch wirkten, weil sie sehr unregelmäßig waren; da Sie jedoch nichts über Graphologie wußten, konnten Sie natürlich nicht bestimmen, um welche Art Unregelmäßigkeit es sich handelte. Es gibt Unregelmäßigkeiten, die ich als „entscheidend" einstufe, so ausgeprägt und schockierend sind sie in allen Belangen fürs Auge.

Derartige Unregelmäßigkeiten kommen auch in der Schriftlage vor, die wir hier studieren. Der Neigungswinkel ist ungleich (Fig. 68).

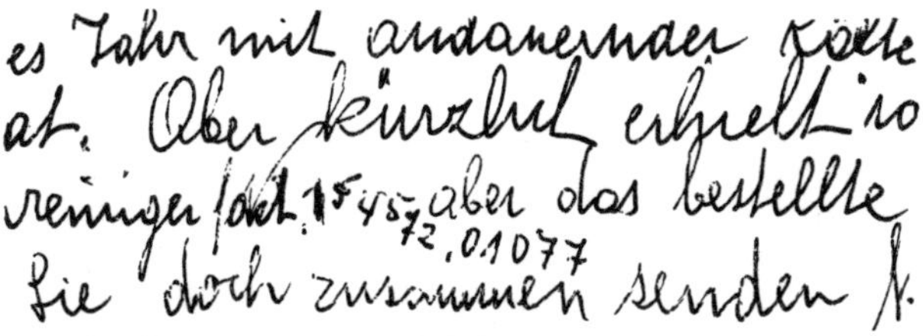

Fig. 68: Unregelmäßiger Neigungswinkel der Buchstaben

Selbstverständlich gibt es keine Schrift, die streng regelmäßig ist; das wäre naturwidrig. Aber es gibt Schriften, die wirklich allgemeine Beständigkeit besitzen, und andere, die so holperig und unbeständig sind, daß sie einfach – wir kommen immer wieder auf diese in der Graphologie so wichtige Qualifikation zurück – unharmonisch wirken.

Im allgemeinen kündet eine Schrift, deren Buchstaben keine klar definierte Richtung haben, sondern bald rechtsschräg, bald steil oder linksschräg sind, von Sensibilität, besonders aber Beeindruckbarkeit. Ein Mensch mit solcher Schrift schwankt zwischen Selbstbeherrschung, Emotivität und vernünftigem Überlegen. Er leidet an inneren Konflikten, was in klaren Worten bedeutet, daß er ein gequälter Mensch ist, hin- und hergerissen zwischen höchst widersprüchlichen Tendenzen. Er weiß schließlich nicht mehr, was er will, was er hofft, was er wünschen würde. Und darüber ist er unglücklich, manchmal zutiefst unglücklich. Er leidet um so mehr, als er die Mißbilligung seiner Umgebung genau bemerkt: Seine Sprunghaftigkeit, was Ideen, Stimmungen, Vorlieben und Neigungen anbelangt, verwirren stabilere Menschen; und da man nur selten Verständnis aufbringt, wenn man sich nicht an die Stelle des anderen versetzt, kommt es oft zu harter Kritik oder zumindest zu einem Klima des Argwohns.

Wenn die Schrift Scharfzüge aufweist – mit einer Spitze endet (siehe Kapitel 3) –, ist sie das notorische Anzeichen mangelnder Beherrschung und der Überempfindlichkeit. Ist die Schrift zu gezwungen, sichtlich mit Mühe und Zurückhaltung geschrieben: Anzeichen eines gequälten Wesens.

Buchstaben schräg, dann wieder aufrecht: lebhafte Sensibilität, Zärtlichkeit, Zurückhaltung, Empfindlichkeit.

Buchstaben steil, dann schräg: kaltes Wesen, aber andererseits sehr sensibel. Die Dominanten in der Schrift zeigen an, was vorherrscht.

Steile und schräge Wörter: Sensibilität, Imagination, Ordnung und Klarheit.

Bestimmte schräge Wörter in einer steilen Schrift: dies sind die „affektiven Wörter" – sie haben immer einen tiefen Sinn, verraten die besondere Bedeutung, die vom Schreiber dem beigemessen wird, was dieses von ihm unbewußt nach rechts geneigte Wort darstellt.

Steile oder schräge Schrift, je nach dem Schriftstück: verhaltene Empfindlichkeit, trocken und mehr als reserviert, oft sich verstellende Persönlichkeit. Geistige Geschmeidigkeit, die zu einem seltsamen Kompromiß mit sich selbst und den Prinzipien führen kann. Oder auch einfach Variabilität der Stimmungen.

Endungen steiler als das Wort: Reserve, Vorsicht, Steigerung der Selbstbeherrschung, Verlust des naiven Zutrauens.

Endungen linksschräg: Mißtrauen, nervöse Angst vor physischem oder psychischem Kontakt, plötzlicher Umschwung von Sympathie und Antipathie, Empfindlichkeit.

Endungen immer schräger: Mangel an Beherrschung, Impulsivität.

Anfangsbuchstaben schräg in einer steilen Schrift: erste impulsive Bewegung, gefolgt von einem Bemühen um Beherrschung.

Es gibt auch Schriften, bei denen lediglich die *Unterlängen* eine sehr unregelmäßige Lage aufweisen: das bedeutet Unvorhergesehenes im sexuellen Verhalten.

Folgende Anfügung ist sehr wichtig: Pulver führt aus, wenn die Richtungsschwankung der Grundstriche in den Buchstaben am Wortanfang auftrete, sei dies ein Zeichen der Skepsis; am Wortende sei das ein Zeichen für Mißtrauen; im Wortkörper: der Schreiber sei innerlich zerrissen, in sich entzweit, deshalb unentschlossen und entscheidungsunfähig.

Wenn diese extreme Richtungsschwankung der Buchstaben – besonders in den Grundstrichen und im Wortinneren – sehr ausgeprägt ist, stellt sie ein klares Zeichen des typischen Neurasthenikers dar, d. h. ernster, tiefer psychischer Störungen. Neurasthenie muß hier als eine Art innerer Gelähmtheit und Zwiespältigkeit verstanden werden.

In abgeschwächtem Grad sind die Richtungsschwankungen Sensiblen und den allzu aufnahmefähigen Intuitiven eigen, die so sehr vibrieren, daß sie eine Art Kampffeld zahlloser fremder Impulse sind. Das bewirkt einerseits eine Bereicherung, andererseits aber eine Schwächung ihrer psychischen Spannung. Sie verlieren sich, statt sich zu konzentrieren, und gelangen nur schwer zu schöpferischer Gestaltung, die stets starke Konzentration auf das Selbst erfordert.

Altersbedingte Änderung des Neigungswinkels

Ich möchte noch darauf hinweisen – Sie haben auch diese Erfahrung gemacht –, daß die Schrift ihre Lage im Lauf der Jahre stark verändert.

Will man eine ganz detaillierte Untersuchung anstellen, ist es sehr interessant, sich (sofern möglich) Schriftproben ab der Kindheit des Betreffenden zu beschaffen. Leider hebt der Mensch seine ersten graphischen Stammeleien nur selten auf. Das ist schade. Ich habe unter meinen treuen Ratsuchenden eine Dame, die meine Empfehlung befolgte und, seit ihre Tochter schreiben kann, in

Fig. 69: Bismarck

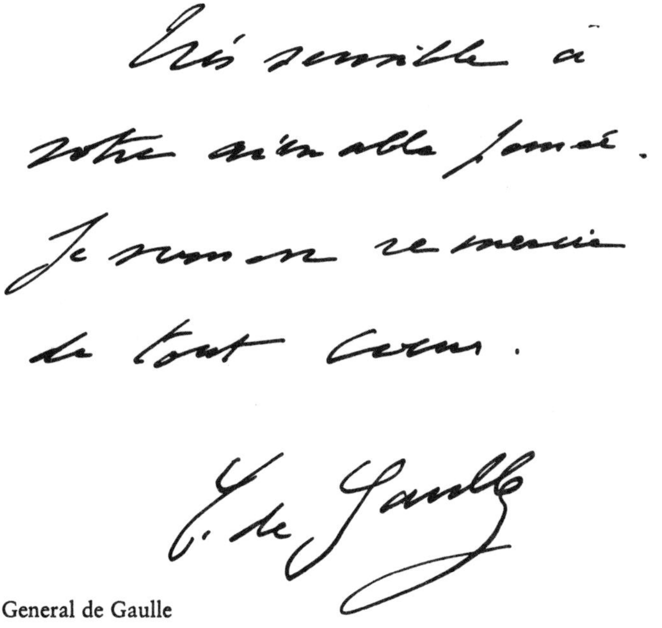

Fig. 70: General de Gaulle

ein großes Heft auf eine Seite eine Probe der augenblicklichen Schrift des Mädchens und auf die andere Seite meine Analyse derselben klebt. Man kann so auf bemerkenswert genaue Weise die Entwicklung des Kindes verfolgen.

Generell und natürlich sehr schematisierend darf man sagen, daß in der Kindheit – selbstverständlich je nach der Schulvorlage – die Schrift leicht rechtsschräg ist. In der Jugend neigt sie sich, besonders bei Mädchen, mehr oder weniger stark nach links. Allmählich jedoch, meist gegen das zwanzigste Lebensjahr, erhält sie wieder einen geschmeidigen, ungezwungenen Neigungswinkel, und zwar in dem Maß, wie die Persönlichkeit sich formt und festigt, wie der Mensch aus den Widersprüchen der Jünglings- oder Jungmädchenzeit mit ihren Konflikten heraustritt. Entweder neigt sich die Schrift wieder nach rechts, oder sie bleibt senkrecht. Findet sich die linksschräge Schrift bei einem Erwachsenen, ist sie – wie wir gesehen haben – immer ein Zeichen von inneren Konflikten, von Komplexen; der Schreiber ist nicht sehr glücklich und unfähig, seine Umgebung glücklich zu machen.

7. Schriftdimensionen der Größe und Weite

Die Schrift hat *drei* Dimensionen: Größe, Weite und Tiefe. Die Tiefendimension ist der Druck, dessen feine Merkmale wir in Kapitel 3 behandelten.

Relativ einfacher ist das Studium der beiden anderen Dimensionen, Größe und Weite, denen wir uns jetzt zuwenden. Sie betreffen in ihrer allgemeinen Bedeutung das Ausmaß der Selbstbehauptung sowie der mehr oder weniger harmonischen Art, in der man seinen Platz unter den anderen einnimmt. Einige behaupten sich in einer wirksamen, intelligenten, den Umständen angepaßten Weise; anderen fehlt es an Maß, sie können in ihren Forderungen sogar aggressiv werden, auch ungerecht.

Es gibt eine ganze Skala von Gefühlen und Nuancen in der Art der Selbsteinschätzung oder Selbstbeurteilung. Wir alle üben, und wir wissen es, uns selbst gegenüber unendliche Nachsicht – mit Ausnahme einiger Sonderfälle, die sich im psychischen Bereich abzeichnen. Man könnte daher fragen: Muß man also anormal sein oder muß man als anormal gelten, um sich selbst ohne Schwäche, ohne Nachsicht beurteilen zu können?

Ganz gewiß nicht, aber oft führt von der richtigen Selbsteinschätzung zur Selbstunterschätzung kein weiter Weg. Außerdem: wenn man am Beginn des – aktiven, beruflichen, gefühlsmäßigen – Lebens nicht ein Mindestmaß an Selbstvertrauen besitzt, wie soll man dann danach streben, geschätzt, geachtet, geliebt zu werden und schließlich Erfolg zu haben? Es ist zweifellos wichtig, daß man sich durchzusetzen vermag, ohne Großtuerei, aber auch ohne sinnlose Selbstverunglimpfung.

Durch die Untersuchung der Größe und Weite Ihrer eigenen Schrift können Sie sich über das Ausmaß und die Form Ihres Stolzes klar werden und auch erkennen, in welchem Maß Sie unbefangen und zwanglos sind oder, im Gegenteil, eingeengt und in sich selbst zurückgezogen. Wir haben es bei Stolz und Unbefangenheit mit zwei Charakterzügen zu tun, die irgendwie verwandt sind: Man kann sich kaum entspannen oder natürlich behaupten, wenn man sich nicht zuvor seiner selbst bewußt und selbstsicher geworden ist – dessen, was man ist und was man verwirklichen kann.

Wenn ein Mensch aber eingeengt lebt, verschlossen ist, nicht spricht, sparsame und oft ungeschickte Gesten macht, gehört er zweifellos zu den Schüchternen, die immer Angst haben, etwas schlecht zu machen, sich kritisch zu äußern, der Situation nicht gewachsen zu sein. Nicht daß es ihnen an Stolz fehlt, denn in mehr oder weniger hohem Maß sind alle Menschen stolz (und egoistisch). Doch sie verstehen und wagen nicht, sie selbst zu sein, sich zu entfalten; folglich können sie nicht vermeiden, daß ihre Schrift genauso eingeengt ist wie ihre Gesten oder auch holperig und gequetscht, verkümmert in den Unterlängen.

Kommen wir nun zum Unterschied zwischen den Schriftdimensionen der Größe und der Weite. Generell gesprochen, bezieht sich die Größendimension vor allem auf den Stolz, die Weitendimension auf die mehr oder minder harmonische Selbstbehauptung, auf die Art, in der man sich zu entfalten verstand. Fügen wir an, daß es nicht jedermann vergönnt ist, sich frei und unbeschadet zu entfalten. Der Mensch benötigt zu seiner natürlichen Entfaltung ein günstiges Milieu und günstige Umstände, genau wie eine Blume.

Ein Waisenkind, ein Kind geschiedener Eltern, ein Kind, das in einer Familie lebt, in der ständig eine stürmische Atmosphäre herrscht, wo es an Geld mangelt, wo die Eltern sich zu sehr an das Prinzip halten: Man darf dem Kind keine Komplexe beibringen, das Kind unter diesem Vorwand wie Unkraut heranwachsen lassen und sich nicht oder zuwenig oder falsch um es kümmern – ein solches Kind kann sich nicht normal entfalten. Es ist unglücklich, frustriert, wird keine guten schulischen Leistungen erbringen und mit einer ernsten Benachteiligung ins Leben gehen, zu deren Überwindung es sehr viel Mut und Willen braucht.

Ein Kind dagegen, das das Glück hat, in einer einigen, glücklichen Familie aufzuwachsen, in der man zu lachen versteht, wo zwischen den einzelnen Mitgliedern trotz unvermeidlicher Zusammenstöße Zuneigung herrscht, wo man sich mit der Zukunft der Kinder befaßt – ein solcher Mensch wird sich im Leben zu behaupten wissen, ohne in der einen oder anderen Richtung zu übertreiben, ohne Minderwertigkeits- oder Überlegenheitskomplex – denn es gibt beide. Ein Übermaß an Strenge ist nicht nötig, denn dies erstickt die Persönlichkeit junger Menschen. Genausowenig sind Gleichgültigkeit und Desinteresse angebracht. Zwischen diesen beiden Extremen befindet sich die richtige Mitte, die man glücklicherweise in vielen Familien antrifft.

Wenn diese Vorbemerkung ein wenig lang geworden ist, dann deshalb, weil ich vor Augen führen wollte, daß der Mensch weitgehend das Resultat vieler Faktoren ist, dessen, was man ihm erwies, der Kindheit und der Jugend, die man ihm bereitete.

Kommen wir nun zur Untersuchung des „Ichgefühls" im Schriftbild, zum Studium der Größendimension.

Die Schriftgröße

Natürlich kann man leicht bestimmen, ob eine Schrift groß oder klein ist, aber es gibt auch viele Zwischenstufen, Nuancen und Unregelmäßigkeiten. Dasselbe gilt für die Weitendimension; zwischen der verengten und der erweiterten Schrift sind viele Unterscheidungen zu machen.

Generell betrachtet man die große Schrift wegen des Bewegungsumfanges, den sie erfordert, als Manifestation physischer Kraft. Bestimmten Autoren zufolge schreiben die Kurzsichtigen klein und die Weitsichtigen groß. Diese Behauptung ist mit ziemlichen Vorbehalten aufzunehmen: Ich kenne äußerst kurzsichtige Menschen, die groß schreiben (siehe Fig. 71), und eine Reihe

Weitsichtiger, die klein schreiben (alle, die das fünfzigste Lebensjahr überschreiten, werden weitsichtig, sofern sie nicht kurzsichtig sind). Die Schrift eines Weitsichtigen zeigt Fig. 72.

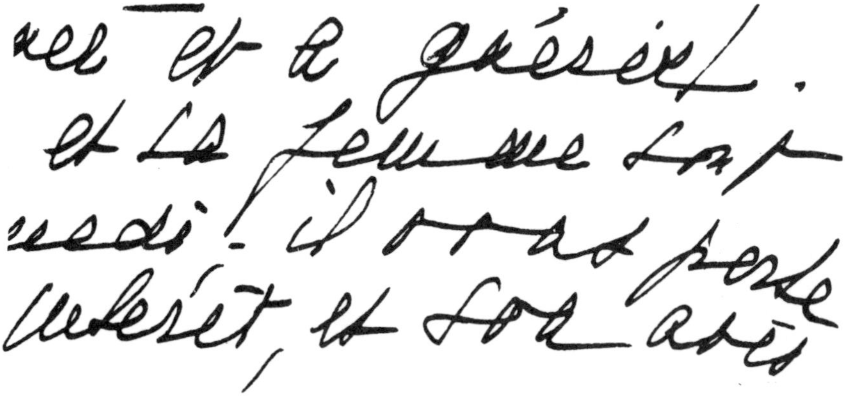

Fig. 71: Kurzsichtiger mit großer Schrift

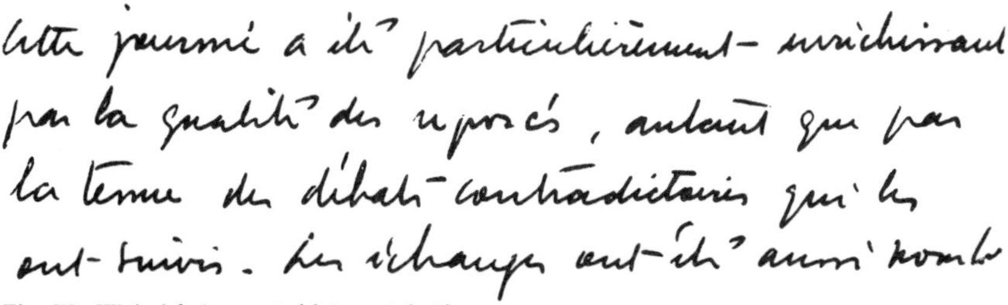

Fig. 72: Weitsichtiger mit kleiner Schrift

Es heißt auch, unsere modernen Schriften seien insgesamt kleiner als die Schriften früherer Zeiten – und schneller; außerdem seien Frauenschriften immer größer als Männerschriften. Hier muß ebenfalls nuanciert werden: Heute, da Mädchen oft denselben Studienweg einschlagen wie Jungen, wird ihre Schrift kleiner, denn sie tendiert zur Schnelligkeit des Strichs. Tatsächlich ist die große Schrift langsamer als die kleine. Prüfen sie es nach, und Sie werden überzeugt sein.

Doch nach meiner persönlichen Beobachtung hat die Größendimension der Schrift vor allem tiefe psychologische Ursachen, sie trägt dazu bei, das Mysterium des „Ich“ zu offenbaren, indem sie besonders die Art des Schreibers aufscheinen läßt, sich selbst zu beurteilen und zu bewerten. Eine Untersuchung über Ausmaß und Art des Stolzes und der Selbstbewertung ist gleichzeitig eine Bestandsaufnahme der ehrgeizigen Strebungen. Jeder Mensch hat solche Strebungen; sie können von einfachem Appetit auf Geld über das, was man auf allen Gebieten erhoffen oder wünschen kann, bis zum Machthunger reichen. Daneben gibt es intellektuellen, künstlerischen Ehrgeiz usw.

Besonders interessant ist es, die Größe einer Schrift und der dazugehörigen Unterschrift zu vergleichen. Ich möchte bei dieser Gelegenheit noch einmal darauf verweisen, daß man, wenn man eine Schrift untersuchen will, zusätzlich zur Schriftprobe auch die Unterschrift verlangen muß.

Was erklärt, neben den oben geäußerten allgemeinen Dingen, die große Schrift? Die ziemlich naive Expression des „Ich" und die Bedeutung, welche man mit – logischerweise daraus resultierendem – biologischem Egoismus dem eigenen Ich im Vergleich zu anderen beimißt („Ich möchte meine Bequemlichkeit"). Eine Reihe anderer Motive kann der übermäßigen Schriftgröße zugrunde liegen, vor allem übertriebener „Ichkult", die ungeschickte Äußerung des Bedürfnisses nach Macht, der Wunsch, sich selbst die Komödie des Helden oder Übermenschen vorzuspielen. Man kann auch aus Tradition groß schreiben. Schließlich drückt die Schriftgröße, wie Pulver so gut erklärt, das Verhältnis des Schreibers zur Wirklichkeit aus. Persönliche Reife äußert sich im Gleichgewicht zwischen Oberlängen, Unterlängen und Wortkörper. Starke Abweichungen in der Größe dieser drei Schriftelemente dagegen verraten mangelnde Ausgewogenheit zwischen dem „Wollen" und dem „Können". Zu hohe Oberlängen im Verhältnis zu den Unterlängen beispielsweise zeigen – oft – an, daß der Schrifturheber mehr in Angriff nimmt, als er ausführen kann.

Logisch ist schließlich, daß ein erschöpfter, kranker Mensch, selbst wenn er gewöhnlich eine große Schrift hat, das Ausmaß seiner Bewegungen einschränkt, weil er instinktiv Kräfte spart.

Es kann jedoch auch geschehen, daß die Schrift im Verhältnis zu ihrem normalen Maß größer wird: dies kündet von einem augenblicklichen Gefühl der Exaltation, von einer heftigen und tiefen Emotion. Ich bekam vor kurzem die Schrift einer Person zu sehen, die normalerweise klein schreibt. Die Schrift war plötzlich größer geworden, als die Person auf ziemlich brutale Weise eine sehr schlechte Nachricht erfahren hatte. Übrigens war die ganze Schrift zerfahren, quasi entstellt.

Eine große Schrift, die gleichzeitig klar und rhythmisch ist, zeigt Expansionskraft an, die Macht der Vitalität. Verbunden mit Schnörkeln oder Ornamenten ist sie hingegen nur mehr ein Zeichen für Anmaßung.

Eine kleine oder winzige Schrift in Verbindung mit dem, was das Schriftbild unharmonisch macht (z. B. Unordnung, Zerstücktheit, zu ausgeprägte Unregelmäßigkeiten), kann entweder die Folge eines augenblicklichen Zustandes physischer Inferiorität, also einer Krankheit, sein oder auch eine Neurose verraten, ja ein ernstes psychisches Leiden anzeigen. In einer klaren, einfachen Schrift jedoch bedeutet die Kleinheit geistige Überlegenheit, verbunden mit dem Streben nach Objektivität.

Wir werden nun im einzelnen die Bedeutung der Größen untersuchen:

- große Schrift,
- sehr große und übertrieben große Schrift,

- ○ kleine und sehr kleine Schrift,
- ○ kleiner werdende oder schwertförmige Schrift,
- ○ überhöhte Schrift,
- ○ Schrift mit Längenausschlägen
  - a) nach oben,
  - b) nach unten,
  - c) in beiden Richtungen gleichzeitig,
- ○ niedrige Schrift.

Eine Schrift ist *groß,* wenn die Kleinbuchstaben im Wortinneren bzw. Wortkörper das mittlere Maß von 2,5 bis 3 Millimeter übersteigen.

Haben sie eine Höhe von 4 bis 6 Millimetern, bezeichnet man die Schrift als *sehr groß.*

Interessant ist es, die Mittelzone (den Buchstabenkörper) mit den Oberlängen und Unterlängen zu vergleichen, wobei man wissen muß, daß diese mittlere Zone im wesentlichen den Bereich des persönlichen, subjektiven *Ich* verkörpert.

Die große Schrift

Im allgemeinen Lebensfülle, Dynamik, Optimismus, wesensmäßige Expansion, starker Ichanspruch. Was oft Hand in Hand mit Machthunger geht. Das Bedürfnis, gesehen, betrachtet, bewundert zu werden. Dieser Schrifttyp findet sich ziemlich häufig bei Filmstars. Auch bei Künstlern, siehe die Schrift der heiteren, phantasiereichen belgischen Künstlerin Anne Cordy (Fig. 73).

Bei einem harmonischen Gesamtbild bedeutet Schriftgröße, wie wir gesehen haben, Selbstbehauptung, Selbstwertgefühl, aber ohne Übertreibung, Äußerungsbedürfnis, eine Vorliebe nicht gerade für Prunk, aber doch für ein reiches, angenehmes Leben. Es ist auch die Schrift der Enthusiasten, der Dynamischen und Unternehmenden, die sich von Lebenskraft getragen, ja sogar stimuliert fühlen, die Sinn für Würde, Stolz, Großzügigkeit haben und lebhafte schöpferische Imagination besitzen.

Ist die Schrift unharmonisch – wir wissen nun, wie man das zu beurteilen hat –, wirkt sie in ihrer Gesamtheit unangenehm aufs Auge, ohne daß man als Laie den Grund dafür entdeckt, ist sie vor allem schlaff und langsam, so ist dies oft ein Anzeichen für ein lymphatisches Temperament. Andernfalls unbeherrschte Exaltation, die Unvorsichtigkeit des Menschen, der sich in leicht wahnwitzige Unternehmungen stürzt. Bei winkliger Schrift: hochmütiger Stolz jener, die sich noch in der Zeit Ludwigs XIV. glauben, als lediglich bestimmte Gesellschaftsklassen unantastbare Vorrechte genossen. Selbstbesessene, Menschen, die sich überschätzen, schreiben groß ohne Eleganz. Diese Hypertrophie des „Ich" kann weit gehen, manchmal bis zum Verfolgungswahn. Es kann tatsächlich vorkommen, daß sie sich ständig anvisiert wähnen, daß sie meinen, alle Welt tue ihnen unrecht und beneide sie – ein Wert, den ausschließlich sie selbst sich beimessen, denn er entspricht nicht der Wirklichkeit. Oder sie verfallen in blinden Illusionismus, eine Ausschweifung der Imagination, sprich zerebrale Übererregung.

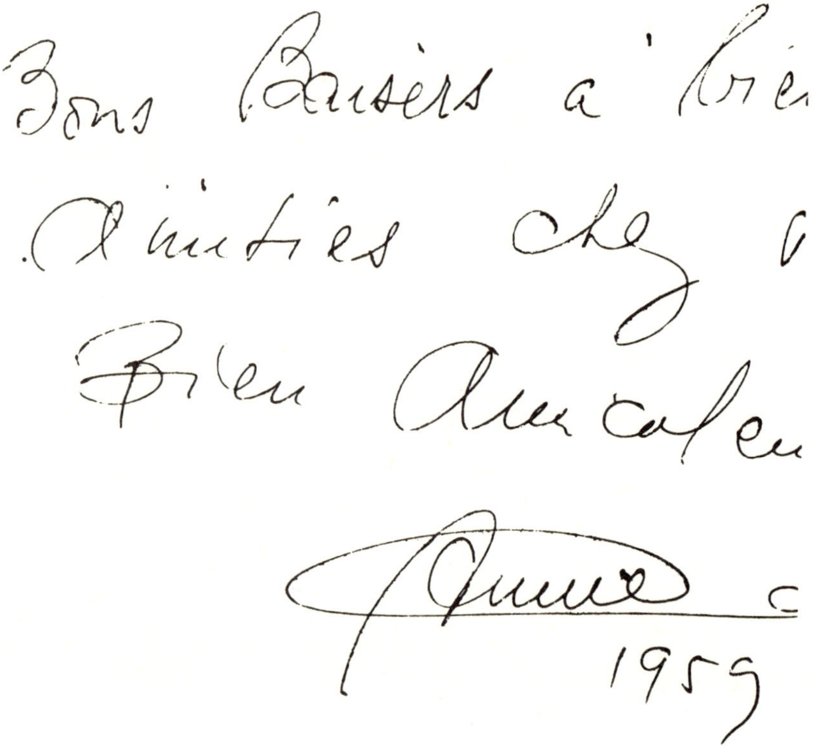

Fig. 73: Groß (A. Cordy)

Die übergroße Schrift (Fig. 74)

Verlagerung der Energie an die Oberfläche, Prunksucht, das Bedürfnis zu blenden, Sand in die Augen zu streuen, übersteigerte Eigenliebe, Schauspielerei. Sind besonders die Großbuchstaben übertrieben groß, kann man es mit einem Mythomanen zu tun haben (der ständig Dinge für sich erfindet, schließlich glaubt, was er sagt, und völlig die Persönlichkeit spielt, die er zu sein behauptet), oder gar mit einem Megalomanen, der in seinem Größenwahnsinn verschleudert, was er hat – und was er nicht hat.

Es gibt wirklich seltsame Menschen, die übertrieben prunkliebend oder mehr als verschwenderisch sind, die ihrer Umgebung blauen Dunst vormachen, einfach nicht rechnen oder sich im Zaum halten können. Man fragt sich, wo das enden soll. Meist liegt hier Kompensation eines Minderwertigkeitskomplexes vor.

Eine Unterschrift, die größer ist als die Schrift (dies nur nebenbei bemerkt, denn die Unterschrift wird Gegenstand eines eigenen Kapitels sein), verweist auf heftigen, empfindlichen Stolz.

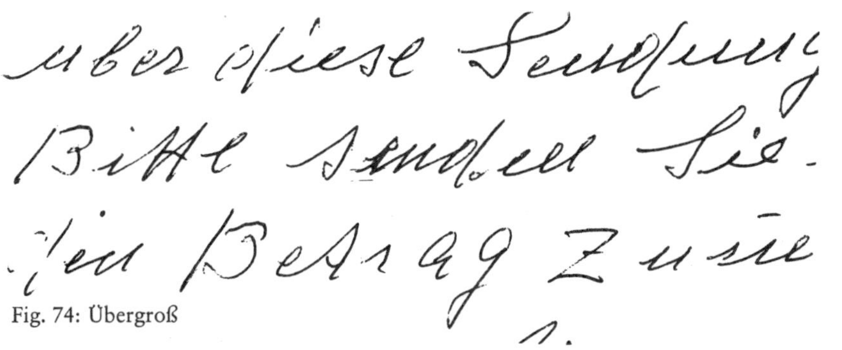

Fig. 74: Übergroß

Die kleine Schrift (Fig. 75)

Dies ist, wenn sie *harmonisch* ist, so recht eigentlich die Schrift der Intellektuellen. Sie zeigt oft ein reiches Innenleben an; der Schreiber konzentriert sich, statt sich zu zerstreuen, er liebt die Arbeit, natürlich die geistige. Er liebt es, zu studieren und nachzudenken; er beobachtet viel, spricht aber wenig. Dies erlaubt die Anfügung, daß Menschen, die klein oder sehr klein schreiben, nicht offenherzig und nur beschränkt gesellig sind. Sie wählen ihre Freunde sorgfältig aus und haben keinerlei Bedürfnis, den Kreis ihrer Vertrauten zu erweitern.

Man kann seine Bewegungen auch aus Furcht oder Einsamkeitsbedürfnis instinktiv reduzieren. Häufig sind die Schriften von Mönchen und Nonnen klein – hier als Folge des Strebens nach Bescheidenheit und Einfachheit. Um die Qualität der kleinen Schrift richtig beurteilen zu können, muß man auch den Druck prüfen. Stark: dies ist wirklich ein Schriftbild mit vorwiegend positiven Bedeutungen. Schwacher Druck: Abnahme der Vitalität, eventuell Krankheit. Allgemein gesprochen, kündet eine kleine, harmonische Schrift von relativ bescheidenem Wesen, von größter Objektivität. Der Schreiber hat sich normal entfaltet, er sieht Menschen und Dinge, wie sie sind, nicht durch das verformende Prisma des „Ich“.

Fig. 75: Klein

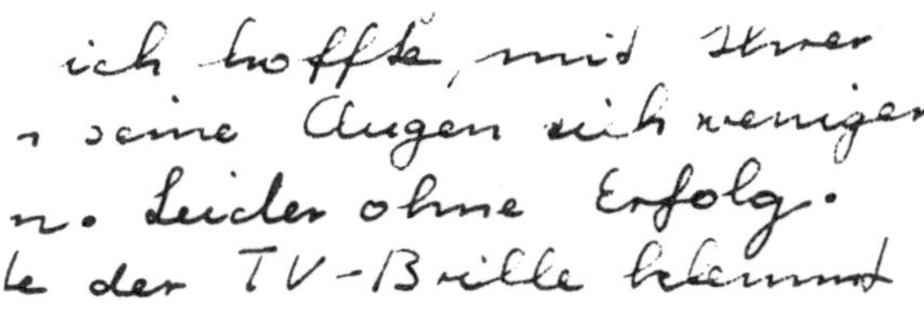

So schreiben am häufigsten Denker, Wissenschaftler, auch Intuitionstypen. Alle jene, die es auf sich genommen haben, ihre Persönlichkeit auf die realen Dimensionen im Verhältnis zur Umwelt zu reduzieren. Es ist deshalb nur logisch, daß man hier auch Qualitäten der Genauigkeit, Präzision, Gelehrsamkeit findet. Die Geste ist nüchtern, knapp, sie hat nichts Überflüssiges.

Bei der Frau verweist die kleine Schrift auf Zerebralität, geistige Disziplin, ausgeprägte Vorliebe für Geistesarbeiten. Daraus leitet man, vielleicht ein wenig vorschnell, „Abnahme der Weiblichkeit" ab. Es kann sehr gut sein, daß die Frau nichts von ihrer Feinheit, Sensibilität, gefühlsmäßigen Empfindsamkeit verloren hat, obwohl sie intellektuell ist ... Um das herauszufinden, muß man vor allem die Unregelmäßigkeiten ihrer Schrift befragen.

Bei *Disharmonie* kann die kleine Schrift Ausdruck eines Verlangens nach Größe sein, das sich hinter falscher Bescheidenheit verbirgt. Sie ist auch sehr häufig ein Anzeichen für Minderwertigkeitskomplex, ein Gefühl der „Verminderung des Ich" gegenüber anderen, das oft unbewußt empfunden wird und eine furchtsame, ängstliche Haltung erzeugt, ein Versagensgefühl, welches unter Umständen zur Neurose führt.

Die kleine Schrift kann noch eine ganze Reihe Eigenschaften anzeigen, besonders Faulheit, Engstirnigkeit, Gehemmtheit (Zurückhaltung – Gezwungenheit bis zur Entscheidungs- und Handlungsfähigkeit), ständige Besorgnis, Verstimmung, Überempfindlichkeit, Kleinmut, Skepsis, Mißtrauen.

Die Kleinschreibenden sind oft auch Spezialisten auf irgendeinem Gebiet. Sie haben Pflichtgefühl, Sinn für Sparsamkeit und eher einen analytischen als einen synthetischen Geist.

Die sehr kleine Schrift (Fig. 76)

Sie kennzeichnet Furcht, Schüchternheit, Überreizung des Detail- und Genauigkeitssinnes, übertriebene Skrupel – oft Neurose, Mutlosigkeit, Pessimismus, Angst bei Lebensproblemen, weil man sich einer Lösung nicht fähig glaubt.

Fig, 76: Sehr klein

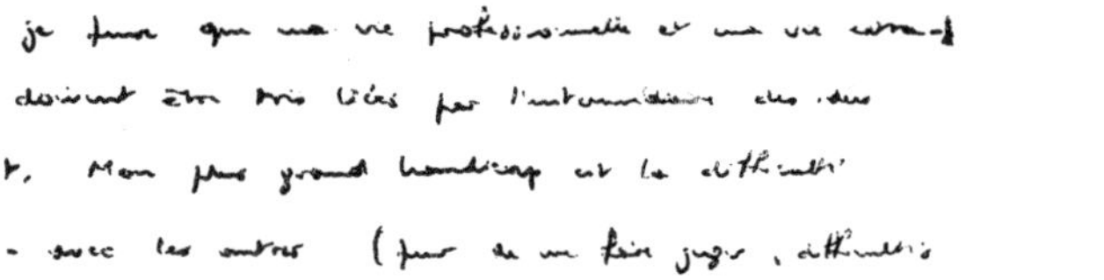

Die kleiner werdende oder schwertförmige Schrift (Fig. 77)

Die Wörter verlieren vom Anfang zum Ende hin an Höhe. Sie ist gewöhnlich ein Anzeichen von scharfem Urteil, Scharfblick, inquisitorischem Geist mit der Fähigkeit, andere zu durchschauen, ohne es merken zu lassen. Diplomatie; manchmal auch Verschlagenheit.

Fügen wir hinzu, daß ein starkes Mißverhältnis zwischen Groß- und Kleinbuchstaben immer ein gestörtes Gleichgewicht der Persönlichkeit verrät (oft in Form eines schlecht kompensierten Minderwertigkeitskomplexes). Depression kann sich ebenfalls in einer Verringerung der Buchstabenhöhe ausdrücken. Desgleichen Neugier, die Fähigkeit, andere zu demaskieren, kritischer Geist.

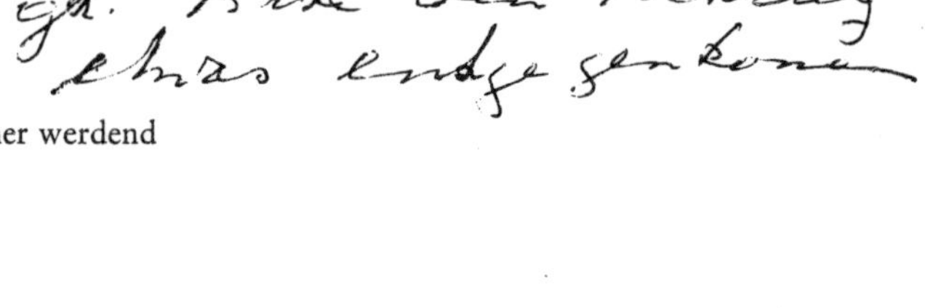

Fig. 77: Kleiner werdend

Die überhöhte Schrift (Fig. 78)

Bei ihr stechen Buchstaben oder Buchstabenteile durch übermäßige Höhe im Verhältnis zur restlichen Schrift hervor:

- die Großbuchstaben sind viel größer als die Kleinbuchstaben,
- der erste Strich des „M“ ist größer als die anderen Striche,
- „l“, „d“, „q“ sind über ihre Grundlinie gehoben,
- Übertreibung der Schlaufen des großen „P“,
- Verlängerung der Kleinbuchstaben im Verhältnis zu ihrer Weite,
- Vergrößerung des ersten Kleinbuchstabens der Wörter,
- zu hoch plazierte t-Striche,
- übermäßige Entwicklung des „M“ (Ich-Symbol) usw.

Fig. 78: Überhöht

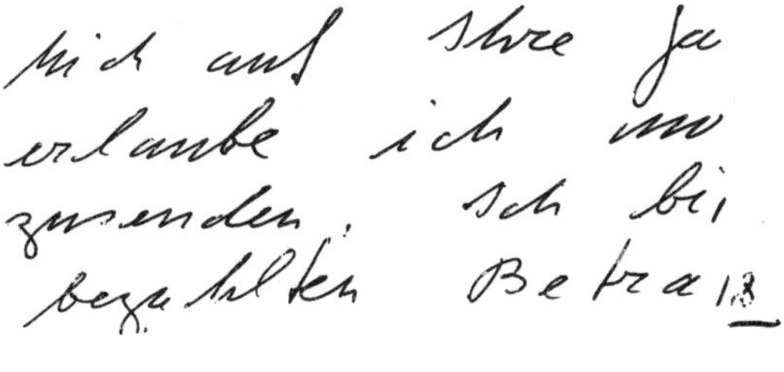

Dies alles deutet auf einen Minderwertigkeitskomplex hin, der durch maßlosen Stolz „überkompensiert“ wird; es ist die Anmaßung der Schwachen. Allgemein gesprochen, enthüllt die überhöhte Schrift eine Unbescheidenheit des „Ich“ mit allem, was das an oft argwöhnischer Empfindlichkeit, paranoischen Tendenzen, unbefriedigtem Ehrgeiz nach sich zieht. Wenn sie fest und ausgewogen ist, kündet sie jedoch auch von Führungsbegabung. Befehlenkönnen ist nicht jedermann gegeben.

Bei *unharmonischer Schrift:* häufig Anzeichen zu ausgeprägten Veränderungen in der Haltung gegen Untergebene (die man gern erdrückt) oder Vorgesetzte (denen man „um den Bart geht“).

Die Schrift mit Längenausschlägen (Fig. 79)

a) *nach oben,* d. h. die Oberlängen sind proportional größer, als sie sein dürften: Idealismus, Ehrgeiz – vor allem geistiger –, phantastische Tendenzen. Ist die Schrift aber unschön, unharmonisch, offenbart sie vor allem nicht durch Klarheit überdurchschnittliche Intelligenz, dann zeigt sie Utopie an, Exaltation, blinden Illusionismus, auch Neid. Ferner Mangel an Selbstvertrauen, worunter man leidet und wogegen man ungeschickt reagiert.

Fig. 79: Längenausschläge

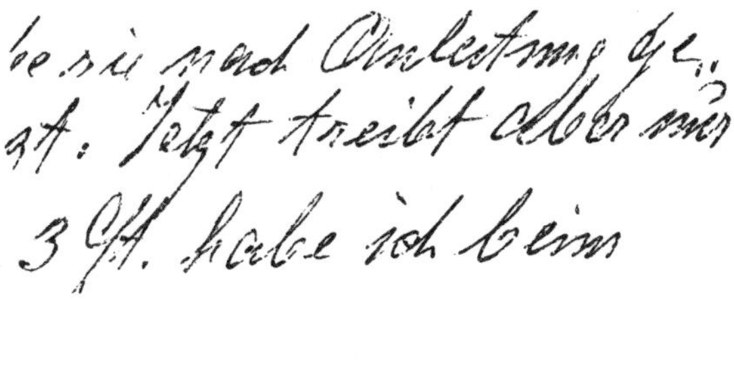

b) *nach unten,* d. h. zu stark entwickelte, zu lange und zu „bauchige" Unterlängen: Materialismus und Sinnlichkeit, ausgeprägte Vorliebe für alle Freuden des Daseins, Bewegungsdrang, Liebe zum Sport. Bei gewissen Unregelmäßigkeiten im Druck: ungenügsame Sinnlichkeit, mit allem, was dies bei Nichtbefriedigung in sich tragen kann an Exzessen auf diesem Gebiet, an Aggressivität oder Gewalttätigkeit (wie man sieht, kann die Schrift ein wertvoller Warner sein, was – unter anderem – die Sitten anbelangt, den moralischen Wert).

c) *in beiden Richtungen gleichzeitig:* mangelndes Gleichgewicht zwischen den Wünschen und dem Verwirklichungswillen, maßloser Ehrgeiz, Mangel an praktischem Sinn. Dieses Merkmal findet sich häufig bei Karrieremachern und bei Nörglern, denen es an Reife fehlt.

Kleine, zu beachtende Details: Haben die Buchstaben „l", „b", „h" beispielsweise die Form eines einfachen Strichs und wurden die Schleifen nachträglich angefügt, ist der Schreiber Skrupeln unterworfen.

Niedrige Unterlängenschleifen: im allgemeinen ein Zeichen für Enttäuschung in der Liebe, Unbefriedigtheit auf sinnlichem Gebiet. Wenn die Unterlängen mit einem breiten, druckstarken Strich enden, verraten sie Heftigkeit, Zorn, Brutalität (jedoch verhalten).

Die niedrige Schrift (Fig. 80)

Deren Ober- und Unterlängen sind im Verhältnis zum Buchstabenkörper zu kurz: der Bereich des Innenlebens und des „Ich" drückt sich so aus. Die Bedeutungen können sehr verschieden, sogar entgegengesetzt sein – sie hängen auch hier vom Grad der Harmonie bzw. Disharmonie des Gesamtbildes ab.

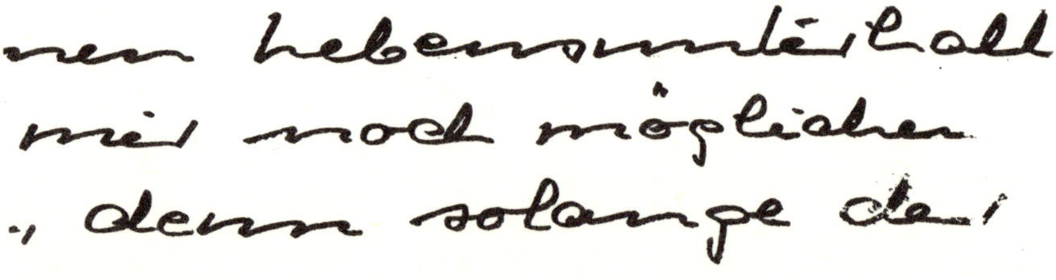

Fig. 80: Niedrig

Diese Schrift zeigt auf jeden Fall schwache Bedürfnisse auf materiellem Gebiet an. Wer so schreibt, ist weder ein großer Esser noch sehr sinnlich. Er neigt eher zu Reflexion, Introspektion (was manchmal zu der trockensten Selbstanalyse führen kann) und Verzicht auf Kampf in jeder Form. Auch von physischer Schwäche oder Ruhe und Schlaffheit kann die niedrige Schrift künden; so schreiben gelegentlich Menschen, die resigniert haben, und Phlegmatiker. Die Amorphen (auf deren charakteriologische Formel wir später noch zurückkommen werden) und die Apathischen können ebenfalls eine niedrige Schrift haben.

Ist die Schrift „mondän", gekünstelt in der Bewegung, hat die mittlere Zone, die ohnehin schon größte Bedeutung besitzt, sogar übertriebene Höhe, dann bricht das „Ich" durch und behauptet sich, die eingestandene und uneingestandene, bewußte und unbewußte egozentrische Haltung triumphiert. Verlangen Sie von derartigen Wesen nicht die geringste Geste, beileibe keinen Altruismus, keine Großzügigkeit, nicht einmal einfachste Hilfsbereitschaft. Solche Menschen können Ihnen aber eine Menge Versprechungen machen, an deren Einhaltung sie nicht im entferntesten denken, oder Sie mit Trostworten überschwemmen – das kostet nichts.

Die Schriftweite

Wie die Schriftgröße ist auch die Weite äußerst interessant, reich an Hinweisen und Bedeutungen.

Vor allem enthüllt sie die Freiheit der Äußerung, die Leichtigkeit der Anpassung, die Spontaneität – oder das Fehlen dieser Tendenzen. Man wird also alle Zurückhaltenden, Gespannten, Gehemmten aufspüren, jene, die nicht sie selbst zu sein vermögen und es vielleicht nie waren. Es sind die Schüchternen und Leisetreter, die Vorsichtigen und Furchtsamen. Schließlich aber sind es auch die Großzügigen, sprich Verschwenderischen im Gegensatz zu den Sparsamen, die Knickerigen, die alles sparen, sogar die Kräfte und die Schreibfläche.

Letztlich zeichnet sich in der größeren oder kleineren Schriftweite die Selbstkontrolle ab, die Polarität Energie – Hemmung (Schwung – Zwang), das Bedürfnis, vorwärtszugehen, sich zu entfalten und zu äußern, sich harmonisch in das umgebende Milieu einzufügen. Oder aber Angst, Gezwungenheit, vielfache Zurückhaltung, die Flucht vor gesellschaftlichem Kontakt, schließlich die ungeheure Mühe, ja sogar Unmöglichkeit, sich unter anderen zu behaupten.

Tatsächlich muß sich jedes Individuum, ob es will oder nicht, in die bestehende Gesellschaft mit ihren Gesetzen, Tabus, Regeln und Verboten einfügen. Es muß auch verstehen, sich mit der Gesellschaft zu entwickeln, wenn diese eine tiefe Wandlung erfährt – wie eben gegenwärtig. Manche tun das leicht und mit guter Laune, andere sehr verdrossen. Wieder andere verkriechen sich in sich selbst und lehnen den Kontakt mit einer Welt oder Gesellschaft ab, die sie vor den Kopf stößt und der sie sich nicht anzuschließen vermögen, weil ihnen – sagen wir – die nötige Intelligenz und Großzügigkeit fehlen, als daß sie sie samt den manchmal beträchtlichen Unzulänglichkeiten und Unbequemlichkeiten akzeptieren könnten. Zugegeben, es ist nicht leicht, inmitten anderer harmonisch und ganz man selbst zu sein. Die schwierige, mühselige Integration bewirkt oft Konflikte und löst sehr unterschiedliche Reaktionen aus. Das vor allem kommt in der Weitenentwicklung der Schrift zum Ausdruck.

Die enge, schmalspurige oder verengte Schrift (Fig. 81)

Bei ihr ist es vor allem wichtig, den Grad an Harmonie des Gesamtbildes zu untersuchen, denn die enge Schrift kann sehr verschiedene Bedeutungen haben, besonders auf geistiger Ebene.

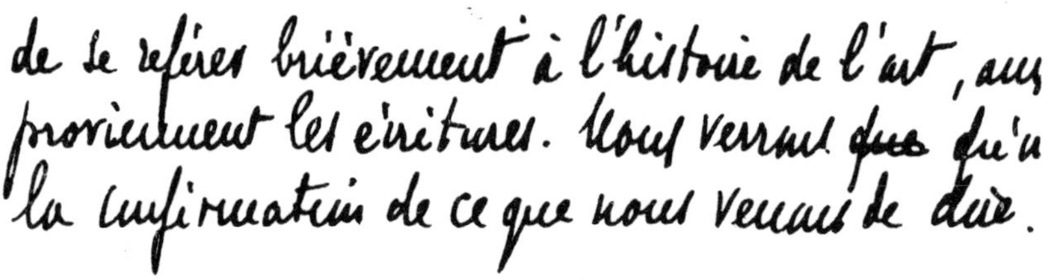

Fig. 81: Eng, harmonisch

Eng ist eine Schrift, wenn die Basisbreite der Kleinbuchstaben kleiner als die Grundstrichhöhe ist. Normalerweise sollte das Verhältnis etwa 1 zu 1 sein.

Die Schriftweite ist das typische Kennzeichen der psychischen Freiheit und ihres mehr oder weniger spontanen, gelösten Ausdrucks, je nachdem, ob die Buchstaben ihren Platz voll einnehmen oder, im Gegenteil, eng und zusammengedrückt sind.

Die enge Schrift ist nicht spontan, nicht natürlich, obwohl man sie bei bestimmten Kindern findet; diese sind entweder äußerst schüchtern oder fast ängstlich, auf jeden Fall stark gehemmt, meistens infolge einer zu strengen Erziehung. Sie offenbart die Vorherrschaft der Hemmung über die tatkräftige Energie.

Bei Disharmonie zeigt dieses Merkmal an, daß der Schrifturheber seine inneren Probleme nicht gelöst hat, er hat sich schmerzlich in sich selbst zurückgezogen und verrät eine deutliche Tendenz zur Neurose. Er ist ein unglückliches Wesen, gequält mit oder ohne Grund, unzufrieden mit allem, angefangen bei sich selbst, und unfähig, über irgend etwas glücklich zu sein.

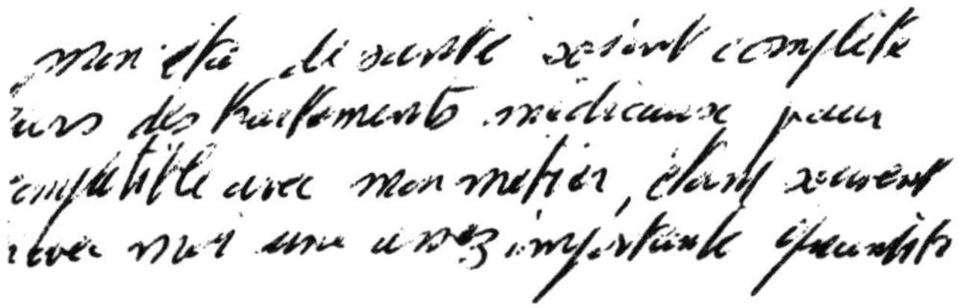

Fig. 82: Eng, unharmonisch

Ist die Schrift winklig, enthüllt sie ein Wesen, das wegen äußersten Mangels an Selbstvertrauen übermißtrauisch, geheimniskrämerisch, verbittert, furchtsam, ängstlich und bang geworden ist und den gesellschaftlichen Kontakt flieht, den es mehr als alles sonst fürchtet.

Wenn die Buchstaben eng und die Wörter sehr weit voneinander entfernt sind, besteht eine echte Neigung zur Isolierung, zu ausgeprägtem Narzißmus (ausschließlich Beschäftigtsein mit sich selbst, Selbstbewunderung vor allem). Dieser notorische Mangel an Wesensentfaltung kann aus Erziehungsfehlern resultieren (wie wir gesehen haben), aus Verpflichtungen, die während der

Kindheit aufgezwungen und nicht akzeptiert wurden. Daraus ergibt sich von diesem Moment an bis ins Erwachsenenalter die Tendenz zu fixen Ideen, Ticks, Manien.

Ist die enge Schrift *harmonisch*, d. h. vor allem einfach, klar, nüchtern, bedeutet sie immer die Vorherrschaft der Hemmung (somit die Gezwungenheit), die sich vor allem als Reserve, Diskretion, auch als angespannte Aufmerksamkeit ausdrückt. Solche Menschen sind gesetzt, nachdenklich, überlegt: sie fassen nie übereilte Entschlüsse, wollen immer wissen, worauf sie sich einlassen. Ich kenne viele Schriften von Ingenieuren und Technikern, deren Schriftbild eng und harmonisch ist.

Fügen wir hinzu, daß die Bedeutung dieses Schriftmerkmals auf geistiger Ebene je nach dem Gesamtbild von geistiger Konzentration bis zu Borniertheit reichen kann.

Ist die *Schrift zugleich*

- ○ steil: Reserviertheit, Zurückhaltung, Berechnung, Vorherrschen des Intellekts,
- ○ linksschräg: Verdrängung,
- ○ kompliziert: Verstellung, Falschheit,
- ○ einfach: kleinliche Sparsamkeit,
- ○ druckschwach: Angst, Engherzigkeit, Neid,
- ○ überhöht: hochmütiger Stolz,
- ○ klein und nüchtern: gutes Gedächtnis, Aufmerksamkeit, Sorgfalt, Umsicht,
- ○ mit Scharfzügen versehen: Bosheit, verborgene Aggressivität.

Die maßvolle Schrift (Fig. 83)

Sie ist ganz einfach die kluge Mitte zwischen der zu engen, zusammengedrückten, man könnte sagen, gequetschten Schrift und dem anderen Extrem, der weiten Schrift. Keine übertriebenen Wort-Schlußzüge, auch nicht – wie in der engen Schrift – häufiges Fehlen der Schlußzüge. Das richtige Maß, und das in allen Bereichen.

Fig. 83: Maßvoll

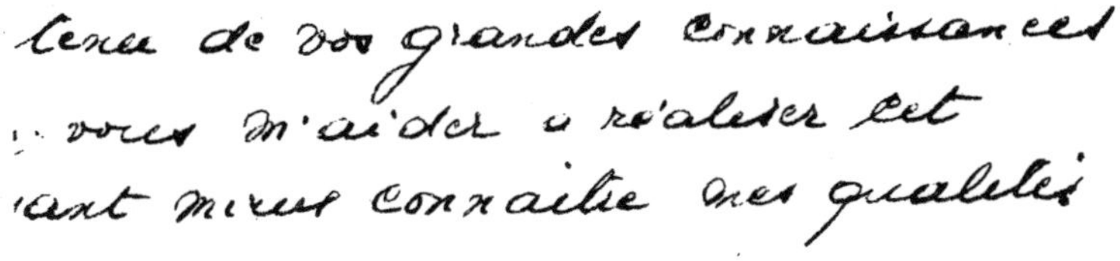

Menschen mit solcher Schrift besitzen innere Ruhe, sind von gleichmäßiger Laune, im allgemeinen geduldig, fähig zu regelmäßigen, effektvollen täglichen Anstrengungen. Wenn es der Schrift aber, trotz dieses Wohlmaßes, an Harmonie fehlt, deutet sie mittlere Intelligenz an (und das ist wenig), ein lymphatisches Temperament, affektive Gleichgültigkeit, Kälte, Routine, Mangel an Imagination.

Die weite, weitspurige oder ausladende Schrift (Fig. 84)

Für sie ist die Verbreiterung der Buchstaben an ihrer Basis charakteristisch. Diese Verbreiterung, man könnte sagen, die fast übertriebene Schreibgeste, verweist generell auf Lebensfreude, Entwicklungsbereitschaft, ausgezeichnete Vitalität, Spontaneität, oft schöpferische Imagination. Der Schreiber ist für Geselligkeit organisiert. Die schönste weite Schrift, die ich kenne, stammte von einem Chirurgen. Sie bezeugte eine eher brillante als tiefe Intelligenz, bemerkenswerte Leichtigkeit der Geste (er operierte einen Blinddarm in drei Minuten) sowie der Kontakte zur Außenwelt; Liebe zum Schönen, zum Luxus, liebenswürdige Egozentrik; aber auch die harte Wirklichkeit völliger Gleichgültigkeit gegenüber anderen (trotz seines Berufs), eine sehr harte Persönlichkeit, gewöhnt an Großzügigkeit.

Fig. 84: Weit

Im allgemeinen fehlt es Menschen mit weiter Schrift oft an innerem Gleichgewicht und an Maß in ihren Beziehungen zu anderen. Sie lieben es nicht, ihre Instinkte und Bedürfnisse im Zaum zu halten und zu beherrschen, sind folglich sehr verschwenderisch und haben einen deutlichen Hang zur Vergeudung. Oft erweisen sie sich als beschlagnehmende, lästige Persönlichkeiten, sie breiten sich aus, genau wie ihre Buchstaben.

Ist die Schrift *harmonisch* und ausgewogen in ihrem Gesamtbild und ihren Formen, zeugt sie von Selbstvertrauen, Unabhängigkeit, Spontaneität, Vorliebe für Initiative und Verantwortung. Bemerkenswerte Klarheit des Geistes, verbales Gedächtnis und verbale Imagination (der obenerwähnte Chirurg konnte ganze Gedichte von Mallarmé, Valéry und anderen frei rezitieren).

In einer *unharmonischen* Schrift kann die Weitspurigkeit Tendenzen der Amoralität verraten, gesellschaftliche Eitelkeit, Unüberlegtheit, Mangel an Vorsicht, exhibitionistische Neigungen. Mit einem Wort, das Bedürfnis, die Aufmerksamkeit auf die eigene Person zu lenken.

Ist die *Schrift zugleich*

- zu schräg: unüberlegte Voreiligkeit, Prasserei, oberflächliche Natur,
- groß: Geselligkeit, das Bedürfnis, Menschen um sich zu haben,
- linksschräg: ausgeprägte Widersprüche, Mischung von Geselligkeit und Mißtrauen,
- überhöht: das Bedürfnis, sich zu zeigen, Selbstzufriedenheit.

Die erweiterte Schrift (Fig. 85)

Das ist tatsächlich eine übertrieben weitspurige Schrift. Sie zeigt im wesentlichen einen Mangel an Maß und innerem Gleichgewicht an.

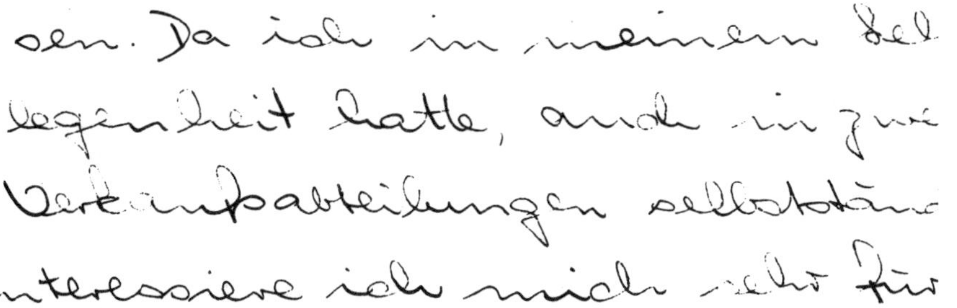

Fig. 85: Erweitert

Die gesperrte Schrift (Fig. 86)

Das ist eine Schrift mit großen Abständen zwischen den Wörtern und Zeilen: große Urteilsfähigkeit, klarer und geordneter Geist mit der Fähigkeit, schöpferische Pausen einzulegen.

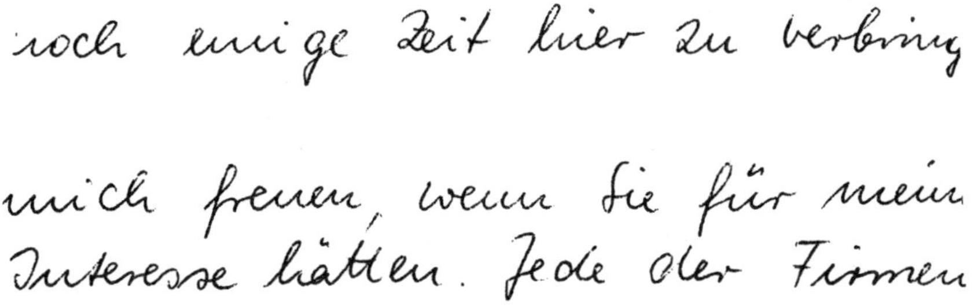

Fig. 86: Gesperrt

Wird jedoch der Abstand, der schöpferische Bewegung symbolisiert, übermäßig groß, herrscht Ungleichgewicht. Der Mensch flüchtet sich in die Isolierung, legt eine zu große Distanz zwischen sich und die Außenwelt, findet daher nur mühselig gesellschaftlichen Kontakt. Sein Streben nach Objektivität kann sich nachteilig auf die spontane Affektivität auswirken und mit Kälte sowie übertriebener Strenge einhergehen. Unabhängiger Charakter.

Ist die Schrift klein, bezeugt sie entwickelten künstlerischen Sinn und die Vorherrschaft des Urteils (zumindest meistens).

Sind die Abstände zwischen den Wörtern groß, aber die Ober- und Unterlängen der aufeinanderfolgenden Zeilen verhäkeln sich: ernste Einschränkung der Abstraktionsfähigkeit.

8. Der Grad der Schriftverbundenheit

Die Verbundenheit der Schrift (oder Blockbildung) spiegelt gewissermaßen den „Atem“ des Denkens. Wir sprechen vom Denken, betreten somit also das Gebiet der Intelligenz.

Das Terrain der Intelligenz

Jedermann weiß, daß es viele Formen der Intelligenz gibt und daß man „Intelligenz“ nicht mit „Bildung“ verwechseln darf. Ich werde mich hüten, einen Menschen, der kaum Schulbildung genoß, als Dummkopf einzustufen. Er kann eine lebhafte natürliche Intelligenz besitzen, die lediglich nicht geschult worden ist. Folglich hat er kaum Wissen, dafür aber, wie Montaigne sagte, einen „guten Kopf“ und dank dessen Unterscheidungsvermögen, Urteilskraft sowie ein von Logik geprägtes Überlegen.

Manche Psychologen unterscheiden vier Formen der Intelligenz:

- die logische Intelligenz,
- die verbale Intelligenz,
- die numerische Intelligenz,
- die allgemeine Intelligenz.

Erinnern wir auch an die Definition der Intelligenz als die *Fähigkeit, Probleme zu lösen.* Und dazu muß man drei Dinge in sich vereinen: Verständnis, kritischen Sinn, Erfindergabe.

Für andere Psychologen besteht die Intelligenz aus:

- Gedächtnis,
- Urteilskraft,
- Imagination.

Diese Kennzeichnung der Intelligenz ist sehr logisch. Ohne Gedächtnis würde man völlig sinnlos studieren, weil man nichts behält. Ohne Urteilsvermögen ist man unfähig, Fakten, Prämissen und deren Beziehungen zu erkennen, daher unfähig, logische Schlüsse daraus zu ziehen. Ohne Imagination (und Findigkeit, welche eine Form derselben ist) findet man keine Lösung der Probleme, die sich im Leben stellen.

Die Intelligenz ist auch das Vermögen *zu objektivieren, zu abstrahieren und zu verallgemeinern.*

Schließlich wird die Ansicht vertreten, und das bringt uns zur Schrift zurück, die Intelligenz offenbare sich im allgemeinen Benehmen, auch in den Gesten. Wie der französische Philosoph und Psychologe Mounier sagte: „Man ist intelligent oder begriffsstutzig bis in die Fingerspitzen.“

Verweisen wir noch darauf, daß man eine sehr deutliche Beziehung zwischen den herkömmlichen Temperamenten (die wir später unter dem Blickwinkel ihrer Äußerung in der Schrift studieren werden) und der Intelligenz herstellen kann:

- Die Intelligenz des Lymphatikers ist langsam, aber tief und überlegt; das Gedächtnis ist ausgezeichnet, die Imagination jedoch dürftig;
- der Sanguiniker hat einen lebhaften und oberflächlichen Geist und ist schlagfertig;
- der Choleriker hat eine rasche, brillante Intelligenz und reiche Imagination;
- der Nervöse besitzt reiche Imagination, Intuition, ist aber in allem übertrieben; er hat auch einen synthetischen Geist.

Ich entnehme die folgende Passage bei dem belgischen Graphologen und Philosophen P. Boons: „Beim Intellektuellen, dessen Denken klar, konstant und aktiver Art ist, offenbart sich die Liebe zu deutlichen Unterscheidungen und zu Tüfteleien überall und nicht nur in den Abständen (zwischen Wörtern und Zeilen). Die unaufhörliche Aktivität des Denkens wird die Bewegungen beseitigen, die alle Striche auf ein einziges Intensitätsniveau stellen, und wird, ganz im Gegenteil, geneigt sein, die Striche zu nuancieren, sie voneinander zu unterscheiden. Das heißt, daß ein suchender und präzisionshungriger Geist nur selten Bewegungen zulassen wird, die eine teigige Schrift hervorrufen, er wird ihnen jene vorziehen, die eine scharfe Schrift erzeugen."

Die Bindungen

Zwischen dem Rhythmus des Denkens und den Bindungen in der Schrift besteht ein enger Zusammenhang. Der Laie kümmert sich kaum um die Verknüpfung der Buchstaben, er sieht sich ihre Form und das allgemeine Bild an; doch wir haben es hier mit einem wesentlichen Detail zu tun, das die Qualität und die Form des Überlegens offenbart, das dem Denken seinen Rhythmus gibt.

Das *Denken,* der Vorgang der *Verkettung der Ideen* führen die Feder und verursachen deren Anhebung, sie diktieren unbewußt die Gruppierung der Buchstaben, manchmal übertriebene, kühne Bindungen, besonders des Strichs eines „t" am Wortende mit dem Beginn des folgenden Wortes. Das *Überlegen* ordnet das Denken in seinem Ausdruck durch die Schrift. Das Überlegen bestimmt ferner – zum großen Teil wenigstens – den Grad unserer Anpassung. Es führt zu intelligenter Anpassung an das, was ist und woran man sich gewöhnen muß, um das bestmögliche daraus zu machen, auch wenn es unsere Ansichten, Neigungen und Pläne durcheinanderwirft.

Wir werden nun untersuchen, auf welche Art die Buchstaben verbunden oder getrennt sind. Dies führt uns zur Feststellung, daß die Schrift verbunden, gruppiert (auch equilibriert) oder unverbunden sein kann, ferner kombiniert, zerstückt, gebrochen (fragmentarisch) oder verbessert.

Die Bindungen zwischen den Buchstaben eines Wortes geben, wie wir gesehen haben, Hinweise auf die Intelligenz, den Gedankenablauf, die Form des Überlegens. Außerdem geben sie Hinweise auf die Struktur der Psyche, den Grad ihres Gleichgewichtes, auf die Emotivität, d. h. die Gemütserregbarkeit des Schreibers. In welchem Maß diktiert die Emotivität des Schreibers seine Reaktionen? Und in welchem Maß entziehen sich deshalb die Reaktionen der Kontrolle des Willens?

Der schweizerische Graphologe Pulver hat den tiefen Mechanismus des Verbundenheitsgrades in der Schrift am besten herausgearbeitet. Der Verbundenheitsgrad betrifft die *Anpassungsfähigkeit* des Schreibers an alles, an das Leben, an seine Pflichten, an die Überraschungen des Augenblicks, an den Willen (sprich die Launen) anderer. Diese Anpassung kann auf drei Arten erfolgen:

- ○ praktisch,
- ○ theoretisch,
- ○ moralisch.

Der starke, ausgewogene Realist, der sich gut verhält und sich nicht leicht aus der Ruhe bringen läßt, paßt sich mühelos *praktisch* an.

Wer logisch und wissenschaftlich überlegt, gelangt zur *theoretischen* Anpassung.

Die Zuhilfenahme ethischer Normen, mit anderen Worten, der Moralität, erlaubt dem Menschen, die gewünschte Brücke zu schlagen zwischen seinen Instinkten, die ich als seine inneren Befehle bezeichnen würde, und den Instinkten der anderen. Dies ist die *moralische* Anpassung.

Die verbundene Schrift (Fig. 87)

Im Prinzip sollte ein Wort eigentlich in einem Zug geschrieben werden, gleichgültig, welche Länge es hat. Doch das ist schwierig, die Feder muß – genau wie der Mensch – „atmen". Man betrachtet deshalb einen Verbundenheitsgrad als normal, wenn vier oder fünf Buchstaben ohne Anheben der Feder geschrieben sind.

Fig. 87: Verbunden

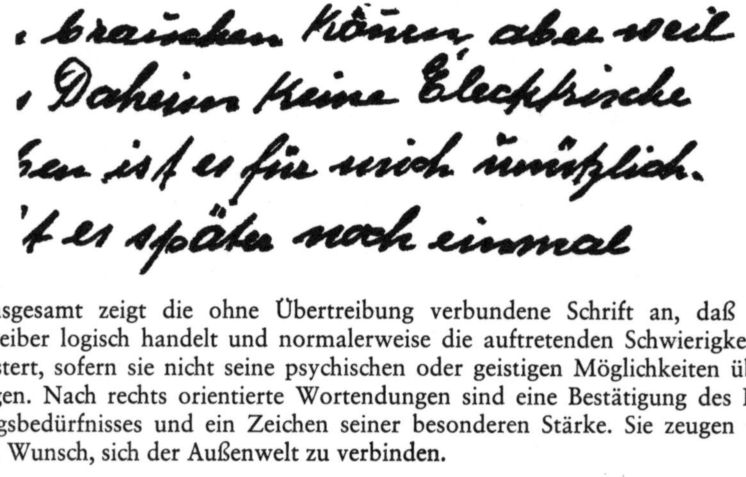

Insgesamt zeigt die ohne Übertreibung verbundene Schrift an, daß der Schreiber logisch handelt und normalerweise die auftretenden Schwierigkeiten meistert, sofern sie nicht seine psychischen oder geistigen Möglichkeiten übersteigen. Nach rechts orientierte Wortendungen sind eine Bestätigung des Bindungsbedürfnisses und ein Zeichen seiner besonderen Stärke. Sie zeugen von dem Wunsch, sich der Außenwelt zu verbinden.

Sind die Oberzeichen und die t-Striche in die Bindung einbezogen, dann ist diese von gehobener Qualität, besonders auf der Ebene der geistigen Bedeutungen. Sie weist fast immer auf Menschen hin, die ihren Geist wirklich arbeiten lassen. Kombinationsvermögen, die Fähigkeit, kluge Lösungen zu finden, das alles kennzeichnet den Geist, der geschmeidig wurde, geschult; sei es durch klassische (lateinisch-griechische) oder sei es z. B. durch mathematische Bildung.

Dieses Merkmal kann man jedoch auch bei schöpferisch Tätigen auf dem Gebiet der Kunst und bei Literaten antreffen. Hier ein bemerkenswertes Beispiel (Fig. 88):

Fig. 88: Verbundene Oberzeichen

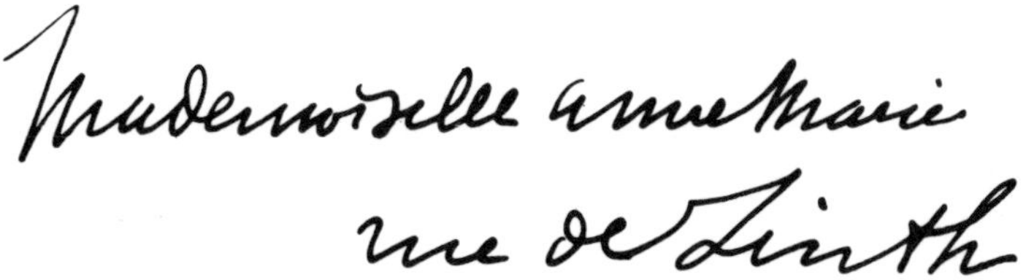

Die Fähigkeit, ein Schriftdetail mühelos und schnell mit einem manchmal entfernten Buchstaben oder sogar dem folgenden Wort zu verbinden, kündet von der Fähigkeit, die entferntesten Begriffe miteinander in Verbindung zu bringen und überraschende, aber dennoch wirkliche Beziehungen herzustellen.

In einer verbundenen Schrift ist der Strich rechtsläufig: er kann gar nicht anders sein. Man bringt durch eine Bewegung nach links keine Bindung zustande, zumindest nicht in unserer westlichen Schrift (vergessen wir nicht, daß die Araber von rechts nach links und die Japaner von oben nach unten sowie von rechts nach links schreiben).

Die verbundene Schrift bedeutet: deduktives Denken, logischer Geist, Koordination der Ideen, oft hohe Bildung. Ferner Gedächtnis – wenn man auch das Gedächtnis in der Schrift nicht nur an der Buchstabenbindung erkennt; es ist manchmal sogar ziemlich schwer aufzuspüren, vor allem seine Form (logisches, optisches, akustisches Gedächtnis). Aktiver Geist, Begabung für die Mathematik, gute Auffassungs- und Folgerungsfähigkeit. Der Schreiber zieht rasch Schlüsse aus dem, was er beobachtet hat; wenn er überragende Intelligenz besitzt, visiert er hohe, weite Ziele an und setzt sich sehr schnell und leicht über das Unmittelbare hinweg. Die intellektuelle Spekulation kann bei ihm bemerkenswert sein, ohne bis zur Utopie zu gehen. Die verbundene Schrift deutet auch auf einen analytischen Geist und Gefühl für das Maß hin. Der Charakter ist spontan, natürlich, der Schreiber braucht Kontakte mit der Außenwelt, daher Geselligkeit, ja Altruismus.

Aber an einer Schrift kann nicht alles positiv sein, und man muß immer eine eventuelle Disharmonie des Gesamtbildes berücksichtigen.

Auch eine verbundene Schrift kann – wie jede andere – unharmonisch sein, und dann zeigt sie Impulsivität an, Mangel an Abwägen, an Maß, sie verrät einen Menschen, der sich hinreißen läßt und plötzliche, heftige Zornanfälle bekommen kann, kündet manchmal von Widerspruchsgeist und dem Bedürfnis zu sticheln, zu widersprechen.

Hier ist noch ein erklärendes Wort zum deduktiven Denken nachzutragen. Es ist die Fähigkeit, vom Allgemeinen auf das Besondere zu schließen, die Konsequenzen – manchmal sehr unerwartete – einer Menge aktueller Gegebenheiten und gelegentlich auch diverser Einzelheiten zu erkennen. Diese Menschen analysieren, ziehen jedoch auch sofort die Synthese (wie der Graphologe im Lauf seiner Arbeit). Es sind oft überlegene Geister, die das tun. Auch geht das natürlich nicht ohne eine solide geistige Bildung. Schließlich haben insgesamt noch die Sensiblen eine verbundene Schrift, im Gegensatz zu den Intuitiven, deren Buchstaben oft unverbunden sind. Die Sensiblen sind empfängliche Menschen, sie haben mehr praktischen Sinn als die Intuitiven. Sie sind logisch und rationalistisch bis in die Bindungen zwischen ihren Buchstaben. Phantasie besitzen sie nicht viel, außer bestimmte Schriftmerkmale weisen darauf hin. Denn vergessen wir nicht: Beim Menschen ist nichts einfach, klar und einheitlich; er ist immer widersprüchlich. Deshalb ist es angebracht, die *Dominanten* einer Schrift zu betrachten und bei der Untersuchung sekundärer (weniger ausgeprägter) Hinweise in der Schrift dann die erforderlichen Korrekturen vorzunehmen.

Die übermäßig verbundene Schrift

Ist das Gesamtbild *klar,* gut gegliedert und proportioniert: Originelle Ideenassoziation, Schnelligkeit des Denkens und der Deduktionen.

Gegenteiligenfalls: Eigensinn, Spitzfindigkeit, Neigung zu Zwangsvorstellungen.

Die Unterbrechungen

Nachdem wir nun so lange von der verbundenen Schrift gesprochen haben, wollen wir uns deren Gegenteil ansehen.

Die unverbundene Schrift (Fig. 89)

In ihr sind die meisten Buchstaben getrennt, ohne daß jedoch ein „Script" (eine Drucktypenschrift) entsteht.

Fig. 89: Unverbunden

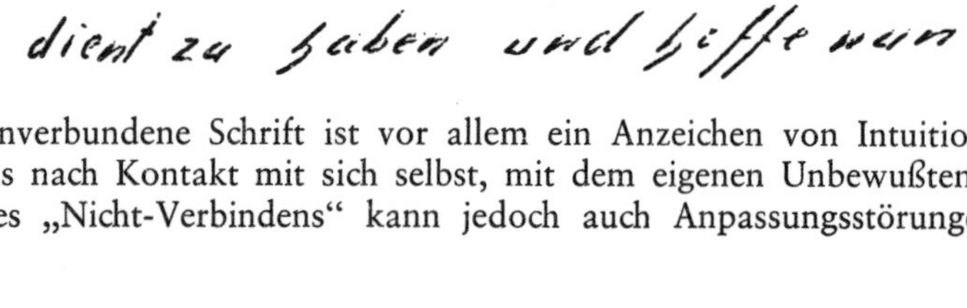

Die unverbundene Schrift ist vor allem ein Anzeichen von Intuition, dem Bedürfnis nach Kontakt mit sich selbst, mit dem eigenen Unbewußten. Diese Form des „Nicht-Verbindens" kann jedoch auch Anpassungsstörungen verraten, Betonung der Eigenart bis zur Ablehnung dessen, was die Regel ist (es gibt bemerkenswerte Beispiele unverbundener Schriften, vor allem von dem Philosophen Bergson, von Chateaubriand, Talleyrand, Pasteur). Hier zwei schöne Beispiele: Erasmus von Rotterdam (Fig. 90) und Chateaubriand (Fig. 91).

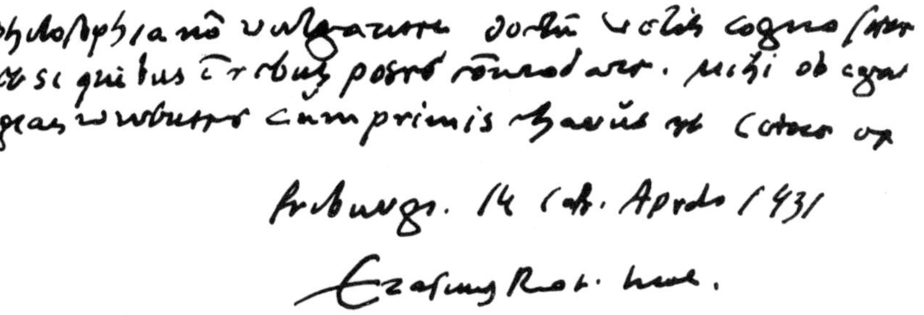

Fig. 90: Erasmus von Rotterdam

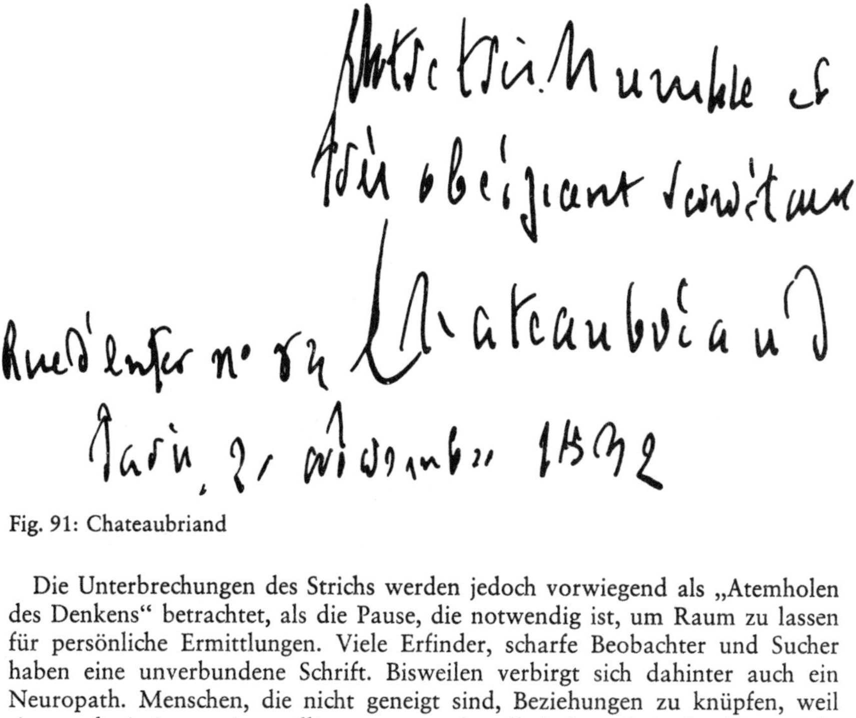

Fig. 91: Chateaubriand

Die Unterbrechungen des Strichs werden jedoch vorwiegend als „Atemholen des Denkens" betrachtet, als die Pause, die notwendig ist, um Raum zu lassen für persönliche Ermittlungen. Viele Erfinder, scharfe Beobachter und Sucher haben eine unverbundene Schrift. Bisweilen verbirgt sich dahinter auch ein Neuropath. Menschen, die nicht geneigt sind, Beziehungen zu knüpfen, weil sie zu schwierig, zu eigenwillig, zu anspruchsvoll sind, weil sie das Neue nicht lieben und nicht das wünschenswerte Bemühen um Verständnis und Anpassung aufbringen wollen, haben oft eine unverbundene Schrift. Aber auch jene, denen es an praktischem Sinn fehlt, die ganz in ihrer Arbeit aufgehen, in ihren Forschungen – oder in ihren Marotten und Manien.

Ist die unverbundene Schrift *unharmonisch,* zeigt sie oft psychische Störungen, Wankelmut, plötzliche Stimmungsumschwünge an, und wenn die Abstände zwischen den Buchstaben zu groß sind, kann dies Geisteskrankheiten in der Aszendenz offenbaren. Es ist auf jeden Fall ein unbestreitbares Zeichen für einen Kampf zwischen verschiedenen Schichten der Persönlichkeit (Pulver).

Getrennte Anfangsbuchstaben bei ansonsten normal verbundener Schrift bedeuten eine Pause des Menschen, der nachdenkt, die Situation überschaut, bevor er eine Entscheidung fällt. Ein übertriebener Anfangsbuchstabe jedoch bedeutet Eitelkeit und Pose. Hätten Sie vermutet, daß Sammler oft eine unverbundene Schrift haben?

In unharmonischen Schriften verrät die Unverbundenheit Egoismus, Narzißmus samt allem, was dieser an grober oder kleinlicher Verteidigung persönlicher Interessen beinhaltet: Abgeschlossenheit, Geiz, Eifersucht, Neid. Man verkehrt besser nicht zu häufig mit Menschen dieser Art.

Keulenförmige unverbundene Schrift kann auf einen ängstlichen, von Skrupeln geplagten Menschen verweisen.

Manchmal kündet die völlig unverbundene Schrift von übermäßiger Schüchternheit oder verrät die Verfolgung eines unerlangbaren Ideals, die Konsequenz großer moralischer Unbeständigkeit. Der Graphologe Saint-Morand schließlich ist der Ansicht, daß die Pausen (in den Bindungen der Buchstaben) der „unterirdischen Arbeit des Denkens und der Affektivität" förderlich sind.

Die gruppierte Schrift (Fig. 92)

Sehr interessant ist, an welcher Stelle der Strich unterbrochen wird. Bestimmte Schreiber gruppieren ihre Bindungen nach Silben oder einem anderen Bindungsmodus, der ihnen persönlich eigen ist und dessen Rhythmus sie leicht finden.

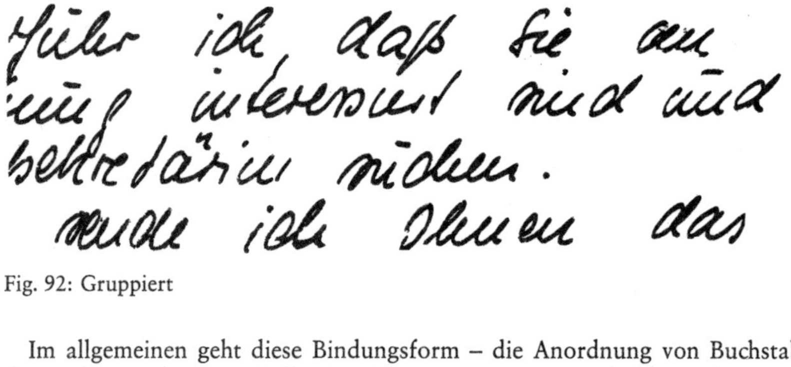

Fig. 92: Gruppiert

Im allgemeinen geht diese Bindungsform – die Anordnung von Buchstaben, die an dieser oder jener Stelle eines Wortes zusammengeschrieben oder getrennt sind – mit einer klaren, nüchternen, recht rhythmischen Schrift einher, also mit einem *harmonischen* Schriftbild. In diesem Fall sind die Bedeutungen sehr positiv: Vor allem Vorherrschaft der bewußten Funktion und des Verstandes, ferner wissenschaftliche Vorlieben, Bildung, die weit über das gewohnte Maß hinausgeht; Hinweis auf einen Intellektuellen im üblichen Sinn des Wortes. Außerdem ein Zeichen von Ungezwungenheit und Anpassung an die Gebote des Lebens, richtiges Maß der Intro- und Extraversion (d. h. von Zurückgezogenheit in sich selbst und Herausgehen aus sich), von Geselligkeit und periodischem Bedürfnis nach Einsamkeit (man kann nichts schaffen im Wirrwarr und Tohuwabohu einer Menschenmenge, und wenn man dazu gezwungen ist, vergeudet man eine beträchtliche Dosis Energie sinnlos), von Unabhängigkeit und vernünftigem Sich-Fügen.

Wenn aber das Gesamtbild *unharmonisch* ist – das gibt es bei der gruppierten Schrift –, gelingt es dem Schreiber nicht, das aus ihm selbst Kommende mit dem aus der Außenwelt Kommenden in Einklang zu bringen. Er vermag seine innere Einheit nicht herzustellen. Daraus resultieren zahlreiche Widersprüche und ein oft verwirrendes Verhalten. Der Schreiber ist unentschlossen, voller Zweifel und Komplexe. Dadurch kommt es zu Ängsten, abergläubischen Vorstellungen, bösen Ahnungen, die seine Freiheit des Urteilens, Entscheidens und Handelns stark einschränken.

Zu große Abstände zwischen den Buchstaben oder Buchstabengruppen bedeuten: nicht kompensierte Minderwertigkeitskomplexe, Schüchternheit, emotionale Unangepaßtheit, Schwierigkeiten im Gesellschaftsleben, Überwiegen amoralischer Neigungen, kontroverse Haltung gegenüber der gesellschaftlichen Stellung, den Moralgrundsätzen oder der erhaltenen Erziehung (A. Vels). Dies findet sich häufig bei den Jugendlichen beiderlei Geschlechts, zeigt aber oft auch die Anfälligkeit für Neurosen an, vor allem wenn die Schrift sehr unregelmäßig ist.

Schließlich gibt es noch Schriften, in denen die Buchstaben nicht nur völlig unverbunden, sondern auch noch in sich gespalten sind (zerstückt, gebrochen, zerfallend).

Die zerstückte Schrift (Fig. 93)

Ihre Elemente sind auf Pfähle oder sogar Punkte reduziert.

Fig. 93: Zerstückt

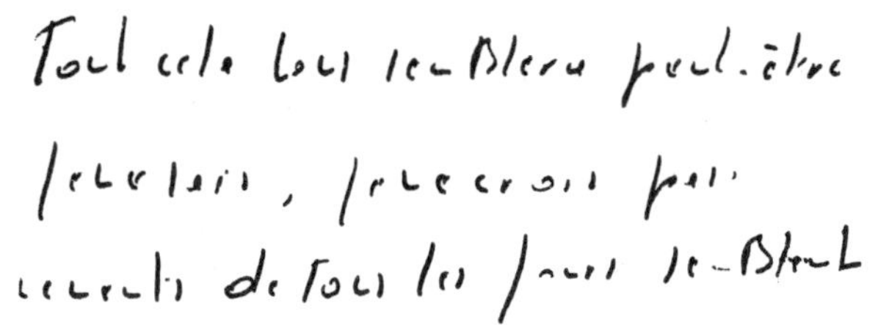

Dies ist der äußerste Grad an Vereinfachung der Form und auch an Unterbrechung des Strichs. Man findet es nicht bei Kindern, sondern im allgemeinen bei alten Menschen, deren Bewegungen unterbrochen und gleichzeitig verlangsamt sind. Ein ungünstiges Zeichen, sowohl auf psychischer als auch auf physischer Ebene: die Gesundheit ist zumindest angegriffen. Es ist, wie Pulver erklärt, die Schrift als Skelett; hier gibt es keine Aufstriche, keine Verbindungen mehr. Der Autor schildert Menschen, die sich dieser übermäßigen Vereinfachung (oder eher Schematisierung) der Schrift bedienen, folgendermaßen: „... rücksichtslose Askese ... Er ist der Utopist des langen Lebens, weil er sich so verhält, als müßten seine Vorräte ewig reichen." Genau wie seine Lebenskräfte hortet er sein Geld. Er ist also ein Geiziger – ein Asket, jemand, „der nicht zu leben wagt aus Furcht, seine Lebenskraft zu rasch zu vergeuden".

Es steht außer Zweifel, daß einer solchen Haltung eine Abnahme der Vitalkräfte zugrunde liegt. Eine derartige Schreibweise verrät außerdem Mangel an Geschmeidigkeit sowie Ungeselligkeit; fest steht jedenfalls, daß der Umgang mit solchen Menschen (sie sind übrigens selten, diese Schriften findet man nicht oft) alles andere als heiter ist ...

Die gebrochene oder zerfallende Schrift (Fig. 94 und 95)

Der Strich eines einzigen Buchstabens ist unterbrochen, zerstückelt (aber nicht pfahl- oder punktförmig).

Fig. 94: Gebrochen

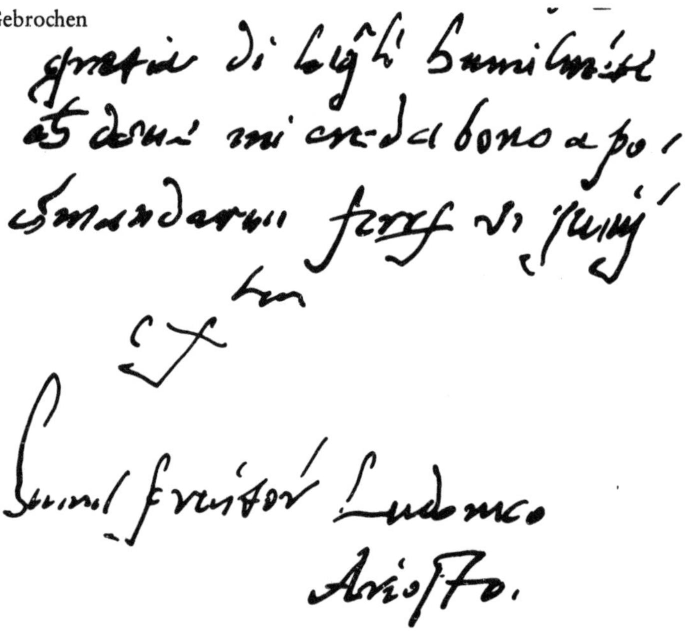

Fig. 95: Gebrochen

Als Bedeutungen finden wir hier Hemmung, übermäßige Zurückhaltung und Angst, resultierend aus Überempfindlichkeit.

Das Merkmal kann dem Arzt und Graphologen Streletski zufolge auch Störungen des Atem- und Kreislaufsystems anzeigen. Es sei mir jedoch erlaubt, daran zu erinnern, daß ein Graphologe nicht das Recht hat, irgendeine Diagnose zu stellen – dies ist ausschließlich Ärzten vorbehalten. Er kann die Störungen beschreiben, von Atemschwierigkeiten sprechen, mehr nicht. Und in einem solchen Fall wird er natürlich die Konsultation eines Arztes empfehlen.

Einem anderen Arzt und Graphologen, Dr. Carton, zufolge sind Menschen, die besonders die Großbuchstaben zerlegen und zerteilen, unordentlich, launenhaft, der Phantasie und dem Tagtraum hingegeben. Man kann sie nur schwer an Zucht gewöhnen, sie sind unbeständig, zügellos, aufdringlich, verändern gern ihren Standpunkt, verlieren sich in Schwierigkeiten, verplempern Zeit und Geld sinnlos. Sie sind unvorsichtig, ungenau und verbohren sich oft in unwichtige Einzelheiten.

In einer harmonischen Schrift jedoch kann das Merkmal von Inspiration, Intuition, häufigen Vorahnungen künden. Der Schreiber stützt sich dann auf Impressionen aus seinem Unterbewußten, er „wittert", ahnt, was der Wahrnehmung durch die fünf Sinne entgeht.

Bestimmte Autoren sehen im Zerbrechen von Buchstaben wie dem „d" die Dissoziation des männlichen und des weiblichen Elementes der Psyche (wie man weiß, ist jeder Mensch zweipolig, aber das männliche Element – *Animus* – oder das weibliche Element – *Anima* – herrscht mehr oder weniger deutlich vor).

Für wieder andere ist dieses Merkmal (zerlegtes „g", „a", „d") die Tendenz, sich von gewissen parasitären Instinkten hinreißen zu lassen. Auch ein Anzeichen von Verstellung.

Die verbesserte Schrift (Fig. 96 und 97)

Korrektur einzelner Buchstaben, was im Grunde eine „Schrift des Neuansetzens" darstellt und folglich den Verbundenheitsgrad betrifft.

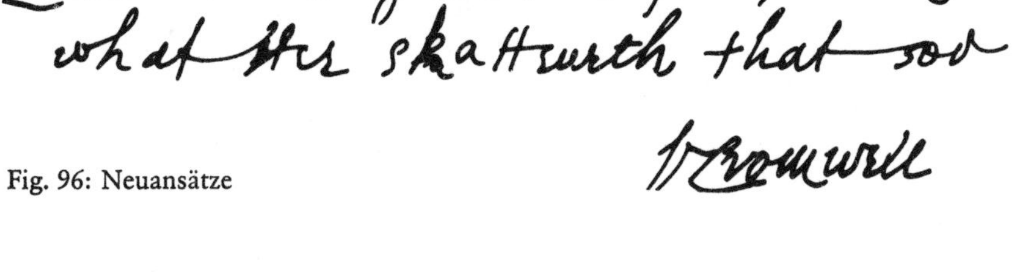

Fig. 96: Neuansätze

Fig. 97: Verbesserungen

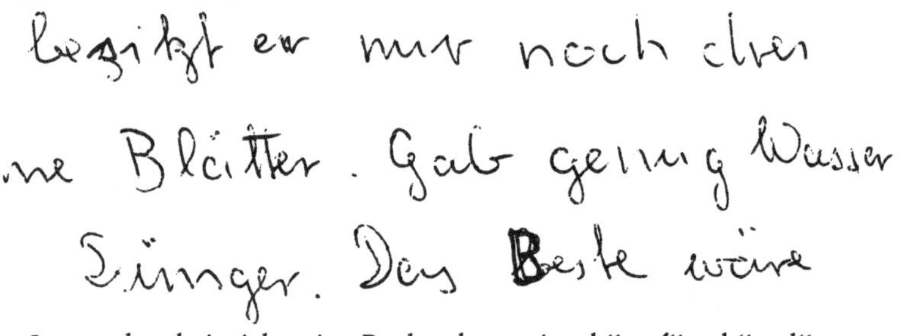

So werden beispielsweise Buchstaben wie „b“, „f“, „h“, „l“ zuerst pfahlförmig geschrieben und erhalten nachträglich eine kleine Schleife, oder an wenig ausgeprägten „m“ und „n“ werden Verbesserungen vorgenommen. Dies kann eine Folge von Müdigkeit sein, von Nervosität, Schwierigkeiten der Koordination von Bewegungen, progressiver allgemeiner Lähmung. Aber auch und vor allem eine Folge von Zweifeln, Skrupelsucht, Zögern, Angst, Phobie, Pedanterie.

Andererseits aber spricht, wenn die Schrift harmonisch ist – wir kommen immer wieder auf dieses grundlegende Kriterium zurück – daraus das Bedürfnis nach Klarheit, ein wählerischer Geist. Menschen, die im Grund ihres Ich zerrissen sind, die schmerzlich diese inneren Kämpfe zwischen dem Bewußtsein und dem Unbewußten durchleben, schreiben ebenfalls so, mit zahlreichen Verbesserungen oder Hinzufügungen.

Zu viele Verbesserungen bzw. Hinzufügungen können verschiedene Ursachen haben: ungeduldiges, unbesonnenes, nervöses und ungestümes Wesen, was zu Berichtigungen zwingt, damit die Schrift lesbar bleibt, und was außerdem einen Mangel an Logik verrät, weil man mit der Vornahme von Verbesserungen mehr Zeit verliert, als wenn man von vornherein korrekt schreibt.

Geht man tiefer, sind es Zweifel, bis ins Zwanghafte gesteigert, Mangel an Selbstvertrauen, der zu Angst führt, zur Furcht, sich zu täuschen – daher das Bedürfnis, alles nachzuprüfen und zu kontrollieren, was man macht. So entsteht die Unterbrechung im Rhythmus des Denkens und Handelns. Bezeichnend dafür sind Menschen, die ihre Wohnung für zwei Tage verlassen und nach mehreren Kilometern umkehren, um nachzusehen, ob sie auch das Wasser und das Gas abgestellt und nicht vergessen haben, die Tür abzuschließen.

Ungleichmäßigkeiten im Verbundenheitsgrad (Fig. 98 und 99)

Niemand hebt immer die Feder, um die Oberzeichen genau an die richtige Stelle zu setzen. Bald ist ein Wort ganz verbunden, bald ist dasselbe Wort getrennt. Aber jeder Mensch hat einen ihm eigenen allgemeinen Bindungsrhythmus – es sei denn, der Verbundenheitsgrad ändert sich wirklich ständig.

Dies ist bei klarer Schrift ein Zeichen für beträchtliche geistige Qualitäten: große Fähigheit der Ideenassoziation, Kombinationsgeist, scharfsinnige Spekulation. In einer wenig harmonischen Schrift kann dasselbe Merkmal eine Neigung zu Spitzfindigkeit ausdrücken, die Liebe zum Paradoxen, undurchdachte Aktivität.

Fig. 98: Ungleichmäßig verbunden

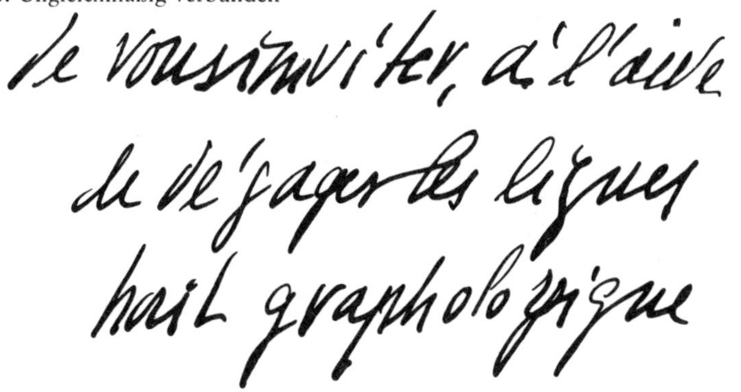

Fig. 99: Veränderlicher Verbundenheitsgrad

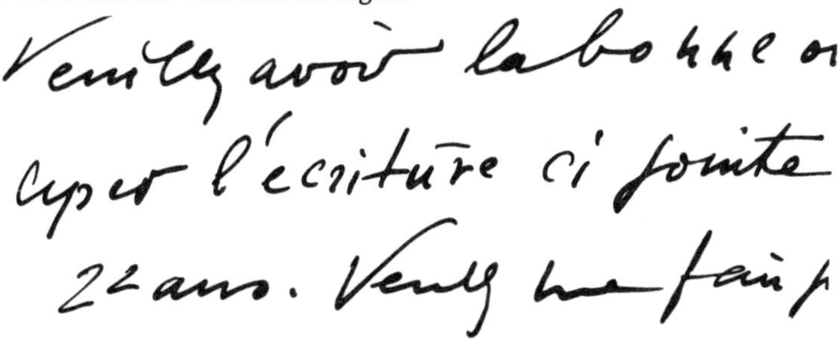

Außerdem empfiehlt es sich, auf folgende Merkmale zu achten:

Anfangsbuchstabe getrennt in einer verbundenen Schrift: Sammeln der Kräfte vor der praktischen oder geistigen Aktion, das Bedürfnis nach einem Überblick über die Situation, bevor man eine Entscheidung trifft. Manchmal ist es das Anzeichen einer Scheinüberlegung aus Effekthascherei oder Vorsicht; man nimmt sich die Zeit, sich selbst Fragen zu stellen . . . Es liegt eine Spur List in dieser Haltung.

Verbundene Wortendungen in einer unverbundenen Schrift: Leichtigkeit der Anpassung an die Umstände, erworbene Steigerung der Logik und der praktischen Fähigkeiten. Es ist, wenn man so will, die Schrift des „Pfiffikus", der alles „kommen sieht".

Unverbundene Wortendungen in einer verbundenen Schrift: die Anpassung an die Umstände ist angeboren, aber momentan gestört.

Periodisches Auftreten unverbundener Buchstaben in einer verbundenen Schrift: Zeichen für schöpferische Intelligenz, der Geist strebt unaufhörlich nach neuen Konzeptionen und Ideen; Fähigkeit, zu erfinden und zu verwirklichen, eine Mischung aus Intuition und Überlegung. Alles in allem schöne geistige Qualitäten.

Veränderlicher Verbundenheitsgrad und eine ungeschickte, unharmonische Schrift: Flucht in die Vorstellungswelt, Mischung aus plötzlicher Leichtfertigkeit und der Fähigkeit der Ideenassoziation. Störung der Anpassung, manchmal unvermitteltes Erstarren der Vitalität, Gezwungenheit in den Beziehungen zur Umgebung, Unfähigkeit, mit anderen zu harmonieren, instinktive Irritationen, tiefe Unbeständigkeit, Leichtsinn – auch fehlendes Moralempfinden.

In schweren Fällen, wo die Bindungen wirklich zerfahren sind und die Schrift ungeordnet ist, zeigt dieses Merkmal übermäßige Reizbarkeit an, unkontrollierte instinktive Bewegungen, was häufig auf eine ernste Geistesgestörtheit oder eine ererbte Geisteskrankheit verweist. Noch einmal: hier darf man keine Diagnose stellen, man muß die Störungen aufzeigen.

9. Die Bindungsformen

Der Praktiker entnimmt ihnen wertvolle Hinweise auf die Leichtigkeit der Anpassung an das Leben, die Mitmenschen, die Umstände.

Das Terrain der Anpassung

Sehen wir uns die Bindungsformen im einzelnen an und werden wir uns über ihren Wert klar. Ich nenne Ihnen ein einfaches, deutliches Beispiel: Zweifellos haben Sie bemerkt, daß die Gesten und die Haltungen einiger Menschen steif und gezwungen oder locker und geschmeidig sind. Seien Sie versichert, daß auch die Schrift dieser Menschen ein starres oder lockeres, winkliges oder gerundetes Aussehen hat.

Es gibt Menschen, deren Gesten zwar keineswegs ungeschickt, aber schlecht angepaßt sind. Immer dieselben Menschen zerbrechen oder zerschlagen Dinge und knallen Türen zu, ohne es zu wollen. Diese Menschen sind fast immer auch steif und schroff im Umgang mit anderen. Sie können große Herzensqualitäten haben, was man aber nicht gleich entdeckt, weil sie sich nicht sympathisch zu geben verstehen. Sie sind in ihren Beziehungen zur Außenwelt ebenso ungeschickt wie in ihren Bewegungen. Achten Sie auf ihren Gang, ihre allgemeine Haltung: beides ist nicht harmonisch. Denken wir daran, daß der Mensch ein Ganzes ist und seine Schrift die genaueste, vollständigste Widerspiegelung dieses „Ganzen“ darstellt.

Ich will hier jedoch nichts Unrichtiges sagen. Zwar besteht ein enger Zusammenhang zwischen Temperament, Charakter, physischen Anlagen, Verhalten, Haltungen, Gesten und Schrift, der feinsten, „tiefsten“ aller Gesten. Das heißt aber keineswegs, daß der Mensch aus einem Guß ist, ausschließlich das und überhaupt nicht dies. Er ist, ganz im Gegenteil, immer eine unwahrscheinliche Mischung aus Widersprüchen, gewissermaßen ein Cocktail aus Tendenzen und Neigungen, unter denen meist einige vorherrschen. Deshalb ist auch sein Verhalten nuanciert.

Nehmen wir beispielsweise unseren gezwungenen Menschen. Wenn er einen seiner besten Tage hat, sich physisch voll in Form fühlt und wegen eines Problems, das er lange mit sich herumtrug, beruhigt und ohne Sorge ist, wenn er sich in einer herzlichen, sympathischen Atmosphäre unter Menschen aufhält, die er kennt und von denen er weiß, daß sie ihn mögen, dann kann dieser Mensch sich entspannt, heiter, ja sogar lebhaft geben.

Da niemand aus einem Guß ist, besteht die Schwierigkeit in der Graphologie darin, das Vorherrschende aufzuspüren und gleichzeitig auch die sekundären Aspekte der Persönlichkeit aufzuzeigen, die manchmal zutage treten.

Warum bemerkt man, wenn man das psychologische Porträt irgendeines Menschen zu zeichnen versucht, *so viele Divergenzen?*

- Weil jeder dazu neigt, den weniger guten Teil seiner selbst auf andere zu projizieren;
- weil es Gutwillige und Böswillige gibt – beurteilt ein Gutwilliger jemanden, wird das Porträt eher günstig ausfallen, bei einem Böswilligen wird es negativ sein;
- weil der Beurteilte, ohne betrügerisch oder listig zu sein, sich instinktiv unterschiedlich verhält, je nachdem, ob er vertrauensvoll oder auf der Hut ist, sich verstanden oder falsch eingestuft fühlt;
- weil man auch instinktive Sympathien und Antipathien berücksichtigen muß: sie existieren, und mit Vernunft ist ihnen nicht beizukommen;
- weil niemand sich immer ganz gleich bleibt, sondern jeder innerhalb bestimmter Grenzen schwankt, je nachdem, ob er sich wohl fühlt oder nicht, ob er nervös ist oder nicht, seelisch ruhig oder nicht.

Waren Sie noch nie verblüfft über die Art, in der jemand Sie beurteilte? Ihre Handlungen deutete? Ihnen Absichten unterstellte, die Sie nie hatten? Dadurch kommt es zwischen den Menschen oft zu Verletzungen und Mißverständnissen. Man urteilt schlecht, versteht nicht, kränkt; es kommt zu Reaktionen und Gegenreaktionen oder hartnäckigen Rachegefühlen ... Damit beginnt ein Circulus vitiosus.

Ich will mich nicht weiter darüber ausbreiten, wie ungeheuer wichtig es aus diesem Grund ist, den Anpassungsgrad eines jeden Menschen an das Leben, die Mitmenschen und die Umstände zu ermitteln, und wie interessant es sein kann, die tiefen Ursachen einer eventuellen Unangepaßtheit zu untersuchen.

Doch kommen wir zur Schrift zurück. Ganz generell kann man sagen, daß es zwei wesentlich verschiedene Bindungsformen gibt: den Winkel und die Kurve. Man hält – immer noch verallgemeinernd gesprochen – einen Menschen, in dessen Schrift der Winkel vorherrscht, für eigenwillig, energisch und auch für einen Kämpfer. Das Umgekehrte, die Vorherrschaft der Kurve, zeigt eher Imagination an, Gefühl, Sanftmut, eine gewisse Sinnlichkeit oder zumindest müheloses Erkennen der guten Momente des Lebens und volles Genießen derselben.

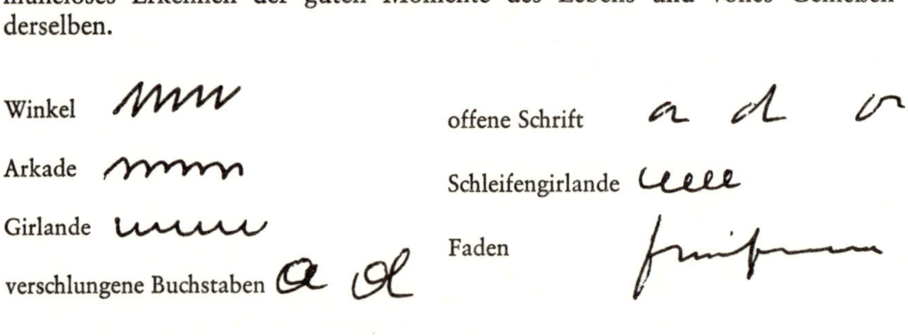

Wie der Philosoph Boons schrieb (*Le psychologe devant l'écriture,* Electa, Brüssel): „Derjenige, bei dem der Winkel vorherrscht, ist oft ein Mensch der

Pflicht, aber unangenehm für seine Umgebung durch seine Steifheit und seine Manien: sein allzu vereinfachender Rationalismus läßt ihn viele Aspekte der Dinge der Menschen aus den Augen verlieren." Fig. 100 zeigt ein typisches Beispiel für diese Mentalität.

Fig. 100: Winkel

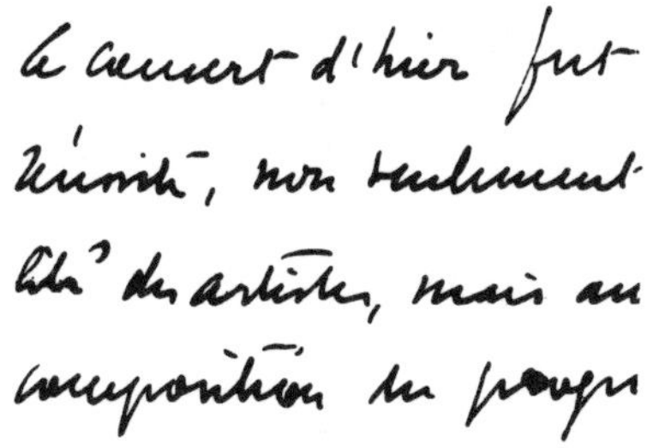

„Dagegen verrät die übertriebene Vorherrschaft von Kurven, die in alle Richtungen orientiert sind, einen beweglichen, unbeständigen Charakter, der fester Entschlüsse unfähig ist ... Aber er paßt sich sehr gut an alle Situationen an, so weit, daß er seine Persönlichkeit darin verliert und als Spielball der Umstände dahintreibt. Er ist allen Einflüssen offen, die Beweglichkeit seines Geistes läßt ihn alle Aspekte der Dinge sehen, ohne daß er einen davon im Hinblick auf eine solide Konstruktion festhalten könnte. Er beweist oft Takt, ohne daß man sich jedoch je auf ihn verlassen könnte." (Fig. 101)

Fig. 101: Kurven

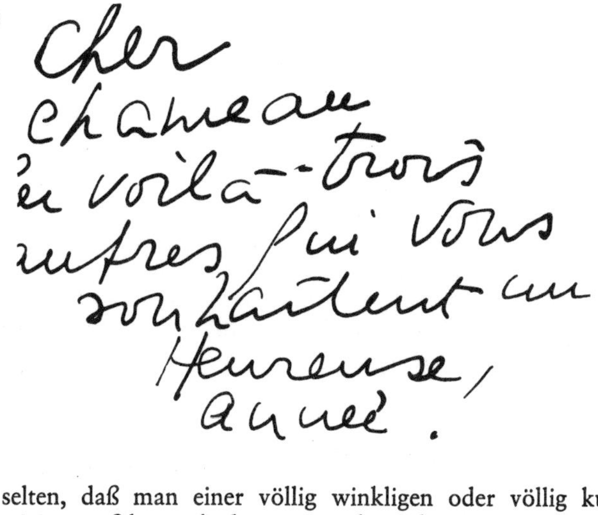

Es ist sehr selten, daß man einer völlig winkligen oder völlig kurvigen Schrift begegnet. Man muß herausfinden, was vorherrscht.

Die kurvige Schrift ist oft schneller, weil sie müheloser, rascher fließt.

Winkel, Druck und Vertikalität des Schriftbildes entspringen Gesten, die Hemmung verraten (Zurückhaltung, Gezwungenheit). Aber auch hier muß man herausfinden, ob diese Gezwungenheit aus einer natürlichen Linkischheit oder aus Selbstdisziplin resultiert. Genau wie man bestimmen muß, ob die Vorherrschaft von Kurven wirklich eine lächelnde Leichtigkeit der Anpassung ist oder eher Schlaffheit, Sichgehenlassen und Nachlässigkeit.

Bindungsformen und Anpassungsarten

Es gibt nicht nur Kurve und Winkel: Die Graphologen, die Menschen des Details sind, „Haarspalter" (wie Dr. Streletski sarkastisch meinte), gingen über diese erste Unterscheidung hinaus.

Sie erkannten in der Form der Bindung:

- Winkel
- Arkade
- Girlande
- verschlungene Buchstaben
- offene Schrift
- Schleifengirlande
- Faden

Hier einige Gesamtbemerkungen, um die Grundgedanken festzuhalten, bevor wir in die Einzelheiten gehen:

Die Bindung im Inneren der Buchstaben läßt sich in folgende Gesamtbedeutungen zusammenfassen, welche die Anpassungsarten offenbaren und dabei genau angeben, ob die Anpassung oberflächlich oder echt ist.

- Leichte und spontane Anpassung an die Milieubedingungen (Girlanden),
- kämpferische Anpassung (Winkel),
- ausweichende, verschwommene, gewundene Form (Faden),
- Dominante eher harmonisch, und zwar infolge von Kontrolle und Revision, je nach der Schriftqualität (Arkade).

Die Girlande (Fig. 102)

Sie ist gefällig, geschmeidig, wenn man sich die Art vor Augen führt, in der sie geschrieben wurde, und wenn man die engen, tiefen Beziehungen zwischen der Geste und dem gesamten Wesen kennt. Man wird einräumen, daß sie eine Manifestation von Sanftmut ist, der Sorge um Anpassung – freilich ist der Ausdruck „Sorge" hier zu stark, denn die Anpassung erfolgt harmonisch, natürlich, leicht. Man hat die Girlande oft mit einer nach oben offenen Schale verglichen, der zum *Aufnehmen* bestimmten Form.

Fig. 102: Girlande

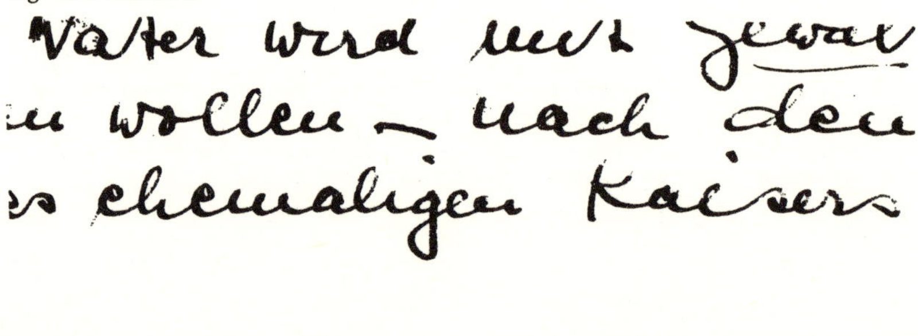

Ich habe viele Male beobachtet, daß Menschen mit der Girlande als Bindungsform geschmeidig sind; sie fügen sich frohgemut in die Umstände. Sie sind spontan, von natürlicher Geselligkeit. Die Schrift darf aber nicht schlaff sein, sonst verliert sie jede positive Bedeutung.

Die offene Haltung gegenüber der Außenwelt kann manchmal zu Vertrauensseligkeit führen. Die schlaffe Girlandenschrift kann auch die vage Geste des Opportunismus anzeigen, Diplomatie oder – wenn das Gesamtbild wirklich schlaff ist – Nonchalance, ja Sichgehenlassen. Im allgemeinen sind Menschen, deren Schrift die Girlande aufweist, offen und durchschaubar, ausgeglichen und gut angepaßt. Sie sind nicht von Komplexen erfüllt und drücken sich sehr natürlich aus. Wenn Sie Gelegenheit haben, beobachten Sie den Gang solcher Menschen: auch er ist geschmeidig, leicht.

Es gibt natürlich eine ganze Skala des Anpassungsgrades. Auch Sinnliche, Genießer können sich hinter der Girlande verbergen. Vor allem wenn die Buchstabenbasen druckstark und die Unterlängen ausgeprägt sind. Es genügt hier zu prüfen, welcher Teil der Schrift (Oberlängen, Wortkörper oder Unterlängen) am besten entwickelt ist.

Generell gesprochen, bedeutet die Girlande bei kleiner, harmonischer Schrift Aufnahmebereitschaft, vor allem auf geistiger Ebene. Auch Selbstverleugnung, Güte.

Soll das heißen, daß die Girlande immer einen völlig ausgeglichenen und in die Gesellschaft integrierten Menschen bezeichnet? Nein, natürlich nicht. Es gibt auch Neurotiker unter den Girlandenschreibern, aber wenn sie sich in Behandlung begeben müssen, leisten sie weniger Widerstand und sind weniger rebellisch. Die Girlande findet sich auch bei ausgezeichneten Verkäufern (übrigens sehr oft), die sich anzupassen vermögen, ohne anzuecken, die zu gefallen, sich beliebt und sympathisch zu machen wissen, einfach um besser zu verkaufen: es ist also eine zweckdienliche Anpassung, und sie ist nur noch mittelmäßig positiv. In völlig negativem Sinn kann die Girlande, wenn sie übertrieben wird, Mangel an Vorsicht anzeigen, Faulheit, Anpassung an alle Formen des Genusses.

In einer harmonischen, originellen Schrift jedoch verweist dieses Merkmal auf den Künstler, Psychologen, Schriftsteller, Diplomaten, Pädagogen, den intelligenten, feinsinnigen Menschen.

Die Arkade (Fig. 103)

Sie ist – wie Sie klar erkennen können – einfach die Umkehrung der Girlande.

Fig. 103: Arkade

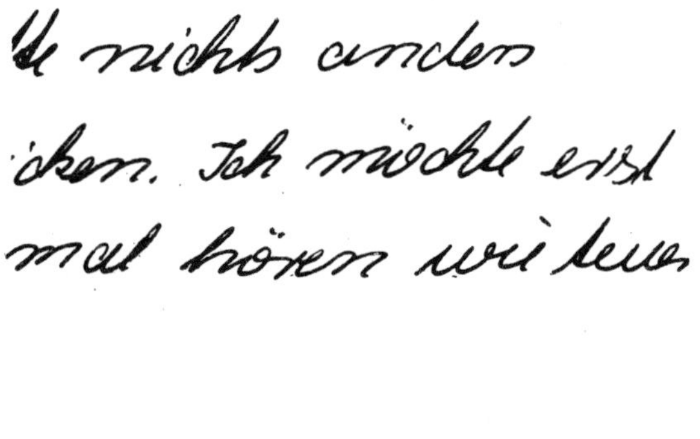

Die Rundung befindet sich am Oberteil des Buchstabens, die Schrift ist im oberen Bereich des Wortkörpers kurvig. Diese Bindungsform bildet somit keine Schale mehr, sondern einen Deckel.

Sie verrät den mißtrauischen, verschlossenen Menschen, der keine spontane Anpassung kennt. Er ist distanziert, vorsichtig. Er bemüht sich, gesellig zu sein. Folglich sind seine Kontakte mit der Außenwelt überlegt und oft verhalten, einstudiert.

Je nachdem, ob die Schrift in ihrem Gesamtbild harmonisch ist oder einen unangenehmen Anblick bietet (auf diesem Gebiet sind die instinktiven Urteile oft die besten), kann es sich auch um Falschheit oder Täuschung handeln. Mißtrauen liegt auf jeden Fall vor, wenn nicht gar übermäßige Reserviertheit, verstärkte Vorsicht im Umgang mit anderen, manchmal eine stolze Haltung, Standesdünkel. Wer diese Bindungsform anwendet, hat es schließlich auch oft nötig, bewundert zu werden, und er tut alles dafür, um im Leben „eine schöne Rolle" zu spielen.

Ich möchte hier den Fall einer jungen Frau anführen, deren Schrift Arkaden aufwies, sehr langsam war, unangenehm fürs Auge und linksschräg. Das war das Anzeichen einer Anpassungsschwierigkeit, die sich steigerte und die Schreiberin schließlich in eine psychiatrische Anstalt brachte, übrigens mehrere Male.

Arkaden sind häufig bei Frauen „von Welt", bei jenen, die Beziehungen pflegen, dabei aber ganz deutlich spüren lassen, daß sie es schätzen, die Überlegenen zu sein. Bei diesem Personenkreis kommt es häufiger vor, als man meint, daß die Haltung vollendeter, untadeliger Höflichkeit und beispielhafter Manieren nichts „Solides", nichts „Echtes" hat. Für eine Reihe von Umständen gibt es vorfabrizierte Phrasen und Formulierungen, die man mit scheinbarer Überzeugung ausspricht, ohne es auch nur mit einem Gedanken ernst zu meinen. Dasselbe gilt für die Haltungen. Reißen Sie die Maske herunter, und es bleibt nicht viel; der Mensch erscheint nackt, leer und kalt. Er hat seine Verkleidung nicht mehr . . .

In ausgeprägten Fällen und wenn die Schrift unangenehm anzusehen ist, besteht die Tendenz zum Verbergen, zum Verschleiern der echten Gefühle aus den verschiedensten Motiven, zur Annahme systematisch verfälschter Haltungen. Das alles kann zu Neurosen führen.

Bei steiler Arkadenschrift ist der Charakter des Schreibers im allgemeinen kompliziert und kalt.

Achtung: Die bisherigen Ausführungen betreffen im wesentlichen die Arkade in der mittleren Zone (Wortkörper). Tritt sie in der Oberzone auf, ändert sich alles. Man kann es dann mit bemerkenswerten Menschen voll schöpferischer Imagination zu tun haben oder mit Menschen, die nach Ruhm und Ehren streben. Schließlich kann dies ein Zeichen von Eitelkeit, Stolz und Zudringlichkeit sein.

Sehr oft geht die Arkade *mit geschlossenen Buchstaben* einher, die wir später untersuchen werden. Aus dieser Verbindung lassen sich folgende Schlüsse ziehen:

- Suche nach Hilfe und Zuneigung;

- instinktive Verteidigungsreaktion, ausgelöst durch Angst vor der Außenwelt und dem Unbekannten;
- Rückzug in sich selbst, Einsamkeitsbedürfnis;
- Angstzustand, Mangel an Selbstvertrauen mit allem, was dies an Beschränkungen der Selbstentfaltung in sich trägt.

Weist die Arkadenschrift außerdem folgende Merkmale auf:

Größe: dann hat man es mit einem distanzierten Wesen zu tun, das erfüllt ist von Repräsentationsbedürfnis, Formalismus und Geziertheit; es ist die Verdrängung des wirklichen Ich in ein künstliches Leben;

verschlungene Buchstaben (wir werden auf den folgenden Seiten sehen, was dieser Ausdruck bedeutet): bewußte Isolierung des Ich, äußerste Gezwungenheit;

komplizierte Buchstaben: mangelnde Aufrichtigkeit, Lüge, Neigung zu Ausflüchten, Verstellung; es ist der Typ und die Mentalität des Betrügers;

unregelmäßige Schriftlage: Prüfungsangst, Unsicherheit, Suche nach Schutz;

Magerkeit: nur schwach ausgeprägte Geselligkeit, Gefühlskälte;

Nüchternheit: Isolierung infolge Individualität, Überlegtheit, Reserviertheit, Einsamkeitsbedürfnis, Diskretion;

am Wortbeginn bedeutet die Arkade, daß man Formfragen zuviel Bedeutung beimißt, der Schreiber gibt sich ostentativ reserviert, mit anderen Worten, absichtlich unzugänglich.

Die Doppelarkade bzw. der Doppelbogen: Dieses Merkmal ist selten. Es kennzeichnet eine gezwungene, posenhafte und herablassende, distanzierte Natur. Oder falsche Anpassung an eine Lebensweise, die für den Schreiber nicht taugt. Snobistische, selbstherrliche Menschen schreiben so (Fig. 104).

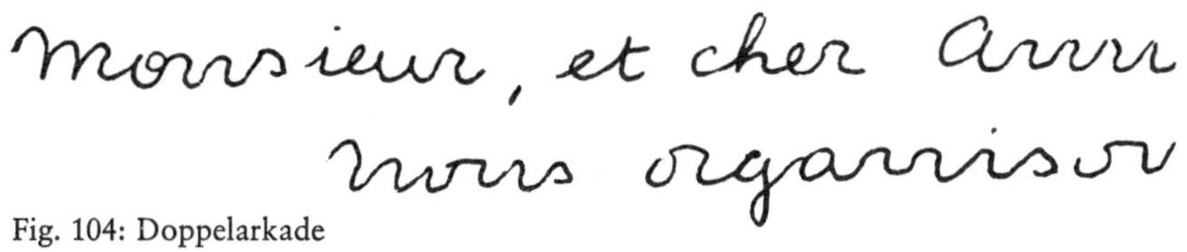

Fig. 104: Doppelarkade

Generell gesagt, ist das die Verteidigungsgeste gegenüber sich selbst oder der Gesellschaft. Menschen mit solcher Bindungsform sind wortkarg, vorsichtig, ohne jede Spontaneität und allzu beherrscht von den Formen.

Geht man jedoch tiefer, stellt man fest, daß diesen Haltungen Introversion (Abzug des Interesses von der Außenwelt, um es auf das Ich zu projizieren) und Geheimniskrämerei zugrunde liegen. Manchmal auch Narzißmus (Selbstbewunderung), wenn die Buchstaben zu verreichert, mit völlig unnützen Schnörkeln versehen sind. Schuldkomplex, wenn die Schrift schmierig, zu fett oder unsauber im Strich ist; Hemmung bei linksschräger, gezwungener und enger Schrift.

Der Winkel (Fig. 105)

Er ist in der Schrift das Gegenteil der Arkade und gleichzeitig der Girlande, weil jede Kurve sich in Steifheit verwandelt.

Fig. 105: Winkel, Arkade

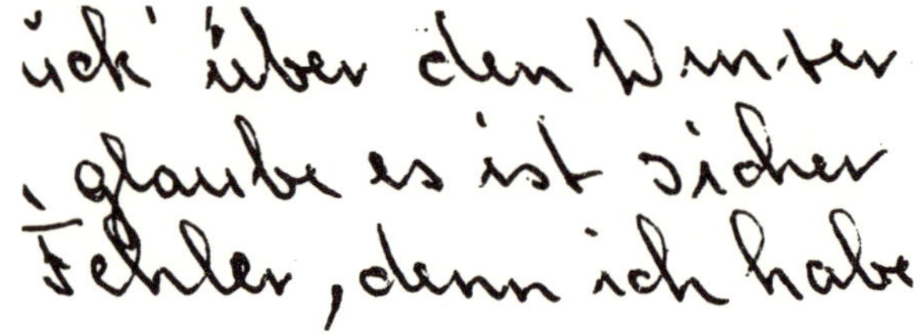

Noch immer unter dem Gesichtspunkt der Anpassung gesehen, ist der Winkel das typische Zeichen der Weigerung, des Bedürfnisses nach Quertreiberei. Der Winkelschreiber braucht Reibungen, Widerstand. Ein klassisches Beispiel ist in dieser Hinsicht Bismarcks Schrift (Fig. 85). Die Beziehungen zu anderen erfolgen bei solchen Menschen mittels Kontroversen und gebieterischen Forderungen. Jeder Versöhnungsgeist ist ihnen fremd.

Eine Zwischenbemerkung drängt sich hier auf. Die deutsche Schrift bewahrte dieses Merkmal des gotischen Alphabetes; daher das starre Aussehen, das sie oft hat. Es entspricht in gewissem Maß einem Aspekt des germanischen Wesens, das nie als besonders geschmeidig galt. Was jedoch nicht verhindert, daß viele Deutsche Schriften mit Girlanden oder Arkaden als Bindungsformen haben. Man darf nie verallgemeinern, sondern soll einfach die großen Charakteristika herausfinden, die den sogenannten nationalen Schriften eigen sind. Ich kann nur daran erinnern, daß man, wenn man etwas Erfahrung in Graphologie hat, die Schrift eines Deutschen oder Deutschschweizers nicht mit jener eines Franzosen, Italieners, Spaniers oder Briten – um nur einige Beispiele zu nennen – verwechselt.

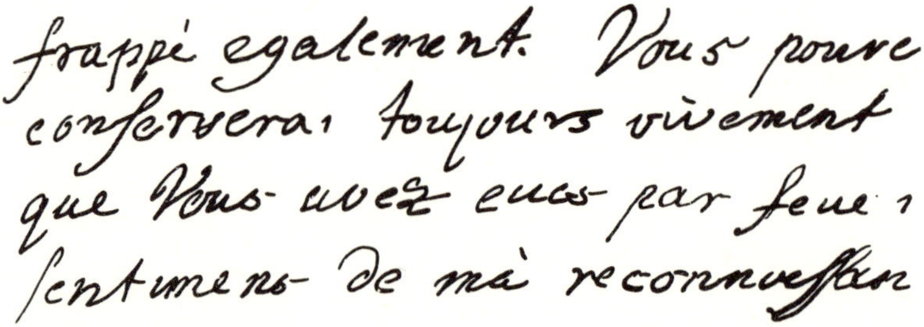

Fig. 106: Winkel, Girlande

Wir haben oben den Winkel als Anzeichen einer Anpassungsverweigerung bezeichnet. Doch es gibt auch den Winkel, der echten Willen, Selbstdisziplin und Strenge gegen sich selbst anzeigt.

Allgemein gesehen, stellt der Winkel eine aggressive Äußerung dar. Winkel, das ist Kampf. Die Aggressivität kann von ursprünglicher Unzufriedenheit herrühren.

Menschen, bei denen der Winkel vorherrscht, sind sehr aktiv und weder mit sich selbst noch mit anderen je zufrieden. Man kann den Winkel bei kämpferischen Naturen finden, vor allem aber bei jenen, die eine Anpassung ablehnen, sei es, weil sie diese nicht wünschen oder weil sie anpassungsunfähig sind.

Ist der Winkel in einer *unharmonischen* Schrift wenig ausgeprägt, in die Länge gezogen, nicht hervorstechend, spricht daraus in erster Linie die Erregung eines Menschen, der mit sich uneins ist, zwischen widersprüchlichen Tendenzen hin- und hergerissen wird.

In einer *harmonischen* Schrift verweist der Winkel auf einen Menschen, der die Gewohnheit angenommen hat, im Umgebungsmilieu zu opponieren, und von dem man sagen kann, daß er sich durch Opposition behauptet, durch spontane Manifestation seiner Persönlichkeit, aber auch durch die Schwierigkeit sozialer Anpassung. Für ihn ist Äußerung latenter Kampf.

Bei Frauen trifft man die winklige Schrift nicht oft an – seit die in bestimmten Ländern und gewissen Pensionaten vorgeschriebenen künstlichen Schrifttypen abgeschafft wurden. Kommt der Winkel jedoch vor und wird er natürlich geschrieben, zeigt er eine starke Persönlichkeit an, der es gelingt, sich aufzudrängen, die nicht lange „unterm Scheffel" bleibt. Er verrät auch Herrschsucht und Strenge (Manifestation des Animus, der maskulinen Seele). Beachten Sie übrigens, daß der Winkel in einer Frauenschrift fast immer mit starkem Unabhängigkeitsbedürfnis einhergeht – und mit relativ geringer Femininität.

Ist der Winkel mit starkem Druck verbunden, haben wir es mit wirklicher Aggressivität zu tun. Bei einer druckschwachen winkligen Schrift, die mit Scharfzügen endet, gleichzeitig aber fein ist, wird die Aggressivität verdrängt, bei starkem Druck kommt sie zum Ausdruck.

Es gibt natürlich eine ganze Skala von *Bedeutungen* der winkligen Schrift.

1. *In einer druckschwachen Schrift mit Scharfzügen und schwungvoll vorausgeworfenen Zügen:* verdrängte Aggressivität, die latente Auflehnung anzeigen kann, Steifheit, Mangel an Flexibilität, Unerbittlichkeit, Gleichgültigkeit gegenüber dem Äußeren, Härte, Trockenheit, Ausschließlichkeitsanspruch, Jähzorn, Verbitterung, Weigerung, sich zu engagieren (L. Bousquet).

2. *Bei unregelmäßigem Druck* (spindelförmigem Druck und Keulenform – siehe Kapitel 3) sind die Versuche, die Aggressivität zu offenbaren, von der Tendenz zu Disputen, Streitereien, Gehässigkeit, Boshaftigkeit, Zorn geprägt. Dem Ganzen folgt fast sogleich ein Rückzug.

3. *Ist der Winkel gemildert und die Schrift fest,* relieffförmig, kann man die Aggressivität als kontrolliert einstufen, und die Bedeutungen lauten dann: Tapferkeit, Mut, Festigkeit, Beständigkeit, kalkulierte Kühnheit, Ungestüm, Unerschrockenheit, Unabhängigkeitsgeist.

Manche Menschen äußern ihre Aggressivität in Form von Spötterei, grausamer Ironie, Bissigkeit. Sie empfinden wilde Freude dabei, alles zu kritisieren, zu zerreißen, häßlich zu machen. Das offenbart sich häufig in winkligen

Schriften, die kombiniert sind mit wirklicher Minderwertigkeit, sowohl moralischer als auch geistiger. In dieser Menschenkategorie finden sich oft die Schreiber anonymer Briefe.

Resümee: Der Winkel bedeutet in harmonischer Schrift Willen, Energie, entschlossene Aktivität, selbstkritische Neigungen (Beherrschung), Kampfgeist, sehr unabhängigen Charakter; in unharmonischer Schrift gehässigen, reizbaren Charakter, wilde Zornanfälle, Aggressivität, unbezwingbaren Eigensinn – dummen Eigensinn, denn es ist nie ein Beweis von Intelligenz, wenn man grundlos auf etwas beharrt, einfach weil man nicht nachgeben will.

In magerer Schrift: Mangel an affektivem Verständnis, Selbstdisziplin, aber Mangel an Phantasie;

bei komplizierten Buchstaben: Neurose;

Winkel am Wortbeginn: betonte Reserviertheit, trockene Sprache;

Winkel am Wortende: Mangel an Versöhnungsbereitschaft, scharfe Opposition.

Die Schleifengirlande (Fig. 107)

Sehen wir uns nun diese seltsame Bindungsform mittels Schleifen oder geringelten Buchstaben an.

Fig. 107: Schleifengirlande

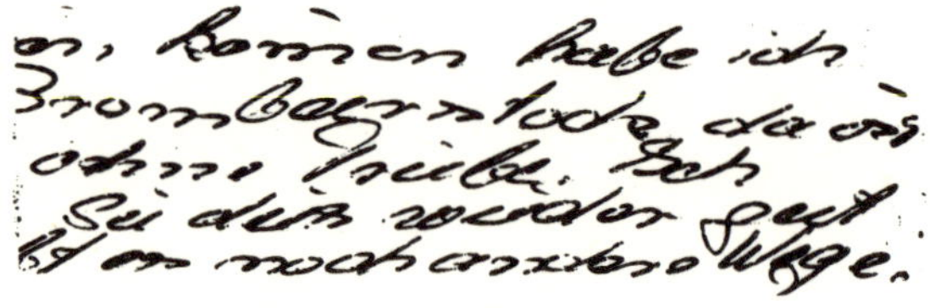

In einem ***harmonischen*** Schriftbild ist sie ein Anzeichen für einen liebenswürdigen, nachgiebigen Charakter, für Weltklugheit, versöhnliche Haltung. Oft findet sie sich auch in der Schrift von Menschen, die in ihrer Kindheit verwöhnt und verhätschelt wurden. Persönlicher Charme, Höflichkeit, häufiger Gebrauch lindernder Worte.

In *unharmonischer* Schrift: falsche Galanterie, desinteressierte Liebenswürdigkeit, Koketterie und Betörung in ganz bestimmter Absicht.

Wir werden nun die Art untersuchen, in der ein Buchstabe geschlossen wird („a", „o", Rundungen von „d", „g", „q"). Man kann hieraus wertvolle Hinweise auf den Grad der Geheimniskrämerei einer Person erhalten: Ist sie verschlossen, zugeknöpft, offen? Manche sind so mißtrauisch, gegen jedes Ins-Vertrauen-Ziehen, daß sie ihre Buchstaben mehrmals einrollen, sie sozusagen dreimal rundum verschließen.

Sehen wir uns zuerst die Buchstaben an:

Einfach *geschlossen.* Sie bieten sich dar wie folgt (Fig. 108).

Crépieux-Jamin äußert sich zu diesem Merkmal sehr deutlich: Der geschlossene Buchstabe ist eher ein Zeichen von Verstellung als von Lüge, es sei denn – er gibt jedoch an, nur ein einziges Mal auf einen solchen Fall gestoßen zu sein –, alle Buchstaben sind geschlossen. Ihr Schreiber, sagt er, ist abscheulich falsch.

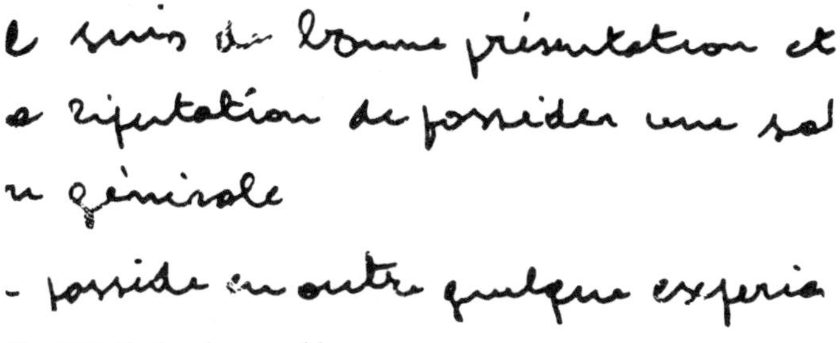

Fig. 108: Buchstaben geschlossen

Wenn die Buchstaben „a" und „o" unten offen sind (Fig. 109), zeigen sie Heuchelei an. Tatsächlich hatte ich jedesmal, wenn mir dieses Merkmal begegnete, mit Menschen zu tun, bei denen – zumindest – Mißtrauen angebracht war. Üble Streiche, Schurkereien, Listen und Abgefeimtheiten; alles diente dem Ziel, zu hintergehen und zu betrügen.

Fig. 109: Buchstaben unten offen

Man kann auch die Beobachtung machen, daß geschlossene Buchstaben mit der Arkade verbunden sind, offene Buchstaben dagegen eher mit der Girlande. Im ersteren Fall ist die Bewegung weniger rasch, mühsamer in ihrem Ablauf. Dagegen kann man von einer Schrift mit Girlanden und – logischerweise – offenen oder auf jeden Fall nicht eingerollten Buchstaben (es gibt immer Ausnahmen) sagen, daß sie schnell ist. Sie kündet von Spontaneität, der Schreiber ist ziemlich ausgeglichen, hat sich aus den Konflikten der Jugendzeit gelöst. Qualitäten wie Rechtschaffenheit, Gerechtigkeit, Ehrlichkeit; direkte Äußerungsergüsse.

Achtung jedoch: Übertreibung ist immer vom Übel, heißt es. Allzu offene Buchstaben können geistige Minderwertigkeit anzeigen, Mangel an Beherrschung, unvorsichtige Geschwätzigkeit.

Verschlungene Buchstaben (Fig. 110 und 111)

Sie kommen durch eine Schleife im Oberteil des Buchstabens zustande.

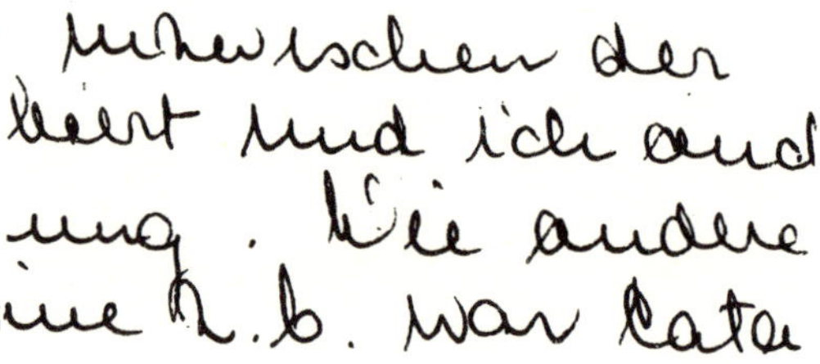

Fig. 110: Verschlungene Buchstaben

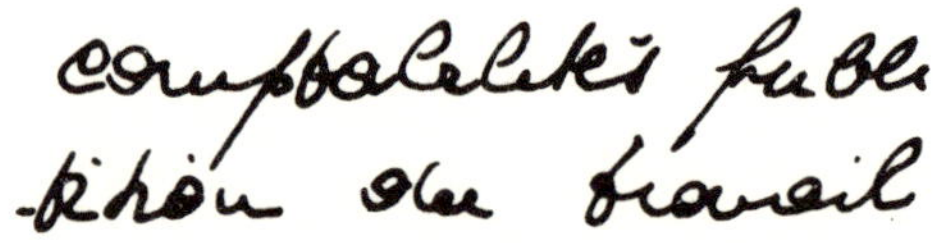

Fig. 111: Verschlungene Buchstaben

Dies kann entweder das Streben nach Beherrschung bei einem Heftigen anzeigen oder Lüge und Verstellung. Am öftesten jedoch ruft es zu Zurückhaltung auf, was die Offenherzigkeit und die Großzügigkeit des Schreibers anbelangt. Außerdem spricht daraus die sehr egozentrische Tendenz, alles an sich zu ziehen. Der Schreiber hält sich wirklich für das Zentrum der Welt. Hier ist aber kein Stolz im Spiel, sondern oft die Suche nach Kompensierung eines Komplexes oder einer Unbefriedigtheit auf irgendeinem Gebiet.

Ist die Schrift insgesamt harmonisch, haben wir es mit einem reservierten, überlegten, äußerst vorsichtigen Menschen zu tun. Auch Mißtrauen, Wucherei, krankhafte Egozentrik, sogar Schurkerei.

Schließlich würde ich sagen, daß verschlungene Buchstaben gewöhnlich mit einer komplizierten Paraphe oder Unterschrift einhergehen (häufig anzutreffen bei Buchhaltern, die aus Gewohnheit mißtrauisch sind). Sie sind auch Verkäufern eigen, Geschäftsleuten, Industriellen, Kaufleuten, die ans Verhandeln gewohnt sind: es handelt sich um geschickte, starke Menschen, die ihr Geschick und ihre Stärke aber nicht zeigen. Folglich List, Raffiniertheit und, natürlich, Zugeknöpftheit; man durchschaut ihr Spiel nicht.

Die offene Schrift (Fig. 112)

Die Rundungen der Buchstaben „a", „o", „d", „g" usw. sind offen. Zeigt diese Öffnung nach rechts oben: der Schreiber folgt den Eingebungen des Augenblicks, ihren tiefgreifenden Einflüssen. Er ist spontan, kennt keinerlei Berechnung, heuchelt nicht, mit einem Wort, man kann ihm glauben. Ein schönes Zeichen der Offenheit.

Fig. 112: Offene Schrift

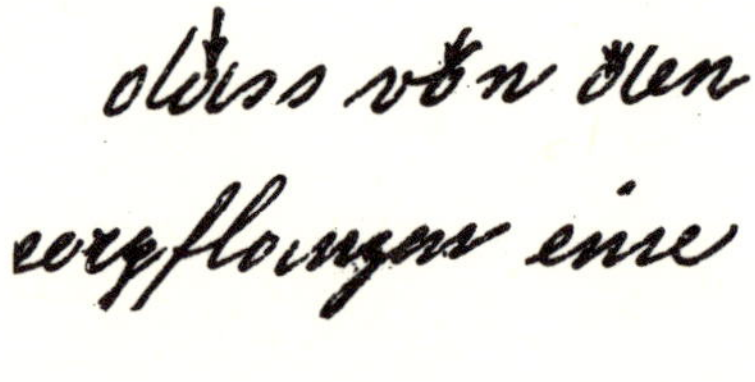

Da es in der Graphologie und in den Schriften jedoch immer einen positiven und einen negativen Aspekt gibt, muß man das Schriftbild insgesamt betrachten. Ist es unharmonisch, können die nach rechts oben offenen Buchstaben einen Mangel an Takt anzeigen, indiskrete und unverbesserliche Geschwätzigkeit, Mangel an kritischem Sinn und die Unfähigkeit, ein Geheimnis zu bewahren. Auch oberflächliche Sentimentalität.

Große Öffnung des Buchstaben nach oben: Aufnahmebereitschaft, Bedürfnis zu reden, zu erzählen. Das kann bis zu konstanter, unüberlegter Geschwätzigkeit gehen. Menschen, die alles durcheinander bringen und mischen, können so schreiben.

Achtung, wenn Sie in einer Schrift auf viele nach links offene Buchstaben stoßen: dies ist in den besten Fällen ein Zeichen für große Vorsicht, öfter aber verrät es Verstellung, auch Indiskretion in allem, was andere betrifft.

Natürlich, d. h. rechts oben geschlossene Buchstaben: natürliche Reserviertheit, Vorsicht und Diskretion. Aber auch Scheu und Argwohn gegenüber Unbekannten.

Der Faden (Fig. 113)

Er verdankt seinen Namen der Tatsache, daß die Buchstaben zu einer Art sich abspulendem Faden reduziert wurden. Diese Bindungsform ist die schlaffste, unpräziseste von allen. Mangel an Charakter, Nonkonformismus, manchmal asoziale Haltung drücken sich so aus. Wesentliche Bedeutungen: Unentschlossenheit, Labilität, Beeinflußbarkeit, Unstetigkeit auf allen Gebieten. Sie kann auch ein Zeichen für großen inneren Reichtum sein, für eine Vielfalt von Entwicklungs*möglichkeiten,* daher die Wahlschwierigkeit. Anpassung, aber auch Mangel an festen Prinzipien, zu große Geschmeidigkeit.

Fig. 113: Faden

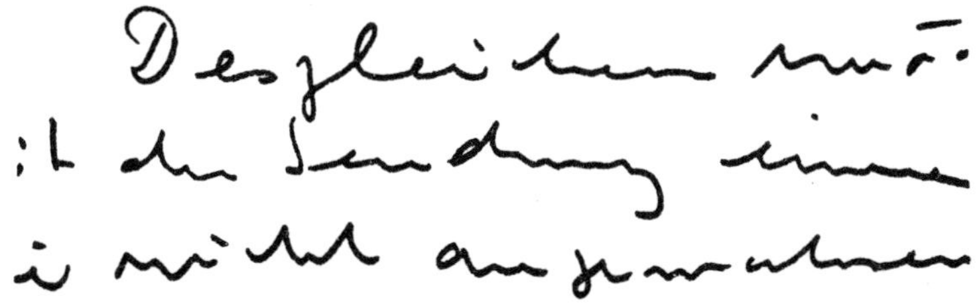

Es kann auch sein, daß der Faden einfach sehr große Aktivität anzeigt, weil diese Schrift äußerst schnell ist.

Einige hier anzuführende Eigentümlichkeiten:

Faden am Wortende kündet von Ungeduld, schnellem Denken, Scharfblick.

Faden in der Wortmitte: Verstellung, List, Amoralität, manchmal Anlage zur Neurose.

Fehlt es der Schrift an Druck, ist sie schleppend, sinkend oder teigig: dann verrät sie stets eine ernste Verringerung der Kräfte.

Aber der Faden verweist immer auf schwache Empfindsamkeit. Und sehr oft auf Zeitsparen bei Leuten, die es eilig haben, oder Kräftesparen bei Kranken.

Ich möchte hinzufügen, daß ich zwar fadenförmige Schriften bei sehr intelligenten und aktiven Menschen angetroffen habe, jedoch trotz eifriger Suche unter Hunderten von Schriften nicht bei berühmten Persönlichkeiten, welchen Rang oder Beruf sie auch immer hatten; ich fand sie nicht bei Staatsmännern, Schriftstellern, Musikern, schöpferisch Tätigen, Philosophen usw.

Kombinationen vorherrschend

Verwiesen sei hier noch darauf, daß man, vor allem in einer Erwachsenenschrift, nur selten lediglich eine einzige der oben behandelten Bindungsformen antrifft. Am häufigsten ist die *Kombination von Winkel, Arkaden und Girlanden,* mit der Vorherrschaft des einen oder anderen (Fig. 114 und 115).

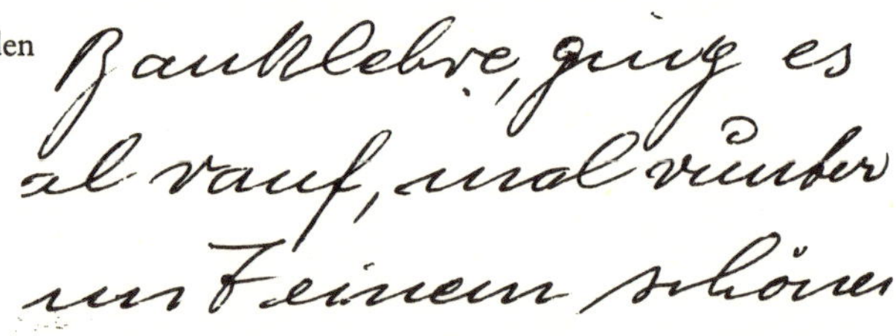

Fig. 114: Winkel, Girlanden

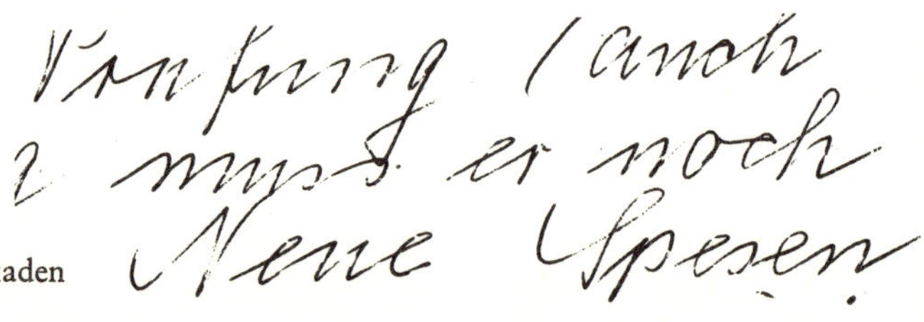

Fig. 115: Winkel, Arkaden

Das macht natürlich eine sehr nuancierte Interpretation notwendig, die alle Bedeutungen der betreffenden Bindungsform berücksichtigt.

Es sei mir noch einmal erlaubt, hier daran zu erinnern, daß in der Nuance und Feinheit der Deutung alles liegt. In der Graphologie kann man nicht auf die eine Seite das Positive und auf die andere das Negative geben wie auf einer Waage (was in der Buchhaltung geschieht). Es gibt immer zweierlei Deutungen. Deshalb wendet sich das Studium der Graphologie vor allem an den Scharfsinn und nicht an den Sinn für Geometrie.

Einige Worte zum Schluß: Wir haben verfolgt, was in der Schrift Aufschluß über die vielfältigen Formen der Anpassung des Menschen an seine Umgebung, sein Leben, die Umstände und das Unvorhersehbare gibt. Weitergehend haben wir erkannt, daß oft alte Konflikte, Komplexe, Neurosen der Ursprung von Anpassungsverweigerung oder Anpassungsschwierigkeiten an das Leben oder gegebene Umstände sind. Meine Erfahrung erlaubt mir zu sagen, daß Menschen, die sich normal angepaßt haben (woran auch immer), ohne dadurch ihre Persönlichkeit zu verlieren, fast immer eine normale, ruhige Kindheit verlebten und gehätschelt wurden.

Menschen, die abnormal strenge oder gar ungerechte Eltern (oder einen solchen Elternteil) hatten, sich deshalb nicht frei und harmonisch entfalten und dabei auch lernen konnten, sich zu bezwingen, werden stets mehr oder weniger große Anpassungsschwierigkeiten haben. Diese können durch Nachdenken und Intelligenz gemildert werden, auch durch Herzensqualitäten; oder aber verstärkt, wenn der Mensch nicht geistig und moralisch wertvoll ist.

Letzteres wird besonders der Fall sein, wenn die Kindheit oder die frühe Jugend durch ein vollkommen negatives häusliches Klima, durch Scheidung der Eltern, durch verfrühten Verlust des Vaters, der Mutter oder gar beider Elternteile gestört wurde.

Sehr häufig findet man bei solchen Menschen, wenn sie erwachsen sind und sich so halbwegs ihren „Platz an der Sonne“ erobert haben, ein Vorherrschen des Winkels. Sie sind schroff und kaum nachgiebig. Sie haben Entschuldigungen, und die Ursachen ihrer Unangepaßtheit reichen tief. Man muß versuchen, sie zu verstehen; manchmal auch, ihnen zu helfen, sich zu entkrampfen, innerlich zu entspannen. Diese Menschen sind kaum je glücklich, bei ihnen herrscht die Aggressivität vor, weil es ihnen vor allem auf eine Verteidigungs- und Schutzreaktion ankommt. Um so besser, wenn ihre Aggressivität in lebhafte Aktivität ausmündet. Leider geschieht dies nicht immer ...

10. Die Schnelligkeit

Auch die Schnelligkeit verrät uns viel über den Schreiber. Aber Sie werden sich fragen – völlig zu Recht –, wie man die Geschwindigkeit einer Schrift bestimmen kann, die bereits „fertig" vorliegt, die man also weder entstehen sah noch beim Schreiben messen konnte. Das ist wirklich nicht ganz einfach . . . Besonders Anfängern in der Graphologie fällt es nicht leicht, die Geschwindigkeit einer gegebenen Schrift zu ermitteln. Wir werden später darauf zurückkommen.

Zunächst einmal möchte ich einige allgemeine Erwägungen über die Schnelligkeit bzw. Langsamkeit einer Schrift anstellen.

„Die Geschwindigkeit graphischer Bewegungen (oder der Schrift, wenn Sie wollen) ist eng verbunden mit der Aktivität, der Intelligenz, dem Temperament und der Imagination." Ich entnehme diese ausgezeichnete Definition bei dem spanischen Graphologen Vels *(L'Ecriture, reflet de la personnalité,* Ed. du Mont-Blanc).

Die ganz persönliche Art jedes einzelnen, auf dem Papier mit einer entschlossenen, ja kühnen, einer vorsichtigen oder absichtlich verlangsamten oder auch zögernden Bewegung vorwärtszugehen, gibt wertvolle Hinweise auf seine Mentalität, sogar auf seine gesamte psychische Organisation. Wer klare, scharfe, leicht zu behaltende Definitionen liebt, wird dazu neigen, den – sehr übereilten – Schluß zu ziehen, die Urheber schneller Schriften seien äußerst aktive Menschen mit lebhaftem Geist, die keine langen Erklärungen brauchen, sondern auf Andeutungen hin begreifen. Aber wie steht es mit der Überlegtheit? Kann man jemanden, der seine Bewegungen absichtlich mäßigt und seine Entscheidungen hinausschiebt, weil er sich seiner Verantwortung bewußt ist und wissen will, worauf er sich einläßt, als langsam einstufen? Oder den Weichen, den Lymphatischen?

Kann ein Mensch, dessen Arbeit höchste Aufmerksamkeit, Gründlichkeit und Präzision erfordert, immer schnelle Gesten haben? Kann man sich einen Uhrmacher mit hastigen Bewegungen vorstellen? Nein, nicht wahr? Einen Buchhalter, der immer im „Schnellzugstempo" vorwärtsstürmt? Das ist undenkbar.

Übrigens hat jedes Volk in seiner Mentalität eine Art eigenen Rhythmus. Ein Deutschschweizer beispielsweise wird, insgesamt gesehen, einen gesetzteren Gang, gesetztere Bewegungen und eine gesetztere Schrift haben als ein Italiener. Er wird auch sparsamer mit Gesten umgehen als der unruhige Italiener, der mit den Händen redet. Er steht in dieser Beziehung dem Holländer nahe, der langsamer ist als der Belgier. Letzterer wiederum – Flame oder Wallone – unterscheidet sich deutlich vom Franzosen. Es gibt tatsächlich eine allgemeine

Psychologie der Völker, die sehr interessant ist und sich in der sogenannten nationalen Schrift widerspiegelt.

Doch kehren wir zum Schreibtempo zurück, zu dem, wodurch es begünstigt oder gehemmt wird und was es ausdrückt.

Nach dem Schweizer Graphologen Pulver – von dem ich oft spreche, weil ich ihn für einen der interessantesten Autoren halte und er vielleicht am besten das eigentliche Wesen der graphischen Geste bis in ihre tiefsten Wurzeln erfaßte – „ist schnelles Schreiben natürliches Schreiben".

Ich möchte hinzufügen, daß es vor allem ein Schreiben nach dem persönlichen Rhythmus, der Wesensart und der Reaktionsweise ist.

Wußten Sie, daß die Schnelligkeit einer Schrift nie konstant ist, sondern sich mit der Bewegungsrichtung und der Anpassung an die Form jedes Buchstabens ändert? Generell gesagt, verlangsamt jede Bewegung, die unserer wesentlichen Auffassung vom Schreiben widerspricht, also der Bewegung von links nach rechts, die Schreibgeste. Folglich wird eine linksschräge Schrift, auch wenn sie gewandt ist, niemals *sehr* schnell sein. Wußten Sie, daß ein schön runder, ziemlich kräftiger Punkt langsamer ist und mehr Zeit erfordert als ein kommaförmiger? Der letztere verdankt seine Form der Tatsache, daß er rasch aufs Papier gesetzt wurde.

Allgemein gesehen, begünstigt die Kurve das Tempo, während der Winkel es bremst.

Und genauso allgemein läßt sich feststellen, daß die schnelle Schrift ein Anzeichen für Spontaneität ist, wogegen die langsame auf mangelnde Spontaneität und verschiedene Hemmungen hinweist.

Ein Grenzfall der langsamen Schrift: der anonyme Brief. Seine Schrift ist *immer* langsam, weil sie verstellt, getarnt ist.

Zu den vielen Dingen, die sich auf das Schreibtempo auswirken, zählen die *materiellen* Umstände, unter denen die Schrift zustande kam: ein schlechtes Schreibwerkzeug (gleichgültig, ob Kugelschreiber, klassische Feder oder Füllfeder), rauhes Papier, das den Bewegungsablauf hemmt, eine unbequeme Haltung, welche die Schrift verlangsamt. Der Graphologe muß diese Dinge berücksichtigen.

Außerdem sollte man bedenken, daß der flinke Hase nicht unbedingt immer schneller ans Ziel gelangt als der langsame, kluge Igel. In bestimmten Fällen spüren auch die schnellsten, spontansten Wesen, daß sie ihre Bewegung bremsen müssen.

Natürlich ist jemand, der einen langsamen Geist hat, noch lange nicht unintelligent: wer weniger schnell begreift, dringt tiefer in die Dinge ein und behält sie besser als jene, die im Flug erfassen. Ein solcher Mensch brilliert weniger, aber er ist oft gründlicher.

Hüten wir uns deshalb vor übereilten Schlüssen. Auch die Langsamkeit hat ihre Qualitäten und Tugenden.

Andererseits gibt es Menschen, die bei allem sehr schnell sein wollen, auch beim Schreiben, und deren Schrift daher unleserlich ist. In diesem Fall ist ihre Schnelligkeit nur noch negativ. Sie sind gewöhnlich Wirrköpfe, die es immer eilig haben, alles anfangen und nichts fertig machen.

Die Bewertung des Schreibtempos ermöglicht uns, herauszufinden, wie frei ein Mensch innerlich ist, wie losgelöst von Einzelheiten, welche Fähigkeit er hat, Schwierigkeiten objektiv zu meistern. Die Schnelligkeit zeigt außerdem die geistige Überlegenheit und die Bildung auf. Oder das Umgekehrte, wenn die Schrift langsam und ungelenk ist. Sie gibt nicht nur Hinweise auf die Schnelligkeit des Denkens und des Übergehens zur Tat, sondern auch auf den Eifer, den Handlungsdrang. Es gibt unverbesserliche Träumer und Zögerer, die nachdenken, überlegen, meditieren, zahllose Pläne machen, immer aber nur Luftschlösser bauen.

Im Gegensatz dazu gibt es Menschen, die erst nachdenken, aber dann handeln, und zwar sehr schnell.

Der Bereitschaft zu handeln und Entschlüsse rasch in die Tat umzusetzen, liegt eine Reihe Faktoren zugrunde, von der Intelligenz, die überlegt und die Ausführungen sozusagen einrichtet, bis zu schöpferischer Begeisterung, dem wirklichen Bedürfnis, mit der eigenen Person zu bezahlen, nicht in sich selbst zurückgezogen zu bleiben. Schließlich enthüllt das Schreibtempo die innere Dynamik des Menschen.

Wichtig ist die Bestimmung des Schreibtempos vor allem auch, wenn man die Chancen zweier Menschen, einander zu verstehen, beurteilen soll: Jemand, der in allem, im Denken und Begreifen, in seinen Entschlüssen und deren Verwirklichung, sehr langsam ist, kann auf die Dauer den Schnellen nur reizen, der etwas sieht, sofort registriert, urteilt, sich entscheidet und zur Tat schreitet.

Man sollte auch wissen, welche Ursachen die Langsamkeit haben kann: Ich kannte jemanden, der von Natur aus eher ruhig war und sich zu einem Handlungstempo zwang, das seinen wirklichen Möglichkeiten nicht entsprach; er hielt es lange durch, bezahlte aber dann teuer mit seiner Gesundheit. Als Folge davon mußte er auf ein langsameres Maß zurückschalten: sobald er seinen Rhythmus beschleunigen wollte, stellten sich ernste physische Störungen ein, und weil das Gehirn nur langsam arbeitete, vergaß er außerdem viel, ließ Dinge aus, machte Fehler, die manchmal höchst unangenehme Auswirkungen hatten.

Hüten wir uns deshalb davor, streng zu urteilen und unter den lymphatisch-amorphen und apathischen Menschen auch jene einzuordnen, denen vielleicht ihre Kräfte, ihre physischen, biologischen, psychischen und geistigen Möglichkeiten Grenzen setzen.

Es ist – wie gesagt – nicht leicht, den Schnelligkeitsgrad einer Schrift zu bestimmen.

Ein wenig bekanntes, selten angewandtes Verfahren empfahl der französische Graphologe Crépieux-Jamin: mit einem spitzen Gegenstand, einem Nadelkopf oder auch der Spitze eines Papiermessers, ohne zu ritzen, die zu prüfende Schrift nachzuzeichnen. Man wird sehr rasch die Leichtigkeit, die Geschmeidigkeit oder aber die Langsamkeit und die Komplikationen des Strichs erkennen. Besser noch, man wird irgendwie tiefer ins Geheimnis des Ich eindringen, indem man sich mit dem Schreiber identifiziert, indem man seine persönlichste Geste wiederholt: das Schreiben.

Wir werden nun folgende Schrifttypen untersuchen:
- ○ langsam,
- ○ gemäßigt,
- ○ schnell,
- ○ beschleunigt – überstürzt,
- ○ gehemmt – gezwungen.

Hier ein Verzeichnis, das eine bessere Bestimmung des Schreibtempos einer Schrift ermöglicht:

Die Merkmale

Schnelligkeitsmerkmale:

○ Schrift mit schwungvoll vorausgeworfenen Zügen, deutlich frei von Zwängen, somit ohne Holperigkeiten und Zerhackungen,

○ die „Langbuchstaben", d. h. Buchstaben wie „f", „g", „l" usw., sowie die Großbuchstaben wachsend schräg,

○ alles, was den Strich eines Buchstabens verkürzt,

○ die Oberzeichen weit rechts vom Buchstaben,

○ die Vorherrschaft der Kurve und eine deutliche Orientierung des Strichs nach rechts,

○ zahlreiche Bindungen, manchmal von einem Wort zum folgenden,

○ Punkte in Form von Kommas,

○ eine ungezwungene, nicht zu enge Schrift,

○ Rundungen an der Buchstabenbasis (Girlande, siehe Kapitel 9) oder fadenförmige Schrift,

○ Beständigkeit in der Buchstabenrichtung: ein holperiger, bald schräger, bald steiler, bald nach rechts, dann wieder nach links geneigter Strich ist kein Anzeichen von Schnelligkeit,

○ breiter werdender Linksrand,

○ kurze Anstriche am Wortanfang, nichts Überflüssiges im Strich,

○ Erweiterung der Schrift am Ende der Zeile,

○ leicht steigende Zeilen,

○ abgeschliffene Wortenden,

○ Abkürzungen (aber verständliche).

Langsamkeitsmerkmale:

○ eine komplizierte, kalligraphische, verschnörkelte, gezeichnete (Art-Script-) Schrift,

○ zu gesperrt,

○ allgemein nach links orientiert,

○ zu eng,

○ schleppend, schlaff, druckstark oder teigig,

○ besonders exakte Setzung der Oberzeichen, i-Punkt und Umlautstriche sowie Akzente genau über dem Buchstaben,

○ zu viele Buchstaben voneinander getrennt,

○ häufige Unterbrechungen des Strichs, Verbesserungen,
○ zu große Sorgfalt in den Details, beispielsweise regelmäßige Unterstreichung bestimmter Wörter, und zwar zweimal, obwohl einmal vollauf genügen würde,
○ größer werdende Schrift,
○ Arkaden (siehe Kapitel 9),
○ häufiger Richtungswechsel,
○ starrer linker und rechter Rand,
○ gebogene, komplizierte Anstriche, nach links gekrümmte Schlußstriche, mit einem Wort: alles was den Strich eines Buchstabens unnötig kompliziert.

Die Messung des Schrifttempos

Man kann, so man will, die eigene Schrift oder die einer anwesenden Person messen. Hier finden Sie die von den Graphologen erarbeiteten Kriterien, nach denen sich die Schriften folgendermaßen einordnen lassen:
Langsam: 80 bis 120 Buchstaben/Minute.
Gemäßigt: 121 bis 140 Buchstaben/Minute.
Beschleunigt: 141 bis 160 Buchstaben/Minute.
Schnell: 161 bis 190 Buchstaben/Minute.
Überstürzt: 191 Buchstaben und mehr, manchmal bis zu 250 pro Minute (höchst selten und meist unlesbar).

Man muß natürlich normal schreiben. Sehr nervöse Menschen oder solche mit vorwiegend lymphatischem Temperament verkrampfen sich, wenn sie die Bewegung beschleunigen wollen (übliche Reaktion), und schreiben dann langsamer als gewöhnlich. Schnelligkeit erreicht man mit einer weichen, leichten Bewegung und nicht, indem man sich anspannt, alle Muskeln strafft; das erzeugt nur Hemmung. Manche glauben auch, um schnell zu schreiben, müsse man groß schreiben: derselbe Fehler wie bei Anfängern in Stenographie, die sich überhasten; je reduzierter in der Bewegung der Strich, desto schneller ist er – logischerweise. Und das gilt für die Kurrentschrift genauso wie für die Stenographie.

Die schnelle Schrift (Fig. 116)

Sie hat nur wirkliche Qualität, wenn sie vollständig lesbar bleibt. Es ist sinnlos, „für die Katz“ zu schreiben. Außerdem muß die schnelle Schrift harmonisch sein.

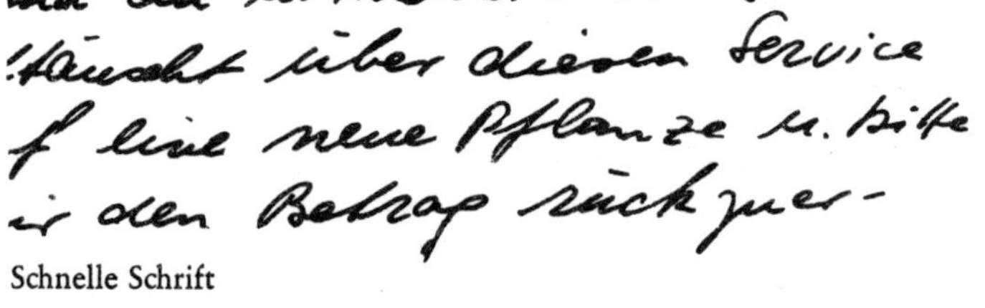

Fig. 116: Schnelle Schrift

Trifft dies zu, dann ist die Schnelligkeit eines der besten Anzeichen für allgemeine Überlegenheit und geistige Bildung. Denn um so schreiben zu können, muß man nicht nur Bewegungen sparen, sondern sie auch vereinfachen, kombinieren, alles Überflüssige unterdrücken, ohne daß dadurch jedoch die Lesbarkeit beeinträchtigt wird. Die Dimensionen sind verringert, Verlängerungen werden unterdrückt, oft sind die Unterlängen fast zu Stäben reduziert, die Schrift wird buchstäblich nach rechts projiziert und ist verbunden. Intelligenz und rasches Denken, schnelle Auffassungsgabe sind die hauptsächlichen Bedeutungen der schnellen Schrift. Sie zeigt außerdem lebhafte Reaktionen, Spontaneität, oft intensive Aktivität und auch die rasche Umsetzung von Absichten in Taten an.

Diese Schrift kennzeichnet ferner jene, die in kurzer Zeit viel erledigen und dabei dem, was sie tun, Qualität geben. Es sind besonders jene, die man erstaunt fragt: Wie haben Sie nur die Zeit gefunden, das alles zu machen? (Fig. 117.)

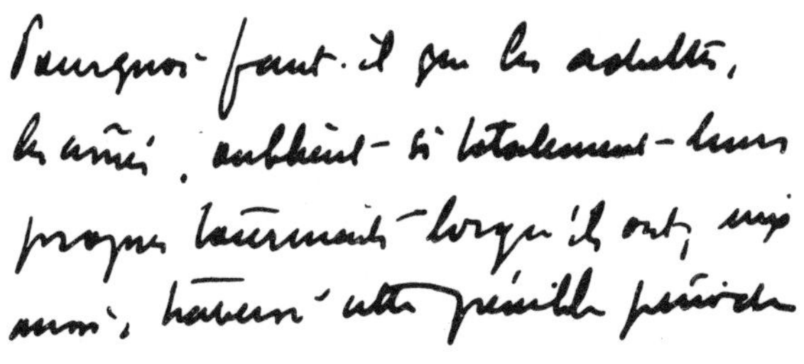

Fig. 117: Schnelligkeit und Qualität

Solche Menschen sind nicht nur schnell, sondern können auch organisieren; sie haben nichts von den emsigen Wirrköpfen, die alles anfangen, immer hetzen und nichts fertigbringen.

In der großen Mehrheit der Fälle haben Menschen mit schneller Schrift ihre inneren Konflikte gut gelöst, sind frei und sicher. Oft haben sie ein sanguinisches Temperament und zeigen echten Tatendrang, lieben Veränderungen und Gesamtübersichten, fassen leicht auf, sind scharfsinnig und beredt. Lebhafte Gefühle, auch Opportunismus. Gelegentlich können sie utilitaristisch sein.

Ihre Entfaltung kann ernstlich gehemmt sein, wenn die Schrift klein und fein ist, d. h. Anzeichen der Selbstzurückgezogenheit verrät.

Ist die Schrift aber schnell und dabei unharmonisch – das gibt es –, kündet sie von Unruhe, Erregung, Impulsivität. Ungeduld, Besorgnis, grundlegender Unbeständigkeit, Neigung zu Unausgewogenheit, plötzliche Änderungen der Ziele und Ideen. Es sind Menschen, die andere völlig irre machen, denen man unmöglich folgen kann; außerdem sind sie sehr leicht erregbar.

Mit anderen Worten, man muß zwischen der „natürlich“ schnellen Schrift und der Schrift unterscheiden, die als Folge von überstürzter Unruhe, Mangel an Hemmung schnell ist.

Die langsame Schrift (Fig. 118)

Vom Standpunkt der Definition und Beschreibung ist sie genau das Gegenteil der eben untersuchten schnellen Schrift. Sie zeigt geradezu klassisch Mangel an Promptheit und Ungezwungenheit in den Bewegungen sowie im Geist. Trotz seines guten Willens ist der Schreiber zu langsam im Fühlen, Wahrnehmen, Verstehen, Unterscheiden und Übergehen zur Tat.

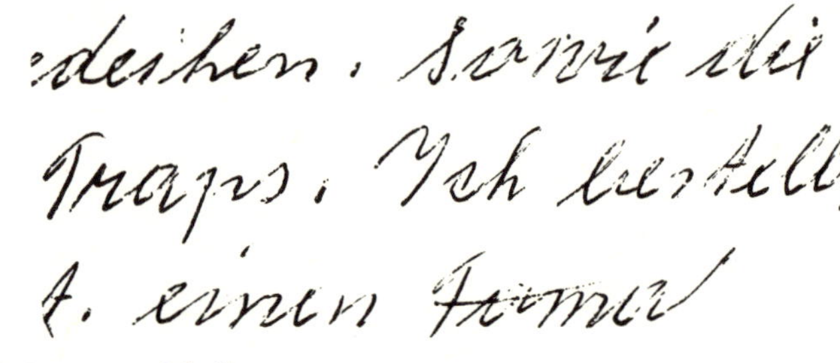

Fig. 118: Langsame Schrift

Die langsame Schrift kann eine ganze Reihe Ursachen haben. Sie kann einen langsamen oder komplizierten Geist anzeigen, Unwissenheit, Vorsicht, Schwäche, Weichheit, Berechnung, Bedeutungslosigkeit oder Schüchternheit; auch Indolenz. Doch sie kann ebenso von Schwächung herrühren, von Krankheit, äußerster Ermüdung (Fig. 119), Kraftmangel, Mutlosigkeit, physischem und moralischem Sich-gehen-Lassen. Kälte verlangsamt übrigens die Schrift.

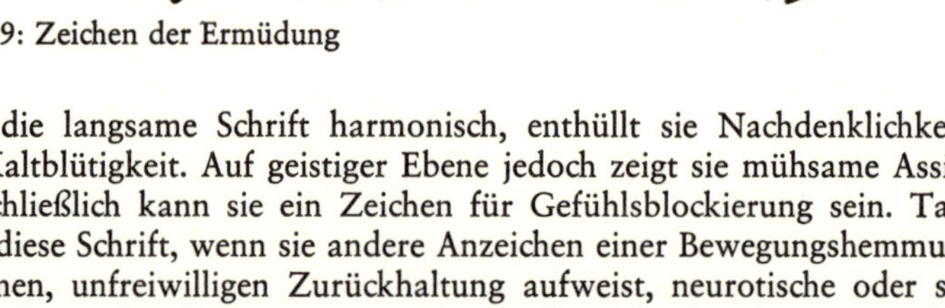

Fig. 119: Zeichen der Ermüdung

Ist die langsame Schrift harmonisch, enthüllt sie Nachdenklichkeit, Ruhe und Kaltblütigkeit. Auf geistiger Ebene jedoch zeigt sie mühsame Assimilation an. Schließlich kann sie ein Zeichen für Gefühlsblockierung sein. Tatsächlich kann diese Schrift, wenn sie andere Anzeichen einer Bewegungshemmung, einer extremen, unfreiwilligen Zurückhaltung aufweist, neurotische oder schwerer-wiegende psychische Störungen und vor allem den berühmten Minderwertigkeitskomplex verraten; auch mangelnden Charakter.

Bei der Bewertung des Schreibtempos muß man natürlich das Alter berücksichtigen. Ein Kind, das noch nicht lange schreibt, vermag zweifellos seine

Buchstaben nur langsam zu malen. Ähnlich verhält es sich bei Menschen, die nicht viel Bildung erhielten und beispielsweise die Grundschule nicht beendeten (Fig. 120), oder auch bei Ausländern, die in einer ihnen kaum vertrauten Sprache schreiben.

Fig. 120: Bildungsmangel

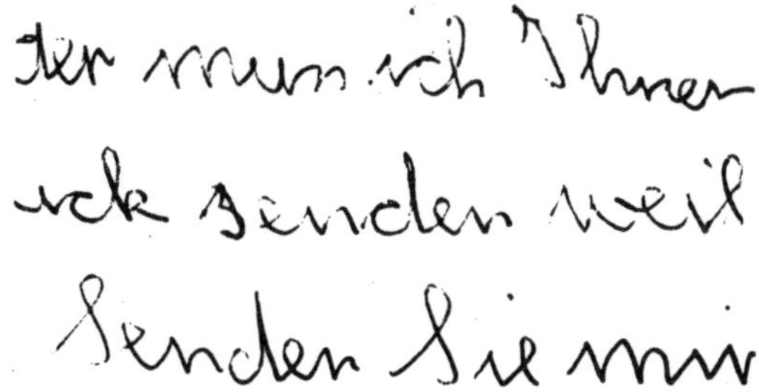

Allgemein gesprochen, bedeutet die langsame Schrift Mangel an Spontaneität in den Beziehungen zu anderen Menschen, manchmal eine „mittelmäßige" Offenheit, wie ich sagen würde (wobei ich mir völlig im klaren bin, daß ausnahmslos alle Menschen lügen, und sei es nur aus Höflichkeit). Es versteht sich von selbst, daß absichtlich verstellte Schriften – anonyme Briefe – langsam sind. Die Langsamkeit ist hier das typische Zeichen für Verstellung.

Absichtliche Langsamkeit – die nicht aus Verstellung resultiert – kann Vorbedacht, Umsicht, aber auch eine meditative Haltung und kontemplative Ruhe anzeigen; ferner Apathie, Phlegma.

Schließlich findet man die langsame Schrift bei:

○ überlegten, nachdenklichen Menschen, die tiefschürfend zu denken versuchen und ein Problem unter allen Gesichtspunkten betrachten;

○ Menschen mit passivem, schwerfälligem, friedlichem Wesen;

○ indolenten, zögernden, faulen, schüchternen Menschen;

○ Menschen, die nur daran denken, sich zu verstellen, zu heucheln, zu lügen, den geborenen Geheimniskrämern.

Dieser Schrifttyp charakterisiert auch die Amorphen und Apathischen, wie sie von den Charakterologen definiert werden, d. h. die Nichtemotiven-Nichtaktiven-Primären und die Nichtemotiven-Nichtaktiven-Sekundären. Wir werden später noch sehen, welche Beziehungen zwischen Charakterologie und Graphologie bestehen.

Die Langsamkeit der Schrift kann auch ein unbewußtes, sehr hemmendes Schuldgefühl verraten. Wenn der Schreiber – infolge von Zwängen, affektiven Schocks – bestimmte Hindernisse nicht zu überwinden vermochte, bleiben diese für ihn ein unbewußtes Trauma, das sich auf seine gesamte Energie und Realisationskraft auswirkt. So offenbart eine langsame Schrift, die ganz nach links orientiert und linksschräg ist, oft eine Schuldneurose. Doch Achtung: es kann sich um die Schrift eines Linkshänders handeln!

Ist die Schrift

○ zerhackt und langsam (zerstückt, wenn Sie wollen): Aggressivität und extremer Zwang,

○ zögernd und langsam: Unentschlossenheit,
○ kompliziert und langsam: Verwirrung,
○ zu gesperrt und langsam: Nachlässigkeit – oder mangelndes psychisches Gleichgewicht,
○ schlaff und langsam: Flatterhaftigkeit und Entscheidungsunfähigkeit,
○ verschnörkelt und langsam: Anmaßung, Eitelkeit, Bedeutungslosigkeit – oft Lügenhaftigkeit,
○ eng und langsam: Zwang und Verschämtheit.

Schließlich sei noch gesagt, daß die langsame Schrift des Neurotikers *nie* harmonisch ist.

Eine äußerst gepflegte, kalligraphische langsame Schrift zeigt das Bedürfnis nach Geheimnissen sowie wachsame Selbstkontrolle an. So schreiben Menschen, die bis ans Kinn zugeknöpft sind und von sich selbst nichts preisgeben oder ahnen lassen. Sie sind streng, ernst, unpersönlich, können aber von Unvorhergesehenem schnell aus der Fassung gebracht werden.

Ist die Schrift langsam und sehr harmonisch, knapp, vereinfacht, kombiniert, dann stammt sie von Denkern, echten Philosophen oder Mystikern.

Die gemäßigte Schrift (Fig. 121)

Hier muß unterschieden werden. Ist sie zugleich harmonisch, weist sie folgende Merkmale auf:
○ mittlere, wohlproportionierte Dimensionen,
○ vollständige, gut geformte Buchstaben,
○ genau gesetzte und regelmäßig vorhandene Oberzeichen,
○ seltene Unregelmäßigkeiten.

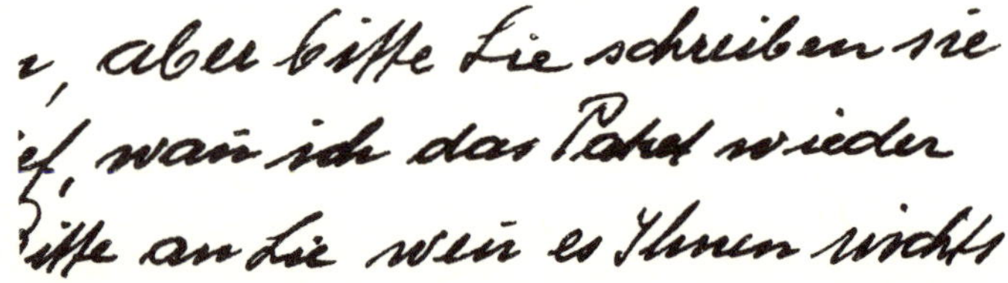

Fig. 121: Gemäßigt, harmonisch

Die gemäßigte Schrift bedeutet, wenn sie *harmonisch* ist: Intelligenz von mittlerem Rhythmus, einen eher beobachtenden und nachdenklichen Geist, wenig schöpferische Imagination, aber Gefühl für das Wirkliche und Konkrete. Gesetzte, besonnene Leute mit gesundem Menschenverstand schreiben so. Oft haben sie ein gutes Gedächtnis und sind geistesgegenwärtig. Sie neigen kaum zur Ängstlichkeit der Nervös-Emotiven. Sie sind insgesamt nüchtern, was die Bewegungen und auch die Rede anbelangt; beständig, regelmäßig, zuverlässig. Aber sie sind nicht sehr phantasievoll und unterhaltsam.

Bei *unharmonischem* Schriftbild: Zeichen sehr mittelmäßiger Intelligenz, der Routine, Neigung zu Vorurteilen. Ist die Schrift schleppend, schlaff: Willensschwäche, Unentschlossenheit, Faulheit. Manchmal auch Schüchternheit.

Die beschleunigte und die überstürzte Schrift (Fig. 122)

Beschleunigt: Ab und zu machen wir z. B. unter dem Einfluß starker Erregung oder einfach weil wir dazu gezwungen sind, wichtige Notizen in kürzester Zeit. Bleibt die Schrift trotzdem klar, lesbar, zeigt sie Anpassungsfähigkeit an die Umstände und Disziplin an, ferner Willen; andernfalls Hyperemotivität, also höchste Gemütserregbarkeit, innere Unruhe.

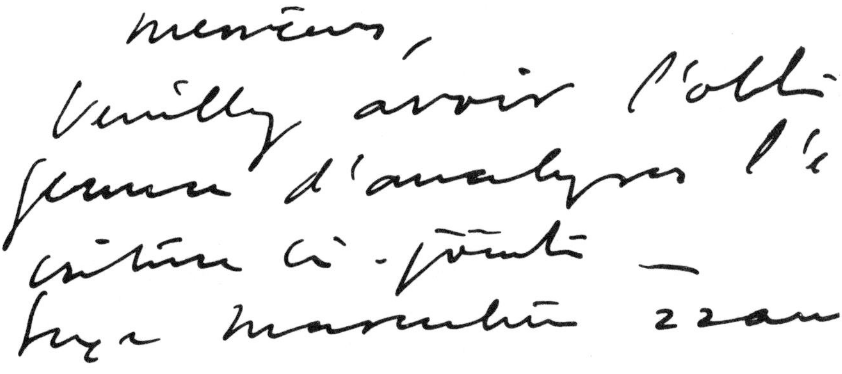

Fig. 122: Beschleunigte Schrift

Überstürzt: Deformierter, entstellter, unkoordinierter Strich. Sehr oft fehlen kluge Vereinfachungen des Strichs, die dessen Dauer beschränken. Häufig aber abgeschliffene Wortenden, manchmal verschwinden ganze Silben.

Die Überstürztheit (ich entnehme die Definition dem *Clavier psychologique* von Dr. Streletski), das ist „äußerste Behendigkeit, übermäßige Lebhaftigkeit, man geht nicht, man läuft, man fliegt, kann sich aber auch in einen Abgrund stürzen . . . Es ist nicht ungewöhnlich, daß der Grunderregung der Überstürztheit ein Einhalten (eine Depression) folgt und daß unfertig bleibt, worauf man unüberlegt losstürmte“. Das bedeutet, daß der Mensch zwischen zwei gegensätzlichen Tendenzen hin- und herschwankt. Er ist „zyklothym“ (mit zyklischem Stimmungswechsel), also bald Eichhörnchen, bald Murmeltier, bald hyperaktiv, bald niedergeschlagen.

Die Überstürztheit der Ungeduldigen, Impulsiven, Erregten ist übrigens nicht ohne Gefahr. Denken wir an das kluge Sprichwort: „Eile mit Weile.“

Die überstürzte Schrift ist auch das Kennzeichen der Nervösen. So z. B. in der Selbstdarstellung, die mir ein Unternehmer gab, der am Sonntag, um sich zu entspannen, in seinem Garten den Rasen mähte. Das Wetter war schön, seine Angehörigen waren da, heiter, lustig, sie genossen den Augenblick und glaubten fest, der Hobbygärtner sei seelenvergnügt. Er gestand mir, daß er diese rein körperliche Arbeit mit einem Eifer und einer Anspannung ausführte, „als hänge das Schicksal der ganzen Welt davon ab“. Diese Wendung veranschaulicht treffend den Geisteszustand des Schreibers, der eine überschnelle Schrift hat: er ist nie beruhigt, tut nie genug, hat sich immer irgendeinen Vorwurf zu machen. Und im Grund ist er unglücklich, ängstlich, ein Furchtsamer.

Was er auch macht, er vermag sich nicht auszuruhen, und sogar wenn er etwas tun kann, das ihm gefällt, steht er unter Spannung und fürchtet, es nicht zu schaffen.

Die überstürzte Schrift kann auch das manische Bedürfnis nach Veränderung verraten, krankhafte Unruhe, das Fehlen inneren Gleichgewichts. Noch einmal: um das zu beurteilen, muß man den Grad an Harmonie oder Disharmonie einer Schrift in ihrer Gesamtheit feststellen.

Hemmung und Zwang

Wir verstehen darunter das, was die Schreibbewegung bremst und verlangsamt (Fig. 123).

Fig. 123: Verlangsamte Schrift

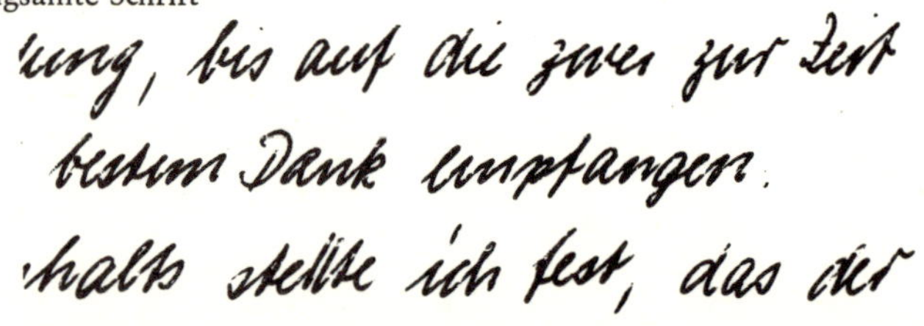

Was ist Hemmung? Der schon zitierte Dr. Streletski, Arzt und zugleich auch ein namhafter Graphologe, betont, daß der Ausdruck Hemmung allgemein etwa wie der Ausdruck „Komplex“ gebraucht wird. Es klingt gut, wenn man diese Spezialausdrücke in seine Rede einfließen läßt. Doch allzu leicht sagt man: „Ich bin gehemmt“, während man einfach verlegen, verwirrt ist. „Die Hemmung ist die plötzliche oder progressive, augenblickliche oder andauernde, zeitweilige oder fortgesetzte Verringerung oder gar Stillegung der psychomotorischen Aktivität; sie tritt entweder als Folge eines Befehls aus der Gehirnrinde (Stirnlappen) oder als endokrin-vegetative Reaktion (Vagotonie) mit Emotionen, Spasmen, Muskelhypertonien ein. Im ersten Fall (vorsätzliche Hemmung) kontrolliert, urteilt, bewertet, dirigiert, mäßigt das geistige Ich und hält die Impulse im Zaum. Im zweiten Fall (unfreiwillige Hemmung) leidet die Funktion des Zentralnervensystems unter der vagosympathischen Störung, daraus folgt eine Art Stottern, die Aufschluß über die psychisch-motorische Zusammenwirkung gibt. Weniger ausgreifende, weniger lebhafte, unzusammenhängende, zögernde, unabgeschlossene Bewegungen. Verlangsamtes Redetempo, längere Reaktionszeit, geschwächtes Assoziationsvermögen usw.“

Diese Form der unfreiwilligen Hemmung ist eine Begleiterscheinung zahlreicher Zustände wie Übererregbarkeit, Asthenie, Melancholie, Geistesverwirrung, Gehirntumor usw. Es bedeutet, daß man „erstarrt vor einer Tür steht und nicht wagt, sie zu öffnen, vor einem Brief und ihn nicht aufmacht, vor einem Blatt Papier und kein Wort darauf zu schreiben vermag, vor einem Weg und ihn nicht beschreitet . . .“

Eine derartige Blockierung kann vor allem bei einem Anfall heftigen Zornes einsetzen: auf dem Höhepunkt bleibt dem Betreffenden buchstäblich die Luft weg, er findet keine Worte mehr, ist wie gelähmt.

Genauso kann man buchstäblich am Boden kleben, wenn einen wilde Angst erfaßt, die jede Reaktion und jede Verteidigungsgeste verhindert.

Woran erkennt man die Hemmung in der Schrift? An vielen Zeichen.

Merkmale der *unfreiwilligen Hemmung* sind:

○ Eine niedrige, enge, steile und linksschräge, aufgehängte oder unfertige, verbesserte, keulenförmige, aufgeblähte Schrift mit zu vielen Ausstreichungen oder übertriebener Interpunktion, mit Überladungen, ausgelassenen Wörtern, steigenden, dann wieder horizontalen Zeilen, nach links gebogenen oder steilen Wortenden in einer schrägen Schrift. Hierzu nun einige Präzisierungen:
○ eine aufgehängte Schrift mit Wortenden, die nicht bis auf die Schriftbasis heruntergeführt werden: Angst, unbewußte Furcht,
○ linksschräg: Zwang,
○ mit Schwellzügen: siehe Kapitel 3 über den Druck,
○ überflüssige Interpunktion: Zögern, Atemstörungen, instinktive Verteidigung, manchmal Lüge,
○ keulenförmig: gewaltige Beherrschung, brutale Zügelung,
○ zögernd: Energiemangel,
○ mit Zitterzügen: fast immer pathologische Ursache,
○ Neuadjustierungen: Müdigkeit, Tendenz zur Obsession,
○ Verbesserungen und Hinzufügungen: Kampf gegen Krankheit, Skrupel, Bemühen um Klarheit, manchmal auch Lügenklima.

Die Zeichen der *vorsätzlichen Hemmung* (Fig. 124) sind:

○ Kleine, niedrige, schwertförmige (am Wortende abnehmende Schrifthöhe), enge, steile, linksschräge, magere, starre, gern verbesserte (Anzeichen von Streben nach Klarheit und maximaler Lesbarkeit) Schrift, Deckzüge (bewußte Verschleierung), oberer und linker Rand breit, Schrift gruppiert, druckstark, ruhig, verhalten, fest.

Fig. 124: Vorsätzliche Hemmung

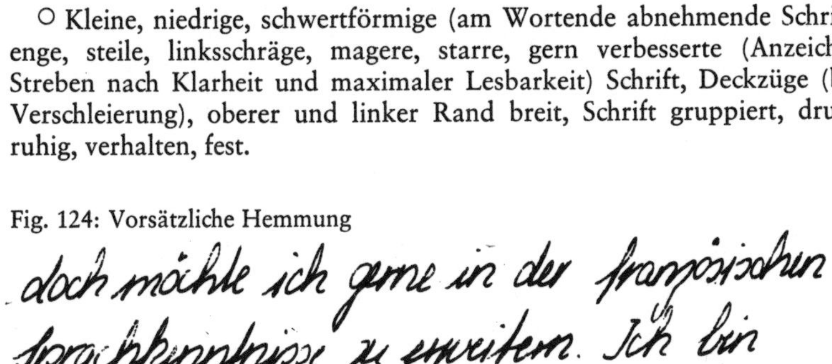

Selbstverständlich wird man in einer unfreiwillig oder vorsätzlich gehemmten Schrift nicht alle oben angeführten Merkmale finden; es genügt, wenn vier oder fünf vorhanden sind.

Die vorsätzliche Hemmung ist unlösbar mit der Vernunft verbunden, sie dämpft oder unterdrückt die Impulse. Folglich ist sie ein mäßigendes Element sondergleichen. Die Schriften von Mönchen und Nonnen weisen fast immer große vorsätzliche Hemmung auf. Eine übertriebene Hemmung jedoch zeigt äußerste Verschleierung an.

Die unfreiwillige Hemmung offenbart sich häufig auch in verdrehten Schriftzügen, einem breiten rechten Rand, einem abnehmenden linken Rand (Steigerung des Zwangs), langsamen Wörtern in einer schnellen Schrift, vor die Buchstaben gesetzten Oberzeichen, einer Unterschrift in der Mitte oder auf der linken Seite des Textes.

Eine sehr ausgeprägte unfreiwillige Hemmung geht immer mit gestörtem nervlichem oder psychischem Gleichgewicht einher, und ihre Bedeutungen reichen dann von einfacher Emotivität bis zu Neurose. Sie ist eine ernste Fesselung der Aktivität in allen Formen, eine Quelle moralischer Qualen und schließlich geistiger und psychosomatischer Schäden.

Das Gegenteil wiederum – die ungenügende Hemmung – erkennt man an schwungvoll vorausgeworfenen Zügen, übertriebenen, unausgewogenen, überstürzten Schriften.

Noch einige *Präzisierungen:*

○ Schnelle oder überstürzte Wörter in einer langsamen Schrift: Zweideutigkeitszeichen, das Lüge verrät, berechnender Betrug;

○ ausgelassene oder vergessene Wörter in einer langsamen Schrift: man meidet die Wahrheit – der Schreiber fürchtet, daß ihn sein schlechtes Gewissen verrät;

○ langsame Wörter in einer schnellen Schrift: prüfen Sie, welche Wörter es sind; sie führen oft auf die Spur einer Lüge oder einer krankhaften Hemmung, eines inneren Konfliktes;

○ eine bald langsame, bald schnelle Schrift: lebhafte Sensibilität, oft verhalten, sehr große geistige Geschmeidigkeit, aber auch die Möglichkeit impulsiver Wutanfälle.

11. Die Form

Die Form – jene der Buchstaben, muß man sagen – kann viel verraten ... Sie ist auch das Gebiet der Kunst sowie der Technik, die sich in Schwarz auf Weiß ausdrücken, und schließlich der Bereich, in dem sich Bewußtsein und Unbewußtes, Geist und Gefühl gegenübertreten.

Die *Großbuchstaben* (Majuskeln) enthüllen in ihrer Gesamtheit das, was der Schreiber darstellen möchte. Sie widerspiegeln vor allem das gesellschaftliche Milieu und die Beziehungen des Schreibers zu seinen Eltern während seiner ersten Lebensjahre. Ferner symbolisieren sie die physische und moralische Bedeutung, die der Schreiber gern hätte, und zwar zeigen sie nicht nur seine Möglichkeit auf, sondern auch, was er daraus gemacht hat. Madame R. Crépy fügt in einem Buch hinzu (das ich noch oft erwähnen werde), daß die Großbuchstaben die Enttäuschungen, Lebenshoffnungen, ehrgeizigen Strebungen und Zukunftspläne des Schreibers ausdrücken, dabei zugleich anzeigen, in welcher Art die Ereignisse auf seine Affektivität zurückwirkten.

Die *Kleinbuchstaben* (Minuskeln) enthüllen, was der Mensch in seinem innersten Wesen und seiner Gefühlsanlage nach ist.

Man kann sagen, die Schrift sei eine symbolische Zeichnung. Fast jede Schrift enthält völlig originelle graphische Erfindungen, was der Graphologie ein sozusagen unerschöpfliches Forschungsgebiet als Basis gibt. Denn die Graphologie – ich mache hier eine notwendige Einfügung – ist keine fertige Wissenschaft, die ihre endgültige Entwicklung erreicht hat. Sie hat seit hundert Jahren große Fortschritte gemacht; aber ihr bleibt noch viel zu tun, zu vergleichen, zu begreifen und zu erklären. Vor allem auf dem Gebiet des Unbewußten und der Art, in welcher dieses – das so reich und so vielfältig ist – sich durch die Schrift offenbaren kann.

Die richtige Einschätzung der Details

Das ermöglicht hier auch die Anmerkung, daß man lange über die Symbolik der Buchstaben sprechen könnte, daß dabei jedoch Vorsicht angebracht ist und man nichts vorbringen sollte, was nicht in einer hinreichenden Zahl von Fällen kontrolliert und verifiziert worden ist. Liefern wir nicht jenen Kritikern Material, die der Graphologie jeden wissenschaftlichen Wert absprechen, weil sie sich nicht auf die Statistik stützt, sondern auf die Intuition desjenigen, der sie ausübt!

Noch eine andere Gefahr besteht bei der Buchstabenform, die fast ein „Leckerbissen“ für alle Pseudographologen ist, für alle jene, die eine Art

„Lexikon der Graphologie“ erstellen wollen. Die Gefahr liegt in der Tatsache, daß die Graphologie sich genauso wenig in ein Lexikon fassen läßt, wie der Mensch sich in Kurven und Gleichungen ausdrückt. In ihm gibt es zu viele Nuancen und Abhängigkeiten, zu viele Wechselwirkungen und Einflüsse, als daß er unverändert, monolithisch bliebe, als daß er nie irreführend wäre oder auch nie jene verwirrte, die ihn am besten zu kennen glauben.

Das Gebiet der *Buchstabenform* ist natürlich äußerst reich an Anzeichen, doch diese dürfen nie für sich allein genommen werden; das muß gesagt sein. Ich kann hier nichts Besseres tun, als die Warnung zu wiederholen, die von einer sehr angesehenen Graphologin stammt. Madame Crépy, die ich bereits erwähnte, sagte mir einmal: „Die Deutung der Buchstaben ist keine Methode an sich und kann es nicht sein. Sie ist nicht einmal ein Abschnitt oder eine Ergänzung, sie ist einfach eine Fertigstellung.“

Man hat der französischen Schule der Graphologie oft ihre „Religion des kleinen Zeichens“ vorgeworfen. Das heißt, man beschuldigte sie, nur die Details der Buchstabenform zu sehen und zu versuchen, daraus eine Graphologie zu machen. Dies stimmt jedoch nicht. Betrachtet man die Arbeiten der großen französischen Graphologen mit Crépieux-Jamin an der Spitze, erkennt man, daß sie alle immer davor warnten, voreilige Schlüsse aus der ungebührlichen Deutung einer Einzelheit, eines Buchstabens oder eines t-Strichs zu ziehen.

Das soll aber nicht heißen, daß die *Form* keine große Bedeutung habe. Man muß ihr lediglich, wie Madame Crépy richtig sagt, ihren ordnungsgemäßen Platz zuweisen.

Zu berücksichtigen sind außerdem die graphischen Gewohnheiten jedes Landes. Der amerikanische Graphologe F. Victor hatte in seinem Werk *Die Handschrift, eine Projektion der Persönlichkeit* (Zürich 1954) die ausgezeichnete Idee, die Schriftformen anzuführen, die in den amerikanischen und kanadischen Schulen (Methode Palmer), den deutschen (deutsch oder gotisch und lateinisch), den schweizerischen, dänischen (Methode Larsen), italienischen, englischen (drei verschiedene Schriften), französischen, jugoslawischen (vier verschiedene Schriften), polnischen, spanischen (vier Schriften), tschechischen Schulen usw. gelehrt werden.

Interessant zu beobachten sind vor allem die Abweichungen jedes einzelnen Menschen von der Schulvorlage. Tatsächlich erkennt ein einigermaßen erfahrener Graphologe zwar nicht die nationale Abstammung des Schreibers, aber sehr rasch die Schulmethode und somit das Land, in welchem der Schreiber Lesen und Schreiben lernte.

Es gibt viel zu sagen über die Form, die das Auffälligste an der Schrift ist, die als erstes ins Auge springt und übrigens sogenannte Schriftexperten fatal in die Irre führen kann. Ich spreche hier von Menschen, die jemanden verdächtigen, den sie nicht mögen, und ihm sofort ein erhaltenes anonymes Schreiben in die Schuhe schieben. Und sofort Pseudo-Ähnlichkeiten in den Formen entdecken, die vollkommen zufällig sein können.

Zweifellos hat niemand von uns eine absolut originelle und einmalige Art, die sechsundzwanzig Buchstaben des Alpabets zu schreiben, ob Majuskeln oder

Minuskeln (und vergessen wir die Zahlen nicht, die wir uns in einem späteren Kapitel ansehen wollen). Der Buchstabe „i" beispielsweise, der so einfach zu formen ist, kann fast nur in seiner Schräglage variieren, im Punkt und in der Dicke, in der Art seiner – eventuellen – Bindung mit dem vorausgehenden oder nachfolgenden Buchstaben. Folglich sind andere Buchstaben viel interessanter zu sezieren; wir werden sie uns nacheinander vornehmen.

Besonnener, klassischer, weniger üppig ist die Form im allgemeinen bei den Schweizern, die gemeinhin gesetzte, überlegte, geduldige und peinlich genaue Menschen sind. Deshalb vermochte ich bei ihnen trotz reichlichen Materials kaum wirklich vernachlässigte, formlose, aufgeblähte Schriften mit Säbelhieb oder Lassoformen zu finden. Diese Merkmale entdeckt man eher bei den demonstrativeren romanischen Völkern. Das heißt jedoch keineswegs, daß man bei den Schweizern, sogar Deutschschweizern, nicht auf Schriften stoßen würde, die diese Merkmale aufweisen; aber sie sind sehr selten.

Hier möchte ich daran erinnern, daß es nicht nur nationale bzw. völkertypische Schriften gibt, sondern daß innerhalb der Schrift eines jeden Volkes auch eine Formentwicklung stattfand. Man schreibt heute zweifellos nicht mehr wie im Mittelalter und nicht mehr wie im vorigen Jahrhundert.

Man müßte archivarisch-paläographische Studien betreiben, um die verschiedenen Wandlungen nur unseres lateinischen Alphabets in der Kursive, d. h. der Kurrentschrift (im Gegensatz zur kalligraphischen oder Druckschrift, die man „Scripta erecta" nennt), aufzeigen zu können. Außerdem dürfen wir den Einfluß von Werkzeug und Träger nicht übersehen: die primitiven Schriften, die mit Hilfe eines Stiletts, dann eines Elfenbeinstichels zuerst auf Stein, später auf Wachs geritzt wurden, können nicht die Schnelligkeit, Spontaneität und Vielseitigkeit im Aussehen haben wie unsere Schriften von heute.

Nach den Sticheln gab es Pinsel (Chinesen und Japaner verwenden sie heute noch), das Schreibrohr (aus einem Schilfrohr geschnitten), die Vogelfedern, die man je nach der gewünschten Strichdicke zuschnitt. Man verwendete entweder Gänsekiele, Schwanen- oder auch Pfauenkiele. Häher- oder Rabenfedern waren für die Schnörkel reserviert. Schließlich kam dann die Metallfeder, die inzwischen (selbst der Füller mit Goldfeder und Iridiumspitze) vom Kugelschreiber und in jüngster Zeit vom Filzschreiber entthront wurde.

Als Träger gebrauchte man zunächst Stein, Ton, Holz. Dann benutzte man mit weichem Wachs bestrichene Holz- und Elfenbeintafeln, Baumblätter, Pflanzen, vor allem den berühmten ägyptischen Papyrus. Im Orient wurden die alten Texte in Sanskrit auf Palmenblätter geschrieben. Man schrieb aber auch auf Pergament (besonders präparierte Tierhaut). Das Wort leitet sich von Pergamo her, der Stadt, in welcher das Pergament „erfunden" wurde, das in heftige Konkurrenz zum Papyrus treten sollte, bis das Papier aufkam.

Ohne uns in Einzelheiten verlieren zu wollen, sei noch gesagt, daß sich unsere großen Druckbuchstaben unmittelbar von römischen Inschriften ableiten und später zur „Capitalis rustica" vereinfacht wurden. Es folgten die Unzialschrift, dann die karolingische Schrift des Hochmittelalters, die insulare Schrift. Soweit die Druckschriften. Die anderen von der „Capitalis rustica" abgeleiteten Schriften führten zu der berühmten gotischen Schrift, der karolingischen

Minuskel, der lombardischen, angelsächsischen, westgotischen Schrift. Spricht man von der gotischen Schrift, muß man eigentlich die Mehrzahl gebrauchen; denn es gab in verschiedenen Ländern und zu verschiedenen Zeiten eine ganze Reihe gotischer Schriften. Die Schnörkel tauchten im 7. Jahrhundert auf. Die Rotunda datiert von der Mitte des 16. Jahrhunderts. Auf sie folgten die Bastarda, die Fraktur und schließlich die Antiqua.

Heute gibt es, zweifellos bedauerlicherweise, keinen echten „Schriftstil" mehr (reden wir nicht vom Script, es ist völlig unpersönlich, eine Schrift des Technikers, mehr nicht). Hoffen wir, daß wieder einer gefunden wird, ein Wunsch, den Madame Delamain in ihrer Rede anläßlich des hundertjährigen Jubiläums der Graphologie äußerte (Paris, 23. März 1971).

Kuriositätshalber – und auch zur Information – möchte ich hier eine Reihe Schriften von Menschen verschiedener Volkszugehörigkeit zeigen, um die Vielfalt des Aussehens zu veranschaulichen (Fig. 129).

Doch kehren wir zur Buchstabenform zurück. Im allgemeinen gilt als erwiesen, daß eine Schrift mit einfachen und sogar vereinfachten Formen überlegene Intelligenz offenbart, einen besonders klaren, organisierten Geist, der mehr auf die Synthese als auf die Betonung von Details gerichtet ist.

Dennoch kann man auf verreicherte, ausgeschmückte Schriften stoßen, die keineswegs von Dummköpfen stammen.

Die Verreicherung der Schrift

Die gezeichnete Schrift (Fig. 125 bis 127)

Sie ist relativ selten. Ein interessantes Beispiel gibt Fig. 125. Es stammt von einem siebzehnjährigen Mädchen, das beschlossen hatte, Familienhelferin zu werden. Sehen Sie sich diese ungezwungene, fast gezeichnete und ständig mit ausdrucksvollen, geistigen Zeichnungen verreicherte Schrift an.

Um positive Werte anzuzeigen, müssen gezeichnete Schriften künstlerisch, harmonisch sein wie jene in Fig. 126. Diese Schrift ist, wenn man so will, vom Script inspiriert, aber sichtlich mit großer Eleganz und gleichzeitig bemerkenswerter Einfachheit der Formen gezeichnet. Vor allem hohe Geistigkeit drückt sie aus. Sie stammt von der Romanschriftstellerin und Psychoanalytikerin Maryse Choisy, einer außergewöhnlich intelligenten Frau, die ein überaus erfülltes Leben führte. Sie reiste viel, begründete die Zeitschrift *Psyché,* hatte einen guten Namen unter den Psychoanalytikern, war Präsidentin der „Alliance mondiale des Religions". Ihr literarisches und philosophisches Werk ist sehr umfangreich.

Auch bei Fig. 127 handelt es sich um eine gezeichnete, vor allem um eine mit Ausschmückungen versehene Schrift. Diese Verzierungen haben nichts Lächerliches, nichts Kindisches. Sie sind hier Ausdruck südländischer Überschwenglichkeit. Urheber ist ein fünfundsiebzigjähriger Arleser, der die provençalischen Dichtungen liebte, Mistral gut kannte und zutiefst verehrte. Er war äußerst gebildet, ein unermüdlicher Erzähler von Geschichten und wahren Begebenheiten, die alle seine heimatliche Provence zum Gegenstand oder als Rahmen hatten.

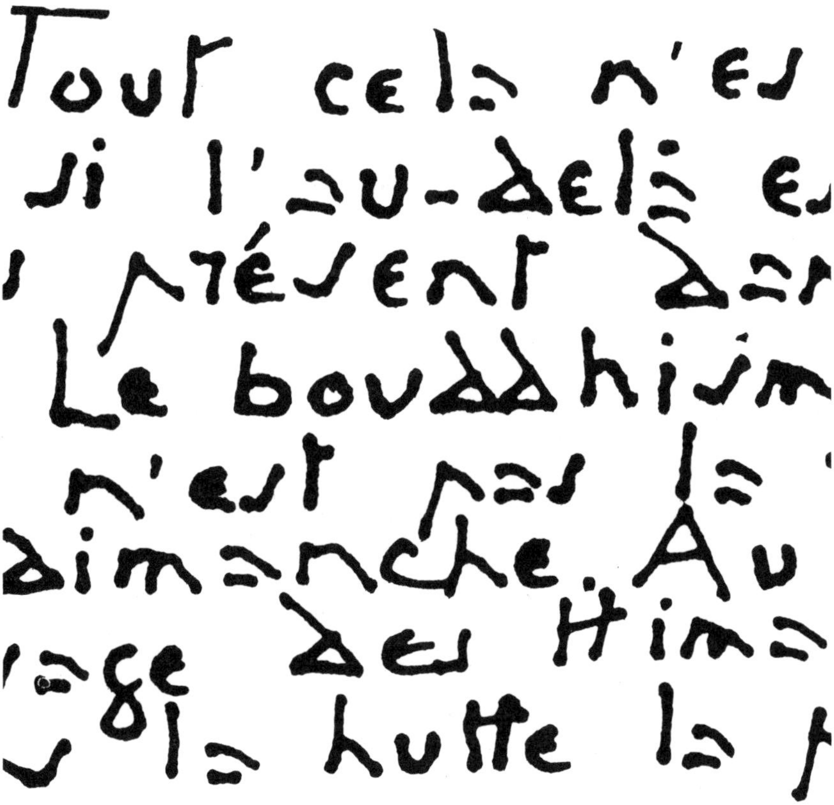

Fig. 125: Gezeichnet (Familienhelferin)

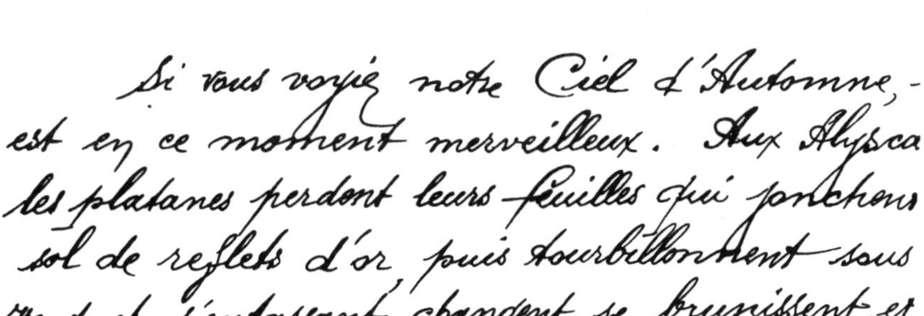

Fig. 126: Gezeichnet, künstlerisch (Schriftstellerin)

Fig. 127: Ausgeschmückt (Arleser)

Die ovale Schrift (Fig. 128 und 130)

Diese Schriftform entwickelt sich seit einiger Zeit bei jungen Leuten sehr stark. Die Schrift ist erweitert, besonders in den Ovalen der Buchstaben „a“, „d“, „g“, „o“, „q“, und stellt das Gegenteil der verengten Schrift dar.

Hier (Fig. 128) ein erstes Beispiel (Frau, 45 Jahre). Die Schrift zeigt Zwang an. Ist das Gesamtbild unharmonisch, kann sie Anzeichen von Verstellung oder Lüge sein. Bei einem eher harmonischen Gesamtbild wie in Fig. 128 ist sie im allgemeinen ein Zeichen von Reserviertheit, Skrupeln und Schüchternheit. Die Verbindung mit großer Festigkeit des Strichs offenbart hier eine sanft-energische Persönlichkeit.

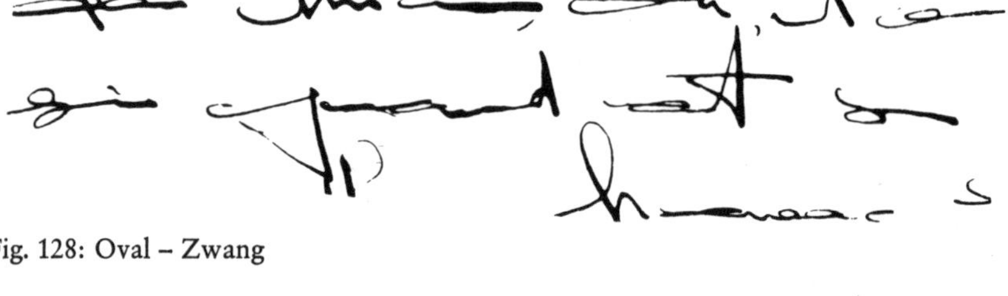

Fig. 128: Oval – Zwang

Fig. 129: Schriftproben – verschiedene Nationalitäten

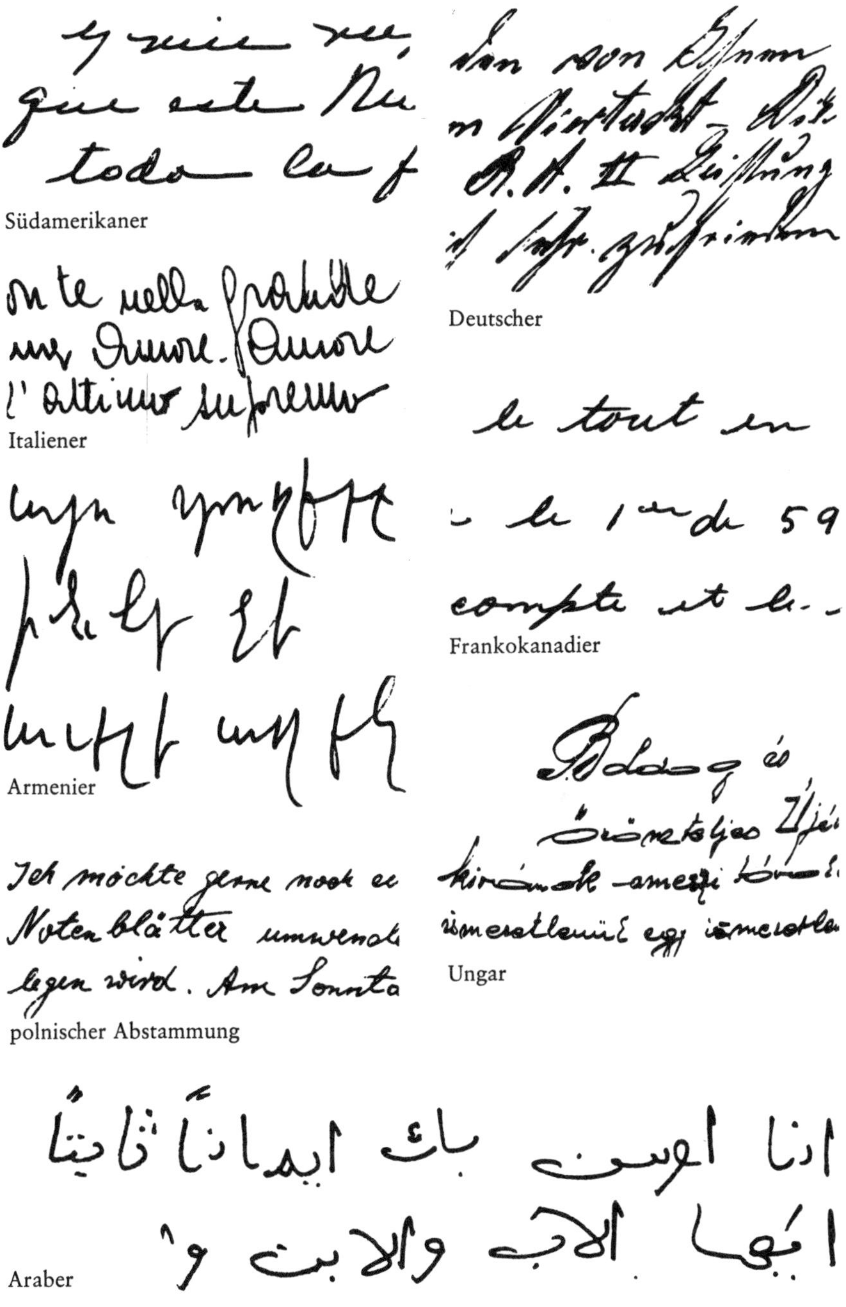

Bei den jungen Menschen verrät die Ovalität sowohl jugendliche Egozentrik als auch Angst, Furcht, Bangigkeit (siehe Fig. 130 – Mädchen, 15 Jahre). Im allgemeinen hält sich dieses Merkmal nicht, und tatsächlich schreibt die Urheberin der Schrift von Fig. 130 mittlerweile völlig anders.

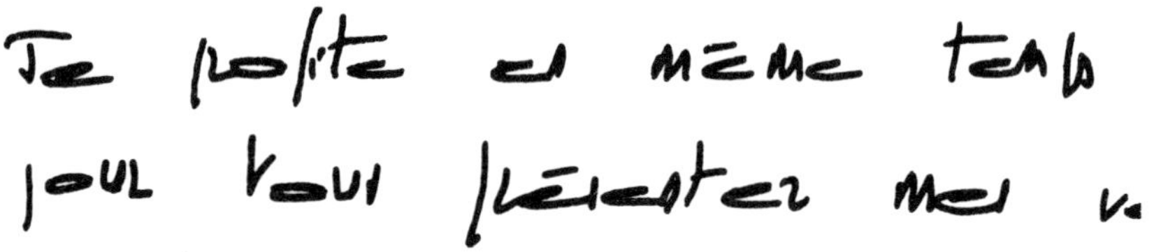

Fig. 130: Oval – Angst

Madame S. Brésard, die Präsidentin der Graphologischen Gesellschaft in Paris, hat in ihrem Werk mit dem Titel *Mouvements, formes, images* die einst seltenen, heute häufigen Eiformen in der Schrift untersucht.

Beim Studium der Form muß man vor allem die persönliche Art jedes einzelnen, die Buchstaben des Alphabets zu adaptieren, studieren. Ein interessantes, nützliches Experiment besteht darin, seine gegenwärtige Schrift mit der Schrift aus der Zeit zu vergleichen, da man schreiben lernte. Leider ist das fast nie möglich; aber für jemanden, der sich der Graphologie widmet, ist es ebenso aufschluß- wie lehrreich, alle Stadien zu sehen, welche die eigene Schrift durchlief, bevor sie ihren mehr oder weniger endgültigen Stil erhielt. Warum oder wonach hat man beispielsweise plötzlich die Art geändert, in der man ein „r“ schrieb, ein „t“ am Wortende, ein großes „D“, ein „c“ am Wortanfang?

Innere und äußere Einflüsse, plötzliche Notwendigkeit zur Verkürzung und Vereinfachung oder, im Gegenteil, Drang zur Komplizierung?

Pulver schreibt sehr richtig (in *Symbolik der Handschrift)*: „Der schreibende Mensch zeichnet unbewußt sein Wesen auf.“ Die Vereinfachung der Schrift verweist im allgemeinen auf Objektivität, das Bedürfnis nach Anpassung an die Welt der Fakten. Die Verreicherung (oder Komplizierung) kündet nicht unbedingt von Authentizität des Gefühls und der Imaginationskraft; sie kann auch ein Merkmal des Pedanten oder Dicktuers sein.

Außerdem gibt die Buchstabenform, wie eingangs dieses Kapitels gesagt, wertvolle Hinweise auf

- den Narzißmus (Eigenliebe, Herausstreichen des „Ich“),
- den Masochismus (Aggressivität gegen sich selbst),
- die Egozentrik (Bedürfnis, alles auf sich selbst zurückzuführen),
- das Minderwertigkeits- oder Überlegenheitsgefühl, Schüchternheit, Konfusion, Verschämtheit, bescheidenes Zurücktreten, falsche Bescheidenheit, Prahlerei, Eitelkeit, Koketterie, Stolz usw.

Im allgemeinen wird die Ansicht vertreten, daß ein Mensch, der über das Stadium der Kämpfe und inneren Konflikte hinaus ist, der sich im Leben zu behaupten und zu entfalten vermochte, eine einfache, zwanglose, nüchterne

Schrift hat. Im Gegensatz zum „Komplexbeherrschten", dessen Schrift oft kompliziert, gequält ist, manchmal aber auch aus offensichtlichem Vergnügen heraus verschnörkelt – beim Narzißtischen.

Wer schöpferisch ist, geht über solche Übertreibungen hinaus; seine Buchstaben sind sehr originell.

Die kalligraphische Schrift (Fig. 131 und 132)

Sie ist besonnen und konventionell, verweist auf einen Menschen voll guten Willens, einen Formalisten, der zugeknöpft ist und sich nicht spontan dem Unvorhergesehenen anzupassen vermag. Man darf von ihm weder Dynamik noch Originalität verlangen, die er nicht besitzt; er ist fast ein menschlicher Roboter, ein starres Wesen, langweilig.

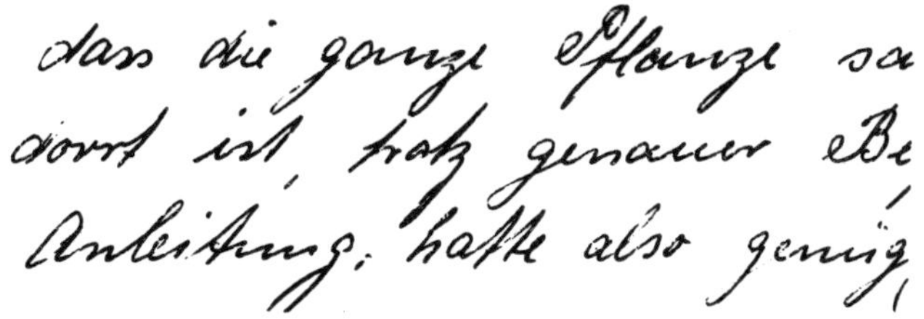

Fig. 131: Kalligraphisch – konventionell

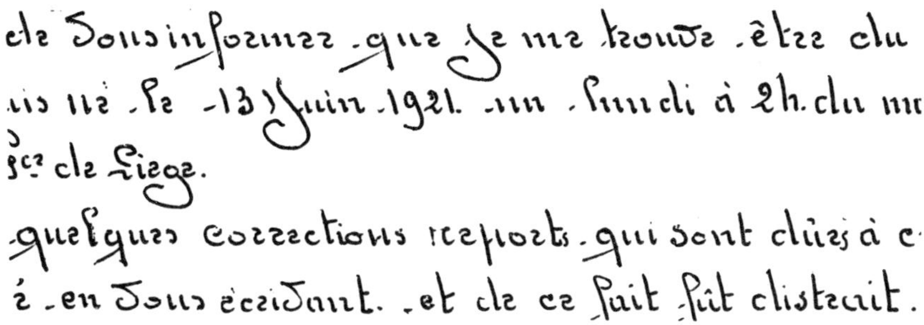

Fig. 132: Kalligraphisch – konformistisch

Er identifiziert sich nicht nur mit seinem Beruf, sondern auch mit den Grundsätzen und Sitten. Er verfügt über keinerlei Anpassungsgeschmeidigkeit, hat oder hatte nie Humor. Schließlich ist er ein Automat und im Grund trotz des völlig gefühlsarmen Eindrucks, den er macht, ein Neurotiker. Er ist unfähig zu schöpferischer Tätigkeit, denn wenn er Imagination hat, dann ist sie so geknebelt, daß man sie nicht mehr findet. Der undurchdringliche Egoist und engstirnige Konformist mit beschränkter Intelligenz ist auf psychischer Ebene blockiert. Menschen, die so schreiben, haben oft gelitten und daraufhin beschlossen, „die Schotten dicht zu machen". Sie sind so weit wie möglich zurückgewichen, um nicht mehr empfänglich für das zu sein, was sie treffen könnte. Deshalb darf man von ihnen weder Verständnis noch psychologisches Feingefühl erwarten.

Die einfache Schrift (Fig. 133 und 134)

Klar und lesbar, ganz anders als die kalligraphische Schrift, mit der nur ein Neuling sie verwechseln kann. Wenn sie sich aus spontanen, schnellen, vereinfachten Strichen zusammensetzt, kündet sie von großen Qualitäten, vor allem Offenheit, Geradheit, fruchtbarer Aktivität, Geistesbildung.

Fig. 133: Einfach

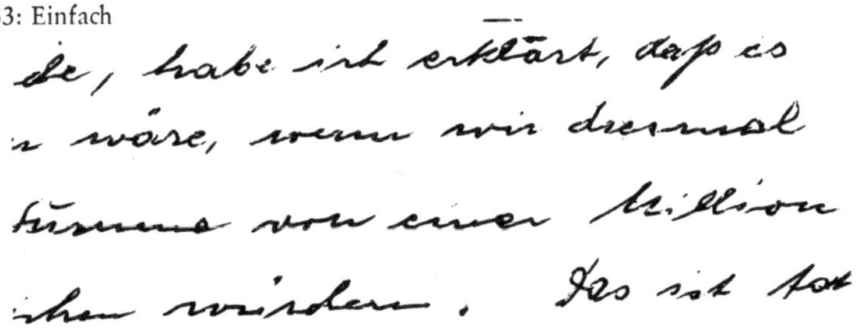

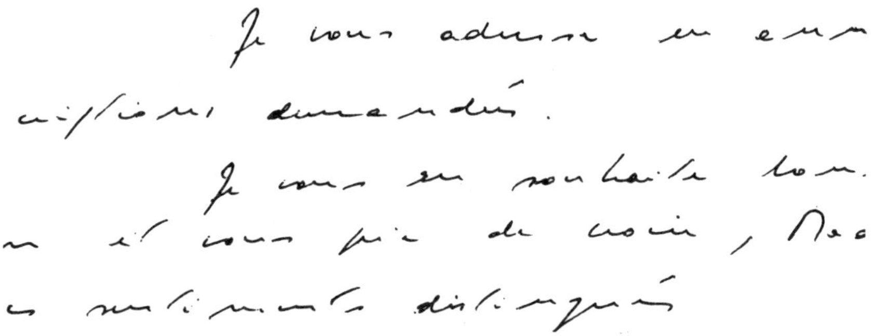

Fig. 134: Einfach

Maß, Überlegung, Vorsicht, Menschenverstand, Ordnung und Methode, Intelligenz. Ist die Schrift geradlinig, klar und gesperrt, verweist sie außerdem auf Integrität, Aufrichtigkeit. Man findet darin auch das Streben nach Würde, Gleichgewicht im Verhalten, Festhalten an Prinzipien. Bei einer weniger harmonischen Schrift hat man es mit einem Menschen von einfachem, langsamem, erdverhaftetem Geist zu tun.

Die künstliche Schrift (Fig. 135 und 136)

Sie wirkt „gemacht“, ist übertrieben, gezwungen und kompliziert. So schreibt der Mensch, der eine Maske trägt und anders erscheinen möchte, als er wirklich ist. In der künstlichen Schrift findet man alles, was Snobismus anzeigt, das Bedürfnis, auf dem einen oder anderen Gebiet den Sonderling zu spielen. Das zeugt von Narzißmus, Koketterie, Exhibitionismus, Extravaganz.

Die künstliche Schrift kann sich jedoch in viele Formen kleiden. Wenn sie sehr groß ist, verbirgt sie Hysterie; starr und überverbunden: Zwangsneurosen.

Es gibt aber auch sehr harmonische künstliche Schriften: sie stammen gewöhnlich von schöpferisch Tätigen, Künstlern, Menschen mit Begabung zum Zeichnen, zur Kunst, zur Dekoration, die den Instinkt und das Gewöhnliche, allzu Übliche fliehen (ihre Schrift ähnelt fast der gezeichneten Schrift, von der wir gesprochen haben). Snobs? Vielleicht, doch ihnen muß man das Positive lassen, das sie haben: schöpferische Originalität.

Es handelt sich übrigens hier, bei diesem künstlichen und manchmal pompösen Charakter der Schrift, um – zumindest oft – eine Ableitung tiefer innerer Konflikte. Vergessen wir nicht, daß die großen Künstler fast immer zutiefst unglücklich waren. Für sie stellt die Kunst eine Sublimierung alles dessen dar, was in den Tiefen ihres Unbewußten brodelte und wühlte.

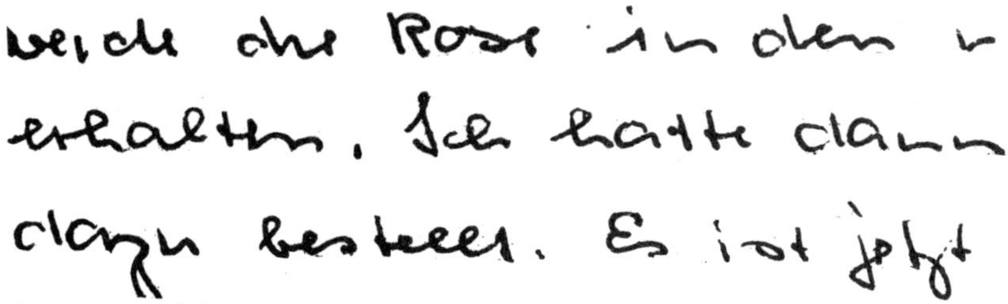

Fig. 135: Künstlich, gezwungen

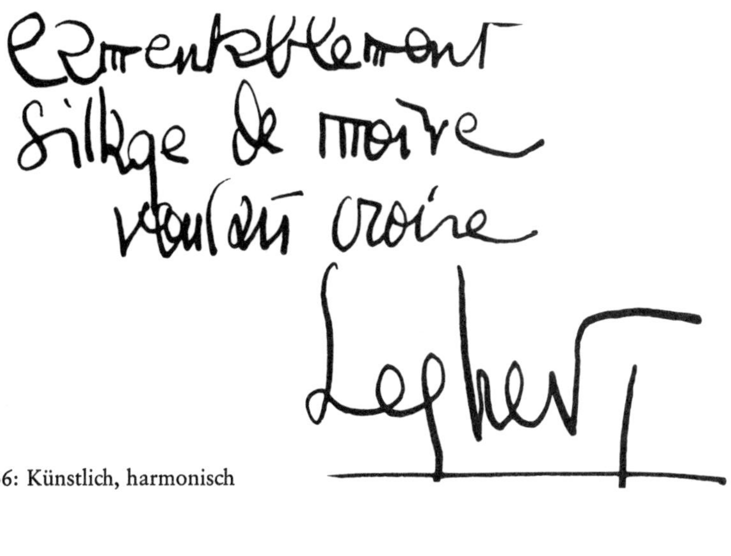

Fig. 136: Künstlich, harmonisch

Die vernachlässigte Schrift (Fig. 137)

Ich glaube, sie definiert sich selbst; es ist die Schrift mit unsauberem, wirrem, ungeordnetem Aussehen, von der man kaum sagen kann, daß der Schreiber – wenn es sich um einen Brief handelt – für den Adressaten viel übrig hat. Die vernachlässigte Schrift ist unter anderem unpräzise und oft schwer lesbar.

Was zeigt sie an? Unbeständigkeit, Nachlässigkeit, Mangel an Ordnung und Präzision. Wenn sie Anzeichen von Unaufrichtigkeit, zweifelhafter Moral enthält (das ist hier oft der Fall), verweist sie auf List, Verstellung und Falschheit. Bei einer langsamen und schlaffen Schrift: Mangel an persönlicher Sicherheit, Faulheit.

Fig. 137: Vernachlässigt

Man muß jedoch immer nuancieren: die vernachlässigte Schrift findet sich häufig bei Schülern, vor allem Jugendlichen, die sauer sind auf das Lernen, das sie nicht mögen, und die Wortenden verwaschen schreiben, um ihre Unzulänglichkeit in der Orthographie zu verschleiern. Hier darf man nicht streng urteilen, man muß abwarten.

Noch andere Umstände erklären die vernachlässigte, unsaubere Schrift: schlechte Lebensgewohnheiten, beispielsweise Unmäßigkeit. Die Schrift des großen Malers Utrillo liefert hierfür ein gutes Beispiel.

Die komplizierte Schrift (Fig. 138)

Sie läßt sich leicht definieren, und zwar als Schrift, die unnütze Striche in der Formung der Buchstaben enthält. Insgesamt gesehen, verweist alles, was den Strich kompliziert und belastet, auf Pose, Geziertheit, Eitelkeit, Prahlerei, Anmaßung, Eigendünkel (Tendenz zur Selbstüberschätzung), Einbildung, oft Ungeniertheit – und auch das Bedürfnis, Aufmerksamkeit zu erregen, Koketterie, den Wunsch, gesehen und bewundert zu werden. Die für die komplizierte Schrift charakteristischen Merkmale enthüllen Narzißmus.

Noch einmal: bei den Jugendlichen sind die Bedeutungen nicht so schlimm wie bei den Erwachsenen; sie zeigen das naive Bedürfnis an, bemerkt zu werden, sich abzuheben.

Beim Erwachsenen kann es dann bewußte Lüge sein, Konfusion, geistige Unruhe, Unredlichkeit, das Fehlen von Moralgefühl. Übergenaue, penible Menschen verzieren oft ihre Buchstaben. Die Bedeutungen dieser Schriftform können bis zu extravaganter Selbstbewunderung reichen, zu Neurose, Mythomanie (krankhafte Lügensucht, Sucht nach Mythen) und zutiefst amoralischen Neigungen.

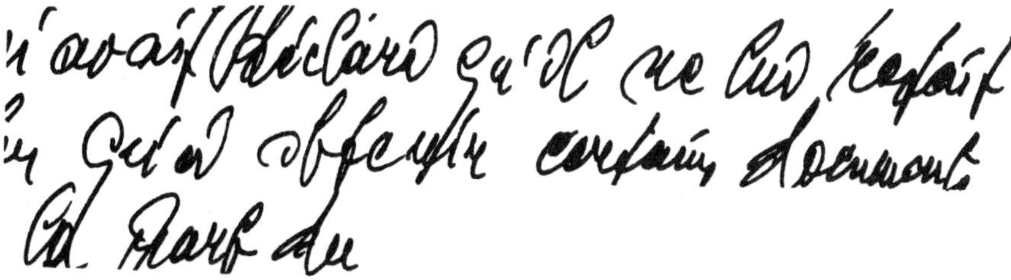

Fig. 138: Kompliziert – unnütze Striche

Die verreicherte Schrift (Fig. 139)

Sie besitzt oft eine bestimmte Anmut, präsentiert sich keineswegs als komplizierte Schrift, sondern ist mit Schnörkeln versehen. Man sieht darin Formgefühl, das Bedürfnis, die Gefühle in der Geste, der Schrift oder dem Wort auszudrücken (typisch bei Südländern), geistige Beweglichkeit, lebhafte Phantasie, heitere Natur.

Fig. 139: Verreichert – Schnörkel

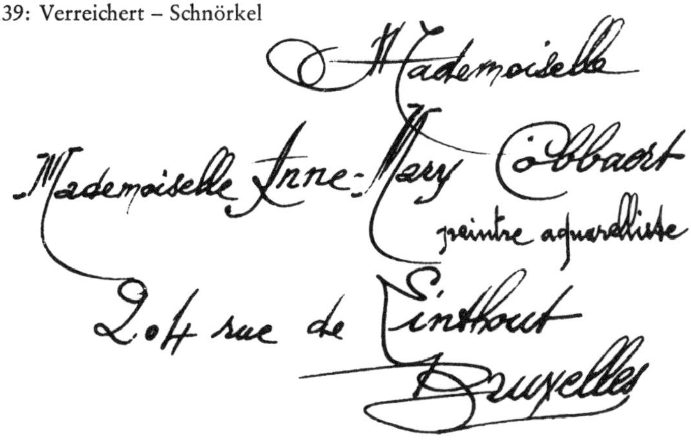

Ist die Schrift jedoch unharmonisch, bedeutet sie: Exaltation, Übertreibung, Mangel an Geschmack, Weitschweifigkeit, Großtuerei.

Bei übermäßiger Verreicherung: ausgeprägte Übertreibung in allem, Komplikation, Mangel an Klarheit, morbide Eitelkeit, Vergnügungssucht, Betrügerei, Unsittlichkeit. So schreiben sensationslüsterne, anmaßende Menschen mit schlechtem Geschmack. Sie sind eingebildet in allem, was an ihnen noch das

Einnehmendste sein könnte. Oft handelt es sich um Menschen, die in sich selbst und in ihren inneren Konflikten „gefangen“ sind.

Eine andere Bewertung erfahren die Verzierungen in Frauenschriften, weil sie hier vor allem das Bedürfnis zu gefallen anzeigen. Das kann jedoch bis zu Maßlosigkeit, Mangel an Scham gehen. Treten die Verreicherungen vor allem in den Unterlängen auf, stehen sie mit dem Ausdruck des Sexualinstinkts in Verbindung.

Die runde Schrift (Fig. 140)

Die Buchstaben haben Kreisform, besonders „a“, „o“, „d“, „g“ usw. Langsamer, monotoner, eher kindhafter Strich. Das kündet von Beständigkeit, Ruhe, passiver Anpassung, einer kaum erregbaren, sanften, ziemlich schlaffen, faulen Natur. Diese Schrift kennzeichnet Gewohnheitsmenschen ohne starke Reaktionen und Beeinflußbarkeit. Ihnen fehlt es an Charakter, man erwartet besser nichts von ihnen. Ihre größte Sorge ist, Zusammenstöße, Konflikte und Schwierigkeiten zu vermeiden.

Fig. 140: Rund – Kreisformen

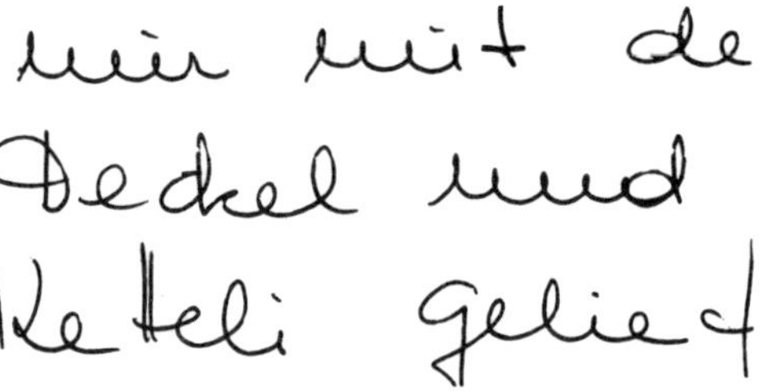

Ich bekam die vollkommen runde und regelmäßige Schrift eines Angestellten zu sehen, der eifrig und sehr pünktlich wirkte, kurz: der vollendete Beamte. Er war ein ausgekochter Dieb ...

Die konfuse Schrift (Fig. 141)

Ihre Lesbarkeit ist beeinträchtigt, die Formen sind einwandfrei unpräzise. In bestimmtem Maß kann sie der vernachlässigten Schrift (siehe oben) ähneln. Hier ist die Anfügung angebracht, daß die konfuse Schrift genauso gut Debilität, geistige Zurückgebliebenheit anzeigen kann wie – äußerste Schwankungen der Intelligenz, Mangel an Anpassung oder plötzliche Anpassungsfähigkeit, vor allem aber zahlreiche Nervenkrankheiten oder Geistesstörungen, Zerfahrenheit, Verworrenheit. Oft haben Paralytiker eine konfuse Schrift.

Fig. 141: Konfus

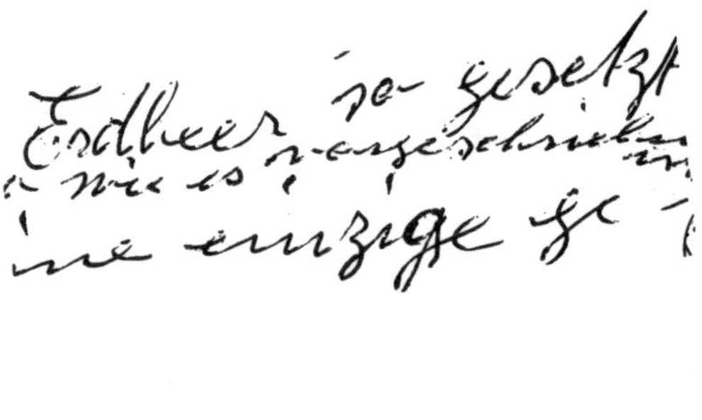

Die veränderliche Schrift (Fig. 142)

Man stößt häufig, vor allem bei jungen Leuten, auf veränderliche Buchstabenformen. Dies ist das typische Anzeichen der Unbeständigkeit und der ständigen Erregung. Beeindruckbarkeit, Gefühlserregbarkeit, Suggestibilität. Oft zu finden auch bei Nervösen, vom Leben verwöhnten Menschen (solche gibt es tatsächlich noch), Kapriziösen und Unlogischen, auf die man sich nie und nirgends verlassen kann. Menschen, denen es an innerer Festigkeit fehlt, schreiben so. Aber noch einmal: die Bedeutungen der veränderlichen Schrift sind viel weniger schlimm bei jungen Menschen als bei Erwachsenen. Wenn Sie bei einem Erwachsenen eine Schrift sehen, die sich von einem Dokument zum anderen deutlich verändert, seien Sie auf der Hut.

Fig. 142: Veränderlich

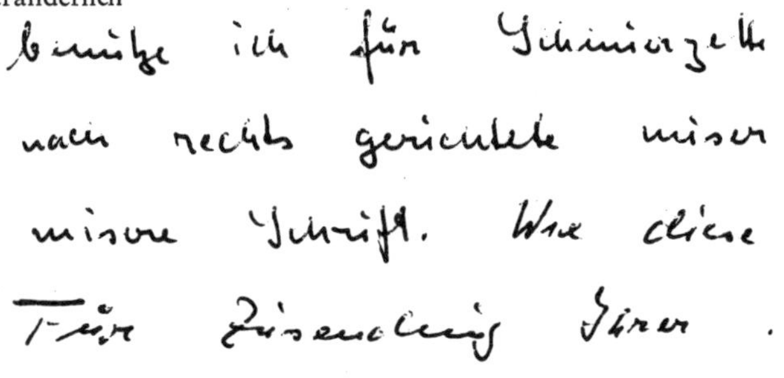

Die Schrift in Drucktypen (Fig. 143)

Sie bringt den Graphologen zur Verzweiflung. Wie soll man eine Schrift analysieren, die ausschließlich in Drucktypen geschrieben ist, sowohl in den Groß- als auch in den Kleinbuchstaben? Im allgemeinen ist dies die Schrift von Industrie- und technischen Zeichnern, die glauben, sie müßten sie der besseren Lesbarkeit wegen anwenden, um (bewußt oder unbewußt) ihre Qualitäten als Spezialisten besser zur Geltung zu bringen. Einzig ihre Unterschrift ist natürlich und widerlegt manchmal das, worauf dieser Schrifttyp verweist.

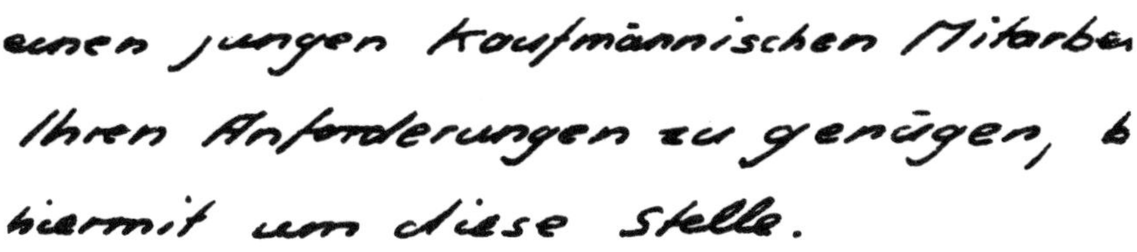

Fig. 143: Drucktypen

Oft kündet dieser Schrifttyp gleichwohl von künstlerischen Vorlieben, immer von manueller Geschicklichkeit, einem ausgezeichneten visuellen Gedächtnis. Das besonders, wenn trotz allem eine gewisse Originalität in der Buchstabenform festzustellen ist. Sind die Buchstaben jedoch genau von den Drucktypen kopiert, verweisen sie auf Imitationsgeist, auf die mehr oder weniger glückliche Kompensierung verschiedener Komplexe.

Die formlose Schrift (Fig. 144)

Ihre Formen sind so unpräzise, daß die Schrift unleserlich oder zumindest schwer entzifferbar ist. So schreiben fast nur Menschen, die zuwenig Schulbildung erhielten und ihre Buchstaben nicht zu formen wissen. Hier sei wiederholt, daß wirklich begabte Menschen durchaus mit einer rudimentären Bildung auskommen können. Sie ergänzen, vollenden, was die Schule sie nicht gelehrt hat, und erhalten schließlich eine klare, präzise, sogar harmonische Schrift, die ihren Intelligenzqualitäten und ihrer autodidaktischen Bildung entspricht.

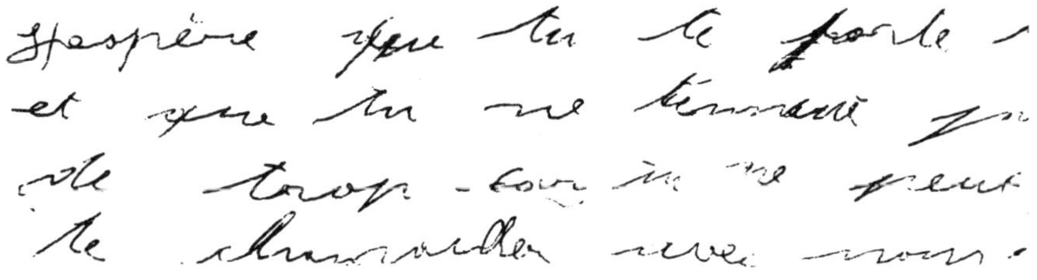

Fig. 144: Formlos

Eine formlose Schrift haben auch Gehirnkranke und erblich Belastete. Beim Intellektuellen – allerdings ist das ziemlich selten – kann sie von übermäßiger Aktivität herrühren, von dem ausschließlichen Streben nach großer Schnelligkeit, besitzt jedoch etwas Negatives (denn wenn man unleserlich wird, sogar für sich selbst, hat man seine Zeit vertan und seine geistige Arbeit verschwendet).

Die aufgeblähte Schrift (Fig. 145)

Hier eine der vielen Formen, in welche sich die Schrift hüllen kann, die ja in ihrem Wesen vom Schreibenlernen mit etwa sieben Jahren bis zum Lebensende höchst vielförmig ist. Man darf die aufgeblähte Schrift nicht mit der runden Schrift verwechseln; bei ihr handelt es sich um die Übertreibung großer Kurven, bauchiger Formen und der Ovale.

Die aufgeblähte Schrift offenbart ein sanguinisches Temperament mit ausholenden, zahlreichen Gesten, eine feste, starke Persönlichkeit, die leicht ins Schwärmen gerät und schnell begeistert ist. Solche Schreiber freuen sich des Lebens, haben ein Bedürfnis nach Bewegung und Zerstreuung, sind heiter und sympathisch, versprechen schnell etwas, vergessen aber dann, das Versprechen zu halten. Viel Imagination, bisweilen Genialität. Sie sind wendig und ausgezeichnete Verkäufer. Dies trifft aber nur bei relativer Harmonie der Schrift zu.

Ist das Gesamtbild unharmonisch, dann verrät diese Schrift den Intriganten, den Menschen, der andere durch Täuschung übers Ohr zu hauen versucht, der oft Charme und Überredungskunst einsetzt. Bei sehr aufgeblähten, man könnte sagen, aufgeblasenen Großbuchstaben äußersten Stolz. Auch Sinnlichkeit, Überempfindlichkeit, manchmal Mangel an Unterscheidungsvermögen; eine außergewöhnliche Fähigkeit, zu lügen und andere die Lügen glauben zu machen. Manchmal wirken solche Menschen nach außen höchst sympathisch, während sie nichts als Egoisten sind. Sie geben (sehr wenig), um (viel) zu erhalten. Gelegentlich haben auch Megalomanen eine aufgeblähte Schrift (besonders jene, die das Geld ausgeben wie große Herren, während sie nur ein Tagelöhnereinkommen haben). Fehlen von Zurückhaltung, sogar von Scham.

Fig. 145: Aufgebläht

Die Schrift mit Säbelhieb (Fig. 146)

Damit bezeichnet man blitzähnliche Verlängerungen der Unterlängen oder bestimmter Striche, was an einen Säbelhieb denken läßt. Auch gekreuzte Paraphen.

Dieses Merkmal verweist auf eine kämpferische, kühne, ja aggressive Natur voll Heftigkeit und Überspanntheit. Leidenschaft und Ungestüm, Reizbarkeit, Zorn. Oft Anzeichen für übertriebene Sinnlichkeit und einen sehr herrschsüchtigen Charakter. Ich brauche wohl kaum hinzuzufügen, daß man sich vor solchen Menschen besser hütet, sie meidet.

Fig. 146: Säbelhiebe

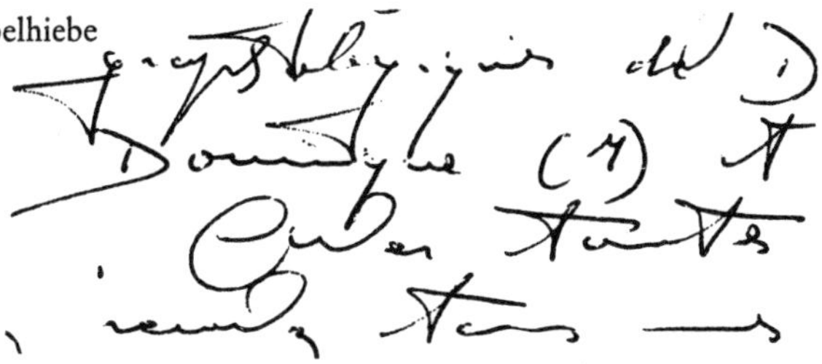

Die Schrift mit Lassoformen (Fig. 147)

Der horizontale Strich ist weggeschleudert und kehrt wieder zum Ausgangspunkt zurück; der bildliche Ausdruck ist hier besonders treffend.

Ist die Lassoform rund, zeigt sie Imagination und Lebhaftigkeit an, sehr rasche Reaktionen.

Ist sie winklig, dann seien Sie auf der Hut: widerspenstiger, boshafter, haßvoller Charakter.

Für bestimmte Autoren, besonders A. Teillard, Psychoanalytikerin und Graphologin, ist die Lassoform das Anzeichen einer ehrgeizigen, leidenschaftlichen Natur, die bei der Durchsetzung ihrer Ziele vor keinem Mittel zurückschreckt. In den Paraphen: geschäftliche Gewandtheit.

Fig. 147: Lassoform

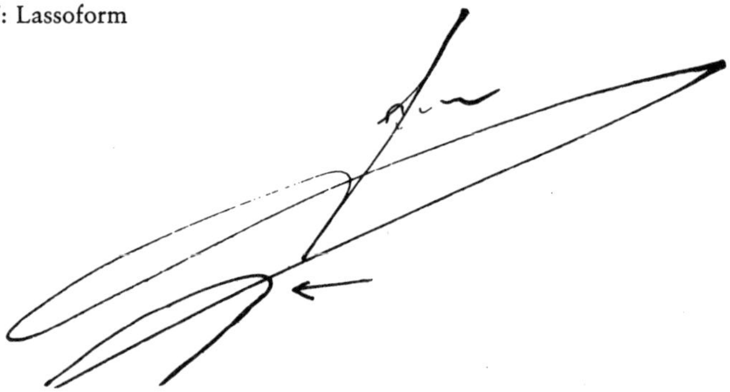

Die Spirale

Es gibt noch ein anderes ziemlich verbreitetes – vor allem bei Vertretern zutage tretendes – Merkmal, nämlich die *Spirale:* Man rollt Schlaufen, die einfach sein sollten, wie beim „c", „o", „p" usw. zu geschlossenen Spiralen ein.

Anzeichen von Eitelkeit, Anmaßung, Koketterie, Gefallsucht, Drang zu betören, aber in bestimmter Absicht. Gehört das alles nicht zur Kunst des Verkaufens?

Erweiterte Initialen und Schlußzüge: diese können im oberen oder im unteren Bereich der Schrift auftreten.

So schreiben die Anmaßenden, die Stolzen, die gern protegieren und vor allem Ratschläge erteilen. Auch hier kann es sich um zweckbestimmte Höflichkeit von Opportunisten und Utilitaristen handeln.

12. Die Schreibweise der Buchstaben von A bis Z

Nicht nur die Formen der Schrift als Gesamtes, sondern auch der Buchstaben sind vielgestaltig in ihren Details.

Hier folgt eine kleine alphabetische Tabelle solcher Detailbedeutungen. Ich möchte jedoch nachdrücklich darauf hinweisen, daß die Tabelle nur mit äußerster Vorsicht benützt werden darf. *Sie ist kein graphologisches Lexikon!* Die Einzelheiten müssen sich, wie wir gesehen haben, immer ins Gesamtbild einfügen und können nur in Übereinstimmung mit ihm bewertet werden. Man wird – wenn man in die Tiefe geht – in den Details zwangsläufig Widersprüche finden. Dann gilt es sie zu erfassen, ins „Ganze" der Schrift einzugliedern und eine wirkliche Verständnisleistung zu erbringen, d. h. sich geradezu mit der analysierten Persönlichkeit zu identifizieren. Man muß in sie eindringen, ihr ein Höchstmaß an Sympathie entgegenbringen, an Nachsicht, Herz und menschlicher Wärme. Nie darf man mit kritischer, scharfer Einstellung die Deutung vornehmen; damit riskiert man, alles zu deformieren.

Soll das heißen, daß man blinde Nachsicht walten lassen muß? Daß man soweit gehen muß, beim Anblick der Schrift eines beispielsweise erwiesenen Verbrechers von „leichtem Hang zu Wut" zu sprechen? Nein, natürlich nicht. Man muß – und das ist eine Frage des Unterscheidungsvermögens, auch der Erfahrung – notfalls Akzente auf bestimmte Unvollkommenheiten, Störungen, notorische Unzulänglichkeiten zu setzen wissen. Der Graphologe muß aufklären, es kommt sogar vor, daß dies für ihn unabweisliche Pflicht ist. Wenn man eine Schriftanalyse vornimmt, geht man manchmal mit „Dynamit" um. Das darf man nie vergessen.

Formenmerkmale und ihre wichtigste Bedeutung

Allgemeines über „a" und „o":

Oben offen:	Offenheit der Seele, manchmal auch unvorsichtige Geschwätzigkeit,
links offen:	berechnende Herzensergüsse, Indiskretion, krankhafte Neugier,
unten offen:	zweideutiges Zeichen, das man in Schriften von Menschen mit wenig Skrupeln antrifft,

ohne Schlaufe
geschlossen: Diskretion, Reserviertheit.

BUCHSTABE A

 klarer Blick in die Zukunft, Scharfsichtigkeit,

 Liebenswürdigkeit (Kurve am Anfang),

 Dürre der Gefühle,

 von Materialismus geprägte Gefühle,

 („o“ statt „a“) Mangel an Aufrichtigkeit, kann aber auch auf nicht akzeptierte Femininität verweisen,

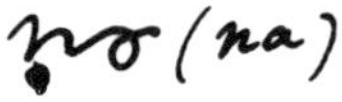 Buchstabe im Uhrzeigersinn geschrieben, also entgegengesetzt zur normalen Richtung: Tendenz, gegen die Gesetze zu handeln,

 erweitert in der Breite (ovalisiert): geistige Befangenheit, jugendliche Egozentrik,

 intrigante, seltsame Persönlichkeit,

 weibliche Hartnäckigkeit, sanft, aber unbeugsam,

 zu eingerollter Buchstabe: Skrupel, Mißtrauen, manchmal psychische Gestörtheit.

BUCHSTABE B

 prahlerische Dummheit, aufgeblasene Persönlichkeit, überzeugt von ihrer Wichtigkeit,

 einschleichender Mensch, wickelt seine Umgebung ein,

 kann berechnenden Sinn und Liebe zum Geld anzeigen,

 Gewinnsucht, Vorherrschaft des Instinkts.

BUCHSTABE C

Angreifer und Schwätzer, lästig, erhebt ständig Einwände,

dumme Selbstbewunderung, Selbstüberhebung und Selbstgefälligkeit,

Geschwätzigkeit,

Bewegungsdrang, Mühe stillzuhalten,

krankhafte Tendenz zur Selbstzurückgezogenheit, zur Kultivierung des eigenen Jammers und der eigenen Traurigkeit,

geistiger Stolz, glaubt sich anderen überlegen,

Selbstbewunderung,

geschäftliche Gewandtheit (beispielsweise des Vertreters),

Schwarzseherei.

BUCHSTABE D

Einfachheit, vornehmes Wesen, Bildung,

gewandt, hartnäckig und einnehmend; in einer überlegenen Schrift: Erfindergeist, Sucher,

„stürzender“ Buchstabe: unbeständige Persönlichkeit, unregelmäßig, verschwenderisch, wankelmütig, Phantast,

lebhaft, unabhängiger Geist, Emanzipation, widersprechendes, ungeduldiges Wesen, schlechte Disziplin, handelt nach seinem Belieben, verabscheut Zwang,

(gleiche Form, aber mit einer spitzigen, scharfen Finale)
wildes Bedürfnis nach Unabhängigkeit, die voll Aggressivität verteidigt wird,

(verbunden mit dem folgenden Oberzeichen)
erbitterter Unabhängigkeitsgeist; oft aufrührerische, unruhige, störrische Person; kann aber auch Originalität, bemerkenswerte Ideenverbindung anzeigen,

schwärmerische Imagination, die zu Übertreibungen aller Art führt,

impulsiver Schwätzer, verbale Überschwenglichkeit,

Anmaßung, Eitelkeit,

Impulsivität, Heftigkeit, Launen, schwieriger Charakter,

Überempfindlichkeit,

Idealismus,

zerstört, was er aufgebaut hat,

Furcht vor der Zukunft (aufgehängte Finale),
Angst, kann auf Neurose verweisen,

verhaltene Imagination,

Überempfindlichkeit, die oft aus einem schwer ertragenen Minderwertigkeitsgefühl erwächst,

prahlerische Dummheit.

BUCHSTABE E

hartnäckig, rachsüchtig, Unredlichkeit, Obsessionen, latente Widerspruchslust,

(„es“ am Wortende in Form einer liegenden „8“) Mythomanie,

geschäftliche Befähigungen, aber Mangel an Redlichkeit,

Einfluß der Vergangenheit, der die Entfaltung des Wesens verhindert,

überempfindliche, widerspenstige Person.

BUCHSTABE F

bissige, insgeheim aggressive Person, großer Widerspruchsgeist,

Streitsucht und Widersetzlichkeit,

Eigensinn, Verweigerung von Gehorsam und Folgsamkeit,

sanfte, aber unbezähmbare Hartnäckigkeit,

Selbstzurückgezogenheit, Nachträglichkeit, Imagination, die das Urteil verfälscht,

Hartnäckigkeit in der Aktion,

zerebrale Aktivität (zweites „f“ größer),

zerebrale Müdigkeit (zweites „f“ kleiner),

Egoismus,

unbezähmbare Person,

maßloser Kampf- und Widerspruchsgeist,

instinktive Falschheit,

Gefühl des Verkürztseins.

BUCHSTABE G

Hingabe, aber manchmal Verdrängung der Instinkte,

„g“ in Form eines großen „S“: Bildung, schöpferisches Geschick, Gewandtheit, Geschmeidigkeit oder Findigkeit,

sucht auf sich aufmerksam zu machen, Koketterie,

beschlagnehmender Egoismus,

widersteht dem Verlangen der Sinne schlecht.

BUCHSTABE H

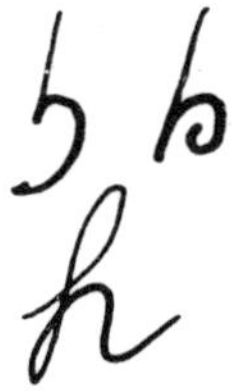

Egoismus,

Äußerung materieller Unzufriedenheit,

ist rechthaberisch und übertreibt,

Bosheit – tückische Aggressivität.

BUCHSTABE I

das „i“ ist vor allem mittels seines Punktes zu studieren,
der im folgenden Kapitel behandelt wird;
es hat im Englischen eine besondere Bedeutung (I = ich).

BUCHSTABE J

Unzufriedenheit (Winkel im oberen Teil),

schwieriger, aggressiver Charakter, widerborstig,
ziemlich ungesellig.

BUCHSTABE L

Müdigkeit, Möglichkeit von Drüsenstörungen,
manchmal Lügenhaftigkeit,

widerspenstiger, widerspruchslustiger, gehässiger Charakter,
sehr unverträglich, fähig zu Bosheit und Rachegefühlen,

ausgeprägter Stolz, Überempfindlichkeit.

BUCHSTABE M

Ich, Du, Es

Der Buchstabe „M“ ist das Emblem, die Darstellung des „Ich“. Im Prinzip besteht es, ob Minuskel oder Majuskel, aus drei Grundstrichen. Der erste stellt das Ich dar, der zweite das Du, der dritte den oder die Anderen, die Fremden, die einem gleichgültig sind, die Menge. Je nach der Bedeutung, die der Schreiber den drei Elementen beimißt, kann man den Wert ablesen, den er jedem gibt (erwähnen wir, daß das „Du“ die Familie, die Nahestehenden meint).

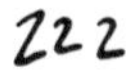
Überempfindlichkeit, Nervosität, oft Altersanzeichen,

Geschwätzigkeit, aber auch egozentrische Haltung,

taktlose Persönlichkeit, manchmal unzeitgemäßer Eifer, liebt zu protegieren, gibt unerbeten Ratschläge,

Diskussionsbedürfnis, Wunsch, immer zu widersprechen und zu hintertreiben; ein Mensch, mit dem es sich sehr schwer lebt,

Selbstbewunderung, Eigendünkel, Eitelkeit, Pose,

Egoismus, Beschlagnahme,

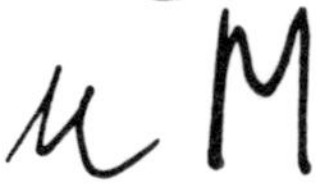
Diskussionsbedürfnis, heftiger Widerspruchsgeist (abwärts und dann wieder aufwärts führender Strich),

Liebenswürdigkeit,

unvergessene peinliche Erinnerungen, von denen der Schreiber zutiefst geprägt wurde,

Egozentrik, Beschlagnahme, nur relative Ehrlichkeit,

Snobismus, unnahbarer Stolz,

Geschwätzigkeit, Ungenauigkeit, Bewegungsbedürfnis, Widerspruchsgeist.

BUCHSTABE N

die Angaben zu Punkt 1 von „m“ gelten auch für „n“.

BUCHSTABE O

Angaben in Kapitel 11.

BUCHSTABE P

Basis winklig: Abstraktionsgeist, Ideenassoziation, vom Intellekt zurückgedrängte Phantasie,

Basis rund: Verständnis auf dem Gebiet der Ideen, der Gefühle (dasselbe gilt auch für den Buchstaben „q“),

liebt es, recht zu haben, hegt manchmal sehr persönliche und ein wenig seltsame Konzeptionen,

Barschheit, Eigensinn,

oft Persönlichkeitsspaltung,

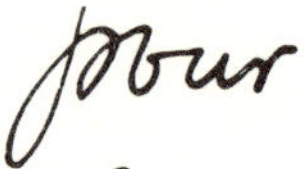

äußerste Hartnäckigkeit,

Voreiligkeit,

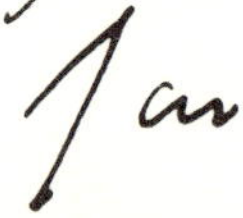

ungenaue Person,

Bosheit, Widerspruchslust, tückische Überempfindlichkeit, Person, vor der man sich hüten sollte.

BUCHSTABE Q

Streitsucht, auch Möglichkeit heftiger innerer Konflikte,

liebt das Geld, ist gewinnsüchtig.

BUCHSTABE R

(zweite Schlaufe höher als die erste) Ehrgeiz,

Genauigkeit, Präzision,

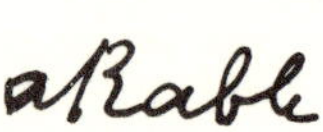

großes „R“ in der Wortmitte: im allgemeinen Anzeichen für Exaltation, sehr relative Aufrichtigkeit; ist die Schrift ruhig und unverbunden: man konstruiert sich eine von der Wirklichkeit verschiedene Persönlichkeit, sieht sich auch anders, als man ist,

Unbeständigkeit, Phantasie, widersprechender und launenhafter Charakter, manchmal geschwätzig, unbesonnen (Schluß-„r“),

sehr aggressiv, Diskussionslust, angeborene Widerspruchslust,

Exaltation, Beschlagnahme, fiebrige Imagination, oft egozentrische Haltung.

BUCHSTABE S

hartnäckige Person, dickköpfig, störrisch, kann und will nicht nachgeben,

ständige Erregung jener, die zuviel arbeiten,

widerspenstiger Charakter, oft Reaktion gegen ein unbewußtes Angstgefühl, Verteidigung, die sich aggressiv gibt,

heimtückischer Zorn, unvorhersehbares Aufbrausen,

Ängste, Phobien, Furchtsamkeit, übertriebene Verdächtigungstendenz.

BUCHSTABE T

Aus diesem Buchstaben läßt sich viel herauslesen: er ist tatsächlich der „Puls“, die Temperatur des Willens. Dieser zeichnet sich natürlich auch in anderen Schriftmerkmalen ab, doch in diesem Zusammenhang dürfen die (allgemein eher überbewerteten) „t“-Striche nicht vernachlässigt werden. Das „t“ gibt Hinweise auf:

○ den Unternehmergeist, den Elan; um die beiden Eigenschaften zu offenbaren, muß der „t“-Strich fest, gerade, in normalen Grenzen gehalten sein,

○ die Ausdauer in Anstrengungen; der Strich muß regelmäßig und stets vorhanden sein,

○ die Selbstdisziplin, den Sinn fürs Maß; übrigens, je übertriebener der Strich in der einen oder anderen Richtung ist, desto weniger Selbstkontrolle und Sinn fürs Maß zeigt er an. Schließlich muß der „t“-Strich etwa im zweiten Drittel der Oberlänge plaziert sein. Zu hoch, zeigt er Willkürlichkeit an,

die Neigung zum Paradoxen; zu niedrig, offenbart er Gehorsam, vor allem Passivität.
Natürlich gibt es eine endlose Vielfalt von „t“-Strichen und man muß seine Wahl darunter treffen. Hier die typischsten Beispiele:

Phantasie, eine bestimmte Wunderlichkeit der Konzeptionen, Skrupel in gewissen Fällen,

Zögern, Skrupel, Ängstlichkeit, möglicherweise psychische Störungen,

sanfter Starrkopf, der immer recht haben will,

Eigensinn und Willkürherrschaft, Unversöhnlichkeit,

aggressive Beharrlichkeit,

ständiger Protestgeist, Disziplinlosigkeit und manchmal Unverschämtheit, sträubt sich gegen jede Autorität,

große Aktivität, nimmt sich alles zu Herzen,
oft Widerspruchsgeist, Lust an der Widerrede,

widerborstig, verstockter Eigensinn, Haustyrann,

Lügenhaftigkeit, inquisitorischer Geist, redet gern anderen hinein,

ausgeprägte Aggressivität, oft mangelnde Ausgeglichenheit,

das Bedürfnis, immer recht zu haben,

geistige Schnelligkeit (Strich rechts vom Buchstaben),

geistige Langsamkeit (Strich links vom Buchstaben),
aber auch vorsichtige, übertriebene Besonnenheit,

unbeugsamer Eigensinn,

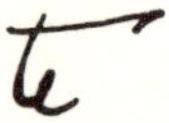
Eigensinn in der Aktion.

BUCHSTABE V

Egoismus,

Reizbarkeit,

Verstellung (Abstrich teilweise vom Aufstrich verdeckt),

schwieriger, grämlicher Charakter, zu Protest in allen Formen getrieben, liebt es zu herrschen, zu protegieren,

(nach innen eingebogen) Knauserei.

BUCHSTABE X

Das „x" ist sehr aufschlußreich im Hinblick auf eventuelle Aggressivität:

beschlagnehmende Person, spricht gern von sich selbst,

beugt sich den Ereignissen,

aggressiv und geschwätzig, beschlagnehmend,

Herzensqualitäten,

Diskussionsdrang.

BUCHSTABEN Y UND Z

Diese beiden Buchstaben sind vor allem in ihren Unterlängen vielsagend – siehe das folgende Kapitel, hier nur einige Beispiele:

künstlerischer Sinn (allgemein gesagt, bei allen Buchstaben, die zu originalen Druckbuchstaben vereinfacht sind),

Übertreibung der Unterlänge: Möglichkeit sexueller Perversion,

(mit einem dürren, abfallenden Strich endend)
nüchterner, ziemlich schwieriger Charakter;
schnell, zornig; sehr unabhängig,

streitsüchtig, ziemlich ungesellig,

äußerst nachtragend, rachsüchtig, oft heftig.

Zum Abschluß dieser beiden Kapitel über die Form sei nochmals Pulver zitiert: „Ein Goethewort variierend könnte man sagen: Schreiber ist umsonst verschwiegen, Schreiben selbst ist schon Verrat. Auf jeden Fall gebe ich mit meiner Handschrift mein Selbstporträt: ich kann es unbefangen geben, ich kann es umstilisieren, mich schöner oder häßlicher machen, als ich bin; aber diese Abwandlungen, sowie die Motive, die zu ihnen führen, sind durchschaubar. Ästhetische Begründungen bei Veränderungen der Schriftform halte ich niemals für letztlich ausschlaggebend."

Das soll besagen, daß man sich noch so sehr verstellen, eine Maske tragen kann, der wirkliche Charakter wird immer sichtbar; man kann die Schrift nicht lügen machen. Man verrät sich unweigerlich durch den einen oder anderen, ziemlich versteckten, sehr charakteristischen Strich, bei dem man aufzupassen vergaß.

13. Die Deutung der Einzelmerkmale

Es ist nur logisch, daß man nach der Buchstabenform zu den Einzelmerkmalen übergeht. Die Details sind besonders aufschlußreich, da sie versteckter auftreten. Sie können einen Fälscher verraten, den Schreiber anonymer Briefe. Erkennen wir ihnen also die Bedeutung zu, die sie verdienen. Vielleicht denken Sie: Ich glaube nicht, daß man den Details vorrangige Wichtigkeit beimessen muß.

Es gilt zu unterscheiden: Die Buchstabenform steht auf einem anderen Gebiet als die kleinen, unkontrollierten Details der Schrift. Wir werden diese hier nacheinander untersuchen.

Beginnen wir mit einem seit jeher umstrittenen Detail, über das die Graphologen sich viele Fragen stellen und die Laien viele Dummheiten sagen.

Die Oberzeichen und Satzzeichen

Die Punkte auf dem „i"

Sie sind sehr wichtig, wichtiger, als man meint. Sie können beispielsweise helfen, den Verfasser einer anonymen Schrift zu identifizieren. Dank meiner Erfahrung als Schriftexpertin spreche ich hier aus Sachkenntnis und Erfahrung.

Sehen wir uns zunächst an, in welchem Augenblick man den „i"-Punkt setzt: das kann sofort oder nach einigen Buchstaben, entweder am Ende einer Silbe oder nach dem Wortende geschehen. Im letzteren Fall nimmt die Genauigkeit ab, der Punkt springt oft hierhin oder dorthin . . .

Wenn man Madame Crépy glaubt, einer Spezialistin für Details, denen sie jedoch den ihnen gebührenden Platz zuweist, kennzeichnet der unmittelbar und genau über dem „i" gesetzte Punkt die Wissenschaftler und Techniker. Selbst diese vergessen aber den Punkt manchmal: sie werden von ihren Ideen fortgerissen, halten sich nicht mit unbedeutenden Präzisierungen auf, sehen das Wesentliche, nämlich die Darlegung ihrer Gedanken. Die Literaten (die wirklichen) haben viel Phantasie und setzen die Punkte gewöhnlich mit Verzögerung. Es kann aber auch sein, daß sie manchmal genau sind: das ist dann ein Anzeichen für geistige Geschmeidigkeit.

Der Punkt variiert ferner hinsichtlich des Drucks, der Form, der Lage.

Im allgemeinen gilt als erwiesen, daß die Oberzeichen – hierzu gehören neben dem „i"-Punkt auch Umlautstriche und Akzente – Auskunft geben über:

- Konzeption und Realisation,
- Materialismus und Geistigkeit,
- Ordnung und Unordnung,
- Aktivität und Hemmung (Zurückhaltung, Zwang).

Regelmäßig vorhandene Oberzeichen

Sie zeigen an, daß der Schreiber tut, was er beschlossen hat oder was er tun muß, er vermag sich zu Disziplin zu zwingen, ist ausdauernd, aufmerksam, der Konzentration fähig.

Unregelmäßig vorhandene Oberzeichen

Sie zeugen von mehr oder weniger großer Erschlaffung; manchmal von Unruhe, Ungenauigkeit in den Details, Unordnung in allem, Besorgnis, Nervosität.

Zu häufiges Weglassen von Oberzeichen

Sie verraten die Tendenz, wie die Details (Punkte, Umlautstriche, Apostrophe, Akzente) so auch gewisse Pflichten zu vernachlässigen. Häufiges Vergessen (das ist manchmal bequem, man entledigt sich so langweiliger Aufgaben, dagegen vergißt man nie, was man gern tut), Leichtfertigkeit, träge Aufmerksamkeit. Auf jeden Fall Ungeeignetheit für sehr verantwortungsvolle Aufgaben. Doch Achtung, bei sehr schneller Schrift kann es auch auf einen Menschen hinweisen, der sich dem Wesentlichen widmet und wissentlich, bewußt die kleinen Dinge ignoriert, ihre Durchführung seinen Helfern überläßt.

Stellung und Form von Oberzeichen und Satzzeichen

Hochgesetzte Oberzeichen: Idealismus, Ehrgeiz, aber auch Illusionen, manchmal Exaltation und Utopie.

Tiefgesetzte Oberzeichen: Materialismus, Berechnung, Überlegung, Realismus.

Oberzeichen rechts vom Buchstaben: Aktivität, Lebhaftigkeit, rasche Auffassungsgabe, manchmal Überstürztheit.

Oberzeichen links vom Buchstaben: Hemmung, langsames Auffassungsvermögen, Ängste, Zweifel, Befürchtungen.

Übermäßige Verwendung von Ausrufungs- und Fragezeichen: Mangel an Maß, Exaltation.

Zu viele Oberzeichen (überflüssige Punkte): oft Atemstörungen, aber auch Zögern, Überlegung, Lüge, Verstellung.

Oberzeichen in den Wörtern: Berechnung, oft Zeichen für mangelnde Spontaneität, manchmal Schüchternheit, Zwang.

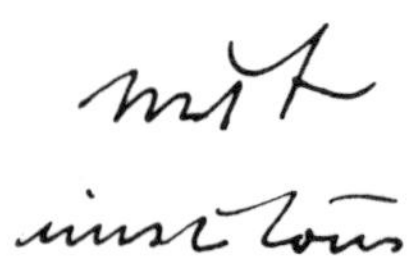

Punkte, Umlautstriche, Akzente in den folgenden Buchstaben eingebunden: Lebhaftigkeit der Ideen, Bildung, rasche Assimilation, Deduktion, große geistige Aktivität. Angst, Ideen entfliehen zu lassen, Imagination. Aber auch Faulheit, wenn die Schrift sehr rund, schleppend, schlaff ist.

Halbmondförmig gewölbte Punkte: Besorgnis, Beeindruckbarkeit, Obsessionen und Ängste.

Punkte in Kommaform, lang und als Scharfzug: aggressive Ideen, quälende Skrupel bei der Pflichterfüllung, Besorgnis, Nervosität, bisweilen Anzeichen von Neurose.

Besondere Erwähnung verdienen die *Punkte in Form kleiner Kreise,* eine Manie, die zur Zeit um sich greift, besonders unter jungen Menschen. Punkte dieser Art verlangsamen die Schrift bedenklich. Sie sind manchmal die Spur alter Kindheitskonflikte, einer gewissen Angst auch, man sucht die Lösung eines Konflikts, bleibt aber in ihm verhaftet. Oft innere Grübelei, gelegentlich Nachträglichkeit. Anzeichen von Phantasie, ästhetischen Vorlieben narzißtischer Art. Vor allem: Snobismus.

Der Punkt auf dem „j“: Wird oft vergessen, ist deshalb um so interessanter zu beobachten. Immer ist er ein Anzeichen für das Bemühen um Präzision. Links vom Buchstaben gesetzt, kann er geheime Entmutigung, Besorgnis wegen der Zukunft verraten; rechts vom Buchstaben: Unruhe bezüglich Zukunftsplänen.

Oberlängen und Unterlängen

Man kann sie auf zweierlei Weise betrachten: in ihrer Form und ihrer Entwicklung. Die Oberlänge, erinnern wir uns, ist das, was sich über die Mittelzone erhebt, z. B. „l“, „d“, „f“, „h“.

Feste und in ihrer Form normale Oberlängen künden von Imagination und gleichzeitig guter Anpassung ans Leben.

Dreieckige Oberlängen: beeinträchtigte Imagination, schwieriger, diskussionsfreudiger Charakter.

Stabförmige Oberlängen (keine Schlaufen): Abstraktion, Unabhängigkeit, seelische Einsamkeit.

Kurze Oberlängen: schwache Imagination.

Große und nicht sehr druckstarke Oberlängen: Träumerei ohne Verwirklichungsgehalt.

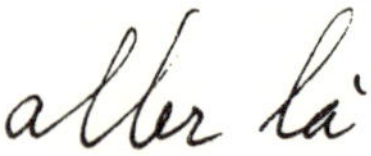

Zu große, zu entwickelte Oberlängen: übermäßige Imagination.

Volle Unterlängen: harmonisches, ausgewogenes Gefühlsleben.

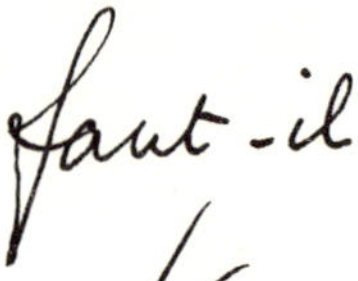

Dreieckige Unterlängen: schwieriger Charakter, Eigensinn, beeinträchtigtes Gefühlsleben, instinktive Reaktionen.

Stabförmige Unterlängen: unabhängige Aktivität, affektive Einsamkeit, Nüchternheit.

Kurze Unterlängen: sehr mittelmäßige Aktivität, Mangel an Selbstvertrauen.

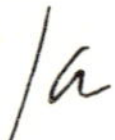

Große und druckschwache Unterlängen: vegetatives Leben, organische Bedürfnisse.

Große und druckstarke Unterlängen: große materielle Aktivität.

Entwicklungsgrad der oberen und unteren Zone (Oberlängen und Unterlängen):

Oberlängen zu sehr entwickelt in einer harmonischen Schrift: Idealismus, Begeisterung, mystische – oder phantastische – Tendenzen;

in einer unharmonischen Schrift: Utopie, Exaltation, Illusionismus, Ungeschicklichkeit, Verringerung der Lebenskräfte, Neid; immer Mangel an persönlicher Sicherheit.

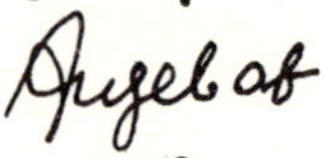

Zu schwach entwickelte Oberlängen in einer harmonischen Schrift: geistiges Leben vorherrschend, Verachtung materieller Nebensächlichkeiten;

in einer unharmonischen Schrift: Mangel an Spannkraft und Instinkt.

Unterlängen von ungleicher Länge: Schwankungen der Vitalität und des Sexualinstinkts.

Unterlängen in sehr ungleichen Richtungen: Unvorhergesehenes im Verhalten, vor allem im Sexuellen.

Ober- und Unterlängen zu sehr entwickelt (überlang): Mißverhältnis zwischen Wünschen und Willen, Überlegungen ohne Gehalt, Schreiber unternimmt mehr, als seine Möglichkeiten erlauben, läßt sich von seiner Imagination fortreißen, macht sich Illusionen; auch ein aktives und streberisches Wesen mit übertriebenem Ehrgeiz, mangelnder Reife, manchmal schwachem praktischem Sinn; immer Anzeichen von Disharmonie.

Unter- und Oberlängen zuwenig entwickelt (niedrige Schrift): Zufriedenheit oder Gleichgültigkeit, je nach Qualität der Schrift, dem Grad an Harmonie; Mensch, der die Arbeit liebt, ziemlich anspruchsloses oder phlegmatisches Wesen; Indolenz, Apathie, fehlende Spannkraft, vegetatives Leben. Man muß jedoch präzisieren: ist die mittlere Zone, jene der Kurzbuchstaben wie „m", „n", „i", „o", „a" usw., sehr entwickelt, verrät dies, daß die ganze Bedeutung auf das „Ich" gelegt wird.

Oberlängen größer als Unterlängen: geistige Beweglichkeit;
in einer harmonischen Schrift: Fähigkeit andere zu schulen, Idealismus, Vorherrschaft der geistigen Aktivität und Schwäche der Instinkte;
in einer unharmonischen Schrift: Mangel an Instinkt, Exaltation, oberflächlicher Geist.

Unterlängen größer als Oberlängen: kennzeichnend für Idealisten, praktische und technische Tendenzen, Sorgfalt, Genauigkeit. Häufig bei Buchhaltern. Ist die Schrift langsam, verhalten, zeigt sie Mangel an Agilität an, einen schwerfälligen Geist, Materialismus, Wunderlichkeit, Einseitigkeit, große Abhängigkeit vom Unbewußten.

Die Häkchen

Sie werden von einigen Graphologen „Harpunen" genannt und bestehen in einer Rückwärtsbewegung, die sich meist an den Wortenden sowie in den „t"-Strichen findet. Sie sind ein typisches Zeichen für Gier, Egoismus, Beschlagnahme.

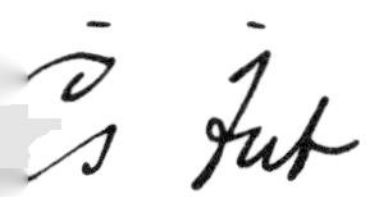

1. *am Wortanfang:* Gier, verborgen hinter konventioneller Korrektheit, Perfidie;

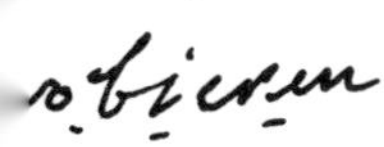

2. *im Wortinneren:* Verschämtheit, Verbergen der Gier;

3. *am Wortende:* Liebe zum Geld, Erwerbsbedürfnis, Verlangen, um jeden Preis „zu haben“;

4. *in den Oberlängen:* kommerzielle Freundlichkeit, eigensüchtige Liebenswürdigkeit, Tendenz zu Ausflüchten, zu geistigem Plagiat; oft auch Bedürfnis, sich bestimmter Familientraditionen, Erinnerungen zu rühmen;

5. *in den Unterlängen:* Materialismus, Neigung, im Sexuellen alles an sich zu ziehen, Narzißmus;

6. *gerundetes Häkchen:* die obenstehenden Deutungen werden hier abgemildert, Liebenswürdigkeit mäßigt sie;

7. *winkliges und scharfes Häkchen:* boshafter Charakter und verschlossen in den Äußerungen;

8. *druckstarkes Häkchen:* praktischer Sinn, Besessensein vom Geld, Eitelkeit, Repräsentationsbedürfnis, Bluff;

9. *verlängerter Anstrich, mit einem Häkchen beginnend:* falsche, eigensüchtige Liebenswürdigkeit;

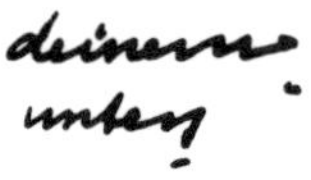

10. *Häkchen am Ende eines verlängerten Schlußstrichs:* eigensüchtige Großzügigkeit, Mangel an Aufrichtigkeit, Heuchelei.

Generell gesagt, kündet das Häkchen von Selbstzurückgezogenheit, Egoismus und Egozentrik, Mißtrauen, Überempfindlichkeit, der Tendenz zum Schikanieren, Prozeßsüchtigkeit.

Die Zerhackungen

Sie lassen die Schrift ein wenig aussehen, als sei sie in einem über unebenes Gelände fahrenden Wagen geschrieben worden, in einem rüttelnden Zug oder einem zwanzig Jahre alten Auto, das mehrmals die Sahara durchquert hat . . . Doch dieses Merkmal kann auch auftreten, wenn der Schreiber in einer völlig bequemen Stellung schreibt. Es verrät dann eine Emotivität, die ich als gestört bezeichnen möchte, sehr ungleichmäßige Vitalität und eine Nervosität, die überwacht werden sollte (Fig. 148).

Zu viele Zerhackungen in einer Schrift, die gleichzeitig unharmonisch ist, holperig und gequetscht, verweisen im allgemeinen sehr deutlich auf eine Neigung zu Neurosen; Schocks, erlittene Schrecken verraten sich durch diese Rucke in der Schrift. Auch Zorn äußert sich so, zumindest häufig.

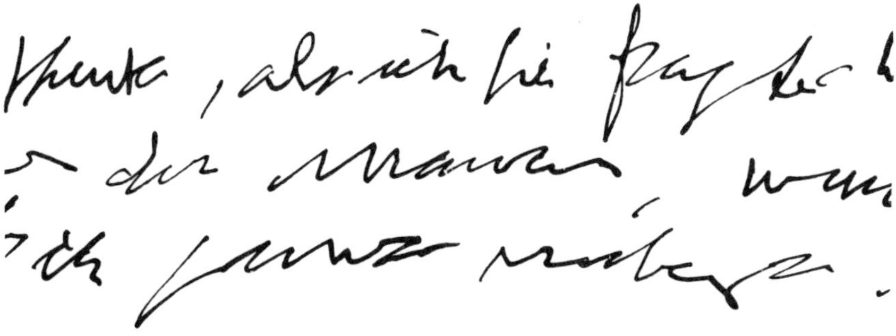

Fig. 148: Zerhackungen

Schließlich zeigt die zerhackte Schrift im allgemeinen Intoxikationen auf. Ist die Schrift außerdem zitterig, kündet sie zweifelsohne von Krankheit, Senilität. Achtung: bestimmte Menschen sind mit fünfzig Jahren physisch alt, andere dagegen sogar mit achtzig noch nicht.

Verdrehte Schriftzüge

Es handelt sich um verbogene, verdrehte Ober- und Unterlängen. Sie sehen in einer Schrift nicht einnehmend aus. Beim Heranwachsenden ist es das klassische Anzeichen von Pubertätsstörungen (Fig. 149).

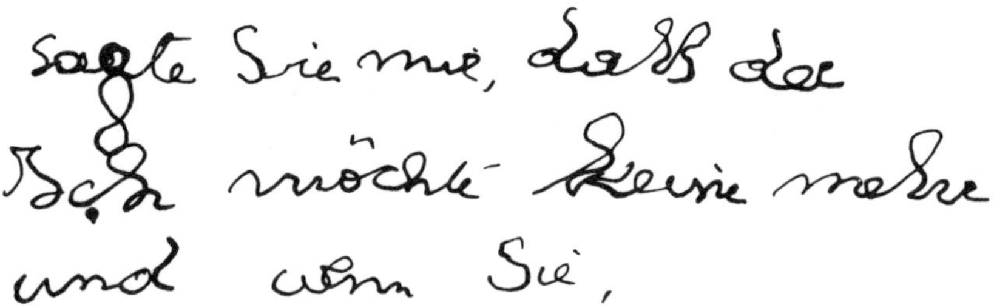

Fig. 149: Verdrehungen

Beim Erwachsenen ist dieses Merkmal viel seltener, es verweist auf Müdigkeit, mangelnde Vitalität, Schwäche, Unbeständigkeit. Und auch auf einen ränkevollen Charakter, der einiger (unangenehmer) Überraschungen fähig ist.

Striche in Kreuzform

Die Schrift des französischen Malers Mathieu ist ein bemerkenswertes Beispiel hierfür (Fig. 150).

Fig. 150: Striche in Kreuzform (Mathieu)

Die Deutungen dieses Schriftmerkmals sind sehr symbolisch und können einander diametral entgegenlaufen. Laut dem leider nicht mehr lebenden Graphologen B. Bernson stellt das Kreuz dar:

- das Aufeinandertreffen zweier Kräfte,
- die Kreuzung vom Maskulinen und Femininen,
- die Vereinigung, die Leben zeugt,
- die Kreuzung von Logik und Intuition,
- die Kreuzung von Intelligenz und Gefühl.

Beim Maler Mathieu, dessen Schrift hier in einem Fragment gezeigt wird, ist es vor allem das Aufeinandertreffen von Sensibilität und Aggressivität, von Logik und Intuition.

Anstriche und Schlußstriche der Buchstaben

Sie zählen ebenfalls zu den Einzelmerkmalen, die oft der ersten Beobachtung entgehen – und sogar den Schriftfälschern oder Schreibern anonymer Briefe. Solche Leute verraten sich oft – unbewußt natürlich – durch diese winzigen Schriftcharakteristika, denen sie keine Bedeutung beimessen. Natürlich kennen die Anonymographen (so nennt man die Verfasser anonymer Schreiben) mehr als einen Trick, und es ist nicht immer möglich, sie zu entlarven. Wir werden das später sehen. Doch kommen wir zu den Anstrichen und Schlußstrichen der Buchstaben in einer sozusagen normalen Schrift zurück:

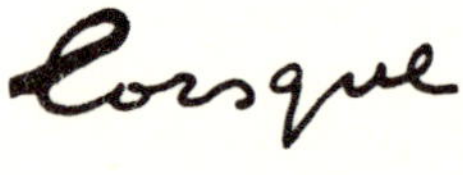

Anstrich langsam und dickflüssig: Mangel an Sicherheit, übermäßige Nachdenklichkeit, zeremoniöses Wesen (verliert sich heute . . .);

Anstrich in Form einer Arkade: Reserviertheit, Verschämtheit, manchmal Verstellung;

Anstrich dünn, gebogen und schwungvoll: Heiterkeit, Frohsinn, oft auch Hilfsbereitschaft;

Anstrich eingerollt: Voraussicht, Vorsicht, Sparsamkeit, Mißtrauen;

Anstrich dürr und gerade: verbittertes, schwieriges Wesen, aber auch persönliche Sicherheit;

Schlußstriche „klar“ endend, aber nicht keulenförmig: Reserviertheit, Überlegung;

Schlußstriche schräg steigend: Aggressivität, Prozeßsucht, schikanöses Wesen;

Schlußstriche, schnell und scharfzügig: Mut, Lust am Kampf, Kritik;

Schlußstriche nach links zurückgebogen: Beschlagnahme, Egoismus.

Anstrich horizontal: oft blinde Starrköpfigkeit.
Schließlich trifft man ziemlich oft *stark fallende Wortendungen* an: sie verweisen im allgemeinen auf Depression, Entmutigung, vor allem wenn die Schrift fallend ist; wenn nicht, Materialismus und unabhängiger Geist.

Unterschriften und Paraphen

Die Unterschrift (Signatur) ist in der Graphologie unerläßlich; ohne die Unterschrift ist ein zu untersuchendes Dokument unvollständig. Viele Autoren haben ihr bedeutende Studien gewidmet, wie beispielsweise L. Bousquet.

Die Unterschrift im Verhältnis zum Text (der die Haltung des Schreibers gegenüber anderen anzeigt) enthüllt das Betragen des Menschen gegenüber sich selbst. Sie drückt auch, allgemein gesprochen, seinen Ehrgeiz aus, das, was er gern wäre, wogegen die Schrift offenbart, was er ist. Das trifft vor allem in den Jugendjahren zu, wenn der Mensch noch seinen Weg sucht, seine wirkliche Persönlichkeit, wenn er sich allmählich durchsetzt und seinen Platz an der Sonne einnimmt. Die Suche nach einer Unterschrift beschäftigt alle jungen Menschen. Deshalb ist es interessant, ihre diesbezüglichen Versuche zu studieren; nicht selten bedecken sie ganze Seiten eines Schmierheftes.

1. *Unterschrift ähnlich wie die Schrift:* intakte Persönlichkeit, die nichts herauszustreichen oder zu verbergen hat. Bedeutet auch intimes Selbstwertgefühl.

2. *Unterschrift anders als die Schrift:* das Charakteristikum, das diese beiden Elemente des Dokuments unterscheidet, bezeichnet fast immer die psychologische Eigenheit des Schreibers. In diesem Augenblick enthüllt die Unterschrift vor allem, wohin der Schreiber tendiert.

○ *Unterschrift kleiner, niedriger und enger als der Text:* Verdrängung oder Minderwertigkeitskomplex;

○ *Unterschrift unleserlich:* immer ein Anzeichen von Verstellung, ob absichtlich oder nicht. Aber die unleserliche Unterschrift kann auch eine Deformierung infolge der Notwendigkeit sein, sehr oft und schnell zahlreiche Dokumente zu unterzeichnen;

○ *das Fehlen einer Paraphe* (Zutat zur Signatur) bedeutet nicht immer Einfachheit;

○ *Einrollung am Beginn einer Unterschrift:* äußerstes Mißtrauen, manchmal Bedürfnis, etwas zu verbergen;

○ *Unterschrift bleibt lesbar* bei einem Arzt oder Geschäftsmann: läßt sich in der Arbeit nicht zur Eile treiben, vernachlässigt nichts. Starke persönliche Autonomie;

○ *Unterschrift langsam und sorgfältig:* Kleinigkeitskrämer, Wunderlichkeit;

○ *Unterschrift steigend:* Ehrgeiz, oft unbefriedigt. Je mehr die Unterschrift steigt, desto schwächer wird die Meisterschaft zur Verwirklichung der ehrgeizigen Strebungen.

○ *Unterschrift fallend:* Entmutigung, Depression, Krankheit (diesem Merkmal muß man immer Aufmerksamkeit widmen).

Stellung der Unterschrift im Verhältnis zum Text

○ *in der rechten Hälfte* unter dem Text: normales Maß an Aktivität, Initiative und Vertrauen;

○ *in der Seitenmitte:* zuviel innere Zurückhaltung (Hemmungen), Tendenz zur Entmutigung, zu Mangel an Selbstvertrauen, sogar zu Verzweiflung. Es ist ein Anzeichen, das man nicht unbeachtet lassen darf, wenn man eine Schrift studiert, zumal es den Wunsch nach systematischer Selbstvernichtung enthüllen kann, besonders wenn die Unterschrift auch noch fällt.

○ *Unterschrift druckstärker als der Text:* mehr Leidenschaft, als man im allgemeinen zeigt;

○ *Anfangsbuchstaben aufgebläht:* Überschätzung des „Ich";

○ *Vornamen oder Initial* wird Bedeutung beigemessen: bei Frauen der Wert, den sie ihrer innersten Persönlichkeit geben.

Tatsächlich besteht die Unterschrift ja aus zwei Teilen, dem Zunamen und dem Vornamen: der äußeren Persönlichkeit und dem innersten Wesen. Deshalb ist es interessant, die jeweilige Gewichtigkeit des Vornamens und des Zunamens zu vergleichen. Bei Künstlern kann der Vorname größere Bedeutung haben als der Zuname, was völlig normal ist. Darin drückt sich ihr Streben nach Popularität aus.

Die Paraphe ist heute gewöhnlich viel unkomplizierter als vor, sagen wir, fünfzig oder siebzig Jahren.

○ *Strich über dem Namen:* Wunsch, sich zu decken, seine Absichten und Pläne zu verbergen;

○ *Strich unter dem Namen:* Stolz, Selbstzufriedenheit, verbirgt sein Privatleben;

○ *Unterschrift zwischen zwei Strichen:* Mangel an Selbstsicherheit und Selbstvertrauen, Schutzbedürfnis;

○ *einkreisende Paraphe:* Suche nach Schutz, verbirgt sich, weil er sich etwas vorzuwerfen hat; kann aber auch die Reaktion desjenigen sein, der sich zu Unrecht angegriffen fühlt;

○ *winklige Paraphe:* Angst vor der Zukunft oder dem Kontakt mit gewissen Personen;

○ *komplizierte Paraphe:* immer ein zweideutiges Zeichen. Die Deutung kann von Kindlichkeit bis zu Schurkerei gehen, von Mangel an Urteil bis zu Geistesgestörtheit;

○ *Paraphe scharfzügig* (mit einer Spitze endend): im allgemeinen ein Zeichen von Aktivität, aber auch von schlechtem Charakter;

○ *Paraphe keulenförmig:* Zwang, mehr oder weniger freiwillige Zurückhaltung.

Verbesserungen oder Hinzufügungen

Wenn diese sichtlich in dem Bemühen um Lesbarkeit und Präzision angebracht werden: Klarheit, professionelles Bewußtsein. Der Schreiber nimmt sich die Zeit, die Dinge ordentlich zu erledigen.

Wenn sie hingegen zu häufig, einwandfrei sinnlos und wunderlich sind: Obsession, Absicht zu täuschen, Angst, Skrupelsucht.

Die Zahlen

Sie werden in der Graphologie und sogar in Schriftgutachten oft übergangen, haben jedoch ihre Bedeutung. Natürlich ist der Text gewöhnlich nicht mit Zahlen gespickt, aber das Datum steht da, und die Zahlen in der Adresse sind verfügbar (auf dem Umschlag, der normalerweise einige Zahlen enthalten müßte – wie die fast überall eingeführten Postleitzahlen und die Hausnummer).

Sehen wir uns zuerst ihre Anordnung an, vor allem in Rechenvorgängen.

○ *Gute Anordnung,* gute horizontale und vertikale Aufteilung: Selbstbeherrschung, Klarheit, Objektivität, Bemühen um Präzision und Ehrlichkeit. *Klare Zahlen* verweisen auch auf ein Bemühen um Klarheit: keine Schummelei; dagegen:

○ *fehlerhafte Aufteilung* der Zahlen: Mangel an Solidität und an Klarheit in den Werturteilen;

○ *gegeneinandergedrückte Zahlen:* übermäßige Sparsamkeit; das Gegenteil: verschwenderische, unvorsichtige Person;

○ *Zahlen vereinfacht,* manchmal zu einem Formenskelett reduziert: gute ästhetische Bildung, Fähigkeit, das Wesentliche zu erfassen, synthetischer Geist, manchmal aber auch geschäftliches Unvermögen;

○ *komplizierte Zahlen:* beschlagnehmender Egoismus. Mit den Zahlen haben sich unter anderen P. Brosson, der sich graphobiologischen Studien am Institut Prophylactique in Paris widmet, und Vels, der berühmte spanische Graphologe, beschäftigt. Hier kurz zusammengefaßt:

Die Bedeutung der Zahlen

1: *starr und scharfzügig:* Aggressivität;
anmutig gebogen: Wunsch zu gefallen, Fröhlichkeit;

mit einer betonten Schlaufe beginnend: zögernder Geist;

2 und 3: *mit Schlaufen:* Reserviertheit, Mentalrestriktion, Konzentration;

2: *mit einer Schlaufe auf der Grundlinie:* sich zu helfen wissen, Hartnäckigkeit;

4 und 7: *mit zugespitztem Querstrich:* kämpferischer, kritischer, schikanöser Geist. Wenn der *Querstrich keulenförmig* endet (plötzliche Verdickung): die kämpferischen Neigungen können brutal werden. Dagegen sind *Länge, Spitzigkeit und ein Ansteigen des Strichs* eher Anzeichen von Ungeduld, intellektueller Neugier und eher Reizbarkeit als wirklicher Bösartigkeit;

5: *in Zickzackform:* reizbare Überempfindlichkeit, Besorgnis, manchmal Gedächtnisswäche;

6: *durchkreuzt:* Wunsch nach materiellen Erfolgen, Neigung zum Sicheinschleichen (Eifersucht);
Schlaufe oben und unten: Egoismus;

7: *kuppelförmig:* hochtrabend oder eitel;

8: *umgekehrt geschrieben oder ein Teil viel bedeutender als der andere:* neuropsychische Störungen;

Vorherrschaft der oberen Schlaufe: Imagination;
Vorherrschaft der unteren Schlaufe: Reich der Instinkte;

9: leidenschaftlicher Egoismus;

Schlußstrich nach links oder scharf gebogen oder mit einer mehr oder weniger scharfen Spitze: Aggressivität, Schalkhaftigkeit, Selbstanalyse;

Schlußstrich fallend und gerade:

○ *keilförmig:* große zerebrale Aktivität;

○ *keulenförmig:* Positivismus, Hausbackenheit;

○ *spindelförmig:* Sinnlichkeit;

9 *zerfällt in zwei Teile:* gestörter Gesichtssinn;

0 *kommt in der Bedeutung dem Buchstaben „o" gleich.*

Im allgemeinen: Zahlen mit Kringeln (3, 4, 7): wenig Wille;

Zahlen mit Winkeln: ausgeprägter Wille, manchmal aggressiv;

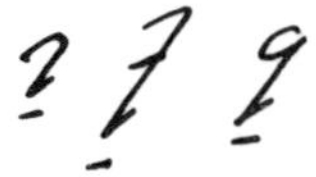

Zahlen mit Häkchen: manchmal Müdigkeit oder Pessimismus, oft Neid und Mißtrauen.

Die Schrift auf dem Umschlag

Der Umschlag: das ist der Mensch, wie er sich der Außenwelt zeigt, seine „Fassade" gegenüber „Herrn Jedermann". Deshalb ist es interessant, den Umschlag und den Brief zu vergleichen.

Adresse in der oberen Hälfte des Umschlags: ausschließlich intellektueller Standpunkt, Unabhängigkeit der Ansichten, geistige Originalität;

in der unteren Umschlaghälfte: mißt den Konventionen viel Wert bei; Abhängigkeit von der öffentlichen Meinung, oberflächliche Natur, Imitationslust;

oben rechts: bemerkenswerte Aktivität, Unüberlegtheit; starkes Unabhängigkeitsbedürfnis, künstlerische, wissenschaftliche oder literarische Neigungen, die ohne Rücksicht auf die Realität verfolgt werden;

oben links: intellektuelle Interessen; gezügeltes, passives Verhalten, Angst vor der Zukunft, zu sehr der Vergangenheit verhaftet; Möglichkeit einer Neurose; Niedergedrücktheit eines Menschen, der nicht wagt, sich dem Leben zu stellen;

unten rechts: Aktivität mit vorwiegend materiellen, instinktiven und physischen Tendenzen;

unten links: Hemmung, innerer Zwang, der von einer pessimistischen, niedergedrückten Natur herrührt; Äußerungsschwierigkeiten;

stufenförmig angeordnet (unter Beibehaltung der horizontalen Richtung rückt jedes Wort ein bißchen höher als das vorhergehende): Vorsicht; Schreiber nähert sich dem verfolgten Ziel allmählich und zögernd;

Umschlag unlesbar (ziemlich selten): Anpassungsstörung, Mensch, mit dem es sich schwer lebt, lästig, sucht um jeden Preis orginell zu erscheinen;

Schrift auf dem Umschlag übertrieben überhöht: intellektuelles Interesse, aber ohne Tiefe;

Schrift übertrieben niedrig: Mangel an Selbstvertrauen, Schüchternheit, hervorgerufen durch die Umgebung.

Unterschiede in der Schrift auf dem Umschlag und im Text

Steil auf dem Umschlag, schräg im Text: liebevollere Persönlichkeit, als sie zeigt;

schräg auf dem Umschlag, steil im Text: Schreiber demonstriert Gefühle, die er nicht wirklich hat;

größer als im Text: das Gefühl der Würde zeigt sich vor der Öffentlichkeit deutlicher als in der Intimität;

kleiner als im Text (selten): Schreiber besitzt mehr Stolz, als er zeigt;

niedrig oder normal auf dem Umschlag, überhöht im Text: falsche Demut, Heuchelei, Mangel an Aufrichtigkeit und Spontaneität;

rechtsläufig auf dem Umschlag, linksläufig im Text: die Äußerungen von Großzügigkeit erfolgen voller Prahlerei;

Schrift auf dem Umschlag völlig anders als im Text: immer ein Anzeichen von Verstellung im wesentlichen, von Lüge. Zusammen mit Anzeichen von Lüge und Betrügerei: bewußte Verstellung, Absicht zu täuschen;

Textfehler in der Anschrift: verraten oft Besorgtheit, die an Obsession grenzt.

Geschlecht und Alter gemäß der Schrift

Der Laie kann einfach nicht verstehen, wie es möglich ist, daß ein Graphologe immer die Angabe von Geschlecht und Alter derjenigen Person verlangt, deren Schrift er analysieren soll. Für ihn, den Laien, muß der Graphologe beides sofort und unfehlbar an der Schrift erkennen, oder er versteht sein Fach nicht. Gleichwohl sind wir manchmal sehr weit davon entfernt.

Das „psychologische" Geschlecht

Die Schrift widerspiegelt, wie A. Teillard in ihrem Werk *Schrift und Seele* so gut sagt, das psychologische und nicht das physiologische Geschlecht. Man könnte lange über dieses Thema schreiben. Ich verweise jene, die sich für das Problem interessieren, an das (ins Französische, meines Wissens aber nicht ins Deutsche übersetzte) Werk des Spaniers Dr. Maranon: *Evolution de la sexualité et états intersexuels* (Gallimard, 1931).

Man darf also den Graphologen nicht mit dem Bannfluch belegen, wenn er sich bei der Bestimmung des Geschlechts eines Schreibers irrt; übrigens lehnt der wirkliche Fachmann eine solche Bestimmung ab.

Allgemeine Merkmale

Der Strich männlichen „Typs" ist im Druck fett, oft steil, nüchtern oder auch sehr bewegt, harmonisch, nuanciert, scharf, reliefartig, geordnet, überhöht.

Der Strich weiblichen „Typs“ ist unregelmäßig, schräg, druckschwach, gewunden, oft verreichert, rechtsläufig, überhöht, manchmal gesucht. Doch dieses Bild muß man korrigieren: Seit die Mädchen dieselbe Ausbildung erhalten wie Jungen, seit sie viel freier sind, ins Leben gestellt werden, sich von Zwängen gelöst haben, „vermännlicht“, genauer gesagt festigt sich ihre Schrift.

Außerdem ist es sehr leicht möglich, daß eine Männerschrift ein eher weibliches Aussehen hat.

Das „geistige“ Alter

In der Schrift drückt sich, wie gesagt, nicht das physische Alter aus, sondern das geistige, das intellektuelle, auch das der graphischen Bildung.

In der Graphologie darf man nie eine absolute Regel aufstellen; aber generell läßt sich doch einiges sagen.

Generelle Hinweise

Zwischen dem 6. und dem 12. Lebensjahr ist die Schrift langsam, unregelmäßig, größer werdend, eher rund. Sie stabilisiert sich etwa gegen das zwölfte Lebensjahr, deformiert sich dann wieder sehr schnell unter dem Einfluß der Pubertätskrise. Vor allem bei Mädchen findet man verdrehte Schriftzüge und gewöhnlich eine Neigung der Schrift nach links, schwungvoll vorausgeworfene Züge, zahlreiche Anzeichen für den Beginn eines Protests. Fast immer sehr kurze Unterlängen (Komplexe).

Dann wird die Schrift nach und nach harmonisch, festigt, stabilisiert sich, erhält ihre mehr oder weniger endgültige Form.

Man kann jedoch auch auf infantile Schriften bei Erwachsenen stoßen (Mangel an Reife oder relativer Verfall), auf Schriften, die durch das Alter (das mehr oder weniger verfrüht eintreten kann), durch Krankheit oder Drüsenstörungen völlig deformiert wurden. Ferner kann man Schriften von Greisen begegnen, die eine außergewöhnliche Jugendlichkeit bewahrt haben (nicht zu verwechseln mit Infantilität), denn das Alter kennt sozusagen kein Alter.

Kurz: *es gibt keine Regel,* die es erlauben würde, das physische Alter aus der Schrift abzulesen.

14. Unregelmäßigkeiten und Richtungscharakter

Mit der Behandlung der Unregelmäßigkeiten und der allgemeinen Richtung von Schreibbewegungen – die ganz nach rechts oder nach links verlaufen können – kommen wir zum Schlußpunkt unserer Ausführungen über die Art, eine Schrift zu *betrachten,* in sie einzudringen, sie zu analysieren und ihre Einzelheiten ausführlich darzulegen, natürlich unparteiisch, wie sich von selbst versteht. Vor allem gilt es dabei das wirklich *Vorherrschende* zu ermitteln, das, was eine Orientierung der gesamten Analyse im Licht gewisser grundlegender Gegebenheiten ermöglicht.

Es ist begeisternd, eine Schrift zu untersuchen, und man entdeckt darin immer wieder etwas, das einem bei der vorhergehenden Prüfung entgangen ist. Zweifellos hieße es offene Türen einrennen, würde ich sagen, alle *normalen* Schriften seien unregelmäßig. Kein Mensch schreibt wie eine Maschine.

Und die Menschen, die das *Script* – diesen Alptraum der Graphologen – anwenden? Siehe Fig. 151.

Fig. 151: Script

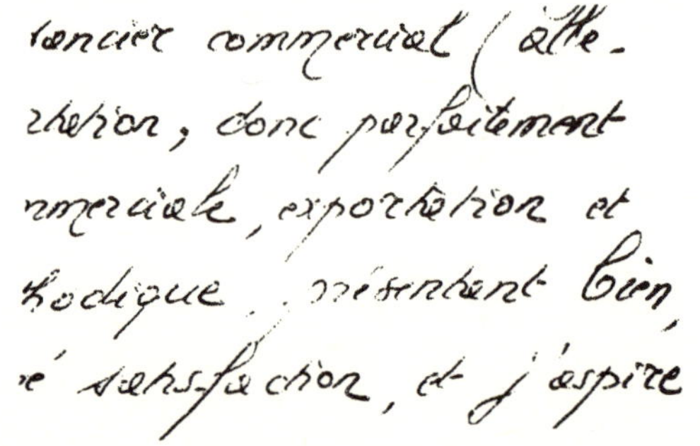

Darauf ist zu antworten: Dies sind Techniker, technische Zeichner, Architekten, die es für gut halten, ihre Briefe langsam, sorgfältig zu zeichnen, sogar Privatbriefe, weil sie in allem, was sie tun, an ein Höchstmaß von Deutlichkeit und Klarheit gewöhnt sind. Das Bedürfnis danach entspricht ihrem Wesen. Man kann aber hinzufügen, daß sie sich in eine künstliche Welt eingeschlossen haben, sich nicht wirklich äußern, nicht frei ausdrücken, jede Phantasie vergessen haben und übermäßig Gefangene ihrer beruflichen Zwänge sind. Explodieren sie nie? Nicht das wünsche ich ihnen, sondern daß sie von Zeit zu Zeit gesund reagieren, und sei es heftig, daß sie wenigstens ab und zu sie selbst sind.

Die Unregelmäßigkeiten und ihre Ursachen

Über die unregelmäßige Schrift ist viel zu sagen; einmal mehr rate ich Ihnen, vor allem Ihr eigenes Schriftbild zu untersuchen, um den Unregelmäßigkeiten wirklich auf die Spur zu kommen. Vielleicht wird es Sie überraschen, wie sehr Ihr Schriftbild bis in kleinste Details variieren kann.

Am besten äußerte sich über die Unregelmäßigkeit der Schrift Pulver in seiner *Symbolik der Handschrift*. Auch Klages studierte dieses Problem gründlich: auf sein Buch *Handschrift und Charakter* (Leipzig 1929) möchte ich jene verweisen, die sich von seinen oft etwas unklaren Erläuterungen nicht abschrecken lassen. Erwähnenswert aus Klages' langem Kapitel über die Regelmäßigkeit (und Unregelmäßigkeit) der Schrift, ist vor allem sein kluger Rat: „Wer den anschaulichen Gehalt einer Handschrift ermitteln will, der muß zunächst einmal beiseite stellen seine persönliche Vorliebe für lateinische oder sogenannte deutsche Schrift, für Großheit oder Kleinheit der Züge, für Dicke oder Dünnheit, Weite oder Enge, Bogen oder Winkel usw. Er muß ferner auch beiseite stellen jede Gewohnheitsregel. Es hat ihn gar nichts mehr anzugehen, ob die Handschrift leserlich sei oder unleserlich, stahlfedergerecht oder griffelgerecht. Er betrachte sie vielmehr so, als wäre sie nichts als eine mit Linien belebte Fläche, und erleichtere sich das womöglich dadurch, daß er das Blatt auf den Kopf stellt. (Crépieux-Jamin hatte bereits dasselbe geraten.) Gelingt es ihm nun, alle jene Nebenrücksichten auszuschalten, so empfängt er unfehlbar von ihr den Eindruck schlechtweg eines Gebildes und wird alsbald einen ebenso sicheren Blick gewinnen für dessen sinnlichen Charakter wie für die sachlich bestimmbaren Eigenschaften."

Natürlich gibt es in dieser Theorie Dinge, die man beherzigen, und andere, die man unberücksichtigt lassen sollte. Festzuhalten ist, daß man – ich sagte es in diesem Buch von Anfang an immer wieder – sich einer Schrift völlig objektiv nähern, sie *betrachten* muß.

Im allgemeinen wird die Ansicht vertreten, der Regelmäßigkeitsgrad einer Schrift erlaube die Beurteilung der Sensibilität ihres Urhebers.

Große Regelmäßigkeit ist immer Ausdruck einer wachsamen Selbstkontrolle, also eines ausgeprägten, wirksamen Willens.

Aber inwieweit ist dieser Wille konstruktiv und ab wann wirkt er sich infolge seiner Strenge negativ aus? Der Graphologe, ich wiederhole es, muß dies feststellen, indem er die Schrift in allen ihren Details *untersucht*.

Warum hat ein Mensch eine gezwungene Schrift? Aus vielen Gründen. Manche wollen um jeden Preis ein fürs Auge angenehmes, vollkommen klares und lesbares Schriftstück liefern (Sorge der vorhin erwähnten Techniker und Spezialisten).

Sodann weil es für den Menschen schon lange zur Gewohnheit wurde, sich eine Reihe von Zwängen aufzuerlegen: dies ist im Leben natürlich unumgänglich. Einem Menschen, der sich keinerlei Zwang antut, wird es nicht gelingen, sich in die Gesellschaft einzufügen; ob er will oder nicht, früher oder später wird er bestimmte Regeln, Prinzipien, Tabus beachten müssen, aber seine Anpassungsgeschmeidigkeit und seine Intelligenz werden ihm erlauben, sich so oft wie möglich aus dem Würgegriff der gesellschaftlichen Konventionen zu lösen.

Die große Kunst besteht ja gerade darin, man selbst zu bleiben, voll und ganz, ohne jedoch zum Empörer oder Aufrührer zu werden.

Das bringt mich natürlich zur Schrift von Jugendlichen, der wir uns im nächsten Kapitel zuwenden werden. Es ist normal, daß die Schrift zuerst der Schulvorlage entspricht, also gezwungen und langsam ist, diesen Zwang nach und nach verliert, dann eine Phase der Auflehnung durchläuft, bevor sie ihr zwar noch nicht endgültiges, aber in den großen Linien stabilisiertes Aussehen erhält.

Es gibt regelmäßige Schriften, die sehr schön und sehr positiv in ihrer Bedeutung sind, weil sie auf intelligente Selbstdisziplin ohne Starrheit verweisen. Es gibt andere, die einfach automatisch, kalt und neutral wirken: hierbei handelt es sich lediglich um Imitationen, um den Ausdruck von Persönlichkeiten, die ihres tiefen – und wirklichen – Wertes beraubt sind.

Der *Wert der Unregelmäßigkeit* einer Schrift liegt in ihrem persönlichen Aussehen – bei trotz allem relativer Harmonie, Reichtum an Ausdruck und Erfindung. Natürlich werde ich Ihnen bestimmt nie sagen, eine Schrift wie jene in Fig. 152 – sehr unregelmäßig – sei reich, schön, interessant.

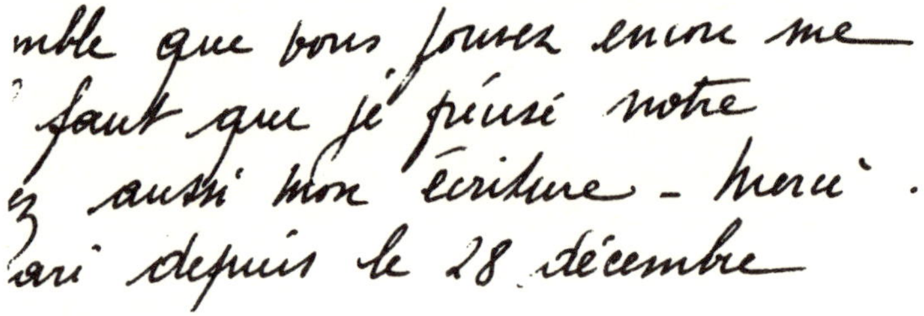

Fig. 152: Unregelmäßig

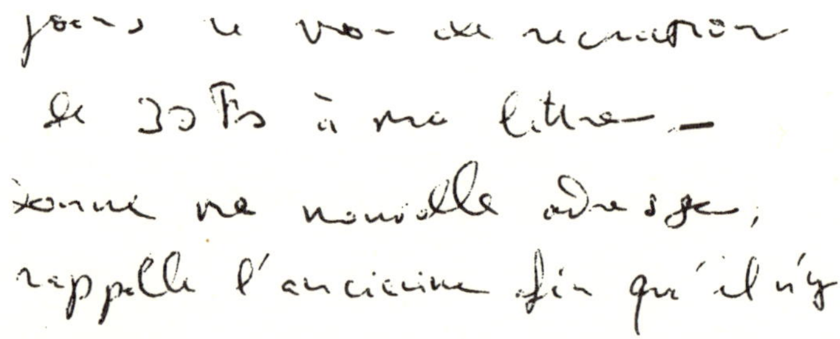

Fig. 153: Unregelmäßig

Die zweite Schriftprobe dagegen (Fig. 153), die ebenfalls in mancher Hinsicht unregelmäßig ist, wirkt dennoch harmonisch und ist letztlich in ihrem Ausdruck positiv; man spürt darin den wertvollen Menschen, der bestimmt nicht vollkommen ist, aber beachtliche moralische und intellektuelle Qualitäten besitzt. Und der ungeachtet seines rauhen Charakters schöne Spontaneitätsregungen haben kann – trotz häufiger Zurückhaltung.

Natürlich muß man Ordnung in diese Erwägungen bringen. Pulver unterscheidet drei *grundlegende Bedeutungen* der unregelmäßigen Schrift:

- große Sensibilität bei stark schwankender i-Höhe (mittlerer Zone),
- Impulsivität bei erheblich in sich schwankender Schriftlage,
- Unbeständigkeit in den soziologischen Beziehungen, wenn die Unregelmäßigkeit vor allem die Basisbreite betrifft.

Man muß sich übrigens hüten, Emotionalität und Sensibilität zu verwechseln.

Impulsivität, Nervosität, grundlegende Reizbarkeit beeinflussen – das ist normal – ebenfalls die Regelmäßigkeit des Strichs. Es ist wichtig, daß man die drei Dinge unterscheidet.

Sehen Sie sich zunächst Ihre eigene Schrift gründlich – und objektiv – an, untersuchen Sie sie daraufhin, ob eine oder auch mehrere der folgenden Unregelmäßigkeiten darin auftreten.

Unregelmäßigkeiten in Größe und Weite

Kleine und große Buchstaben im Lauf eines Schriftstücks: emotionale, nervöse Natur; geschmeidiger Geist, rasche Aktivität oder Unruhe, auch Lüge, unterschiedliche Haltung je nach den Menschen und den Umständen.

Abwechselnd weite und enge Buchstaben: selbstgefällige Sensibilität; Mischung aus Schüchternheit und Anflügen von Stolz; plötzliche Wutanfälle in bestimmten Fällen.

Dünne und dickflüssige Buchstaben: verhaltene Sinnlichkeit, die plötzlich ausbrechen kann; Anfälle von Heftigkeit, oft völlig überraschend.

Progressiv größer werdende Buchstaben in den Wörtern: Leichtgläubigkeit des offenherzigen Menschen, der meint, jedermann sei wie er; Naivität und, bei bestimmten Schriften, das Fehlen von kritischem Sinn.

Große und kleine Wörter: starke Emotionalität, Imagination, Begeisterung, Neigung zur Übertreibung, Bewegungsbedürfnis; manchmal Weltklugheit, List und Berechnung. Man muß die Schrift insgesamt prüfen.

Kleiner werdende Buchstaben in den Wörtern: Bereich der geistigen Sensibilität, Schlauheit, Scharfsinnigkeit, Geschicklichkeit und auch Anzeichen von Skepsis; wenn die Schrift sehr schnell ist, verrät dieses Merkmal Nachlässigkeit, Aufbrausen.

Progressiv größer werdende Buchstaben in den Wörtern: Leichtgläubigkeit und Buchstaben unterscheiden): exaltierte Imagination, Übertreibung.

Wörter und Buchstaben variieren in der Größe von einem Dokument zum anderen: hier muß man mit seinen Urteilen sehr vorsichtig sein; ein Schriftstück kann in einem Augenblick intensiver Müdigkeit geschrieben und die Schrift kleiner geworden sein; in einem Moment der Euphorie, Freude, Erfülltheit wird sie größer sein. Wenn aber beim Schreiber die Größe generell schwankt, verrät er Wankelmut, Unruhe, Überstürztheit, die Neigung zu Zorn.

Zu große Unterlängen: selbstgefällige Sensibilität und Mittelmäßigkeit (Fig. 154).

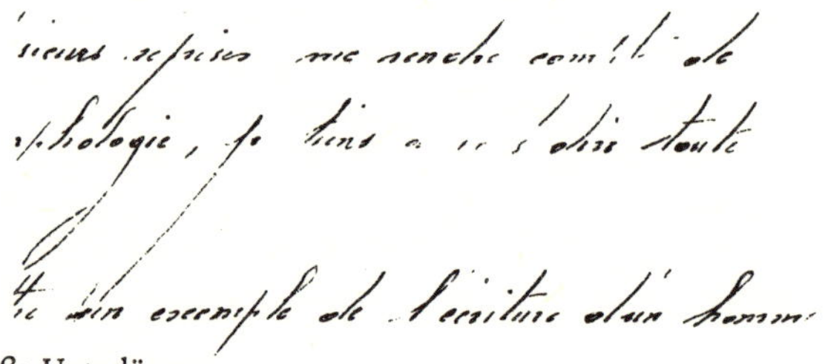

Fig. 154: Zu große Unterlängen

Unregelmäßigkeiten in der Schriftlage

Haben die Buchstaben in einer Schrift keine deutliche, annähernd stabile und regelmäßige Lage (Neigungswinkel), sind sie bald rechtsschräg, bald linksschräg oder steil, haben wir es mit einem labilen, beeindruckbaren, übermäßig emotionalen Menschen zu tun. Schwierigkeit, sich zu beherrschen, Konflikte zwischen Emotionalität und Vernunft, innere Konflikte, welche die Wesenseinheit gefährden.

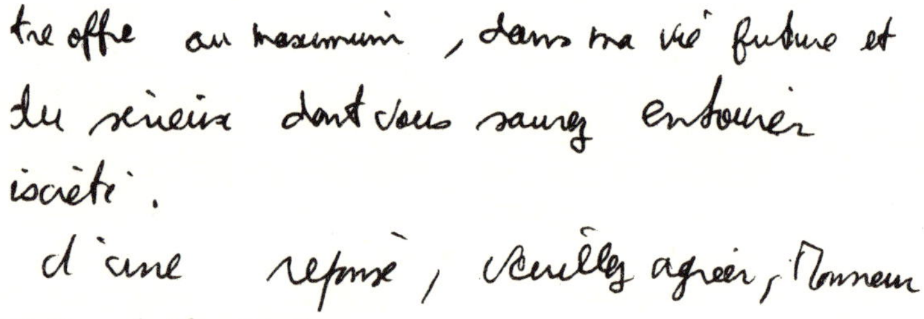

Fig. 155: Unregelmäßige Schriftlage

Schräge, dann wieder steile Buchstaben (Fig. 155): lebhafte Sensibilität, verhaltene Zärtlichkeit, aber auch Überempfindlichkeit (die oft mit der Sensibilität einhergeht, eine Form davon ist – genau wie der Stolz).

Steile, dann schräge Buchstaben: kalte Natur, aber in einer Richtung sehr sensibel.

Steile, dann schräge Wörter: Sensibilität, Imagination; hier ist zu prüfen, ob der Schreiber durch die Änderung der Schriftlage nicht die Bedeutung bestimmter Wörter hervorheben wollte, als habe er sie kursiv geschrieben.

Steile oder schräge Schrift, je nach dem Dokument: verhaltene Überempfindlichkeit, Reserviertheit, Verstellung; geistige Geschmeidigkeit, die mit Mangel an Offenheit verbunden sein kann. Im allgemeinen tritt dieses Merkmal bei Menschen „mit mehreren Gesichtern“ auf.

Schlußzüge steiler als das Wort: Reserviertheit, Vorsicht; Steigerung der Beherrschung, Skepsis.

Schlußzüge linksschräg: Mißtrauen; nervöse Angst vor physischem oder psychischem Kontakt; plötzlicher Wechsel von Sympathie zu Antipathie; Überempfindlichkeit.

Schlußzüge immer schräger: Mangel an Beherrschung, Impulsivität.

Anfangsbuchstabe schräg (oft auch aufgebläht) in einer steilen Schrift: die erste Impulsivität wird im allgemeinen beherrscht.

Unregelmäßigkeiten im Zeilenverlauf

Zuerst steigende, dann horizontale Zeilen: Anstrengung und Mäßigung.

Steigende, dann fallende Zeilen: übermäßige Emotionalität, plötzlicher Wechsel von Erregung zu Depression, oft Eifer, der nicht anhält.

Immer stärker steigende Zeilen: die Erregung nimmt zu; weist die Schrift schwungvoll vorausgeworfene Züge auf, kündet sie von Exaltation, fiebriger Erregung; das kann bei Künstlern ein Krisenzustand, schöpferisches Fieber sein.

Fallende, dann wieder horizontale Zeilen: zuerst Müdigkeit angesichts der zu erbringenden Anstrengung, dann Rückkehr zu einem besseren Gleichgewicht.

Fallende, dann steigende Zeilen: Mangel an innerem Gleichgewicht und krankhafte Sensibilität.

Immer stärker fallende Zeilen: Gesundheit ernstlich gefährdet und Auswirkung auf die Gemütsverfassung; es kann auch ein Anzeichen für deutlich gestörtes psychisches Gleichgewicht sein.

Zeilenverlauf unregelmäßig: krankhafte Unruhe, Mangel an Gleichgewicht.

Wellenförmige Zeilen: geistige Sensibilität, Geschmeidigkeit; manchmal Lüge.

Unzusammenhängender Zeilenverlauf: Unruhe; gestörtes Gleichgewicht.

Unregelmäßigkeiten im Abstand

1. Zwischen den Buchstaben:

Gegen Ende der Zeile immer engere Buchstaben: Mangel an Voraussicht und Organisation; Fehler im Urteil.

Wortendungen enger als Anfänge: Verstärkung der Kontrolle, Mißtrauen.

Wortanfänge enger als Endungen: zuerst Reserviertheit und Zwang, dann Rückkehr zu größerer Freiheit, einer gelösteren Haltung.

2. Zwischen den Wörtern:

Enge Wörter in einer normalen Schrift: Zwangshaltung, innere Scham. Prüfen Sie, ob nicht immer dasselbe Wort eng geschrieben wird; in diesem Fall kann es eine Obsession anzeigen.

Gesperrt oder eng geschriebene Wörter: krankhafte Sensibilität, übermäßige Imagination.

Weit geschriebene Wörter in einer normalen Schrift: vorübergehende Anflüge von Begeisterung.

Immer weiter geschriebene Wörter: Neigung zur Ereiferung, Mangel an Urteil.

3. Zwischen den Zeilen:

Immer enger gegen Ende der Seite zu: geschmeidige Anpassung an die Notwendigkeiten des Augenblicks; manchmal auch morbide Obsessionen.

Enger Zeilenabstand in einem Dokument, weiter in einem anderen: Beweglichkeit, geistige Geschmeidigkeit.

Unregelmäßigkeiten in der Form

Hier hängt alles von der Qualität der Schrift ab.

In einer harmonischen Schrift: Vielseitigkeit und geistige Geschmeidigkeit, Originalität, Scharfsinn, Anpassungsfähigkeit an vielerlei Aktivitäten.

In einer unharmonischen Schrift: wechselnder Charakter, Zerstreutheit, Falschheit, bewußte Lüge.

Bald runde, bald winklige Schrift: Überempfindlichkeit, Zorn, Beeindruckbarkeit.

Unregelmäßigkeiten in den Bindungen:

Erster Buchstabe unverbunden in einer verbundenen Schrift: Konzentration vor der Entscheidung, mitunter Scheinüberlegung aus irgendeinem Grund.

Wortendungen verbunden in einer unverbundenen Schrift: erworbener Sinn für Anpassung an die Umstände.

Periodische Wiederholung unverbundener Buchstaben in einer verbundenen Schrift: schöpferische Intelligenz, stets wachsamer Geist, Mischung aus Intuition und Vernunft.

Veränderliche Bindungen: Flucht in die Ideen, Unbeständigkeit, manchmal Geistesstörung. Gelegentlich auch mangelndes Moralgefühl.

Unregelmäßigkeiten im Druck

Druck am Wortbeginn: Vorsicht, Berechnung, gewollte Langsamkeit, aber auch Mangel an Sicherheit, wenn die Schrift langsam ist.

Druck am Wortende: übertriebenes Ichgefühl, Eigensinn; Bedürfnis, immer recht zu haben, sich durchzusetzen.

Häufige und ausgeprägte Druckschwankungen: Überempfindlichkeit, Reizbarkeit; Anfälle von Heftigkeit.

Druck in einer winkligen Schrift: Steigerung des Willens.

Druck in einer Girlandenschrift: hitzige Vitalität.

Wechselnder Druck von einem Schriftstück zum anderen: unregelmäßige Vitalität.

Unregelmäßigkeit in der Geschwindigkeit

Schnelle oder überstürzte Wörter in einer langsamen Schrift: Anzeichen von Lüge, Betrügerei.

„Verschluckte" oder ausgelassene Buchstaben in einer langsamen Schrift: Lüge durch Auslassung, nicht sehr reines Gewissen.

Langsame Wörter in einer schnellen Schrift: prüfen Sie, um welche Wörter es sich handelt; sie führen oft auf die Spur einer Störung, einer Obsession, eines inneren Konflikts, irgendeines Kummers.

Schrift bald langsam, bald schnell: lebhafte Sensibilität, aber verhalten, große geistige Geschmeidigkeit, manchmal Zorn.

Die sinistrogyre und die dextrogyre Schrift

Die Ausdrücke klingen sehr kompliziert, bezeichnen aber nur die *grundlegende Richtungstendenz,* den Richtungscharakter der Schrift in allen Zügen, bis zum Buchstabendetail: linksläufig (sinistrogyr) oder rechtsläufig (dextrogyr).

Normalerweise ist unsere Schrift, die von links nach rechts verläuft, „dextrogyr" (ich lasse hier die Linkshänder außer acht – man bedenke, welche Anpassungsschwierigkeiten sie haben müssen, trotzdem kenne ich viele harmonische und beinahe schnelle Schriften von Linkshändern), das heißt, alle Bewegungen sollten nach rechts orientiert sein. Hier handelt es sich aber nicht, das sei betont, um die Schriftlage (die Neigung der Buchstaben); man kann beispielsweise eine senkrechte und dextrogyre Schrift haben (siehe Fig. 153).

Es gibt jedoch Menschen, die instinktiv die *normalen* Schreibgesten umformen und sie nach *links* orientieren. Allgemein gesprochen, zeigt die Rechtstendenz der Schrift Entfaltung und Elan an, die Linkstendenz Beengtheit und Zwang.

Menschen, deren Schrift allerdings *normalerweise* von rechts nach links verläuft – besonders die Araber –, können bis auf wenige Ausnahmen keine allgemein rechtsorientierte Schrift haben, wenn sie lateinische Buchstaben verwenden; das widerspricht ihren Gewohnheiten. Es ist, als würde man einen strenggläubigen Muselmanen auffordern, auf die vier legitimen Ehefrauen zu verzichten, die ihm der Koran erlaubt, oder seine Frauen unverschleiert auf die Straße zu lassen.

Übrigens gibt es für diese Schriften noch andere Ausdrücke, die eigentlich klarer sind: *progressiv* oder *rechtsläufig* (statt dextrogyr) und *regressiv* oder *linksläufig* (statt sinistrogyr).

Noch ein Beispiel für die Schwierigkeiten und Fallen in der Graphologie. Es heißt beispielsweise, eine progressive Schrift hätten gesellige Wesen; die regressive Schrift kennzeichne die Verschlossenen. Doch ich lernte ziemlich ungesellige Menschen kennen, die eine sehr progressive – aber winklige – Schrift hatten.

Es heißt auch, regressive Schriften würden die Rückkehr zur Vergangenheit anzeigen, die „Sekundärität" der Charakterologen, mit der wir uns in einem späteren Kapitel befassen werden. Es gibt jedoch auch progressive Schriften, die von starker Bindung an die Vergangenheit künden ...

Diese Widersprüche erwähne ich, um noch einmal klarzumachen, daß es in der Graphologie unbedingt notwendig ist, beim Anblick eines hervortretenden Merkmals behutsam zu urteilen und nicht pauschal. Ich kann gar nicht nachdrücklich genug auf die Tatsache verweisen, daß der Mensch eine Mischung aus widersprüchlichen Tendenzen auf *allen* Gebieten ist. Des Besten und des Schlimmsten fähig. Einnehmend, ergreifend, verwirrend, immer interessant. Wer sich dem Studium des Menschen widmet, nimmt sich eine gewaltige, aber ungeheuer begeisternde Aufgabe vor.

Merkmale der progressiven oder rechtsläufigen Schrift

Im allgemeinen sind weite Schriften rechtsläufig, das Gesamtbild ist nach rechts orientiert. Vorausgesetzt, es treten keine Widersprüche auf und der linke Rand ist breit, der rechte schmal oder fehlend, die Schrift schnell, (bisweilen) leicht steigend, (oft) sehr verbunden. Dies gilt für die große Linie. Nun zu den Einzelheiten.

1. *In einer harmonischen Schrift:*

Bedürfnis zu handeln, etwas zu unternehmen, intellektuelle Aktivität, rasche Auffassungsgabe, oft schöpferische Imagination, Lust am Kampf (vor allem bei rechtsläufigen Zügen in den Unterlängen).

Im Buchstabenkörper: Geselligkeit, manchmal aus Angst vor der Einsamkeit, sehr lebhafte Sentimentalität.

In den Unterlängen: Bedürfnis nach Ausweitung, Gerechtigkeitssinn, Zurückdrängung der Instinkte, Weitblick und psychologische Fähigkeiten, sehr oft Anzeichen für Bildung, Vorherrschaft des Intellekts über die sexuellen Bedürfnisse.

2. *In einer unharmonischen Schrift:*

Realismus, Unruhe, Leichtfertigkeit und Unvorsichtigkeiten, Indiskretion, letzteres bei unharmonischen Unterlängen.

Im Wortkörper: Mangel an Selbstdisziplin, gibt zu leicht Versuchungen aller Arten nach, unentschlossener Geist, verzettelte Gefühle, manisches Bedürfnis „umzurühren", mißtrauische Natur bei enger Schrift.

In den Unterlängen: Bedürfnis, sich anderen aufzuzwingen, beschlagnehmende Persönlichkeit, die ihre Umgebung zu beherrschen versucht, Tendenz zum Anschwärzen.

Merkmale der regressiven oder linksläufigen Schrift

Man erkennt sie vor allem an plötzlich nach links orientierten Unterlängen, an Buchstaben mit hermetisch geschlossenen Ovalen, an einer engen, zusammengedrückten Schrift, an einem schmalen, mitunter sehr schmalen linken Rand, an aufgehängten, nicht wirklich fertiggeschriebenen Wortendungen. Druckstarke horizontale Striche offenbaren auch Bindung an die Vergangenheit, an Erinnerungen, Sehnsüchte. Fügen wir diesem Bild noch Langsamkeit bei, fallende Zeilen, wenig Zwischenraum zwischen den Wörtern und Zeilen. Im Detail offenbart die linksläufige Schrift folgendes:

1. *In einer harmonischen Schrift* (ziemlich selten): Überlegung, Sammlung, Konzentration, unabhängigen, entschlossenen Geist, meist gestoppten Elan

eines mißbrauchten Menschen mit schweigsamem, verbittertem Charakter. Ist der Strich fest und schnell: Hartnäckigkeit in der Aktion. Bei alten Menschen: Bindung an die Vergangenheit, Angst vor der Zukunft.

Im Wortkörper: Überempfindlichkeit, verschlossener, schweigsamer Charakter.

In den Unterlängen: Introversion (Selbstzurückgezogenheit), eine gewisse Reizbarkeit.

2. *In einer unharmonischen Schrift* (am häufigsten):

Notorischer Mangel an Objektivität, maßlose Überempfindlichkeit; krankhaftes Bedürfnis nach Introspektion, Selbstanalyse; Bedürfnis, sich Illusionen zu machen.

Im Wortkörper: Eifersucht, Eigensinn, Neid; Arroganz, Bösartigkeit, Verstellung, Lüge in dem Wunsch zu hintergehen; Habgier.

In den Unterlängen: Eitelkeit, Bluff, Mangel an Moralgefühl, instinktive Falschheit; Bedürfnis zu mogeln.

Sehen Sie sich zum Schluß eine typisch rechtsläufige (Fig. 156) und eine typisch linksläufige Schrift (Fig. 157) an:

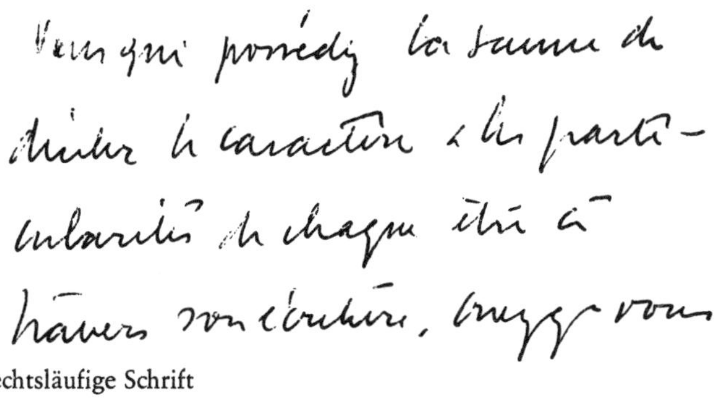

Fig. 156: Rechtsläufige Schrift

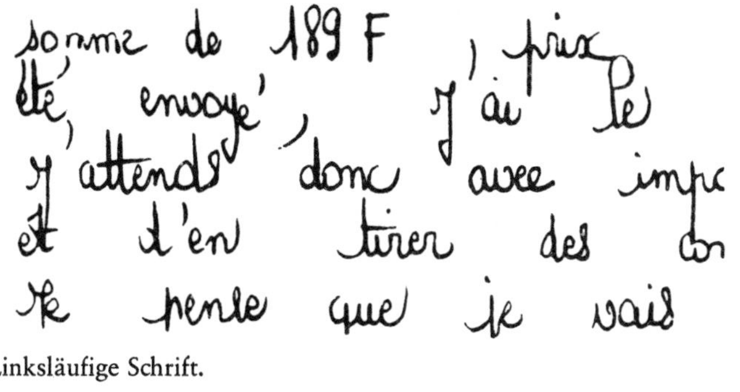

Fig. 157: Linksläufige Schrift.

15. Die Entwicklung der Schrift

Sie folgt genau der Entwicklung des Menschen, und zwar von dem Moment an, wo er zu schreiben beginnt, bis zu seinem Lebensende. Es ist interessant und lehrreich, eine Schrift in ihren Wandlungen zu beobachten. Leider hat man selten die Gelegenheit, und in meinem umfangreichen Material fand ich lediglich ein paar einigermaßen vollständige Schriftsammlungen. Meist stammen die verfügbaren Handschriftdokumente nur von Menschen, die das Erwachsenenalter bereits erreicht haben und bei denen man dann die Weiterentwicklung und das Altern beobachten kann.

Ein Beispiel der Schriftentwicklung

Beginnen wir mit dem Beispiel der Entwicklung der Schrift einer *Frau von deren achtem bis fast zum sechzigsten Lebensjahr.*

Das wird mir erlauben, ein Gesamtbild der Wandlungsphasen zu zeichnen, die der Mensch durchmacht; zuerst, um sich selbst zu finden; anschließend, um sich durchzusetzen und die psychische Reife zu erlangen – was nicht dasselbe ist; und schließlich, um das Schwierigste zu lernen: das Altern.

Hier (Fig. 158) die Schrift eines *achtjährigen Mädchens:* es ist eine bereits geformte Schrift, die Intelligenz und Charakter anzeigt. Aber auch ein starkes (weitgehend unbefriedigtes) Bedürfnis nach Liebe. Die Unbefriedigtheit auf diesem Gebiet wird sich in der Schrift immer deutlicher abzeichnen.

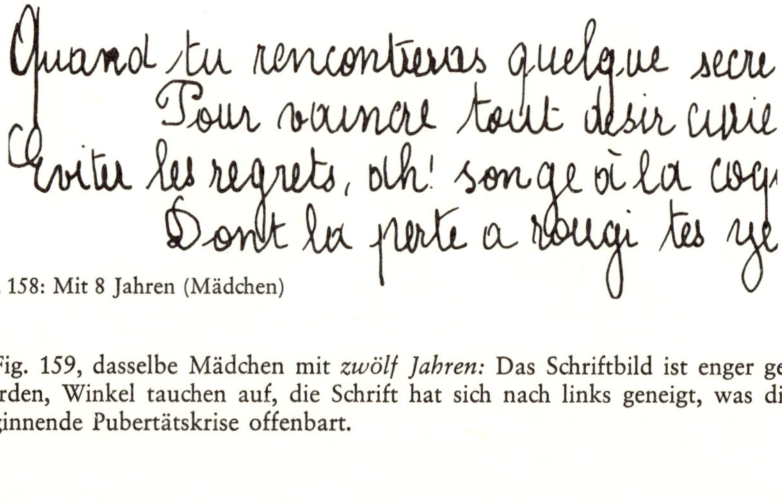

Fig. 158: Mit 8 Jahren (Mädchen)

Fig. 159, dasselbe Mädchen mit *zwölf Jahren:* Das Schriftbild ist enger geworden, Winkel tauchen auf, die Schrift hat sich nach links geneigt, was die beginnende Pubertätskrise offenbart.

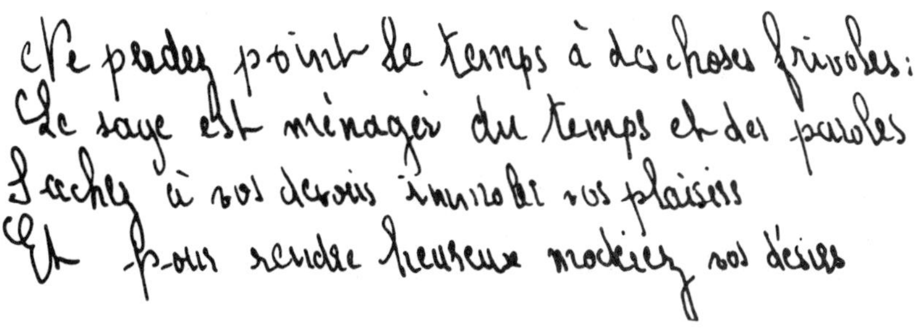

Fig. 159: Mit 12 Jahren

Fig. 160, mit *fünfzehn Jahren:* Man sieht die Entwicklung der Pubertätskrise, der Geist formt sich, der Wille festigt sich; ein – schüchternes und gemäßigtes, vor allem gebremstes – Widerspruchsbedürfnis tritt zutage. Maximale Selbstzurückgezogenheit, wenn man so sagen kann, denn diese Schrift atmet Zwang und verletzten Stolz. Sie verrät aber manchmal auch ein gewisses Bedürfnis nach Aggressivität.

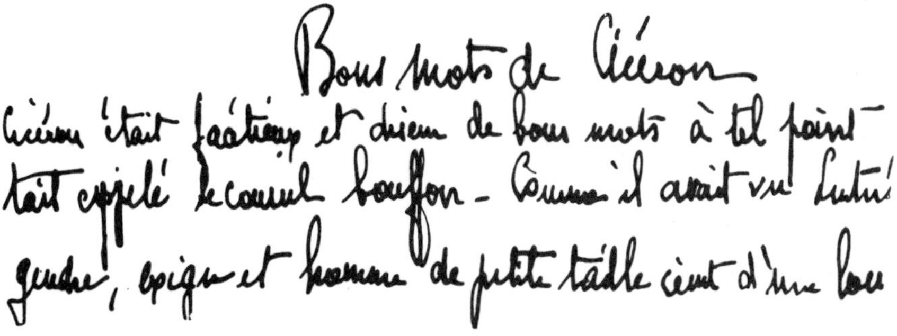

Fig. 160: Mit 15 Jahren

Fig. 161, mit *dreiundzwanzig Jahren:* Die Aggressivität ist diesmal sehr ausgeprägt, die Persönlichkeit will sich aufdrängen, ist im Kampfzustand. Inzwischen mußten harte Prüfungen durchgestanden werden, sie sind überwunden und erlaubten es dem früher unterdrückten, eingezwängten Wesen, sich in gewissem Maß zu entfalten, aber nicht eigentlich in Harmonie, sondern vor allem in einem Klima der Verteidigung und Forderung.

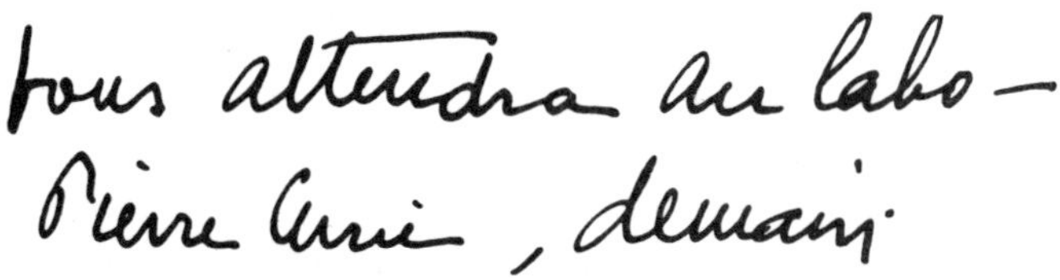

Fig. 161: Mit 23 Jahren

Fig. 162, mit *vierzig Jahren:* Die Zeit ist vergangen, andere Prüfungen kamen. Die Schreiberin ist viel besonnener, gemäßigter, gesetzter; doch man sieht, daß die Gesundheit angegriffen ist und die Gemütsverfassung ernstlich zu wünschen übrigläßt.

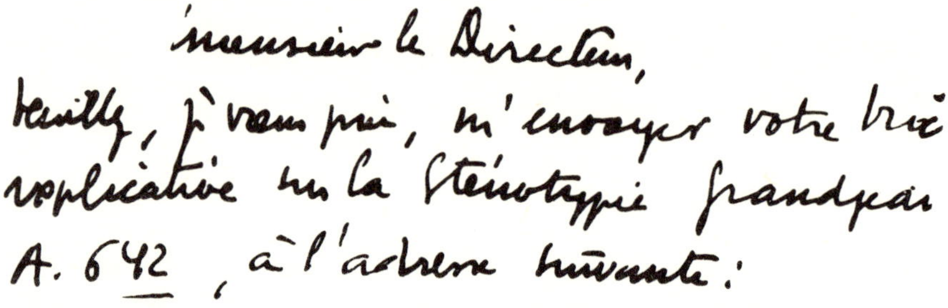
Monsieur le Directeur,
Veuillez, je vous prie, m'envoyer votre brochure explicative sur la Sténotypie Grandjean A. 642, à l'adresse suivante:

Fig. 162: Mit 40 Jahren

Fig. 163, nun sind wir im *neunundfünfzigsten Jahr:* Die Gesundheit ist stark angegriffen, was die Gesten verringert und die Schrift (die doch – siehe Fig. 161 – schönen Lebensreichtum ausgedrückt hatte) auf ein Minimum reduziert.

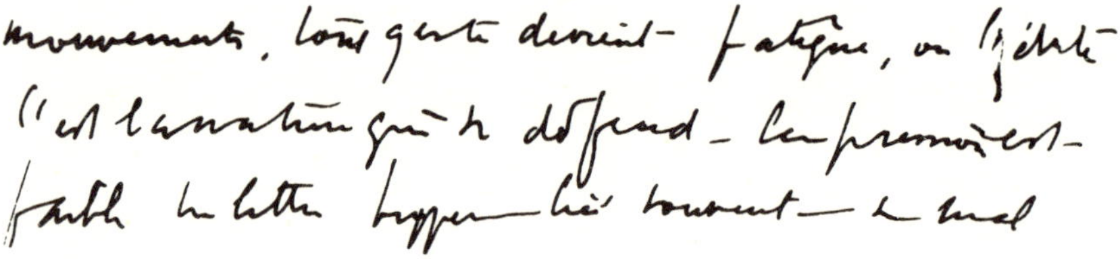

Fig. 163: Mit 59 Jahren

Nimmt man den sehr interessanten und aufschlußreichen Vergleich zwischen den Schriftproben 161 und 163 vor, wird man den ganzen durchlaufenen Weg erkennen, die Lebenserfahrung, die sich abzeichnet, und die Prüfungen (sie waren schwer und zahlreich), von denen die Schreiberin geprägt wurde. Die Begeisterung der Dreiundzwanzigjährigen wich der Skepsis und der Bitterkeit, der Geist ist schärfer, die Überlegungen sind tiefer geworden. Der bereits mit dreiundzwanzig Jahren ungeduldige Charakter ist verhaltener, aber keineswegs fügsamer; die Erwiderungen können beißend sein. Der Kampfinstinkt – um moralischen Kampf geht es – ist immer noch da. Außerdem Kampf gegen sich selbst, gegen die eigenen physischen Unzulänglichkeiten: die Schreiberin ist ein hyperaktives, dynamisches Wesen, das schmerzlich gebremst, eingeengt wird von einer Gesundheit, die mit seinem Schwung nicht Schritt hält. Neuer Zwang hat jenen der Kindheit und der Jugend abgelöst.

Das Leben und die Prüfungen haben die Dynamik und Vitalität der Anfangszeit verzehrt, die Begeisterung gründlich gedämpft, aber die Überlegung vertieft.

Darum geht es: reifer und erwachsen werden. Nur – und jetzt werde ich möglicherweise viele Leser überraschen –, es ist nicht jedermann gegeben, erwachsen zu werden.

Erwachsensein und Altwerden

Dr. Stocker sagte vor einiger Zeit in einem Vortrag vor der Graphologischen Gesellschaft in Paris (1958): „Auf hundert *physisch* Erwachsene kommen vielleicht vier oder fünf, die *psychologisch* erwachsen sind."

Keine Technik und kein Test ermöglichen es, den Reifegrad zu messen, dieses Erwachsenenstadium, das bei weitem nicht alle erreichen. Es läßt sich aus dem Verhalten ablesen, aus einer gewissen Weisheit in den Vorschlägen, Mäßigung im Urteil, der Qualität erteilter Ratschläge, der Art, in welcher man Prüfungen erträgt und überwindet.

Wie Professor Olivaux sehr richtig konstatierte (in seinem Vortrag vor der Graphologischen Gesellschaft am 16. März 1960): „Reife erlangt man nicht ohne Verzicht." Die Reife reduziert in der Schrift die Geste, macht sie immer nüchterner, ausgewogener, schmuckloser, auch fester. Sie kennzeichnet den Menschen, der seinen Weg gewählt und sich daran gehalten hat, der aufgehört hat, zwischen zwei Polen hin und her zu schwanken – der aber nicht aufgehört hat, sich zu entwickeln, nach ständiger Besserung zu streben. Jung bleiben im besten Sinn des Wortes heißt, auf alles neugierig zu bleiben. Es heißt, sich für alles zu interessieren, was um einen vorgeht, Umwälzungen hinnehmen zu können – dabei aber Distanz zu wahren –, und unsere Zeit beschert uns weiß Gott tiefe Wandlungen, Infragestellungen.

Diese Form des Jungseins besitzt der Erwachsene, der nicht „alt" geworden, nicht erstarrt, nicht festgefahren ist in seinen Ansichten und Konzeptionen, der es nicht ablehnt, sich künftig weiterhin anzupassen. Es ist ein Mensch, der zu Begeisterung und Erneuerung fähig ist. Denn es gibt „Erwachsensein" und „Altwerden". Das Erwachsenenalter ist jenes der Fülle (es kann lange währen) und sogar der schöpferischen Gestaltung. Das Altwerden ist die Zeit des Aufgebens.

Das Kind und die Schrift

Neben der Erwachsenenschrift, wie wir sie eben erörterten, gibt es die Schrift des Kindes und die sehr gequälte des Jugendlichen. Ich wende mich diesem Thema zu, weil es viele Eltern interessiert, die mehr oder weniger beunruhigt oder besorgt sind. Eine Redewendung lautet: „Kleine Kinder, kleine Sorgen, große Kinder, große Sorgen." Wie richtig das ist!

Ich kenne kein Kind, das ganz allein heranwuchs, das nicht hätte lernen müssen, sich zu betragen, bestimmte sittliche Grundsätze zu beachten, sich bestimmten Verhaltensregeln zu unterwerfen.

Eltern beklagen sich häufig: „Dieses Kind ist unerträglich, es ist unruhig, streitsüchtig!", und so fort. Mütter sagen von ihrer Tochter: „Sie ist unzufrieden, unabhängig, kokett, impertinent. Sie hört nicht auf mich, bietet mir die Stirn, gibt sich unverschämt. Ich kann nichts dagegen tun."

Lassen Sie mich antworten, liebe Eltern, die Sie meine Worte lesen, daß dies alles ganz normal ist.

Das vollkommene Kind gibt es nicht (es nimmt sich seine Eltern zum Vorbild!). Wichtig ist nur, daß man es versteht, sehr früh markante Züge seines Charakters erkennt und korrigiert, solange es noch klein ist. Natürlich tauchen nicht allein Charakterprobleme auf, sondern auch die zumindest ebenso wichtigen Probleme der Ausbildung. Wie viele Fehler in der Ausrichtung könnten vermieden werden, würde man die wirklichen Vorlieben des Kindes besser berücksichtigen.

Hier höre ich wieder, was mir elterlicherseits schon gesagt wurde: „Falls Sie glauben, es sei einfach zu wissen, was mein Kind denkt und will . . ." – „Falls Sie meinen, daß es, wenn von seiner Zukunft die Rede ist, das geringste Interesse für diesen oder jenen Beruf zeigt . . ." Und ähnliches mehr.

Wir werden uns also einige Hauptprobleme der Eltern ansehen, deren Aufgabe heute sehr schwierig geworden ist.

Es ist unausbleiblich, daß Ihr Kind für Sie ein Rätsel ist. Ich würde sogar sagen, es ist normal. Das Kind wird sich nie seinen Eltern vorbehaltlos anvertrauen, und Mütter, die stolz verkünden: „Meine Tochter sagt mir alles", sind große Naive. Ich denke hier an die Frau eines Arztes, Mutter zweier großer Kinder, eines Jungen und eines Mädchens: er studierte an der Universität, sie beendete die höhere Schule. Wem vertrauten sich die beiden an? Der kleinen jungen Hausangestellten, die kaum älter war als sie. Viel früher als die Mutter „wußte sie alles"; diese war aber so klug zu schweigen. Natürlich muß man sein Kind sehr gut kennen, um zu wissen, auf welchen Beruf man es hinführen soll. Um die Absonderlichkeiten seines Charakters, seines Verhaltens zu begreifen. Um ihm schließlich in der Vielfalt der Probleme zu helfen, die sich ihm stellen. Denn Sie dürfen nicht glauben, daß das Kind sich selbst begreift und immer vollauf glücklich ist, wenn Sie überzeugt sind, ihm gehe alles nach Wunsch und es brauche nur das Leben zu genießen.

Sobald der Mensch anfängt nachzudenken, beginnt er sich zu quälen; Sorgen sind nicht auf das Erwachsenenalter oder die Jugend beschränkt. Es gibt bei Kindern derart ernsten Kummer, daß er zu Dramen führen kann.

Wenn man sein Kind im Grunde nicht kennt, wenn es sich nicht anvertraut, vor allem nicht seinen Eltern, wenn Freunde oder Kameraden mehr wissen über die Ideen eines Jungen als die Eltern – was bleibt da zu tun? Wie fängt man es an, keinen Fehler zu begehen, weder in seiner Erziehung noch in seiner Orientierung?

Das Mittel, herauszufinden, was Ihr Kind wirklich ist, kennen Sie: Lassen Sie seine Schrift untersuchen. Nicht um seinem tiefen „Ich" Zwang anzutun, sondern um ihm zu helfen. Ab seinem siebten Lebensjahr ist die Schriftanalyse möglich. Und es ist sehr wichtig, daß man die Entwicklung des Kindes regelmäßig in seiner Schrift verfolgt.

Genau wie man die körperliche Entwicklung des Kleinen beobachtet, indem man es wiegt, mißt, regelmäßig von einem Arzt untersuchen läßt, muß man die Entfaltung seines Charakters verfolgen, während es heranwächst. Die in der Schule erzielten Ergebnisse widerspiegeln nicht immer das eigentliche geistige „Klima“ eines Kindes.

Was den Charakter angeht, so muß man möglichst früh die großen Linien und auch die tiefen Gründe erkennen. Deshalb prüfen Graphologen periodisch die Schrift von Kindern: alle sechs Monate bis zum Alter von 13 bis 14 Jahren, dann alle Jahre. Zu diesem Zweck legt man ein „graphologisches Heft“ an, in das einige *spontane* Zeilen geschrieben werden, und zwar in regelmäßigen Abständen zum Zweck der entsprechenden Analyse. Auf diese Weise haben Eltern und Graphologen immer, wenn es notwendig ist, das psychologische Dossier des Kindes verfügbar, in welchem sich ohne möglichen Irrtum die Leitlinie seiner Entwicklung auf allen Ebenen abzeichnet.

Alle Eltern stellen sich die Frage: Ist mein Kind intelligent? Die Schrift erlaubt, das herauszufinden.

So glaube ich, daß das zehnjährige Kind, von dem folgende Zeilen (Fig. 164) stammen, keine ernsten Probleme verursachen wird, was das Lernen anbelangt. Sehen Sie sich diese klare, druckstarke und gut geformte Schrift an. Man wird für das kleine Mädchen ehrgeizige Pläne hegen können.

Fig. 164: Intelligentes Kind

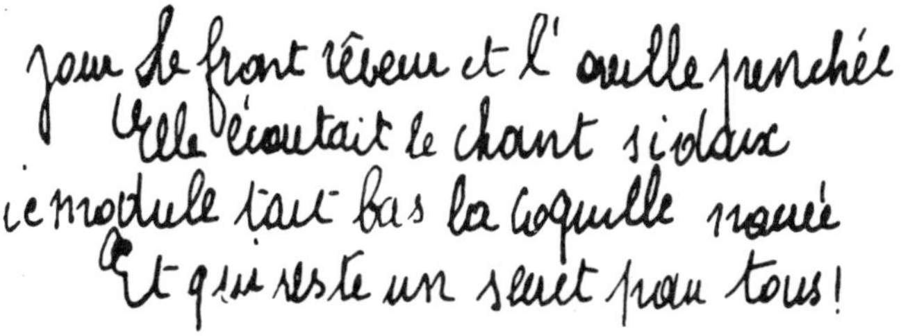

Dagegen würde ich den Eltern dieses Jungen (elf Jahre) abraten, ihn mit zu schwierigen Studien zu belasten: er ist nicht sehr begabt, sein Geist ist langsam und konfus (Fig. 165). Der Graphologe sollte übrigens seine Analyse mit Erwägungen und Ratschlägen verbinden: solche kann ich jedoch hier aus begreiflichen Gründen nicht im Detail anführen.

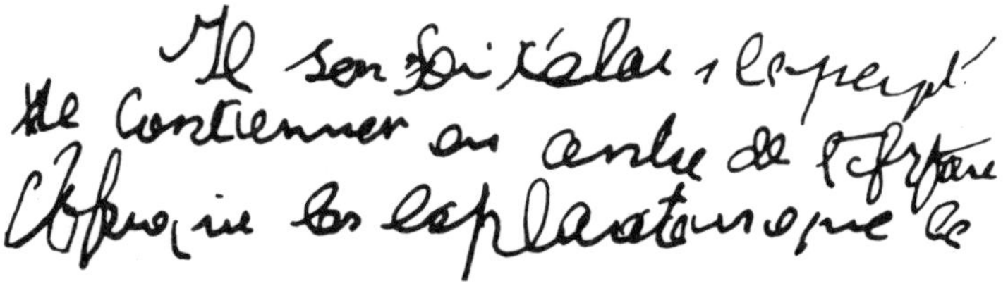

Fig. 165: Nicht sehr begabt

Sehr oft werde ich auch gefragt, was man von einer Schrift halten solle, in der „m“ und „n“ verwechselt werden oder das Kind „ie“ statt „ei“ schreibt, „ber“ statt „bre“ usw. Die Probe einer solchen Schrift stammt von einem neunjährigen Mädchen (Fig. 166).

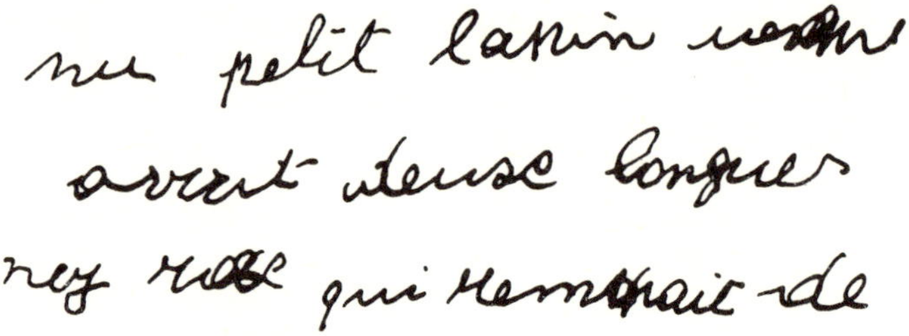

Fig. 166: Unbeholfen – Legasthenie

Man kann sagen, daß diese Schrift *abnormal* unbeholfen ist. Tatsächlich verrät sie klare und lebhafte Intelligenz, dennoch liest und schreibt das Kind langsam, mühselig. Was ist hier los?

Das Kind hat eine Lese- und Schreibschwäche, die man als Legasthenie bezeichnet. Der Graphologe bringt die Eltern auf die richtige Spur, die Eltern suchen mit dem Kind einen Spezialisten auf, der die Störung bestätigt. Man braucht das Kind lediglich Lesen und Schreiben neu zu lehren, was im Lauf einiger Monate in eigens dafür geschaffenen Zentren geschieht.

Kein Problem ist unlösbar, wie Sie sehen. Legasthenische Kinder sind übrigens meist sehr begabt. Wenn man ihnen hilft, die Schwäche zu überwinden, erbringen sie oft glänzende schulische Leistungen.

Wird die Schwäche jedoch nicht rechtzeitig erkannt, ist das Kind den anderen wirklich unterlegen. Es gilt als ungeschickt, wenig begabt. Unvermeidlich stellen sich bei ihm nervöse Reaktionen ein. Ich kannte einen nicht rechtzeitig aufgespürten Fall von Legasthenie, der zur Folge hatte, daß die arme Kleine schwere Nervenstörungen bekam, weil es sie schrecklich quälte, daß sie nicht so rasch lesen konnte und begriff wie ihre Mitschülerinnen. Schließlich erkannte man die Schwäche. Heute ist aus der Kleinen eine junge Dame geworden, die an der Universität studiert, und zwar mit Erfolg.

„Mein zehnjähriger Sohn arbeitet in der Schule gut, legt jedoch eine Langsamkeit und Nachlässigkeit ohnegleichen an den Tag. Warum?“ (Fig. 167.)

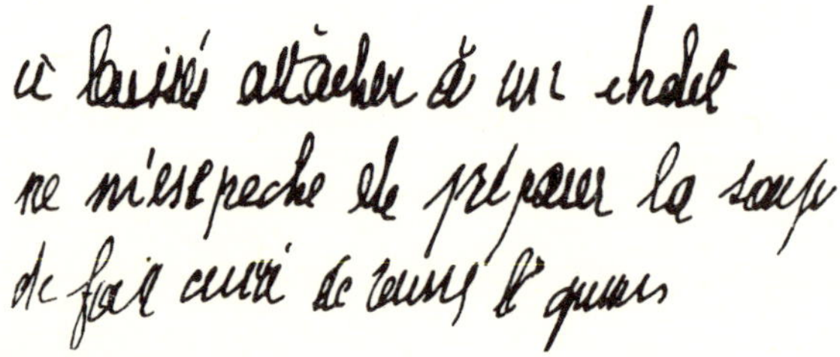

Fig. 167: Gesundheitliche Störungen

Die Untersuchung dieser Schrift enthüllte gesundheitliche Störungen. Das Kind ist keineswegs böswillig, versucht nicht, „seine Umgebung in Weißglut zu bringen". Es ist einfach müde, muß von einem Arzt untersucht werden, der feststellt, was ihm fehlt und wie man Abhilfe schaffen kann.

„Mein Junge macht in der Schule nichts gut, er zeigt sich in allem böswillig, ist sehr schwierig, hört auf nichts und niemanden. Was ist los?" (Fig. 168.)

Fig. 168: Schlaff, müde

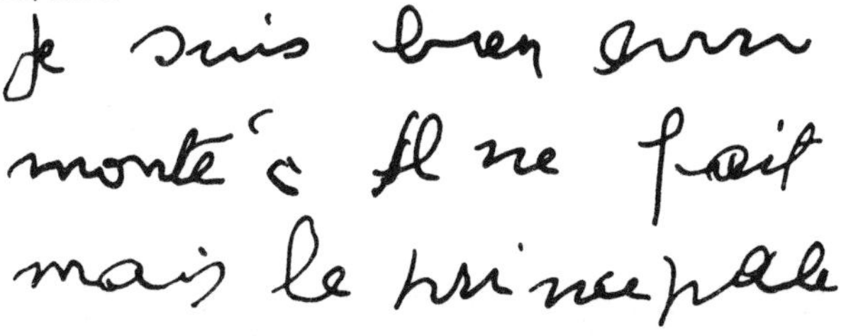

Die Untersuchung dieser Schrift enthüllt eine schlaffe, willenlose Natur, ein im wesentlichen lymphatisches Temperament. Das fallende Aussehen der Schrift zeigt deutlich, daß der Junge unter anderem sehr müde ist. Das macht verständlich, daß er sich gegen Anstrengungen wehrt.

„Was soll man von einer derartigen Schrift halten? Geben Sie mir einen Rat." (Fig. 169.)

Fig. 169: Nervenkrank

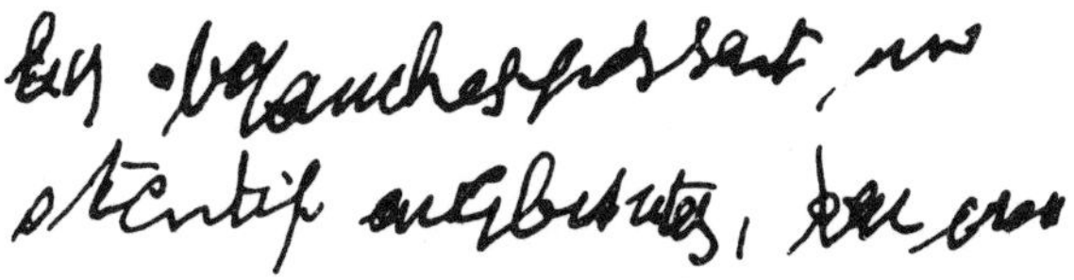

Ein erfahrener Graphologe wird hier schnell ernste Nervenstörungen erkennen, die dringend einer Behandlung durch einen Facharzt bedürfen. Daß ein Kind mit einer solchen Schrift in der Schule nicht mitkommt, launenhaft ist, unbeständig, ja unerträglich, ist keineswegs verwunderlich; man muß es als krankes Kind mit zutiefst gestörtem psychischem Gleichgewicht betrachten.

Die großen Probleme

Bis jetzt habe ich nur einige Fragen angeführt, die mir im Zusammenhang mit Kindern gestellt werden. Es gibt jedoch große Probleme, die unweigerlich auftauchen, wenn das „Backfischalter" oder die „Flegeljahre" durchlaufen werden.

Die Eltern sehen, wie ihr Kind sich verändert: Der Junge, der sanft und fügsam war, wird aggressiv, anspruchsvoll, rebellisch. Er erhebt sich gegen seinen Vater, antwortet grob auf Bemerkungen seiner Mutter und tut ungeniert, was er sich in den Kopf gesetzt hat. Das junge Mädchen, das geheimnisvoll wird wie ein versiegelter Brief, „abwesend" ist, wenn Sie mit ihm sprechen, das sich seltsame Kleidungsmanieren zulegt, antwortet Ihnen ebenfalls frech, wenn Sie eine vorsichtige Bemerkung machen. Welche Überraschungen wird es Ihnen bieten?

Wollen Sie es wissen? Wollen Sie in der Lage sein, Ihre Tochter – sofern sie manchmal noch auf Sie hört – besser zu erziehen, ihr zu helfen?

Befragen Sie ihre Schrift. Das ist keine Indiskretion, kein Eindringen in ihr „Ich", sondern eine Notwendigkeit. In diesem Sinn verstehe ich die besorgte Mutter, die mir schrieb: „Was soll ich von meiner Tochter halten? Sie ist erst vierzehn und gedenkt sich ganz nach ihrem Belieben zu betragen. Ich weiß nicht mehr, wohin sie ausgeht, sie macht sich über mich lustig, hört nicht auf mich. Wenn ihr Vater sich einschaltet, gibt es Dramen, erbitterte Auflehnung, wir fürchten, daß sie durchbrennt." (Fig. 170.)

Fig. 170: Backfisch

Dieser Mutter antwortete ich, daß das Mädchen körperlich sehr frühreif, dagegen viel weniger entwickelt ist, was Urteilsfähigkeit und Reife betrifft. Es handelt sich hier um die heute so häufige Verschiebung, die viele Fehler im Verhalten der Jugendlichen erklärt: eine vorzeitige körperliche Reife und deshalb körperliche Bedürfnisse Erwachsener bei einer noch kindlichen Mentalität.

In einem solchen Augenblick liegt die Wahl von Abhilfemaßnahmen natürlich bei den Eltern. Das Internat ist meistens eine schlechte Lösung, verschärfte Überwachung wird zweifellos zunehmend unmöglicher. Wir stoßen hier jedoch auf ein Parallelproblem, nämlich den Verlust – oder die Aufgabe – der Autorität seitens der Erwachsenen ...

Manchmal gibt es noch Schlimmeres; leider darf ich nicht sagen, was man mir über den vierzehnjährigen Jungen anvertraut hat, von dem diese Schriftprobe (Fig. 171) stammt.

Die Untersuchung der Schrift offenbart eine verbildete Mentalität, aber auch Drüsenstörungen und ein Zusammenwirken physiologischer Störungen, die sein Verhalten erklären, wenn auch nicht entschuldigen. Energische Maßnahmen müssen ergriffen werden, sonst gerät der Junge wirklich vom rechten Weg ab.

Glücklicherweise sind die Probleme, die sich im Zusammenhang mit Jugendlichen stellen, nicht alle so schwerwiegend. Es gibt auch heute noch fleißige, ernsthafte Jungen und Mädchen.

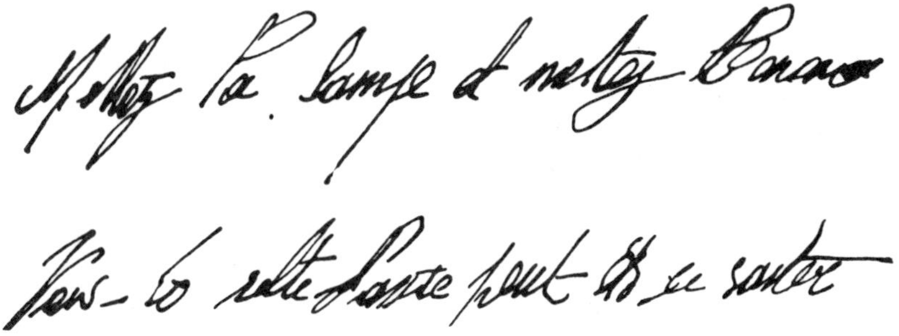

Fig. 171: Gefährdeter Junge, 14 Jahre

Leider aber gibt es auch das um sich greifende Krebsgeschwür der Drogensucht, die sogar in die Schulen gedrungen ist und Kinder selbst unter vierzehn erfaßt hat. Verrät die Schrift in einem solchen Fall, was los ist? Nein, wenn es sich nur um „Probierversuche" des Jugendlichen und nur um flüchtige Kontakte mit diesen Persönlichkeitszersetzern, Intelligenzvernichtern handelt. Bei einer wirklichen Intoxikation führt das Verhalten auf die Spur der Sucht. Und in solchen Fällen ist der Graphologe wirklich nicht mehr zuständig.

Kommen wir zum gesunden Jugendlichen zurück, bei dem an sich keine Probleme bestehen.

Bei diesem intelligenten, fleißigen vierzehnjährigen Mädchen (Fig. 172) sind Schrift und Betragen „ohne Geschichten". Man fragte mich, welche Richtung man seiner Ausbildung geben sollte.

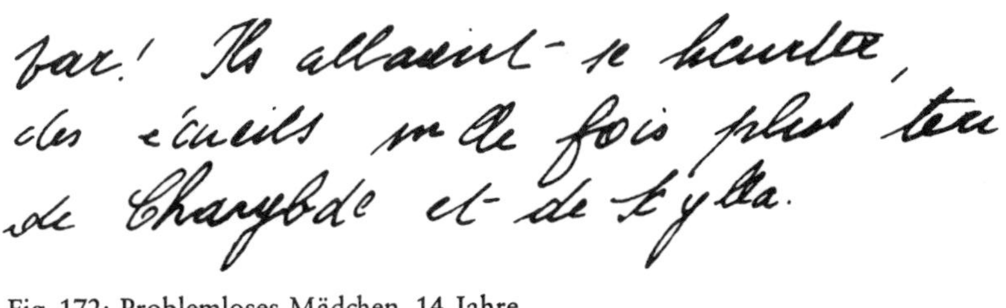

Fig. 172: Problemloses Mädchen, 14 Jahre

Dies führt mich zu einem Problem größter Bedeutung: jenem der Lebensorientierung, der Berufsausrichtung, die soviel Einblick, ja Scharfsinn verlangt.

Einige junge Leute wissen sehr bald, was sie später werden wollen; andere dagegen zögern lange, bis sie sich entscheiden. Tatsächlich haben letztere oft Angst vor dem Leben, Angst davor, Verantwortung zu übernehmen, erwachsen zu werden. Man muß für sie entscheiden, sie anregen, sie für eine Laufbahn zu interessieren versuchen, die man guten Glaubens als die geeignetste für sie ansieht. Der Vater darf heute nicht mehr seinen enttäuschten Ehrgeiz auf den Sohn projizieren und zu ihm sagen: „Du wirst das, was ich selbst nicht werden konnte."

Man sollte unbedingt die tiefen Vorlieben, die Natur und das Temperament, auch die charakterologische Struktur berücksichtigen. (Vergessen wir nicht, daß man mit der Charakterkunde vertraut sein muß, wenn man Graphologie betreibt. Ein Kapitel hierüber wird noch folgen.)

Tut man dies, dann weiß man immerhin einiges, wenngleich nur Grundsätzliches:

○ *Der Nervöse* benötigt einen abwechslungsreichen Beruf, der ihm erlaubt, sich zu bewegen, immer wieder Neues in Angriff zu nehmen. Machen Sie deshalb aus ihm keinen Professor, keinen Beamten, zwingen Sie ihm keinen Routineberuf auf.

○ *Der Sentimentale* braucht einen „stabilen" Beruf voll Regelmäßigkeit. Verlangen Sie aber von ihm keinen Geschäftssinn, realistischen und praktischen Geist. Wenn Sie also beispielsweise ein Geschäft haben, zählen Sie nicht darauf, daß er Ihnen hilft.

○ *Der Choleriker* eignet sich wunderbar für alles, was Gewandtheit verlangt, Initiative, Lust am Risiko, Unternehmergeist. Er taugt für kommerzielle Berufe, wäre aber unglücklich, wenn Sie ihn zu sehr einengen würden, wenn er in zu knapp bemessenen Lebensregeln gefangen wäre, wie es beispielsweise bei Lehrberufen der Fall ist.

○ *Der Sanguiniker* muß sich mit anderen beschäftigen können, eine weitgespannte soziale Tätigkeit haben, die ihm erlaubt, sich auszuweiten und gleichzeitig anderen nützlich zu sein. Sperren Sie ihn nicht in ein Büro, das wäre ein Fehler.

○ *Der Leidenschaftliche* wird sich in einem unabhängigen Beruf bewähren, der ihm viel Spielraum und große Möglichkeiten läßt, nicht nur für seinen Ehrgeiz, sondern auch für seine Ideen. Vergessen Sie seine Willensstärke nicht; er muß sie in konstruktivem Sinn einsetzen können. Dagegen eignet er sich nicht für Handelsberufe, und er erstickt, wenn sein Aktionsfeld zu begrenzt ist.

○ *Der Phlegmatiker* benötigt Ruhe, er ist ein gewissenhafter, genauer Mensch, der beispielsweise einen ausgezeichneten Buchhalter abgeben wird, aber ein miserabler Verkäufer wäre. Er liebt die Regelmäßigkeit, das Büro, die Routine, die Verwaltung.

○ *Der Lymphatische* braucht in erster Linie Frieden und hat Horror vor Verantwortung. Seine Zukunftsmöglichkeiten sind deshalb beschränkt. Aber er wird ein ausgezeichneter Auftragsausführer sein. Sehr ordentlich, ein bißchen langsam.

○ *Der Apathische,* der ein schlecht angepaßter Lymphatischer ist, sehnt sich, mehr noch als der letztere, nach Ruhe. Er ist genau, ruhig, langsam, konventionell. Verlangen Sie nicht von ihm, daß er Seemann, Rechtsanwalt oder Flugkapitän wird.

An diesen wenigen, äußerst schematisierten Beispielen (bei denen übrigens bewußt von den klassischen Konstitutionstypen abgewichen wurde) sehen Sie, wie nützlich eine graphologische Untersuchung sein kann, die Ihnen hilft, Ihrem Kind schmerzliche und – leider häufig vorkommende – falsche Weichenstellungen zu ersparen. Diese erzeugen Versager, Unzufriedene, Menschen, die ihr Leben damit zubringen, dem nachzutrauern, was sie nicht sind, nicht geworden sind, und zu sagen: „Wenn meine Eltern mich besser verstanden hätten, wenn meine Eltern nur ..." Dies und jenes, jedermann kennt das.

Es gibt noch zahllose andere Fragen, die Eltern den Graphologen stellen. Sie betreffen die großen Probleme der heutigen Jugend, die so frei, ungezwungen und zugleich so haltlos ist. Ich spreche von ihrer hochgradigen nervlichen Zerbrechlichkeit. Es ist wichtig, daß man diese früh erkennt, damit man sie rechtzeitig behandeln kann und es nicht zu einem Unglück kommt wie bei dem intelligenten zwanzigjährigen Mädchen, das Krankenpflege lernte und unter immer schwereren nervlichen Störungen, dann unter psychischen Störungen litt (Fig. 173). Der Fall endete trotz zahlreicher Behandlungen (die zweifellos zu spät erfolgten) mit einem Drama.

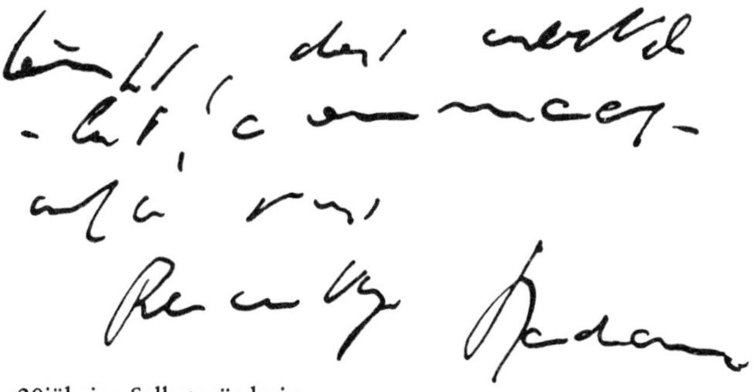

Fig. 173: 20jährige Selbstmörderin

Die Schrift ist sehr stark fallend, überstürzt, verweist auf lebhafte Intelligenz, verrät aber die tiefe Gestörtheit eines Menschen, der so lange an Selbstmord dachte, bis er ihn schließlich beging.

Der Graphologe muß in solchen Fällen die Rolle des Warners übernehmen – wenn man ihn rechtzeitig befragt, kann er es. Seine Aufgabe besteht nicht nur darin, Aufklärungen über den Charakter und die intellektuellen Möglichkeiten zu geben, er muß auch nachdrücklich auf die Persönlichkeitsstörung verweisen, auf die gesundheitlichen Unzulänglichkeiten.

Da der Mensch ein Ganzes ist, wird man begreifen, daß vor allem bei den noch nicht fest strukturierten Jugendlichen alles größte Bedeutung erlangen kann. Eine gesundheitliche Störung, die bei Erwachsenen fast unbemerkt vorüberginge, auf jeden Fall überwunden würde, kann beim Jugendlichen sofort abfallende Arbeitsqualität bewirken, zu Veränderungen im Verhalten führen und dergleichen mehr.

Hier ein typisches Schriftbeispiel von einem hypernervösen, labilen Menschen, der behandelt werden müßte, bevor man ihm Vorwürfe wegen seines schulischen Verhaltens machen darf (Fig. 174).

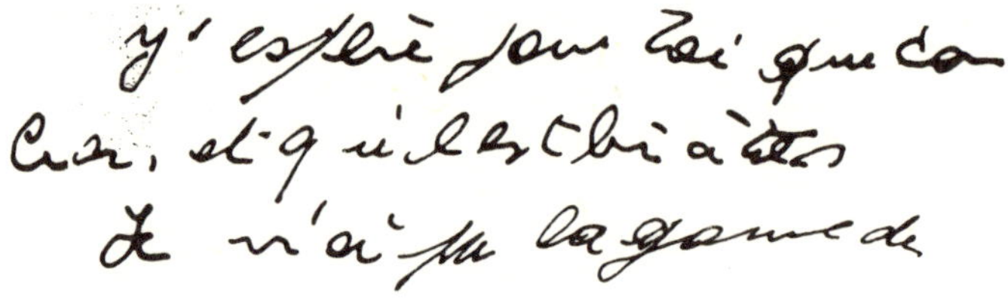

Fig. 174: Hypernervös, labil

Ich habe eine Reihe Fragen und Probleme, mit denen der Graphologe konfrontiert wird, noch nicht angeführt. Die einen beziehen sich auf übermäßige Schüchternheit oder unverständliche Unbeholfenheit, oft verbunden mit einem Minderwertigkeitsgefühl. Die anderen betreffen Komplexe, an denen Kinder und Jugendliche leiden und die unbedingt aufgespürt werden müssen.

Es gibt Jugendliche, die in allem und jedem systematisch lügen, die stehlen, zuerst aus Mutters Tasche, dann aus Vaters Geldbörse und schließlich anderswo. Es gibt Jugendliche, die von Zweifeln geplagt sind und unter deren schädlichem Einfluß bis zum Drogenkonsum gehen können. Es gibt die Nörgler, die Aufrührer, die Unlenkbaren, die Schwererziehbaren. Es gibt jene, die in diesem oder jenem Fach beklagenswert scheitern, obwohl sie normal begabt sind.

Zu den Ursachen falschen Verhaltens eines Jugendlichen (vergessen wir das nicht), kann die instinktive Abneigung gegen einen zu ironischen oder zu strengen Lehrer zählen, ob sie gerechtfertigt ist oder nicht.

Es gibt die Erziehungsfehler der Eltern selbst. Es gibt den Einfluß des häuslichen Milieus, seiner mehr oder weniger großen Harmonie. Es gibt den Einfluß, den die Eltern durch ihr eigenes, nicht immer geduldiges und verträgliches Verhalten auf die Kinder ausüben. Es gibt entzweite Ehen, worunter die Kinder sehr leiden.

Man müßte einen ganzen Band über dieses weitgespannte, ernste Thema schreiben, das um so wichtiger ist, als die Menschheit von morgen auf dem Spiel steht. Wir Erwachsene sind für sie verantwortlich. Und gerade weil unsere Aufgabe von größter Bedeutung, schwierig und kompliziert ist, müssen wir uns um ein Maximum an Sicherheiten, Ratschlägen und Informationen bemühen, damit wir sie so gut wie möglich bewältigen.

Vor Beendigung dieses Kapitels möchte ich hervorheben, daß in einem jeden Menschen unendlich viel mehr ist, als man gemeinhin meint, selbst in diesem elfjährigen Jungen mit der noch so kindlichen Schrift (Fig. 175). Gerade bei kleineren Kindern ist es wichtig, daß man sie versteht und „in die richtige Richtung" lenkt: in jene, die ihrer Natur und ihren wirklichen Möglichkeiten entspricht.

Diesem Zweck dient eine periodische graphologische Analyse der Schrift von Kindern und Jugendlichen.

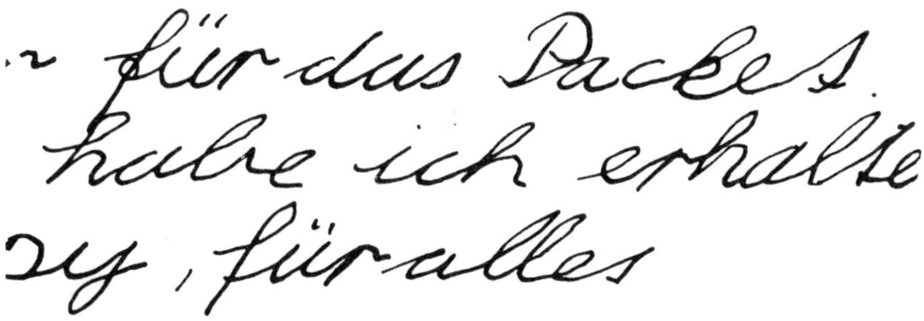

Fig. 175: Junge, 11 Jahre

16. Charakterologie und Graphologie

Die Graphologie besteht nicht nur darin, eine Schrift in ihren Gesamtheitsmerkmalen und in allen ihren Details zu studieren. Will man die psychologischen Mechanismen begreifen und sich erklären, ihre Eigentümlichkeiten erfassen, will man in großen Linien das Verhalten und die Reaktionen eines Menschen aufgrund seiner Natur, seines Temperaments, vom eigentlichen Grund seiner Persönlichkeit aus voraussagen, muß man in erster Linie mit der Charakterologie vertraut sein.

Pfeiler der Charakterologie

Sie ist eine Wissenschaft, die zum weiten Gebiet der Psychologie gehört. Begründet wurde sie gewissermaßen von zwei holländischen Spezialisten der Groninger Schule, Heymans und Wiersma. Die beiden arbeiteten einen sinnvollen Fragebogen aus, den jeder ausfüllen kann, der sich dem Test unterziehen will. Der französische Psychologe Le Senne griff die Arbeiten der beiden Holländer auf, vertiefte sie und filterte daraus sein bemerkenswertes Werk *Traité de caractérologie* (Paris 1945). Andere, besonders G. Berger in Frankreich, Maistriaux in Belgien und Gex in der Schweiz, setzten diese Arbeiten fort. Auch sie arbeiteten einen durchdachten Fragebogen aus.

Entscheidende Beiträge haben zur Charakterkunde L. Klages mit seinen *Prinzipien der Charakterologie* (1910), E. Kretschmer mit seiner Konstitutionstypologie (*Körperbau und Charakter,* 1921), C. G. Jung, A. Wellek, P. Lersch und E. Rothacker geleistet.

Was ist unter Charakterologie oder Charakterkunde zu verstehen? Die Lehre vom menschlichen Charakter. Sie befaßt sich mit den charakterlichen Einzelfunktionen, dem Charakteraufbau und dem Gesamtgepräge des Charakters. Heute ordnet sich die Charakterkunde immer mehr der Persönlichkeitsforschung oder „Personwissenschaft" ein.

Die Charakterologie erlaubt, den Menschen in große Charakterkategorien einzuordnen, sein Verhalten als Gesamtes zu verstehen und vorauszusehen. Hier wird jedoch nur ein sehr allgemeiner Rahmen gegeben, und zur Kenntnis des einzelnen Menschen sind noch andere Studien erforderlich. Der Erwachsene, vergessen wir das nicht, ist eine ungewöhnliche Mischung aus Angeborenem und Erworbenem. Er ist das, zu dem man ihn bei seiner Geburt gemacht hat, und das, was das Leben ihm zu werden erlaubte: durch mehr oder weniger gute, tiefgehende Nutzung des in ihm Vorhandenen.

Kenntnisse in der Charakterologie sowie in der „Typologie" (die wir im nächsten Kapitel behandeln werden) sind also unerläßlich für jeden, der versuchen will, sich und seinesgleichen zu „entziffern“ und zu begreifen. Zweifellos ist es gar nicht so leicht, einen charakterologischen Fragebogen auszufüllen; man kann nur „ja“ oder „nein“ setzen, ohne Kommentare oder Abstufungen. Aber die Auswahl der durchdacht gestellten Fragen ermöglicht dem Charakterologen bestimmte Rückschlüsse und zeigt ihm nicht nur den Aufrichtigkeitsgrad der „getesteten“ Person, sondern auch deren innere Widersprüche.

Die drei großen Pfeiler der Charakterologie, auf welche sich alle Arbeiten stützen, die ihr gewidmet sind, heißen:

- *Emotionalität,*
- *Aktivität,*
- *Nachwirkung.*

Einige Worte der Erklärung sind notwendig, bevor wir in der Schrift suchen, was diese Merkmale bedeuten (denn der Graphologe hat den Vorteil, daß er keine Fragen stellen muß: er untersucht die Schrift).

Die Emotionalität

Dies ist die gefühlsmäßige Empfänglichkeit des Menschen, seine Gefühlsansprechbarkeit für jedes äußere Ereignis. Sie kennzeichnet den Sensiblen, der versucht ist zu reagieren. Die Lebenserfahrung und die Menschen lehren ihn allerdings nach und nach, sich zu beherrschen, seine Gefühle so wenig wie möglich zu zeigen. Ist das immer gut? Diese Frage drängt sich auf.

Manchmal wird die Emotion, also eine Gemütsbewegung, in Taten und Reaktionen umgesetzt, manchmal kann sie sich maßlos steigern und in mehr oder weniger unangebrachter Impulsivität entladen. Generell gesagt, stellt die Emotionalität sowohl die Verletzlichkeit durch äußere Ereignisse als auch die Lebhaftigkeit der Reaktionen dar. Der emotionale, d. h. gefühlsbetonte Mensch läßt sich von einer Gefahr oft zu sehr beeindrucken und kann genau das Gegenteil dessen tun, was er eigentlich tun sollte. Man bezeichnet ihn als feurig, gesellig, äußerungsfreudig, enthusiastisch. Gefühlsbetont sein bedeutet zweifellos Reichtum, ist aber sehr oft auch ein Handikap: Gefühlserregtheit kann das Sprechen lähmen, insbesondere bei Prüfungen. Sie kann überstürzte Reaktionen auslösen, was auf Kosten der Vernunft bzw. vernünftiger Überlegungen gehen mag. Dies ist beispielsweise die Ursache vieler Unfälle im Straßenverkehr.

Die Schrift des Emotionalen ist durch folgende Merkmale gekennzeichnet: unproportioniert, groß, mit wellenförmigen Zeilen, schnell, nuanciert, offen, rechtsschräg, ungleicher Druck, bewegt, mit zahlreichen kleinen Unregelmäßigkeiten, Zerhackungen, Spannung im Strich, unterbrochenen Bindungen. Sie kann klein, konzentriert und druckstark sein oder groß mit schwungvoll vorausgeworfenen Zügen.

Nicht gefühlsbetont sein? Das bedeutet, vieler Freuden beraubt, ziemlich wenig empfänglich zu sein. Solche Menschen haben vor allem die Fähigkeit, alles mit großer Ruhe hinzunehmen. Was zwar bequem, aber weder lebensbeglückend noch immer angenehm für die anderen ist ... Es bedeutet aber auch, seine Verantwortung tragen, seine Reaktionen mäßigen, in einer Erwiderung den Pfeil gut abschießen.

Die Schrift des Nichtemotionalen ist im allgemeinen steil oder linksschräg, gleichmäßig, eher klein und proportioniert, nicht schnell, geradzeilig, druckstark, geordnet, ziemlich monoton, präzis, mit ungleichmäßigem Druck. Seine Schrift kann aber sogar schlaff, rund, sehr druckschwach sein.

Die Aktivität

Sie ist die natürliche Anlage zur Aktion, der Tätigkeitsdrang. Ihren Ursprung hat sie in einer Lebensenergie, die nicht notwendigerweise mit überschäumender Gesundheit einhergehen muß. Man kann unter nur mäßig gesunden Menschen, die immer leidend sind, sehr Aktive antreffen. Und reine Nichtaktive (man sagt hier nicht „Inaktive", der Ausdruck wäre falsch) trifft man auch unter Menschen voll natürlicher Kraft.

Die Aktivität definiert sich am besten mit dem spontanen Bedürfnis zu handeln, dem Drang, „etwas zu tun", sich beschäftigt zu fühlen. Der Beweggrund, sozusagen der Motor für die Aktivität ist das Interesse an dem, was man tut oder tun will. Ohne diesen Motor, den man in der Psychologie als „Motivation" bezeichnet, hat man nicht den Schwung, der zur Aktion treibt.

Es kann sein, daß die Aktivität infolge starker Gefühlsbewegung gehemmt, ja momentan sogar gelähmt ist. Es kann aber auch sein, daß eine Emotion Kraft verleiht, anspornt, stimuliert. Der Aktive, vor allem der „Überaktive", ist nie mit sich zufrieden, findet nie, daß er „alles getan hat, was er tun sollte".

Die Schrift des Aktiven ist schnell, steigend, voll Dynamik, winklig oder halbwinklig, die Oberzeichen stehen gewöhnlich rechts vom Buchstaben, die „t" sind deutlich durchstrichen, der Druck ist fett, manchmal kommen Häkchen vor, bisweilen lange Unterlängen. Die Unterschrift weist eine Paraphe auf. Die allgemeine Gliederung ist klar und proportioniert, der linke Rand gleichmäßig, die Zahlen sind präzise, die Schrift ist rechtsläufig und rhythmisch. Nichts, was die Bewegung verzögern könnte, zeigt sich – wenigstens im Prinzip nicht, denn in der Graphologie gibt es keine strenge, absolute Regel.

Das Gegenteil, der Nichtaktive, ist mit wenig zufrieden, begnügt sich, was die Arbeit betrifft, mit einem Minimum, läßt sich schwer in Schwung bringen, ist kaum kämpferisch, findet Vorwände aller Art, um dem Kampf auszuweichen. Pünktlichkeit zeichnet ihn kaum aus, er arbeitet schubweise, immer nur von der Notwendigkeit getrieben. Er ist nur „aus Lebensnotwendigkeit" aktiv. Er gehört in die Reihen jener, die schon am 1. Januar die Feiertage des Jahres zählen, voll Ungeduld den Urlaub und die Wochenenden erwarten, den Montag mit Schrecken (und schlechter Laune) nahen sehen. Zu Hause sind sie auch nicht beherzter, sie vertrödeln die Zeit, fangen allerlei an und machen nichts fertig.

Die Schrift des Nichtaktiven ist eher rund, fallend, monoton, mit kapriziöser, oft fehlender Interpunktion, mit schlecht geformten Zahlen, ungleichmäßigen, phantastischen Rändern, Verbesserungen und Hinzufügungen, wenig

Druck, mit einem konfusen, ungeordneten Gesamtbild, „hochgegangenen" Wörtern oder Buchstaben, großen Abständen zwischen Wörtern oder Silben.

Die Nachwirkung

Der Begriff ist scheinbar kompliziert, doch in Wirklichkeit handelt es sich ganz einfach um den erkennbaren Einfluß des Geschehenen auf uns. Entweder man vergißt es gleich, oder man erinnert sich lange daran. Man könnte sagen, daß die Nachtragenden zur zweiten Kategorie gehören.

Die Charakterologen operieren mit zwei Ausdrücken, die in ihren Diagnosen ständig wiederkehren: „Primärität" und „Sekundärität".

Der Primäre ist jener, an dem die Ereignisse abgleiten: er kann im Augenblick sehr beeindruckt sein, erinnert sich aber nicht lange daran, seine Begeisterung verfliegt rasch, er liebt Bewegung und Abwechslung.

Die Schrift des Primären weist einen von oben nach unten zunehmenden linken Rand auf, eine fehlerhafte Zeichensetzung, weniger Ordnung am Ende des Textes als am Anfang (die guten Vorsätze werden rasch vergessen), die letzten Zeilen sind konfus, die Schrift ist oft unvollendet, aber schnell, voll Dynamik, im allgemeinen unproportioniert, unregelmäßig, unruhig, ziemlich stark, doch ungleichmäßig im Druck, manchmal schwer lesbar.

Der Sekundäre ist das Gegenteil des Vorhergehenden: Ein Erinnerungs- und Gewohnheitsmensch, ordentlich, gründlich und genau, bleibt zutiefst geprägt von erlittenen Einflüssen, von allem, was ihn vom emotionalen Standpunkt beeindrucken konnte.

Die Schrift des Sekundären ist nüchtern, geordnet, verhalten, gemäßigt in Größe und Weite, steil, oft winklig, mit einigen Häkchen, kurzen Unterlängen, verschlossen, klein und dürr, präzise, mit gleichmäßigen Rändern.

Der Primäre überläßt sich den Eingebungen des Augenblicks und besitzt große Anpassungsgeschmeidigkeit. Die Sekundärität wird in Wirklichkeit als charakterlicher Reichtum angesehen, als Zustand des nicht zu starken Getriebenseins.

Die charakterologischen Typen

Da wir nun die drei Stützen der Charakterologie definiert haben, wollen wir zur Graphologie zurückkehren und zunächst die acht großen Charaktertypen klarlegen, die unterschiedliche Kombinationen nach den vorstehend erklärten Merkmalen darstellen. Die Abkürzungen bei den Figuren beziehen sich jeweils auf *E*motionalität (E), *A*ktivität (A) und *P*rimärität (P) oder deren Gegenteil (nE, nA, S).

Fig. 176: E nA P

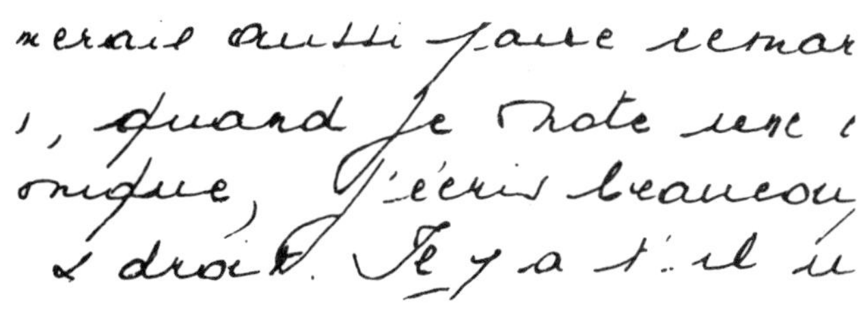

Der Nervöse = emotional – nichtaktiv – primär (Fig. 176)

Charakteristisch sind für ihn vor allem sein affektives Vagabundieren, seine Anfälle von Schwärmerei. Er ändert sich alle Augenblicke und folgt im wesentlichen seinen jeweiligen Neigungen. So macht er es auch bei der Arbeit, er ist nicht faul, sondern eher passiv und launenhaft; manchmal arbeitet er verbissen an etwas, wozu er sich plötzlich entschlossen hat, und manchmal bringt er sich mehr als langsam in Schwung. Seine Stimmungen sind sehr ungleich. Da er im charakterologischen Sinn des Ausdrucks primär ist, hat er heftige, intensive Emotionen, die jedoch nicht von Dauer sind. Er eignet sich nicht für aufgezwungene, langwierige Aufgaben. Insgesamt gesehen, braucht er Bewegung und Abwechslung. Der Nervöse liebt es, die Aufmerksamkeit auf sich zu lenken, er ist oft übertrieben in seinen Vorhaben, äußert sich, läßt es in seiner Lebensführung eher an Maß fehlen. Seine Impulsivität ist sehr ausgeprägt, außerdem berücksichtigt er die Realität nicht, er verzettelt sich und konzentriert sich nicht.

Seine Schrift weist oft Verzierungen auf, sinnlose Verlängerungen, ungleichmäßig aufgeteilte weiße Stellen, einen eher schwachen, auf jeden Fall unregelmäßigen Druck sowie Unregelmäßigkeiten aller Art, manchmal Buchstaben mit gesuchten Formen, überhöhte, aufgeblähte Majuskeln. Nichts Nüchternes, wie man sieht.

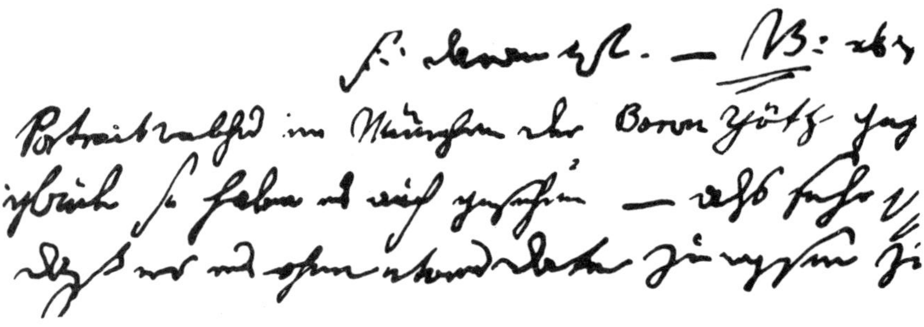

Fig. 177: W. A. Mozart – E nA P

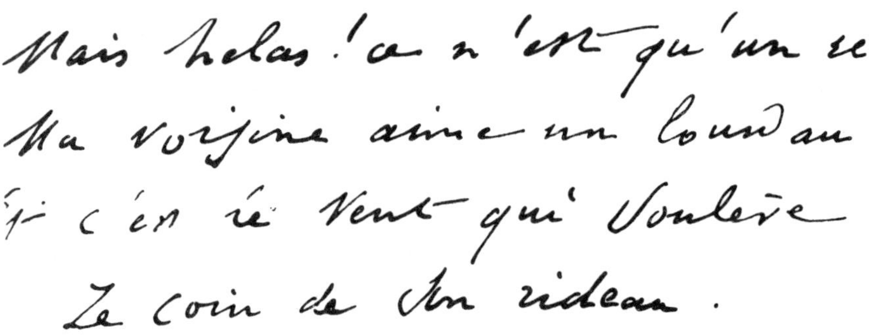

Fig. 178: A. de Musset – E nA P

Die Charakterologen führen unter den Nervösen Mozart an. Seine Schrift ist oben abgebildet, ebenso die eines weiteren Nervösen, Alfred de Mussets, des Dichters. Von Mozart läßt sich trotz allem schwer behaupten, er sei nicht sehr aktiv gewesen; denn in seinem kurzen Leben hat er eine erstaunliche Fülle größtenteils genialer Werke komponiert. Daß ihm die Zuchtrute nicht paßte, unter welcher ihn der Erzbischof von Salzburg halten wollte, der berühmte Colloredo, ist verständlich; man erinnere sich nur daran, daß die Auseinandersetzung zwischen den beiden Männern mit einem gewaltigen Fußtritt in den Allerwertesten des Musikers endete.

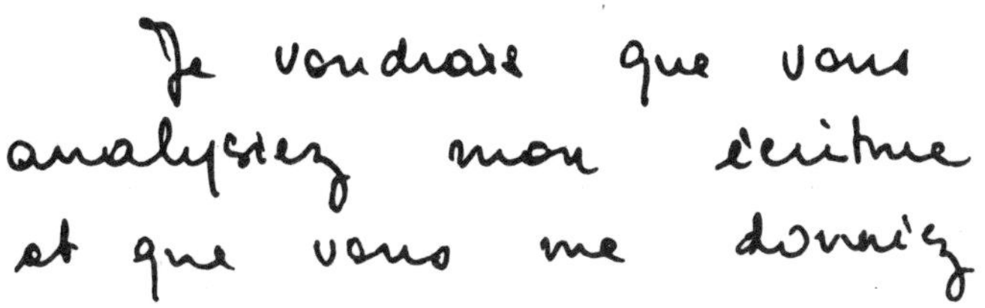

Fig. 179: E nA S

Der Sentimentale = emotional – nichtaktiv – sekundär (Fig.179)

Er ist ein Mensch von besonderer Heimlichkeit. Da er gefühlsmäßig sehr verletzlich ist, prägt ihn die geringste Sache zutiefst. Man könnte ihn gewissermaßen als offene Wunde, als den ewig Verletzten bezeichnen. Er paßt sich an Neues nicht an, flieht es sogar. Zu Grübelei, ja zu Zwang neigend, ist er fast so erregbar wie der Nervöse, aber melancholisch und sogar düster, was der Nervöse nicht ist. Er führt gern geheime Tagebücher, hat Skrupel und ist ein „Spezialist" für Gewissensbisse und Selbstanklage. Angst vor der Niederlage macht ihn schüchtern. Deshalb sucht er eher die Einsamkeit. Als hochgradiger Individualist hat er manchmal heftige Reaktionen, die jedermann überraschen. Er ist laut Dr. Resten (dem französischen Arzt, Graphologen und Charakterologen) ein unangepaßter Introvertierter mit ausgeprägten, raschen Stimmungswechseln.

Seine Schrift: verschlossen wie die Person, weist sie eine sehr regelmäßige Rechtsschräge auf, ist verhalten, gemessen, die Formen sind verengt oder in die Länge gezogen, die Bewegungen vorausgeworfen. Es ist ein langsames Schriftbild mit zahlreichen Neuansätzen im Wortinneren, auch mit großen, unregelmäßig verteilten Zwischenräumen.

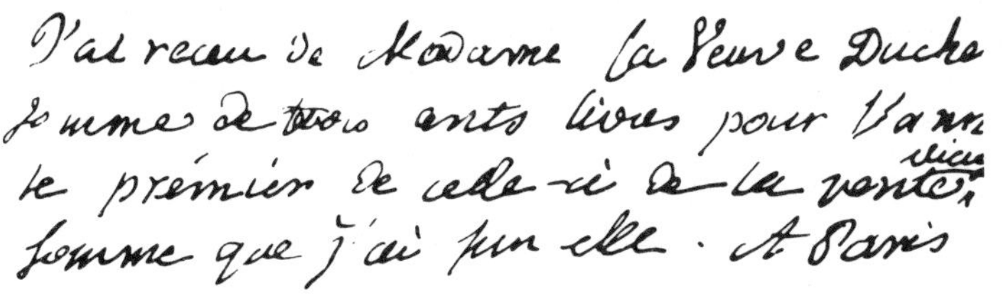

Fig. 180: Rousseau – E nA P

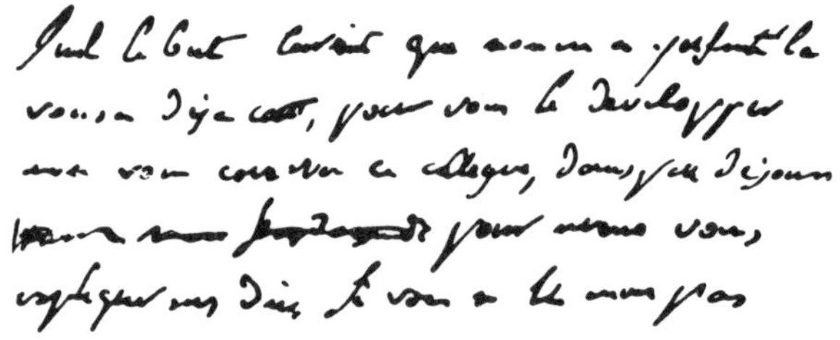

Fig. 181: Robespierre – E nA S

Die Charakterologen führen unter den typischen Sentimentalen Jean-Jacques Rousseau an und – Robespierre, den finsteren, grausamen „Unbestechlichen", den Mann der Schreckensherrschaft, der so viele Köpfe rollen ließ, bevor er den eigenen unter der Guillotine verlor.

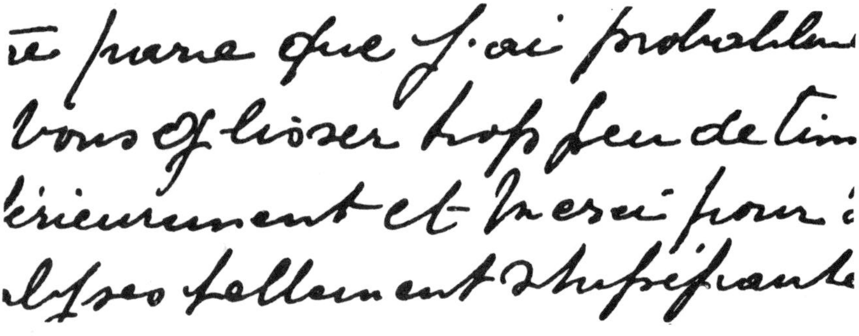

Fig. 182: E A P

Der Choleriker = emotional – aktiv – primär (Fig. 182)

Er ist vor allem ein Mensch der Tat, der die Gegenwart intensiv erlebt. Er liebt das Leben, ist groß im Vergessen, besonders dessen, was ihm unangenehm oder peinlich ist. Er ist überschwenglich, wenig zurückhaltend, hat eine erstaunliche Anpassungsfähigkeit an Menschen und Umstände. Er liebt die Politik, interessiert sich oft dafür.

Er ist ein höflicher, großzügiger Mensch, dem es an Maß fehlt. Im Umgang mit anderen ist er vertraulich, „ganz rundheraus". Er spricht gern und weiß zu überzeugen. Außerdem ist er ein erregbarer, kämpferischer, streitlustiger Impulsiver, der die Veränderung liebt. Als Optimist ist er ganz nach außen gewandt, ein Innenleben – im psychologischen Sinn – gibt es bei ihm nicht.

Seine Schrift: starker, manchmal dickflüssiger Druck, gekreuzte, vorausgeworfene, keulenförmige Züge, große Bewegungen, Spontaneität, wellenförmige Zeilen, schwankende Schriftlage, allgemeine Dynamik.

Hier zwei Schriftproben von Cholerikern: George Sand, die Dichterin, und Mirabeau, der berühmte Volkstribun.

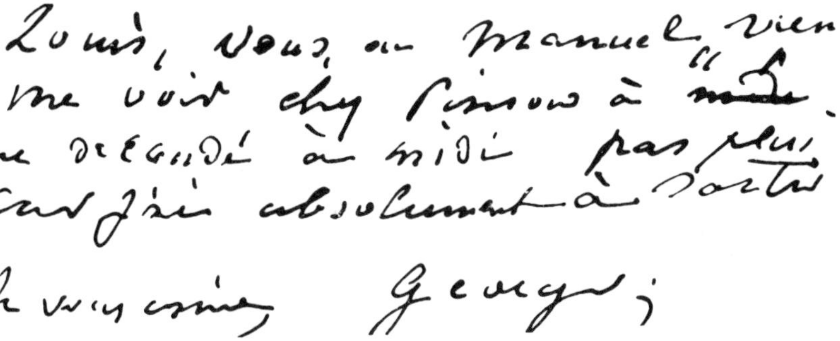

Fig. 183: George Sand – E A P

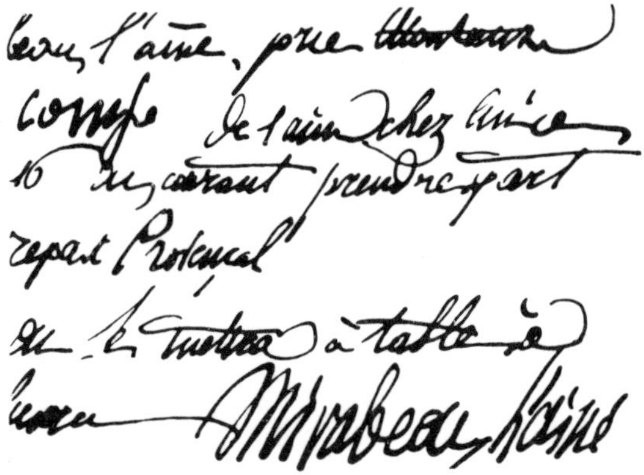

Fig. 184: Mirabeau – E A P

Der Leidenschaftliche = emotional – aktiv – sekundär (Fig. 185)

Ein intensiver Charakter, eine starke Persönlichkeit. Es gibt viele berühmte Leidenschaftliche. Zeitlich am nächsten steht uns General de Gaulle. Zu ihnen zählen aber auch Beethoven, Berlioz, Dante, Racine, Molière, Pascal, Nietzsche, Tolstoi, Michelangelo, Condé, Richelieu, Ludwig XIV., Cromwell, Napoleon, Hitler, Mussolini, Descartes, Bossuet, Zola, Claudel, Pasteur ... Der Leidenschaftliche ist nach seiner charakterologischen Formel gleichzeitig von der Vergangenheit und dem Gedanken an eine ferne Zukunft geprägt. Er ist auch ein großer Aktiver, ein Mensch, der sich nicht scheut, schwere Verantwortung zu übernehmen und folglich zu befehlen. Fester, tatkräftiger Ehrgeiz erfüllt ihn. Er strebt immer auf das Ziel zu, das er sich gesetzt hat, lebt fast nur für seine Arbeit – und sein Ideal. Der Leidenschaftliche ist oft hart, streng, anspruchsvoll, trotzdem kann er in (seltenen) Momenten der Entspannung zärtlich, liebevoll und freudestrahlend sein. Ein Prinzipienmensch von großer moralischer Strenge, im allgemeinen aber äußerst stolz und dem materiellen Vergnügen kaum zugetan.

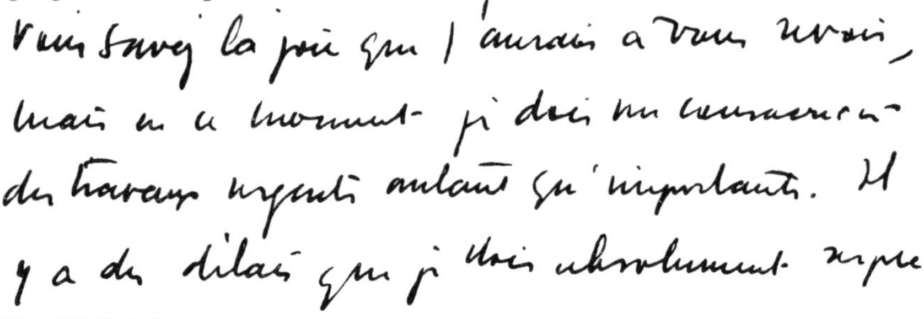

Fig. 185: E A S

Seine Schrift ist nüchtern, vereinfacht, meist winklig, von starkem, regelmäßigem Druck, schnell, rechtsläufig, mit horizontalen oder steigenden Zeilen, gruppiert oder verbunden, manchmal überverbunden. Es ist eine feste Schrift, die jedoch den Stempel der Spannung trägt, unter der ihr Urheber ständig steht. Daher eine bestimmte Dürre der Formen: keine Aufblähungen und Schnörkel wie beispielsweise beim Nervösen.

Schriftproben von zwei Leidenschaftlichen: Beethoven und Pasteur.

Fig. 186: Beethoven – E A S

Fig. 187: Pasteur – E A S

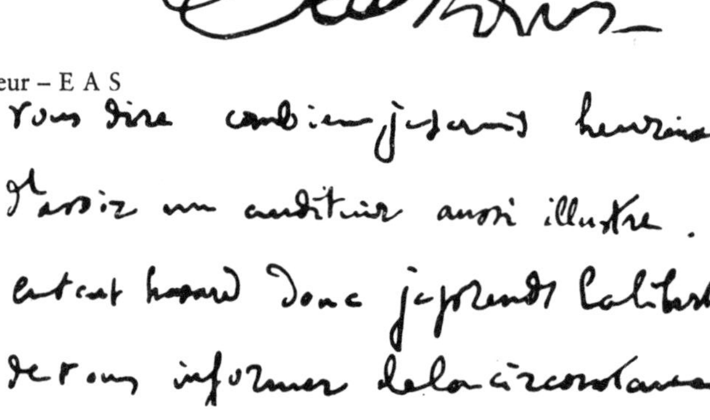

Der Sanguiniker = nichtemotional – aktiv – primär (Fig. 188)

Er ist ein schneller Impulsiver, im Extremfall (wie Le Senne erklärt) ein seelenloser Geist. Er stützt sich auf die Wahrnehmung und Analyse der Außenwelt.

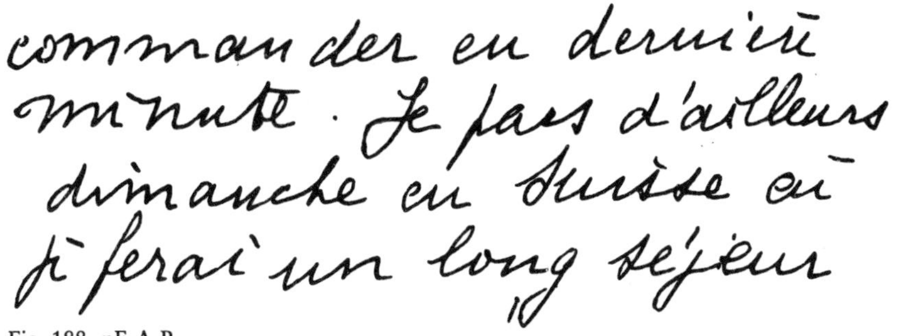

Fig. 188: nE A P

Sanguiniker lieben die Welt, verstehen es aber, dabei gesetzt, sogar kalt zu bleiben; sie nehmen an der Erregung der anderen nicht teil. Ihre Emotionen sind seicht. Sie sind Realisten und Praktiker, haben oft Humor, sind höflich, aufmerksam im Auftreten. Der Sanguiniker liebt die Bewegung, den Sport, Tafelfreuden und Sinnesfreuden im allgemeinen, ohne jedoch in Affektivität (sagen wir, Sentimentalität) zu verfallen. Er ist sehr praktisch, voll Initiative, auch von manueller Geschicklichkeit, hat Beobachtungsgabe, Geistesgegenwart. Bemüht sich um Objektivität. Er liebt das Geld, ist egoistisch, utilitaristisch und opportunistisch. Ihn erfüllt große intellektuelle Neugier, er bezeigt hohe Anpassungsgeschmeidigkeit, ist aber gern skeptisch. Die Wissenschaft interessiert ihn. Er neigt kaum zu großen Herzensergüssen in der Liebe, gibt sich eher zynisch. Insgesamt gesehen, ist er ein kalter, praktischer, pragmatischer, vorsichtiger und überlegter Mensch, der nicht zögert zu lügen, wenn seine Interessen es erfordern.

Seine Schrift ist ungezwungen, rund, von bewegtem Strich, mit oft verschönerten, geschmückten Majuskeln, eher groß und rhythmisch, mit langen Ober- und vor allem Unterlängen.

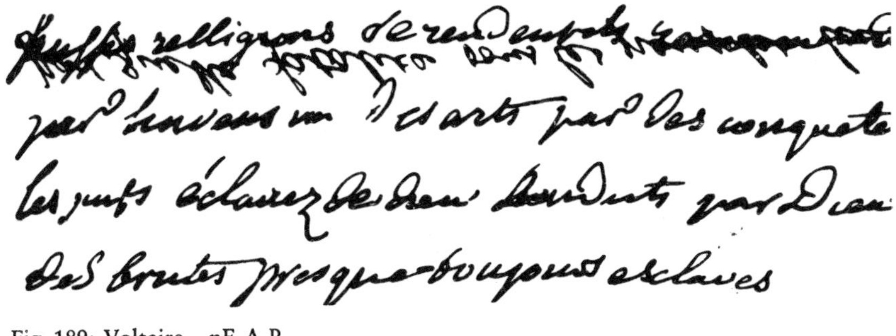

Fig. 189: Voltaire – nE A P

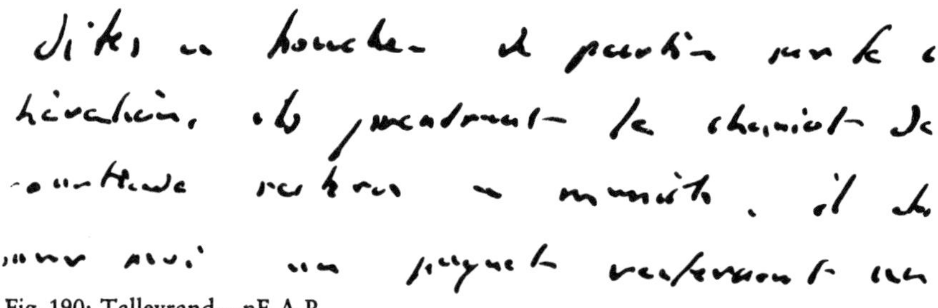

Fig. 190: Talleyrand – nE A P

Von den Charakterologen werden unter berühmten Sanguinikern Voltaire und Talleyrand genannt. Alle beide waren von unvergleichlicher Intelligenz, bewahrten unter vielerlei Umständen unerschütterliche Ruhe und antworteten den Großen ihrer Zeit mit Gelassenheit und Geist, der eine Ludwig dem XV., der andere Napoleon. Gemeinsam hatten sie die Liebe zum Geld.

Der Amorphe = nichtemotional – nichtaktiv – primär (Fig. 191)

Er steht, was den Reichtum und die Intensität der Persönlichkeit anbelangt, in einer Reihe mit dem Apathischen. Er ist ein Fauler, Nachlässiger; obwohl intelligent, läßt ihn das Geschehen rundum oft gleichgültig. Im Vordergrund stehen bei ihm seine inneren Organe und seine organischen Bedürfnisse, ein Gebiet, auf dem er sehr undiszipliniert ist. Er ist egoistisch, liebt keine starren Rahmen, keine Gesetze, Regeln, Tabus. Der Amorphe kann konziliant sein, aber er ist es aus Gleichgültigkeit. Er kann auch ausgeprägte passive Hartnäckigkeit beweisen. Vergangenheit und Zukunft lassen ihn gleichgültig. Er hat oft Begabung für Musik und Theater.

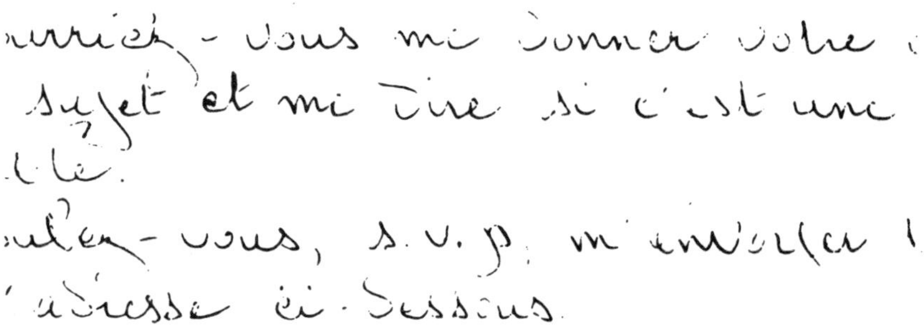

Fig. 191: nE nA P

Seine Schrift ist drucklos, schlaff, mit spannungslosen Formen, oft ungestalten Ovalen, impulsiven Schlußzügen in ungeordneter Richtung, feinen, eher langen, nicht verhaltenen „t"-Strichen. Der allgemeinen Richtung fehlt es an Festigkeit, die Schrift ist langsam, die Majuskeln sind groß, weit. Das Gesamtbild ist beschlagnehmend und ungeordnet.

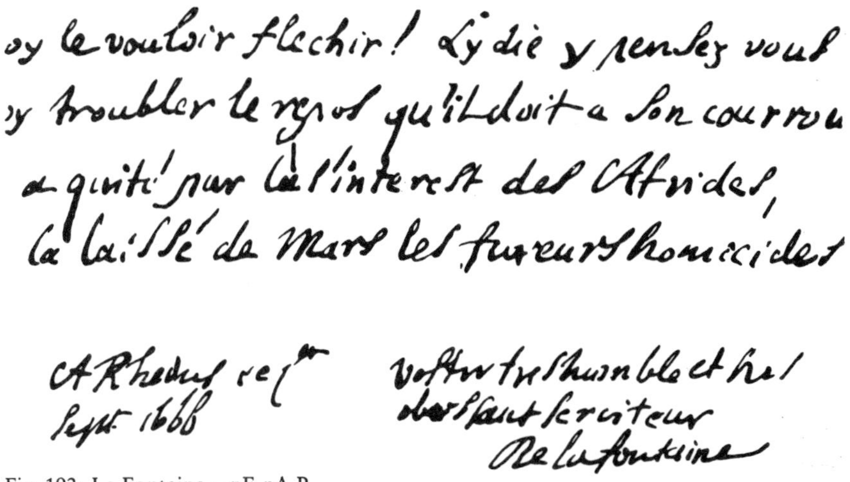

Fig. 192: La Fontaine – nE nA P

Unter den berühmten Amorphen finden sich vor allem Schauspieler. Auch La Fontaine, der große Fabeldichter. Man braucht nur seine Biographie zu lesen, um sich zu überzeugen, daß er wirklich ein (liebenswerter) Amorpher war.

Ludwig XV. ebenfalls, wenn auch in ganz anderer Art.

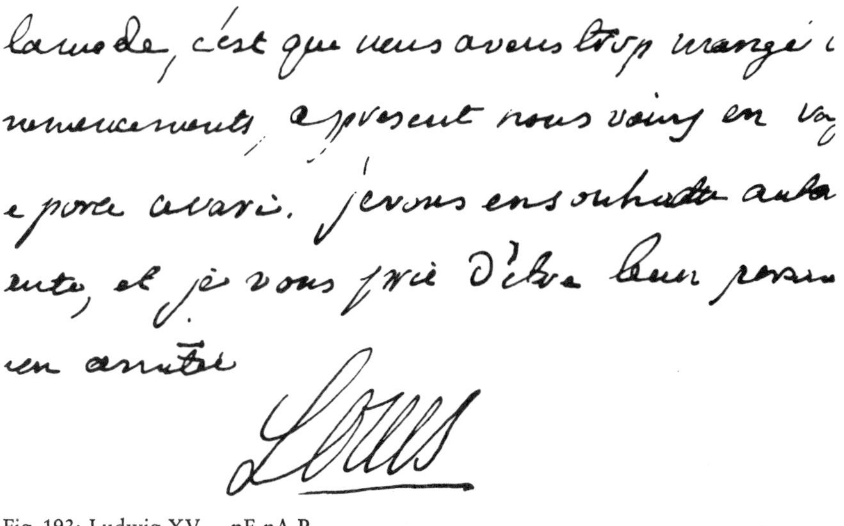

Fig. 193: Ludwig XV. – nE nA P

Der Apathische = nichtemotional – nichtaktiv – sekundär (Fig. 194)

Kaum interessanter als der Amorphe, ist er in erster Linie ein verschlossener, zugeknöpfter Mensch. Er lacht nicht, ist nicht fröhlich, seine inneren Grübeleien sind banal und kalt, nichts anderes. Er ist äußerst eigensinnig und nachträgerisch, oft mehr als mittelmäßig borniert. Er liebt die Einsamkeit: Kinder und Tiere stören, reizen ihn. Er ist ein friedlicher, ruhiger, egoistischer und melancholischer Mensch, der einen strengen Erzieher abgeben kann, und manchmal grausam. Er brilliert weder mit Herzens- noch mit geistigen Qualitäten.

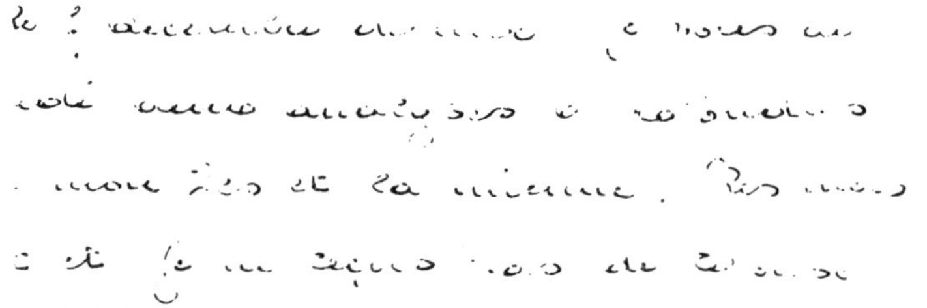

Fig. 194: nE nA S

Seine Schrift: ein runder, stagnierender, regelmäßiger, manchmal starrer Strich ohne Phantasie oder Unvorhergesehenes, äußerst monoton.

Es ist normal, daß solche Schwächlinge nicht oft von sich reden machen; die Charakterologen nennen übereinstimmend zur Veranschaulichung dieses Typs einzig den unglücklichen Ludwig XVI. Er vermochte nichts, als mit viel Würde aufs Schafott zu steigen.

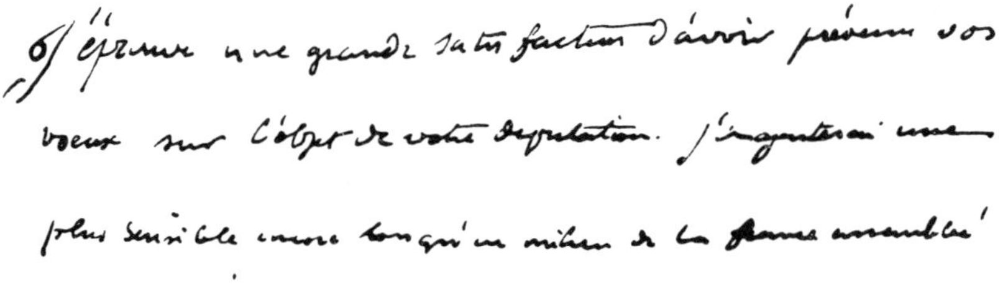

Fig. 195: Ludwig XVI. (März 1789) – nE A S

Der Phlegmatiker = nichtemotional – aktiv – sekundär (Fig. 196)

Hier begegnen wir einem viel interessanteren Typ als dem maskenhaften Apathischen oder dem gleichgültigen Amorphen. Der Phlegmatiker ist einfach, ruhig, erscheint sehr wenig aufnahmefähig für das, was um ihn vorgeht. Er liebt die Stille, hält an seinen Gewohnheiten fest, erweist sich als stetiger, fähiger, immer beschäftigter Arbeiter. Er ist geduldig, ausdauernd, hartnäckig, von gleichmäßiger Stimmung, Prinzipien und Zeremonien verbunden.

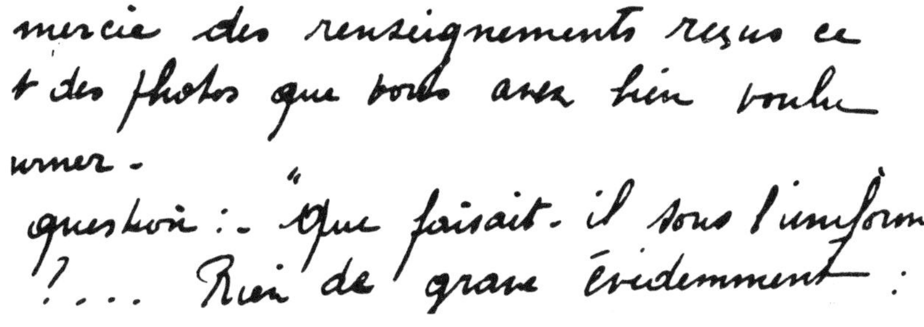

Fig. 196: nE A S

Unter den Phlegmatikern findet man die meisten Theoretiker und Philosophen (führen wir Leibniz, Kant und Bergson an). Außerdem stößt man bei ihnen auf den meisten Humor. Man kann hinzufügen, daß ihre Lieblingsmaxime das „Wait and see“ der Briten ist. Daher ihre Langsamkeit auf allen Gebieten. Sie sind intelligente, sachliche, beobachtende Menschen ohne Poesie und Phantasie. Der Phlegmatiker kann einen mustergültigen Verwaltungsmenschen abgeben, ist methodisch und äußerst organisiert, pünktlich auf die Sekunde.

Seine Schrift ist sehr stabil, gemäßigt auf allen Gebieten, nicht zu druckstark, ohne große Bewegungen, fortlaufend und regelmäßig, aber ohne Monotonie, homogen, eher gruppiert, mit gemäßigter, gut proportionierter Größe und Weite, eher beschleunigt, auf jeden Fall schnell.

Hier zwei Schriftproben von Phlegmatikern (gemäß den Charakterologen wie stets): den beiden Philosophen Leibniz und Bergson.

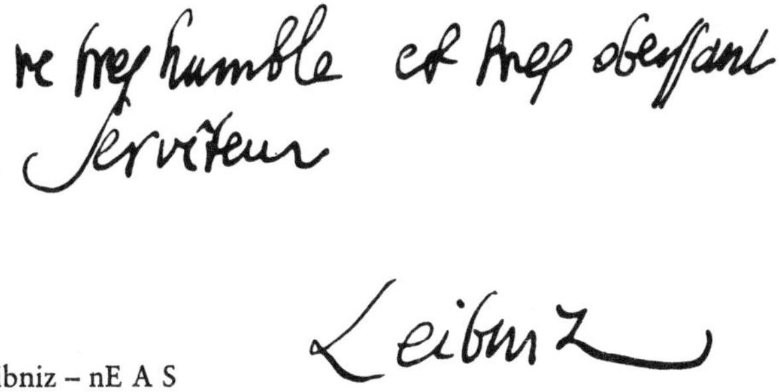

Fig. 197: Leibniz – nE A S

Fig. 198: Bergson – nE A S

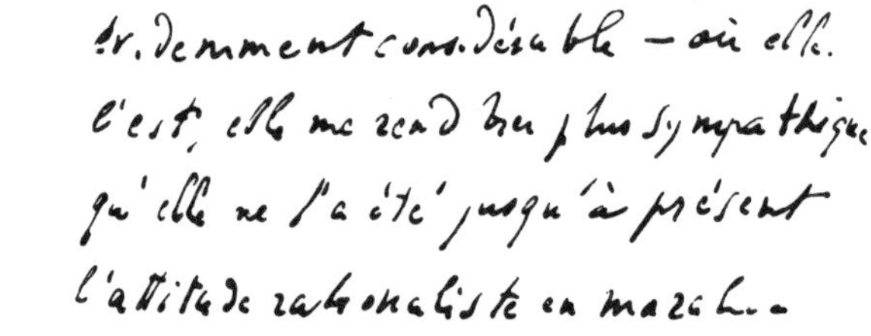

Der Mensch ist kein Skelett

Wir haben nun die acht charakterologischen Typen Revue passieren lassen und jedesmal Beispiele dazu gebracht, die teils von Berühmtheiten, teils von anonymen Schreibern stammen.

Natürlich trifft man diese acht charakterologischen Typen nur sehr selten im Reinzustand an; fast immer liegt eine Mischung aus zwei, manchmal drei Typen vor, aber der eine oder andere Typ herrscht vor. Ambivalenzen sind ziemlich selten – folglich ist es möglich, die untersuchte Person in die generellen Rahmen einzuordnen; aber (darauf verweise ich nachdrücklich) die Charakterologie liefert nur das *Skelett des Charakters.* Dazu kommt alles, was der Mensch an Persönlichkeit mitbringt, was jeder von uns an Einmaligem, Unersetzlichem hat; dies verändert das allgemeine Bild, das hier von den verschiedenen Kombinationen aus *Emotionalität, Aktivität* und *Nachwirkung* gezeichnet wurde.

Prüfen Sie nun Ihre eigene Schrift, versuchen Sie zu bestimmen, in welche Kategorie Sie gehören: das wird Ihnen die Erstellung Ihrer graphologischen Analyse erleichtern.

Man muß sich selbst beurteilen können, bevor man andere beurteilt... Man muß „zuerst vor seiner eigenen Tür kehren“.

17. Die Typologien

Immer wieder kann man hören, die Klassifizierungen seien ersonnen worden, damit es die Spezialisten bequemer hätten; in Wirklichkeit aber gäbe es nur Individuen. Wir haben jedoch schon im Zusammenhang mit der Charakterologie gesehen, daß es Kategorien von Typen gibt, deren Verhalten und Reaktionen sich beschreiben und denen sich dann individuelle Ausprägungen zuordnen lassen. Immer handelt es sich um einen Annäherungsbegriff (Idealtypus) als eine Art Extremfall, dem gegenüber der Einzelfall (Realtypus) steht. Mehrere „Typologien" (Methoden zur Charakterisierung der menschlichen Typen) wurden von Gelehrten verschiedener Länder ausgearbeitet.

Nach der Mischung der Körpersäfte unterschied schon Hippokrates vier Temperamentsformen. Heute gibt es Systeme, die von der Konstitution ausgehen (E. Kretschmer), von den vorherrschenden psychologischen Funktionen (C. G. Jung), von den psychopathischen Funktionen (Delmas und Boll) und andere Klassifikationen (wie z. B. jene von W. H. Sheldon).

Es wäre jedoch nicht gut, sich in zu viele Einzelheiten zu verlieren. Im allgemeinen halten sich die Graphologen an bestimmte große typologische Klassifikationen. Sie stützen sich auch auf die psychologischen Funktionen von Professor Jung, die auf graphologischer Ebene von seiner Jüngerin und Schülerin, der Psychoanalytikerin und Graphologin Anja Teillard, in bewundernswerter Weise untersucht wurden. Von den Graphologen werden auch die Klassifikation von Kretschmer sowie jene von Delmas und Boll verwendet.

Die Temperamente

Zum erstenmal wurden die Temperamente von dem berühmten griechischen Arzt Hippokrates beschrieben bzw. präzise dargestellt. Hippokrates, um 460 v. Chr. auf der Insel Kos geboren, war der Begründer der Methode der klinischen Beobachtung. Er hatte eine Heilkunde ausgearbeitet, die bereits auf dem Boden unserer modernen psychosomatischen Medizin angelegt war.

Hippokrates unterschied nach der Mischung der Körpersäfte des Blutes, des Schleimes, der „schwarzen" und „weißen" Galle den Sanguiniker, den Phlegmatiker, den Melancholiker und den Choleriker.

Dr. Carton, der sich besonders intensiv dem Studium der Temperamente widmete *(Diagnostic et conduite des tempéraments)*, hat in wenigen lapidaren Sätzen das Verhalten dieser vier großen Kategorien menschlicher Typen zusammengefaßt:

- Der Choleriker unternimmt, entscheidet, reißt mit, erforscht;
- der Lymphatische (vergleichbar dem Phlegmatiker) verweilt, vergleicht, adjustiert und betrachtet;

- der Nervöse (vergleichbar mit dem Melancholiker) ist unruhig, kombiniert, sucht, erregt;
- der Sanguiniker ersinnt, entdeckt, rührt sich, gerät in Leidenschaft.

Grundsätzlich müßte jeder von uns diese vier Tendenzen zu gleichen Teilen in sich vereinigen; doch in Wirklichkeit gibt es diese Idealtypen nicht. In Wirklichkeit herrschen höchstens Züge des einen oder andern Typs vor, und in den verschiedensten Abstufungen ergibt dies eine endlose Skala variierender Temperamente.

Dr. Carton setzte die Temperamente in Beziehung mit den *Instinkten,* denen vier anatomische Systeme zuzuordnen seien; er unterschied:

- den nutritiven und reproduzierenden Instinkt, der abdominal und lymphatisch ist;
- den vitalen und respiratorischen Instinkt, der thorakal und sanguinisch ist;
- den psychischen oder intellektuellen Instinkt, der zerebral und nervös ist;
- den individualistischen, unifizierenden und motorischen Instinkt, der osteomuskulär und gallsüchtig ist.

In den Arbeiten anderer Fachleute, besonders jenen von Dr. Périot, wird ausgeführt, im Idealfall entspreche die Kindheit der lymphatischen Tendenz, die Jugend sei mit der sanguinisch-sexuellen Formung verbunden, die Reife entspreche der cholerischen Tendenz, das Alter der lipoid-nervösen Funktion.

Woran erkennt man in der Schrift, welches Temperament vorherrscht (wie gesagt, kein Temperament kommt im Reinzustand vor)? In großen Zügen an folgendem:

Der Choleriker oder Gallsüchtige hat eine feste, mehr oder weniger winklige, im Druck ziemlich fette, scharfe Schrift, deren Schlußzüge spitz zulaufen. Oft weist seine Schrift viele gekreuzte Züge auf, vor allem bei den „t". Sein Schriftbild zeigt ziemlich deutliche und feste vertikale Striche, steile Anfangsbuchstaben, kurze Endungen, keine Schnörkel und kaum Kurven (Fig. 199).

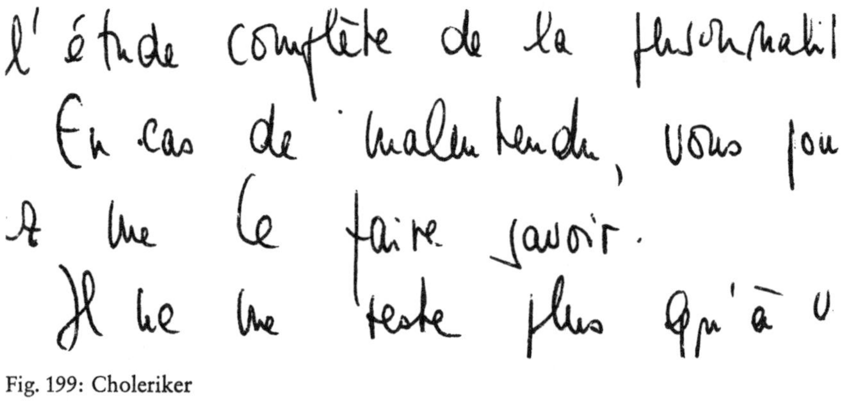

Fig. 199: Choleriker

Der Lymphatische, das Gegenteil des Gallsüchtigen, hat einen trägen, runden, schlaffen, langsamen, etwas unbeständigen Strich. Er drückt kaum auf das Schreibwerkzeug. Oft sind die Formen an der Basis verbreitert, die Bindungen sind rund, der Gesamteindruck ist ruhig und gesetzt (Fig. 200).

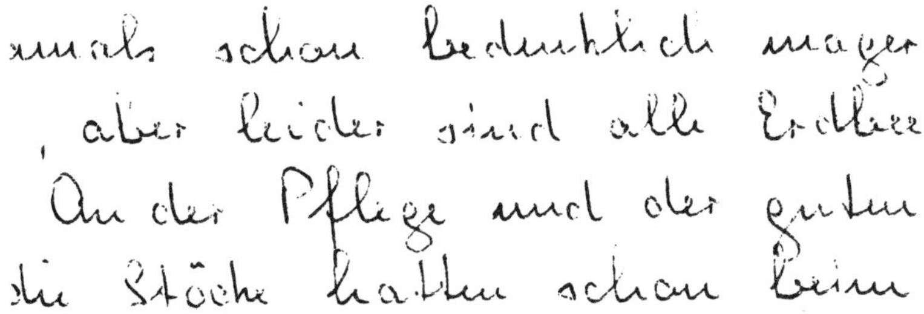

Fig. 200: Lymphatischer

Hat er einen druckschwachen Strich, dann ist er ein Träumer, ein Beschaulicher, ein beeinflußbarer, formbarer Mensch. Schreibt er druckstark, dann ist er ein Sinnlicher, ein im wesentlichen praktischer Mensch, der sich vor allem für manuelle Dinge eignet. Eine regelmäßige Schrift bei einem Lymphatischen schließlich kündet von Überlegung, Nachdenken, Unterordnung unter die Gewohnheiten auf allen Gebieten.

Der Nervöse gibt sich in seiner Schrift an zahlreichen Unregelmäßigkeiten von Größe, Weite, Druck und Schriftlage zu erkennen, an einem lebhaften, ja schnellen Tempo, an fragmentarischen, zerhackten Wörtern. Die Unruhe, die abgehackten Bewegungen machen den Text manchmal schwer lesbar. Die Schrift des Nervösen wirkt außerdem oft etwas knapp und mager, was den Zustand der Unbeständigkeit, der steten Unzufriedenheit und Unruhe veranschaulicht, in welchem der Nervöse lebt (Fig. 201).

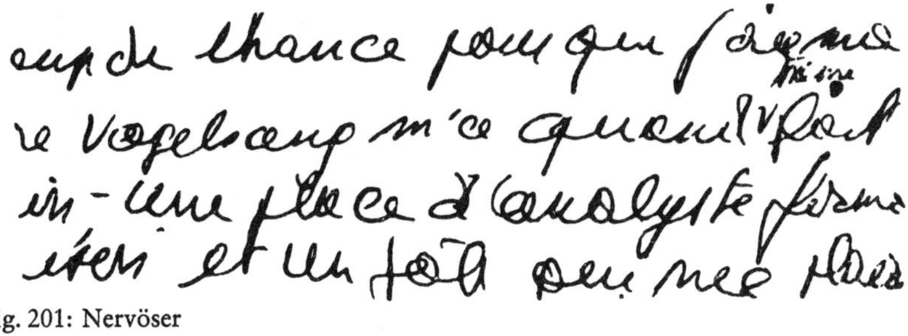

Fig. 201: Nervöser

Den Sanguiniker erkennt man an seinen geschmeidigen, großzügigen Bewegungen. Sein expansives Naturell, seine Imagination, seine Lebenslust drücken sich vor allem in runden Formen aus, aber nicht wie beim Lymphatischen. Die

Buchstaben sind erweitert, aufgebläht, bewegt, häufig mit langen, überflüssigen Strichen oder anmutigen Kurven verreichert.

Der Sanguiniker ist ein äußerungsfreudiges Wesen, ein Verschwender, ein Überschwenglicher mit einem Urteil, das gelegentlich zu wünschen übrig läßt ... Doch wenn er will, kann er ein unvergleichlicher, mutiger Tatmensch sein (Fig. 202).

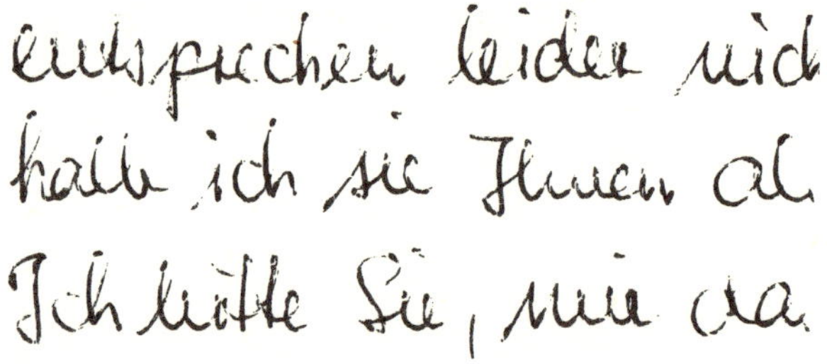

Fig. 202: Sanguiniker

Fügen wir hinzu, daß man dem Gallsüchtigen mit Festigkeit beikommt, dem Nervösen mit Vernunftgründen, dem Sanguiniker mit dem Gefühl, dem Lymphatischen mit Sanftmut. Der Gallsüchtige braucht Anerkennung, der Nervöse Ruhe, der Sanguiniker Maß und der Lymphatische Schwung.

Die psychologischen Typen

Es sei daran erinnert, daß Anja Teillard in ihren Arbeiten diese Klassifikation am klarsten darstellte und deren Entsprechungen in der Schrift am besten erforschte *(Schrift und Seele,* Leipzig 1933).

Denken Fühlen	} rationale Funktionen
Empfinden Intuition	} irrationale Funktionen

Das Denken zeigt auf, was das Wahrgenommene bedeutet. Es entspricht einer nüchternen, vereinfachten, kleinen, feinen, luftigen, ziemlich gesperrten, verbundenen, runden, geordneten, rechtsläufigen, konzentrierten Schrift mit Scharfzügen am Wortende, mit schwachen, kurzen Unterlängen und (meist) typographischen Majuskeln.

Das Fühlen oder Gefühl vermittelt uns den Wert, den irgendein Ding für uns hat; es ermöglicht uns zu beurteilen, was angenehm und was unangenehm ist. Es entspricht einer großen, weiten, erweiterten Schrift mit winkligen Girlanden, unveränderlicher Schriftlage, Schlußzügen in offenen Kurven, einem leicht teigigen, samtigen Druck und einem geordneten Gesamteindruck. So schreiben oft Dichter oder Künstler.

Das Empfinden oder die Empfindung konstatiert – ohne es zu erklären –, was um uns vorhanden ist. Es ist die Wahrnehmung, die Funktion des Realen. Das zeigt sich in der Schrift von praktischen, sich zu helfen wissenden Menschen. Es entspricht einer großen oder mittleren, im Druck teigigen, manchmal schmierigen, schrägen, kompakten, schweren, stabilisierten Schrift mit vorherrschenden Unterlängen.

Die Intuition ist die spontane Kenntnis der Dinge, eine aus dem Unbewußten kommende Funktion des Verstehens. Wie bei den Temperamenten, geht es auch hier darum, die vorherrschende Funktion oder Hauptfunktion zu bestimmen; gewöhnlich dient ihr eine zweite, manchmal sogar eine dritte als Hilfsfunktion. Die Intuition erzeugt Erfinder und Mystiker. Man erkennt sie an einer druckschwachen, feinen, im Rhythmus ungezwungenen und leichten, unverbundenen oder gruppierten, kombinierten, vollen und vereinfachten Schrift, Originalität in den Oberlängen, Unterlängen in Form von Schalen, Unregelmäßigkeiten und Bewegtheit.

Generell läßt sich sagen:

- *das Denken* verkleinert und konzentriert den Strich,
- *das Fühlen* vergrößert, erweitert ihn und macht ihn weich,
- *das Empfinden* macht ihn schwer und stabilisiert ihn,
- *die Intuition* macht ihn leicht, gibt ihm Bewegung, Rhythmus und manchmal Unbeständigkeit.

Die fünf psychopathischen Konstitutionen

Auch sie stellen laut Dr. Delmas (Anstaltsarzt) und Dr. Boll (Wissenschaftler, Autor von *La personnalité humaine,* Paris 1938) Beobachtungsrahmen dar, die dem Graphologen beim Studium und Verständnis eines Schreibers helfen können.

Die paranoische Konstitution (Deformation der Gier)

Ausdruck ist die übermäßige Neigung zum Stolz. Der Paranoiker liegt ständig mit der Außenwelt in Konflikt, ist ein geborener Prozeßsüchtiger. Natürlich gibt es hier alle Abstufungen vom Normalen bis zum Abnormalen. Ein anderes Charakteristikum des Paranoikers: Gier. Er ist ein Mensch des zum äußersten getriebenen Ichkults, ein Exhibitionist, verachtet die Gesellschaft, gibt sich mißtrauisch, kurz, ist sozial nicht angepaßt. Oft Misanthrop.

Seine Schrift: in pathologischen Fällen monoton, kalt und unpersönlich, mit zahlreichen Retouchen (Hinzufügungen, Verbesserungen). Andernfalls: überhöht, aufgebläht, weit, steigende Zeilen, übertrieben oder auch rückläufig, steil, sogar linksschräg, kondensiert, mit verschlungenen Buchstaben, gehemmt, mit einem komplizierten Strich voller Uneinheitlichkeiten, Übertreibungen, Exzentrizitäten, häufig wechselndem Verlauf, allgemeiner Unordnung (ein Zeichen von falschem Urteil). Die Schrift kann auch vorausgeworfen sein, ungestüm, scharfzügig, bizarr, unzusammenhängend, konfus, zu winklig oder zerhackt und ausgefüllte Ränder (soziale Unangepaßtheit) aufweisen (Fig. 203).

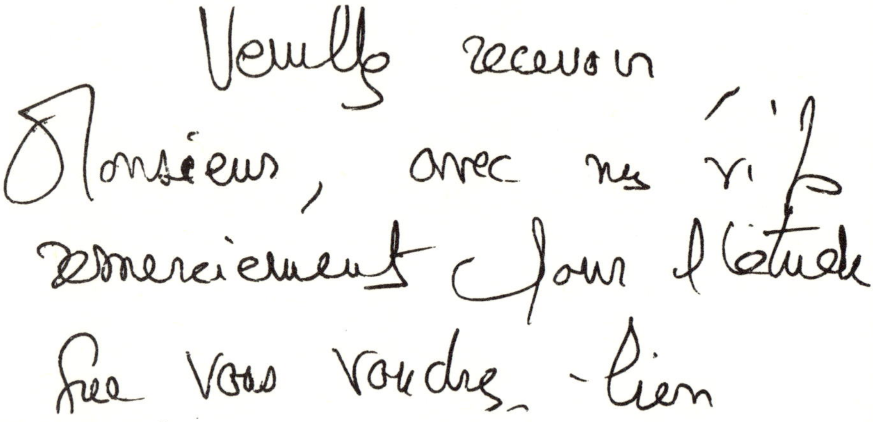

Fig. 203: Paranoiker

Die zyklothyme Konstitution (Deformation der Aktivität)

Sie äußert sich als Übermaß oder Fehlen von Aktivität. Manisch-depressive Tendenz, heute himmelhoch jauchzend, morgen zu Tode betrübt; die Zyklothymen sind erregt oder deprimiert. Sie sind infolge ihrer plötzlichen Stimmungswechsel die verwirrendsten, irreführendsten Menschen, die man sich vorstellen kann: heute wollen sie alles unternehmen, umwälzen, morgen liegen sie im Bett.

Ihre Schrift weist gewöhnlich zahlreiche Kurven auf, ist oft vergrößert, unregelmäßig, übertrieben oder zu gehemmt. Und natürlich prägen die Stimmungsschwankungen sie stark, machen sie unbeständig und wechselnd (Fig. 204 und 205).

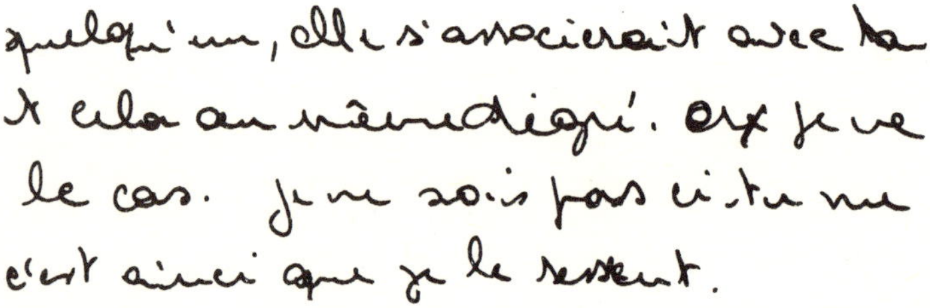

Fig. 204: Zyklothyme

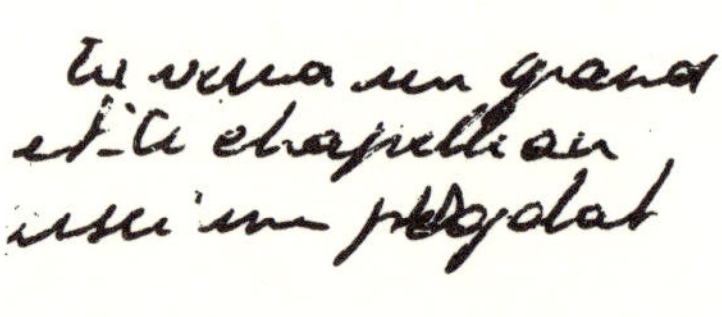

Fig. 205: Zyklothymer

Die mythomane Konstitution (Deformation der Geselligkeit)

Das ist die Neigung, die Tatsachen umzuwandeln, Lügen zu erfinden und Komödie zu spielen. Übersteigertes Bedürfnis zu gefallen, Interesse zu erregen. Übermäßiger Widerspruch zwischen dem, was man fühlt und was man äußert. Lüge durch Anschönen. Beispiele von Mythomanen: Nartarin, Numa Roumestan, der Lügner von Corneille. Es steht außer Frage, daß diese Veranlagung ernste Schwierigkeiten verursachen und das Verhalten völlig verfälschen kann.

Die Schrift weist Übertreibungen aller Art und natürlich Anzeichen von Lüge auf (Fig. 206 und 207).

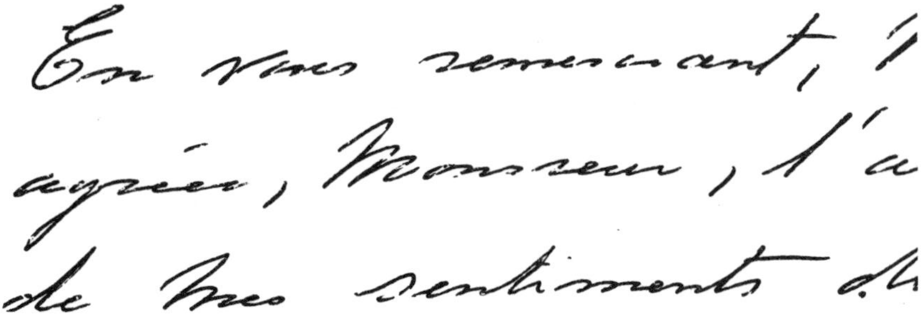

Fig. 206: Mythomanin

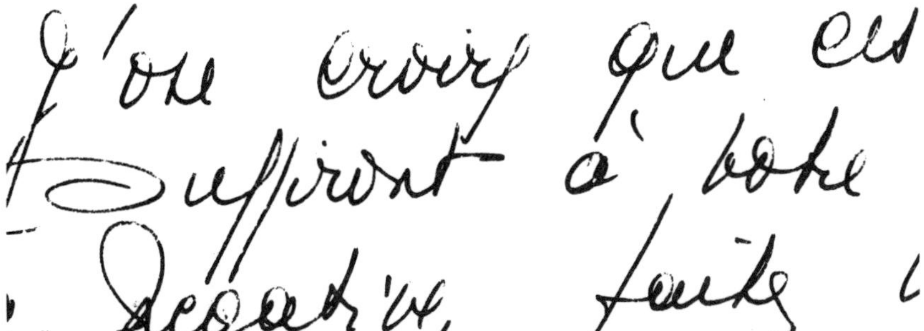

Fig. 207: Mythomaner

Die hyperemotionale Konstitution (Deformation der Emotionalität)

Solche Menschen sind sensibel und gleichzeitig explosiv, leiden an Obsessionen, Phobien, übermäßiger Angst, kurz: an allen krankhaften Übersteigerungen seines Zustands.

Die Schrift: unregelmäßiger, zerhackter Strich, Verbesserungen und Hinzufügungen, verdrehte Schriftzüge, Zerstückungen, zwischendurch Zitterzüge (Fig. 208).

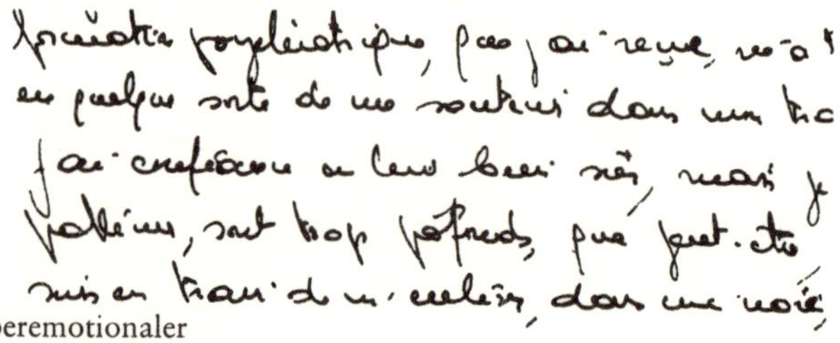

Fig. 208: Hyperemotionaler

Die perverse Konstitution (Deformation der Güte)

Stellen wir klar, daß hier von Güte keine Rede sein kann, denn der Perverse denkt nur daran, die anderen zu stören; er ist von einem Vernichtungsinstinkt erfüllt, der sich gegen Lebewesen und Dingwelt richtet. Man findet bei den Perversen nicht nur (wie bei den anderen psychopathischen Konstitutionen) alle Abstufungen in der Ausgeprägtheit, sondern auch die verschiedensten Formen der Äußerung: Gefräßigkeit oder Nahrungsverweigerung, chronischen Alkoholismus, wahnsinnige Verschwendungssucht oder aggressiven Geiz (Diebstähle), Eitelkeit oder bescheidenes Zurücktreten und Passivität, alle nur möglichen Normabweichungen jeder Art, Sadismus, Pyromanie, Verleumdungssucht usw. Unter den Perversen begegnet man den Erregbar-Aggressiven, den Apathischen, Gleichgültigen.

Ihre Schrift: verschmiert, untere Zone vorherrschend, Gesamtbild sehr unharmonisch (Fig. 209, 210 und 211).

Fig. 209: Pervers

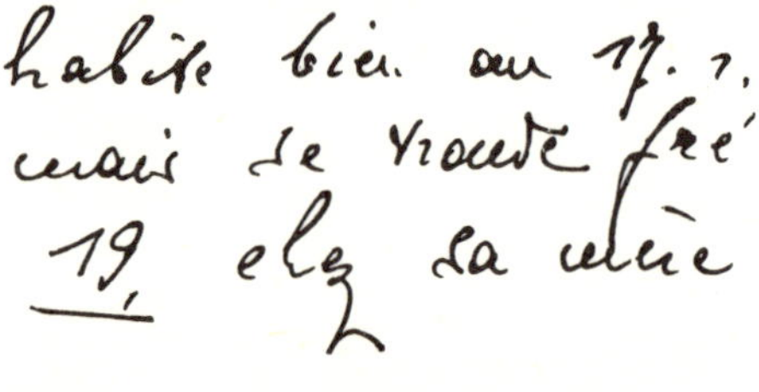

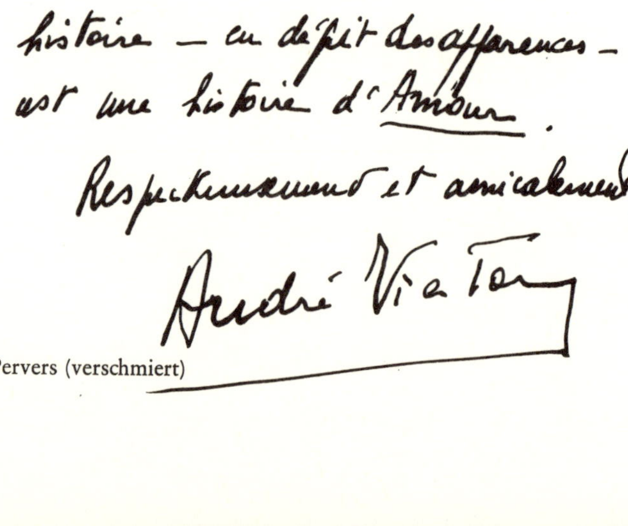

Fig. 210: Pervers (verschmiert)

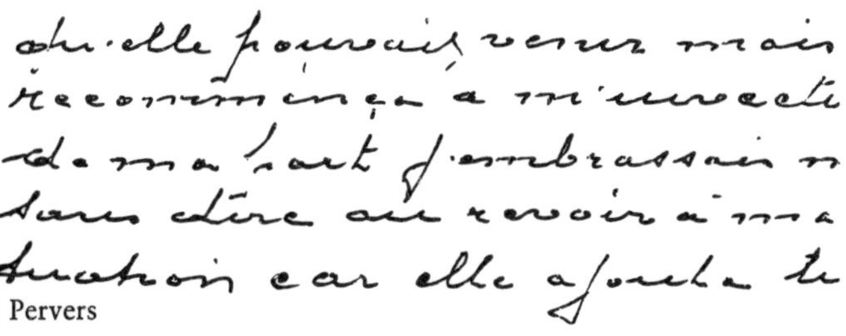

Fig. 211: Pervers

Die Schizothymen und die Zyklothymen

Es sind dies Temperamentsformen nach der Konstitutionslehre von E. Kretschmer. Danach entspricht der Schizothyme dem leptosomen Körperbau, der Zyklothyme dem pyknischen Körperbau. Bei krankhafter Ausprägung spricht man von Schizophrenie (Persönlichkeitsspaltung, Spaltungsirresein) und Zyklophrenie (manisch-depressive Krankheiten).

Da jedoch auf diesem Gebiet alles nur eine Frage der Abstufung ist und der Unterschied zwischen normal und anormal sich oft sehr schwer bestimmen läßt, muß man hinzufügen, daß es wie bei den bisher untersuchten Typen eine endlose Vielfalt gibt. Der Schizophrene ist der vollkommen ungesellig gewordene und wirklich von der Außenwelt abgeschnittene Schizothyme und muß – als ein Geisteskranker – ärztlich behandelt werden. Genauso verhält es sich bei den Zyklothymen (die noch normal sind) und den Zyklophrenen (bereits krankhafte Fälle).

Die Untersuchung dieser beiden pathologischen Typen verdanken wir, wie gesagt, Kretschmer. (Ich behalte den Ausdruck pathologisch bei, denn Kretschmer ging tatsächlich vom Anormalen aus, um zum Normalen zu gelangen, wie es übrigens in den Arbeiten von Fachleuten oft der Fall ist.) Diesem Autor zufolge sind bestimmte neuropsychische Krankheiten tatsächlich nur eine Übersteigerung normaler Charakterzüge von Individuen.

Der Schizothyme (den Ausdruck verdanken wir dem Schweizer Psychiater E. Bleuler) schwankt zwischen Emotionalität und Gleichgültigkeit hin und her. Er ist ein wenig anpassungsfähiger Mensch, sogar in seinem normalen Verhalten. Zuerst sagt er „nein“ und sträubt sich, dann gibt er nach, weil er sich nicht an eine negative Haltung klammern will. Dies vor allem, wenn er intelligent ist und nachdenkt. Doch er wird immer dazu neigen, jede Verantwortung für das, was geschieht, von vornherein auf andere abzuwälzen.

Nur selten ist er einer Meinung mit den Menschen, bei denen er verkehrt. In Gesellschaft bleibt er eher kalt und schweigsam, er ist so amüsant, phantasievoll und unterhaltsam wie eine Schlafmütze. Da er auf Etikette hält, sind sein Auftreten und Verhalten untadelig, aber äußerst steif. Weil er aber zwischen widersprüchlichen Tendenzen schwankt, weiß man nie, was man von ihm zu erwarten hat, denn er kann überraschend reagieren.

Fügen wir hinzu, daß die Schizothymen im allgemeinen Intellektuelle sind. Und – daß man unter ihnen, natürlich in Extremfällen, Gewaltverbrecher findet, denn auch kalte Menschen können ins Toben geraten.

Oft stößt man unter jungen Menschen auf Schizothyme: leider verläuft hier die Entwicklung ziemlich rasch, und trotz Behandlung erholen sie sich nicht immer.

In schweren Fällen, die mit einem Drama zu enden pflegen, stellt man eine beunruhigende Zunahme geistiger Ermüdung fest, die immer anormaler wird, ferner den Verlust des Kontakts mit anderen, Negativismus, Halluzinationen und schließlich Persönlichkeitsspaltung (dies ist der Emotionale-Nichtaktive-Sekundäre = der Sentimentale von Le Senne). Die Schizothymen sind übermäßig verletzliche Hypersensible, die in der Einsamkeit Zuflucht suchen. Jede Neuerung erfüllt sie mit Entsetzen, nach einiger Zeit jedoch nehmen sie sie begeistert an. Von ihnen läßt sich sagen, daß sie hypersensibel und kalt in sehr zahlreichen Abstufungen sein können.

Einige berühmte Schizothyme: kalt berechnend und skrupellos: Metternich; gefühllos, aber geschmeidig: Voltaire, auch Erasmus von Rotterdam; reine Idealisten und Moralisten: Kant, Calvin, Robespierre; Despot: Friedrich der Große; Fanatiker: Savonarola.

Ihre Schrift: winklig, horizontalzeilig, manchmal unverbunden, gezwungen, ungeschickte Kurven, wenn überhaupt welche vorhanden sind, Unregelmäßigkeiten in mehreren Bereichen, oft steil, breiter linker Rand, rechter Rand immer breit, stark vereinfachte Majuskeln. Dies gilt für jene, die noch ohne größere Probleme in die Gesellschaft integriert sind (Fig. 212).

Fig. 212: Schizothymer

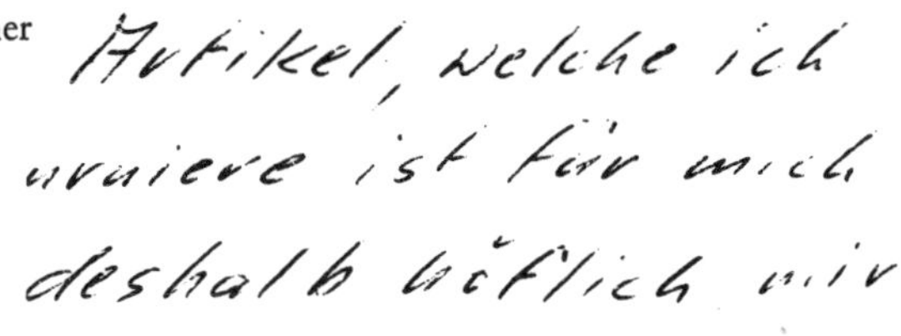

Die anderen, die Schizophrenen: zerstückte, zerhackte, kalte, dürre Schrift. In diesem Stadium schreiben die Kranken oft nicht mehr. Es kommt auch vor, daß die Schreibautomatik intakt bleibt und nichts gefährlich Anormales aufscheint; einzig der Text ist dann aufschlußreich. Die Schrift Schizophrener wurde bislang noch nicht hinreichend untersucht. Der Graphologe muß deshalb auf diesem Gebiet vorsichtig und bescheiden bleiben. Er muß beobachten, behutsam warnen und vor allem zu einer ärztlichen Untersuchung raten. Mehr soll er nicht.

Die Zyklothymen: Man könnte meinen, sie seien das genaue Gegenteil der Schizothymen. Doch man kann bei ein und derselben Person beiden Tendenzen begegnen, genau wie einem zugleich primären und sekundären Menschen im charakterologischen Sinn des Wortes.

Die Zyklophrenie als krankhafte Ausprägung der Zyklothymie ist manisch-depressives Irresein, und Kretschmer ging, wie gesagt, von dieser Untersuchung aus, um zur Beschreibung des Terrains zu kommen, das für den Normalen gilt.

Der Zyklothyme ist bemerkenswert an die Außenwelt angepaßt. Trotzdem entfernt er sich durch seine übersteigerten Reaktionen manchmal davon. Er verzettelt sich, übertreibt, ändert zu oft seine Ansichten und Ideen, interessiert sich für die Wirklichkeit, ist praktisch, gefällt durch seine große Höflichkeit und gibt sich sogar ziemlich vertraulich. Aber er ist der verwirrendste Mensch, immer schwankend, munter oder dumpf, fröhlich oder traurig, je nach Stimmung, hyperaktiv oder verschlafen. Auf allen Gebieten fällt er von einem Extrem ins andere und findet nie die richtige Mitte.

Allgemein gesehen, sind die Zyklothymen erregbar, emotional, unternehmerisch, unbedachte, sorglose, gesellige Anreger, Aggressive des Typs „gleich auf der Palme" und Realisten. Eher wohlwollend und sehr viel versprechend. Das gilt nur für die noch Normalen. Zwei Beispiele für Zyklothyme: Chateaubriand und Amiel (beide außerdem entschiedene Deprimierte).

Man kann sich eine Ehe zwischen einem Schizothymen und einer Zyklothymen lebhaft vorstellen: Genauso gut könnte man Wasser und Feuer zusammengeben.

Bei den Zyklothymen sind die Phasen der Erregbarkeit und Depression sehr ausgeprägt. In der Erregbarkeitsphase: Hyperaktivität, fiebrige Unruhe, in diesem Moment fähig, Tag und Nacht fast ohne Unterbrechung zu arbeiten, Mangel an Maß und Mäßigkeit in allen Bereichen. Dann folgt eine depressive Phase: Furcht, Ängste, Weinen, Selbstbeschuldigung, Drang zur Selbstzerstörung, der bis zum Selbstmord führen kann.

Die Schrift: kurvig und verbunden, eher groß, ungezwungen, schräg, wenig Ränder, nicht sehr weite Schrift, kann aber je nach dem Zustand starke Veränderungen aufweisen. Oft Vorherrschaft der unteren Zone (Fig. 213).

Fig. 213: Zyklothymer

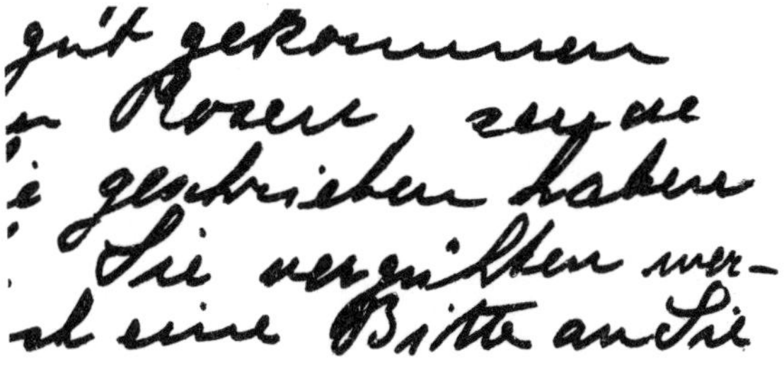

Extraversion und Introversion

Das Begriffspaar stammt von dem Psychologen und Psychoanalytiker C. G. Jung, der in seinem Werk *Psychologische Typen* (1921) nach außen und nach innen gerichtete Bewußtseinseinstellungen (Charaktere) unterschied: die Extravertierten und die Introvertierten.

Der Extravertierte ist ein Äußerungsmensch par excellence. Er ist der Mensch des gegenwärtigen Augenblicks, spontan auf den Gegenstand und den anderen zugehend. Emotional, gesprächig, laut; handelt, bevor er überlegt. Manchmal ist er sogar für seine Natur übermäßig intolerant und aggressiv.

Seine mühelose Anpassung verbirgt oft die innere Leere, aber das Übermaß an Geselligkeit kann zu einer Neurose führen, zu Hysterie (A. Teillard).

Seine Schrift: großzügige Anordnung – was heißt, daß für ihn die Seite nie groß genug ist –, breite Ränder, rechtsläufige, weite, schräge Schrift mit Girlandenbindung. Oder überstürzt, dynamisch, Linksrand fliehend, lange Ober- und Unterlängen, steigend, größer werdend, mit Schlußzügen in offenen Bögen, großen Dreiecken in den Unterlängen, einer sehr großen, rechts gesetzten Unterschrift.

Der Introvertierte ist das genaue Gegenteil des Extravertierten. Er ist nicht nur, wie man meinen könnte, nach innen gerichtet, ein „Verinnerlichter", den ausschließlich sein „Ich" beschäftigt, also ein Egozentriker. Anstatt seine Gefühle zu zeigen, behält er sie für sich, genießt sie und gefällt sich irgendwie darin, woraus eine Spannung resultieren kann, die sich unter Umständen in einer kurzen, völlig unerwarteten und für die Umgebung unverständlichen Explosion löst.

Meditativer, verschlossener, kalter, an die Wirklichkeit unangepaßter Charakter, der Konflikte fürchtet. Man muß hinzufügen, daß übermäßige Introversion manchmal zu Schizophrenie führt. Genau wie übertriebene Extraversion zur Zyklophrenie. Schließlich ist der Introvertierte in ausgeprägtem Maß ein Mensch der Vergangenheit und der Erinnerungen.

Seine Schrift: nüchtern, verhalten, klein, eng, steil oder nur leicht schräg, vereinfacht, schmale Ränder, zahlreiche kleine Unregelmäßigkeiten, die man zu erkennen wissen muß. Große Abstände zwischen den Wörtern, kurze Schlußzüge, Unterschrift links und klein, ohne Paraphe, aber oft von einem Punkt gefolgt (Fig. 214).

Fig. 214: Introvertierter

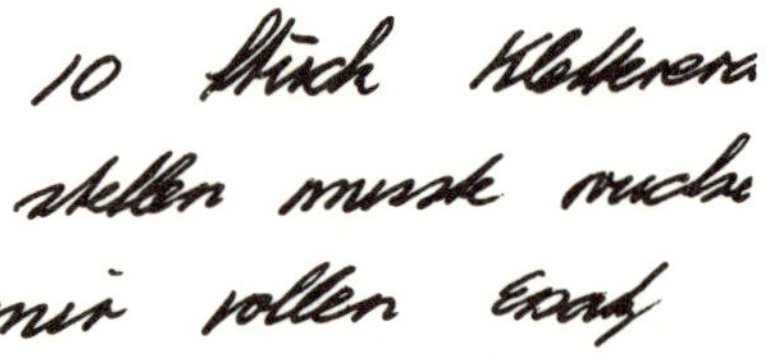

Komplexe und die Schrift

Was sind Komplexe? Der Ausdruck wird viel zu häufig gebraucht und meist, ohne daß man seine wirkliche Bedeutung kennt.

Ein Komplex ist eine Gesamtheit von mehr oder weniger widersprüchlichen, ins Unbewußte verdrängten Gefühlen oder überhaupt Erlebnisinhalten. Diese können sich auf eine Idee beziehen, eine Erinnerung, ein Trauma, deren Auftauchen ins bewußte „Ich" einen Konflikt bewirken würde. Jeder Mensch hat Neurosen bzw. (als Gesamtheit neurotischer Züge) Komplexe, ohne deswegen „anormal" zu sein. Es handelt sich um stark emotionsgeladene Denksysteme (Besnard), um stark affektbesetzte Vorstellungsgruppen, die ohne Vorwissen des Betreffenden gewisse Reaktionen anregen oder provozieren.

Bestimmte Neurosen bzw. Komplexe stellen sich in der Kindheit ein und verschwinden dann allmählich wieder. Andere entwickeln sich und können sich dann in einem Minderwertigkeitsgefühl, in Obsessionen, fixen Ideen, Angst usw. niederschlagen.

Es gibt vielerlei Komplexe, und wir können sie hier nicht alle behandeln. Erwähnen möchte ich vor allem den Kainskomplex, den Ödipuskomplex, den Kastrationskomplex, den Dianakomplex. Außerdem gibt es zahlreiche Phobien, etwa die Agoraphobie (Angst vor großen freien Plätzen, vor der Menge) und die Klaustrophobie (Platzangst, Angst, eingesperrt zu sein); ferner etwa den Masochismus (gegen sich selbst gewandte Aggressivität), den Schuldkomplex und so fort.

Noch einmal verweise ich auf die schon zitierten Werke *Schrift und Seele* von A. Teillard und *La graphologie dans les sciences psychologiques* von R. Bréchet. Faszinierende Methoden, wie man solchen Neurosen bzw. Komplexen beikommen kann, bieten J. Murphy in *Die Macht Ihres Unterbewußtseins* und L. M. LeCron in *Fremdhypnose, Selbsthypnose* (beide erschienen im Ariston Verlag, Genf).

Sehen wir uns nun vom graphologischen Standpunkt einige der verbreitetsten Komplexe an:

Der Minderwertigkeitskomplex: Wie der Name so gut ausdrückt, ist dies ein Gefühl der Unbeholfenheit, des Unwertes, der Unfähigkeit, das man schmerzlich empfindet, besonders als junger Mensch. In der Schrift drückt er sich vor allem durch ein Mißverhältnis zwischen Majuskeln und Minuskeln, zwischen Unterschrift und Text aus; man erkennt ihn auch an kurzen, kaum existierenden Unterlängen. Bisweilen an einer zu festen, leicht automatischen Schrift (Fig. 215).

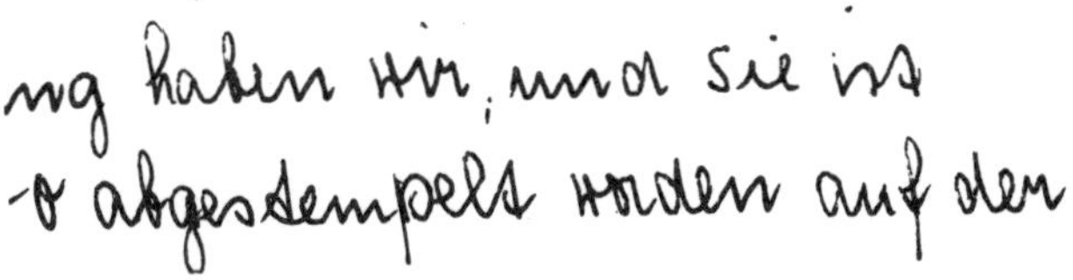

Fig. 215: Minderwertigkeitskomplex

Der Schuldkomplex: Das ist das Bedürfnis, sich unaufhörlich anzuklagen. Der zum Prinzip erhobene Skrupel, wenn man so sagen kann, offenbart sich in der Schrift an Kleinheit oder übermäßiger Verengtheit des Strichs, einem linksläufigen Gesamtbild, an Hemmungen (Zwängen, Verhaltenheit) verschiedenster Art (Fig. 216).

Fig. 216: Schuldkomplex

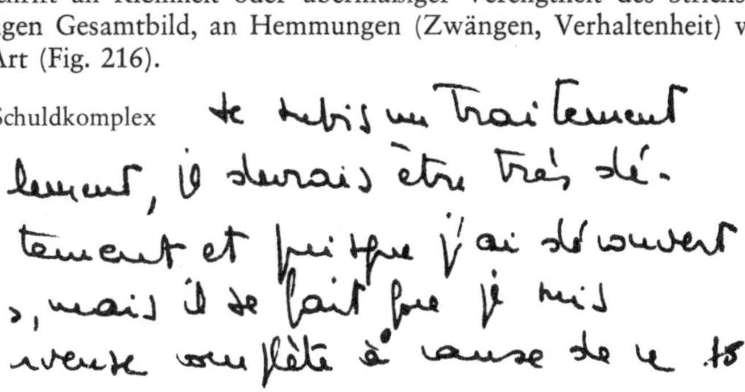

Der Narzißmus: Selbstbewunderung, Verliebtheit in sich selbst. Er zeigt sich in übertriebenen Majuskeln, verreichertem Strich und, wenn nicht, in nach links orientierten Einrollungen und Kurven (Fig. 217).

Fig. 217: Narzißmus

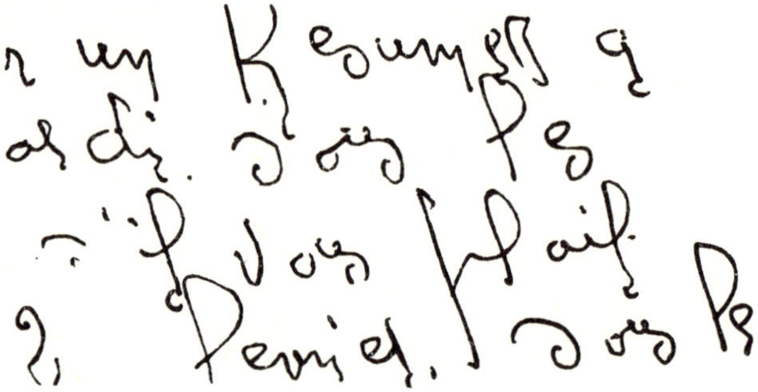

Die Sexualkomplexe: Man muß die Unterlängen untersuchen, sie haben oft bizarre Formen, aufgeblähte Schleifen oder sind übertrieben, zu entwikkelte Dreiecke mit dickflüssigem und verlagertem Druck, der sich in den Aufstrich flüchtet (statt den Abstrich) oder auch in einen horizontalen Strich (Fig. 218, 219 und 220).

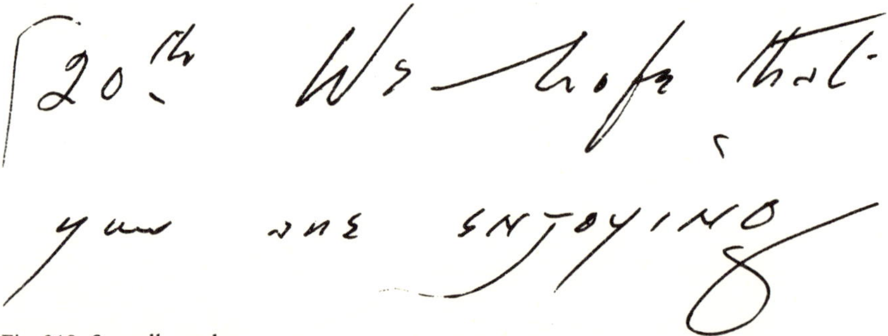

Fig. 218: Sexualkomplex

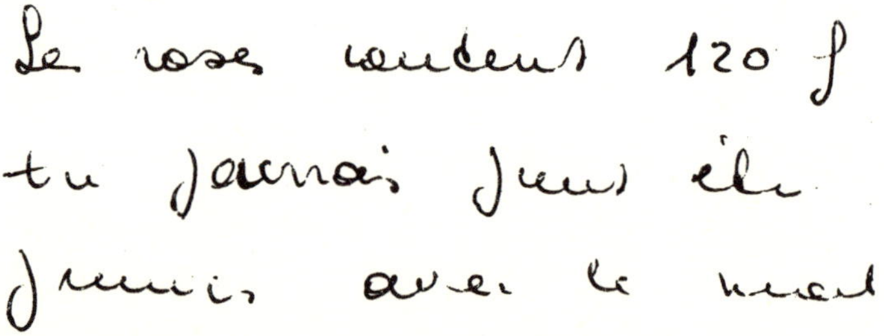

Fig. 219: Sexualkomplex

Fig. 220: Sexualkomplex

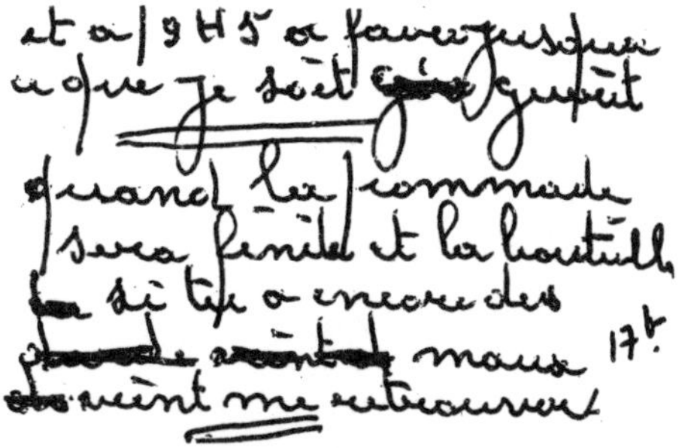

Obsessionen: Der an einer Obsession leidende Mensch ist von einer fixen Idee regelrecht belagert, beherrscht, besessen, besetzt; und je mehr er versucht, sich davon zu lösen, desto stärker nimmt ihn diese Idee gefangen, fesselt ihn moralisch und physisch. Ich kannte beispielsweise eine Sekretärin, die so unter der Arbeit mit dem ihr verhaßten Chef litt, daß sie jede Nacht träumte, sie ermorde ihn. Sie begann etwaige Reaktionen so zu fürchten, daß sie kündigte. Das war, glaube ich, eine weise Vorsichtsmaßnahme.

Man vermag sich jedoch nicht immer auf diese Weise von seinen Obsessionen zu befreien, die vielerlei Ursachen haben und manchmal von psychischen Störungen herrühren können, die sich verschlimmern, oder auch von zerebraler Arteriosklerose, von Senilität oder von Alkoholmißbrauch.

In der Schrift verraten sich Obsessionen gewöhnlich durch zu große Regelmäßigkeit, Automatismus, Monotonie, Enge, Überverbundenheit oder viele Wunderlichkeiten und Übertreibungen. (Fig. 221 und 222).

Fig. 221: Obsessionen

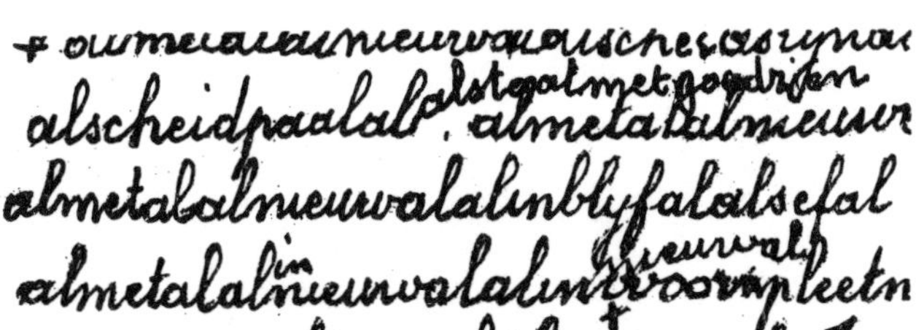

Fig. 222: Obsessionen

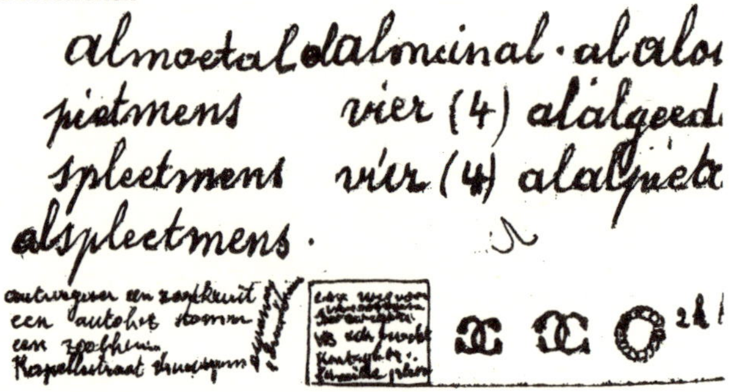

Selbstverständlich muß der Graphologe, auch wenn er einen Komplex in der Schrift ganz klar erkennt, diskret sein. Handelt es sich um einen Minderwertigkeitskomplex, der bei jungen Menschen aus so vielen Gründen häufig vorkommt, macht er darauf aufmerksam und versucht zu ermutigen. Bemerkt er etwas anderes, rät er zum Besuch eines Psychologen oder Facharztes – natürlich nur in ausgeprägten Fällen. Denn Komplexe haben wir alle.

Der Graphologe darf – ich möchte es nochmals wiederholen – nie seine Rolle als Berater und Warner aufgeben.

Er kann und darf auf keinen Fall sich an die Stelle der Fachleute setzen, die qualifiziert und kompetent sind, eine Diagnose zu stellen, in jenen Fällen zu helfen, die zu ernst geworden sind, als daß Ermutigung, Ratschläge und Zuspruch noch wirken könnten.

18. Krankheiten und Abweichungen

Die Menschen, die sich an mich wenden, fragen mich oft nach Einzelheiten über den eigenen Gesundheitszustand oder jenen der Person, deren Schrift sie analysiert haben möchten. Ich antworte immer, daß ich – wie jeder Graphologe – nicht befugt sei, eine Diagnose zu stellen, daß dies Sache des Arztes sei und man folglich, wenn man irgendwelche Zweifel hinsichtlich des physiologischen Gleichgewichtes habe, einen Arzt aufsuchen müsse.

Es ist dem Graphologen jedoch nicht verboten, *zu beschreiben, was er in der Schrift feststellt,* und wie gesagt, den Rat zu geben, man solle vorsichtshalber eine ärztliche Untersuchung vornehmen lassen.

Aus der Schrift kann man auch ersehen, wie groß die physische Widerstandskraft ist, ob die Vitalität beständig bleibt oder ob, im Gegenteil, übermäßige Ermüdbarkeit vorliegt. Die Schrift erlaubt eine Abschätzung des allgemeinen Gleichgewichtes. Man kann prüfen, ob im Schriftbild Anzeichen für physische oder psychische Leiden vorhanden sind, ob das nervliche Gleichgewicht stabil, gestört oder schwankend, empfindlich oder zu anfällig ist.

Gerade auch die Psyche offenbart sich in der Schrift, manchmal in erstaunlich ausdrucksvoller Weise.

Mit der Untersuchung der fünf psychopathischen Konstitutionen, der Schizothymie und der Zyklothymie sowie der Komplexe ließen wir psychische Eigentümlichkeiten Revue passieren, die von dem für Störungen prädisponierenden „Terrain" bis zu den mehr oder weniger ausgeprägten Störungen selbst reichten. Und die ausgewählten Schriftbeispiele erschienen mir beredt genug, so daß ich nun zur Untersuchung der Anzeichen der *physischen Krankheit* in der Schrift übergehen kann.

Am besten bereiten den Graphologen natürlich medizinische Werke auf das Erkennen dieser Störungen in der Schrift vor. Erwähnen möchte ich besonders *Ausdrucksformen von Krankheiten in der Handschrift* von Duparchy-Jeannez (Zürich 1936). Auch Crépieux-Jamin hat von der Schrift der Kranken gesprochen, vor allem in *Handschrift und Charakter* (Leipzig 1902).

Bevor wir nun zu typischen Schriftbeispielen übergehen, einige allgemeine Gegebenheiten, die es dem Graphologen erlauben sollen, den Ratsuchenden auf die Spur der Krankheit zu bringen, *ohne eine Diagnose zu stellen,* und ihn zum Arztbesuch zu bewegen.

Die Leidensgesten und ihre Ursachen

Unterscheiden wir zunächst mit Dr. Resten zwei große Kategorien der „Leidensgesten":

1. *die essentiellen Leidensgesten:* sie verändern die allgemeine Ordnung, das Aussehen des Schriftgesamtbildes und können zur Desorganisation der Schrift führen,
2. *Die Leidensgesten in Buchstaben:* dazu gehören verdrehte Schriftzüge, gebrochene Schriftzüge, Zitterzüge, fehlende Buchstaben (diese stehen allerdings eher mit seelischen Störungen im Zusammenhang).

Gehen wir nun ins Detail:

Tuberkulose und schwere Atemstörungen: Im allgemeinen sieht man dies in einer Schrift an Durchstreichungen, Verbesserungen oder Hinzufügungen, allgemeiner Verlangsamung bei ernsten Fällen. Man erkennt sie an einem sichtbaren Kampf gegen heftige Müdigkeit, sprich Erschöpfung. Untersucht werden müssen vor allem die Oberlängen: sie sind oft, jedoch nicht immer, verdreht oder auch unterbrochen, mit starkem Tintenfluß geschrieben. Wie auf den anderen Gebieten, so herrschen auch hier große individuelle Unterschiede (Fig. 223).

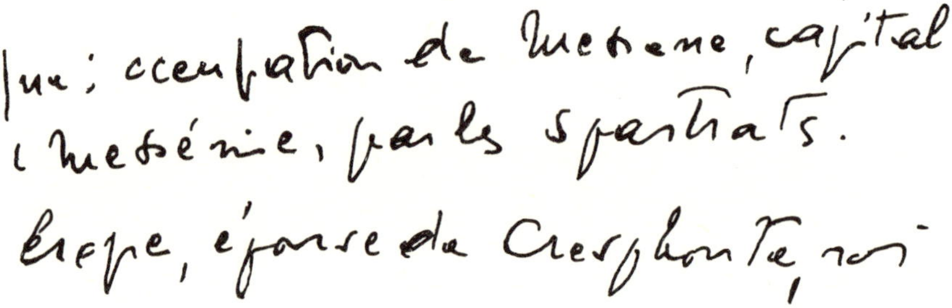

Fig. 223: Frau, 35 Jahre – Lungentuberkulose; lebhafte Intelligenz, ausgezeichnete Bildung, starke Depression und gleichzeitig Zustand der Auflehnung gegen alles

Herzstörungen: Es gibt so viele ... Folglich ist es normal, daß man sie in der Schrift nicht leicht erkennt. Sie kleiden sich – wie sämtliche anderen organischen Störungen – in vielfältige Formen. Zumal der Herzkranke, sofern er nicht das letzte Stadium seines Leidens erreicht, nicht ununterbrochen beeinträchtigt ist. Er erlebt (zum Glück) Augenblicke der Ruhe. Seine Schrift registriert diese verschiedenen Zustände (Fig. 224 und 225).

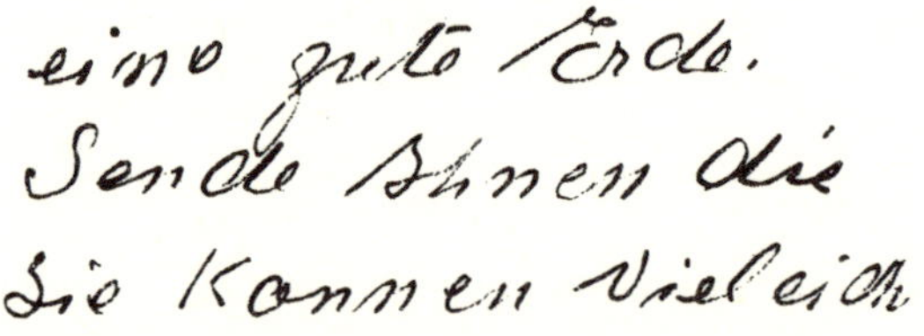

Fig. 224: Herz- und Atemstörungen; aufgehängte Buchstaben, ungenügender Druck, plötzliche Verdickungen (Spannung)

Fig. 225: Mann, 50 Jahre – Herzkrankheit

Im allgemeinen wird jedoch die Ansicht vertreten, daß Herzstörungen sich durch gebrochene (unterbrochene) Schriftzüge bemerkbar machen. Oder durch Spasmen: plötzliche Verdickungen im Strich sowie eine Veränderung des Charakters; der Herzkranke ist, typischerweise, reizbar.

Leberkrankheiten: Konzentrierte, in sich selbst zurückgezogene, dürre Schrift ohne Schnörkel, selten sehr schräg (Fig. 226).

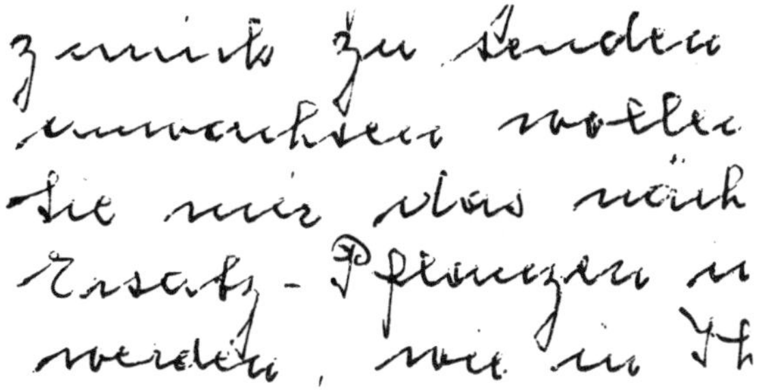

Fig. 226: Leberkrankheit; dürre Schrift, jähe Winkel, Charakter durch das Leiden schwierig geworden

Arterielle Blutdrucksteigerung (Hypertonie): Sehr unregelmäßige, zerhackte Schrift mit Schwellzügen; Buchstaben unsauber, Schlaufen geschwärzt (Fig. 227 und 228).

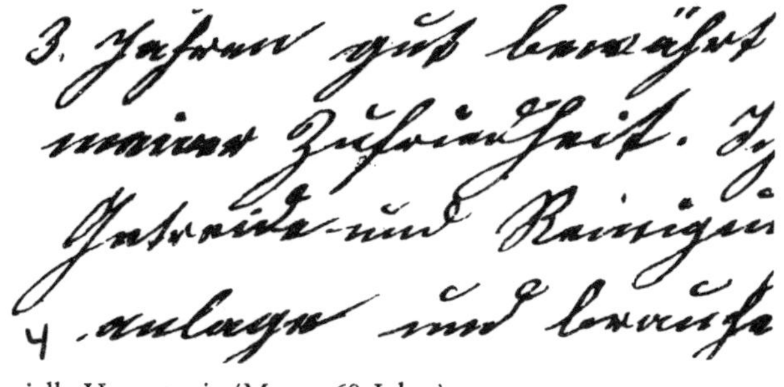

Fig. 227: Arterielle Hypertonie (Mann, 60 Jahre)

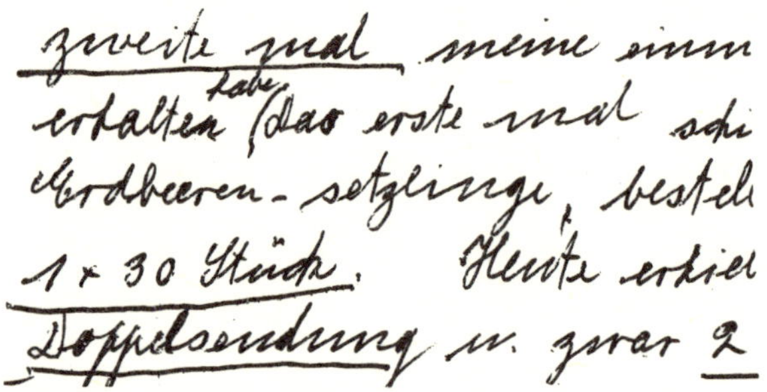

Fig. 228: Hypertonie – unregelmäßige, zerhackte Schrift, unsaubere Buchstaben, Verbesserungen

Hyperthyreose (Steigerung der innersekretorischen Tätigkeit der Schilddrüse): Sehr unregelmäßige, vorausgeworfene, zerhackte Schrift, Zitterzüge, manchmal verdrehte Schriftzüge (Fig. 229).

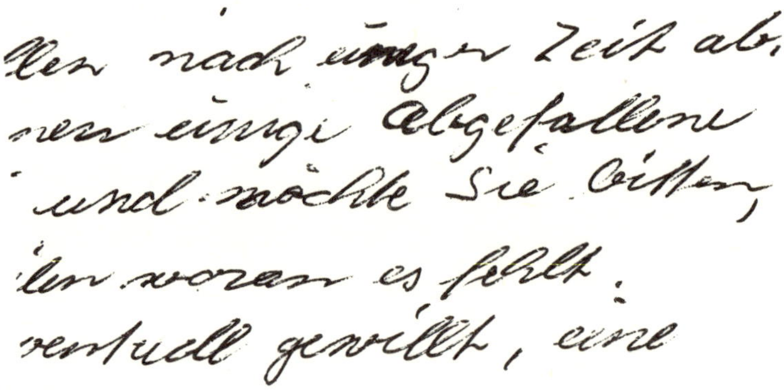

Fig. 229: Hyperthyreose – Schrift sehr unregelmäßig, vorausgeworfen, zerhackt, mehr als unruhig

Hypothyreose (herabgesetzte Funktion der Schilddrüse): langsame, sehr runde oder gerundete, zögernde Schrift, manchmal verdrehte Schriftzüge, oft uneinheitlich (Fig. 230 und 231).

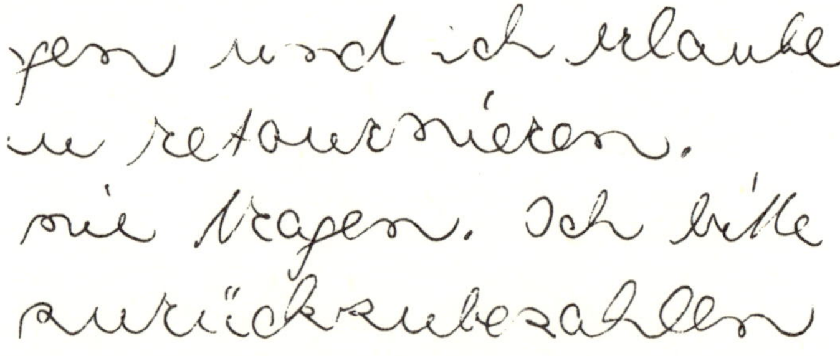

Fig. 230: Hypothyreose – langsame, schlaffe, sehr runde Schrift

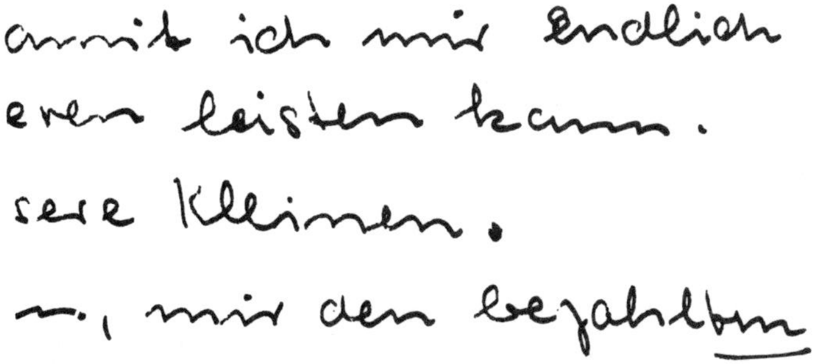

Fig. 231: Hypothyreose – zahlreiche Anzeichen von Müdigkeit, Schrift schlaff, rund, ohne Schwung, äußerst langsamer Strich

Allgemein gesagt, können Verdrehungen in den Buchstaben, übermäßiger Zwang oder das Gegenteil davon und übertriebene Bewegung Drüsenstörungen verraten. In solchen Fällen muß man den Ratsuchenden zu einem Arztbesuch bewegen. (Dr. Streletski zeigt in einem bereits erwähnten Werk eine eindrucksvolle Reihe Schriften mit der präzisen Diagnose und hebt die Charakteristika heraus, die diese oder jene Drüsenstörung erkennen lassen. Deshalb kann es für jemanden, der die Erforschung der Krankheit in der Schrift vertiefen will, interessant sein, die Arbeiten dieses Arztes und Graphologen zu lesen.)

Atemstörungen, Asthma: Verhaltene, gehemmte Schrift, gebrochene Züge, aufgehängt, oft mit sinnlosen Punkten (Fig. 232 und 233).

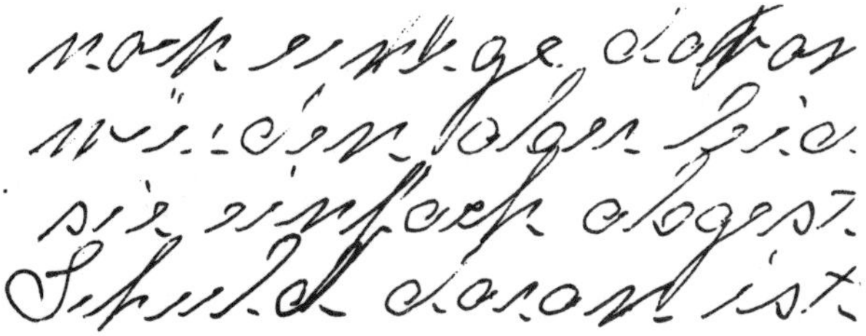

Fig. 232: Ausgeprägte Atemstörungen – Buchstaben im Zug unfertig, gebrochene Züge; sehr schwankende Vitalität

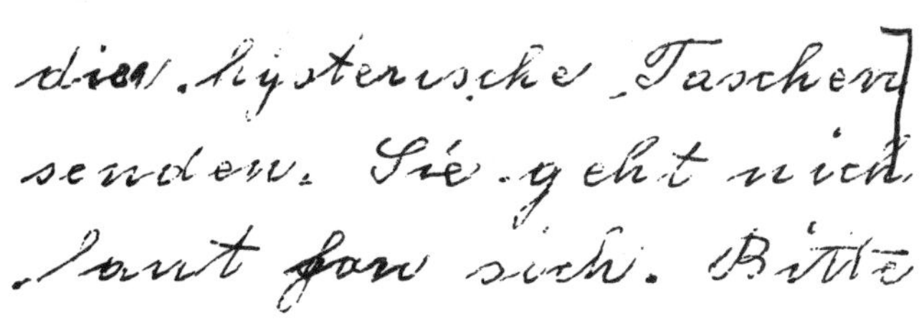

Fig. 233: Asthma – langsame, schlaffe, sehr runde Schrift

Arthritische Konstitution (Arthritismus): Hier steht Duparchy-Jeannez zumindest teilweise im Widerspruch zu Crépieux-Jamin; deshalb empfiehlt es sich, die Anzeichen mit Vorsicht zu behandeln und tunlichst selbst so viele Schriftproben wie möglich von erwiesenermaßen arthritischen Personen zu sammeln. Sie haben eine schwerfällige, monotone, nüchterne und eintönig horizontale Schrift; eine der „Unannehmlichkeiten" des Arthritismus ist ja die Steifheit der Bewegungen (Fig. 234).

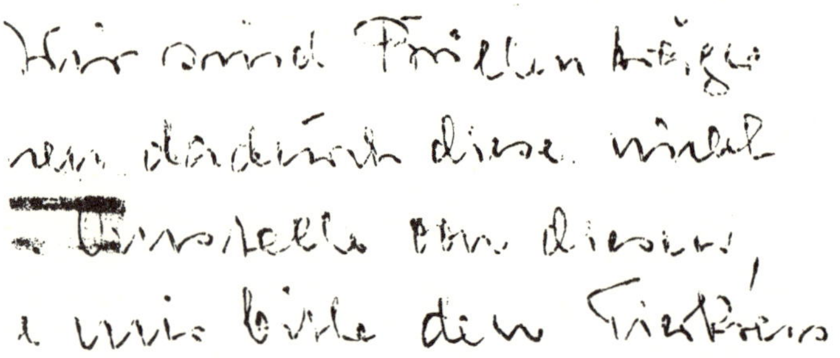

Fig. 234: Arthritis – Schwierigkeiten im Zug, Steifheit

Magenleiden: Fallende Zeilen, ungeordnete Schrift mit Verbesserungen und Hinzufügungen (Fig. 235).

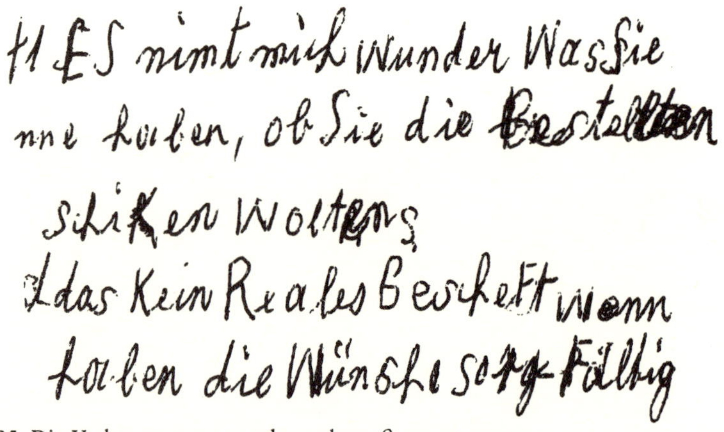

Fig. 235: Die Verbesserungen wurden unbewußt vorgenommen

Paralyse (Lähmung): Zitterzüge, Zerhackungen, oft unzusammenhängender Strich (Fig. 236).

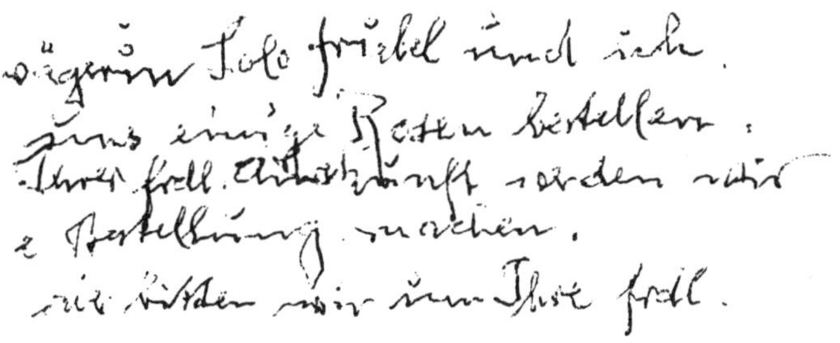

Fig. 236: Beginnende Paralyse – zitterige, holperige, ungenaue, zerhackte Gesten

Zittern: Der Zitterschrift muß hier besonderer Raum gegeben werden. Sie kann sehr unterschiedliche Ursachen haben. Man würde meinen, sie sei relativ häufig, tatsächlich aber ist sie ziemlich selten. Bei jungen Menschen findet man besonders Verbesserungen, manchmal sehr zahlreiche, überflüssige Punkte, unterbrochene Züge, vor allem Verdrehungen, Zerhackungen, verbeulte Buchstaben, alles, was die Schrift unangenehm fürs Auge macht und deutliche Schwierigkeiten der Strichführung verrät. Doch das ist kein Zittern.

Wenn Zittern tatsächlich vorliegt, muß man immer zu größter Vorsicht auffordern und wegen Verdachtes einer ernsten Krankheit die sofortige Konsultation eines Arztes „vorschreiben“ (Fig. 237). Natürlich nur, wenn das Zittern nicht einfach die Folge äußerer Einwirkungen ist: das Schreiben in einem fahrenden Zug oder Wagen verformt die Schrift, sie kann zitterig und zerhackt werden, was selbstverständlich nichts mit physiologischen Störungen zu tun hat. Auch heftige Gefühlserregung macht zittern, und man kann unter Emotionen genausogut Angst wie Zorn verstehen.

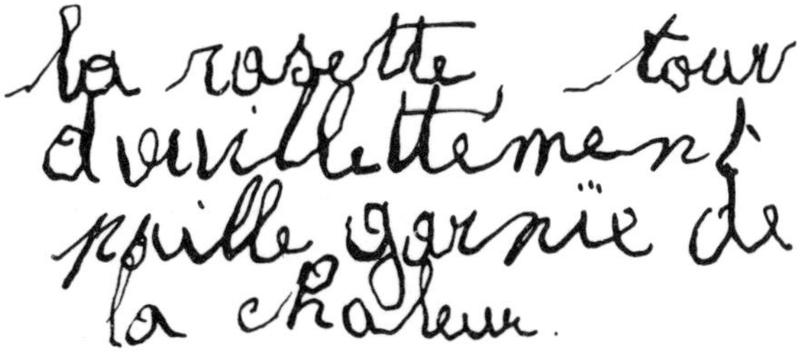

Fig. 237: Achtjähriges Kind – schwere Nervenstörungen

Die häufigste Ursache der Zitterschrift ist das *Alter*. Leider wird im Alter die Hand nicht sicherer. Tückische, versteckte physiologische Störungen stellen sich ein. Der Schreiber hält sich für völlig gesund, vermag aber seine Bewegungen nicht mehr ausreichend zu kontrollieren. Seine Hand zittert, er kann das Zittern nicht unterdrücken, selbst wenn er seinen ganzen Willen und seine ganze Aufmerksamkeit darauf richtet.

Kein Wunder, daß ich in meinen Unterlagen zahlreiche Zitterschriften fand, die von alten Menschen stammen (Fig. 238 und 239).

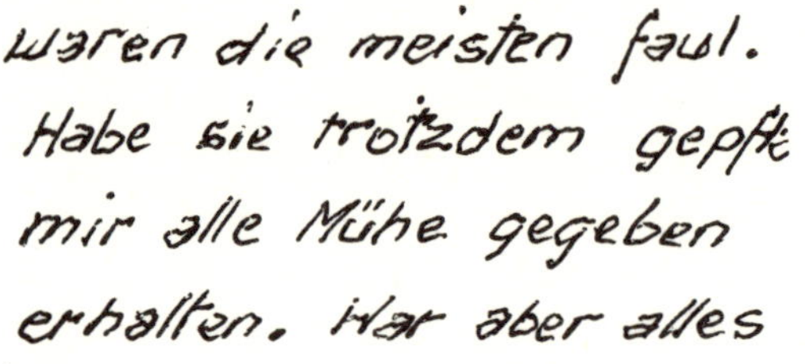

Fig. 238: Alterszittern

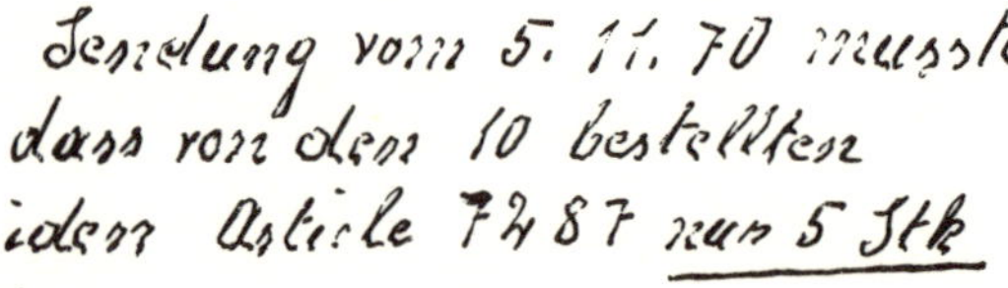

Fig. 239: Alterszittern

Eine andere Hauptursache des Zitterns ist bei Menschen, die normalerweise im Vollbesitz ihrer physischen Kraft sind, die *Intoxikation,* welcher Art auch immer (Alkohol, Tabak, Drogen). Doch in einer Krisenperiode erhält man nur schwer eine Schriftprobe. Außerhalb der Krisen wird die Schrift (es sei denn, die Schreiber haben ein weit fortgeschrittenes Intoxikationsstadium erreicht) von den gelegentlichen Unmäßigkeiten nicht beeinflußt. Es gibt auch Menschen, die nach übermäßigem Alkoholgenuß sogar eine extravagante, zwar deformierte Schrift mit anormaler Größe und Weite, aber sehr sicherem Druck haben. Ich besitze einige Beispiele.

Kommen wir nun zu den *pathologischen Ursachen* der Zitterschrift (neben dem Alter). Hier muß man natürlich die Ärzte unter den Graphologen zu Rate ziehen (solche Werke wurden bereits zitiert). Schwere Krankheiten wie die Parkinsonsche Krankheit, allgemeine Paralyse, Basedowsche Krankheit (Glotzaugenkrankheit), Arteriosklerose bewirken die Zitterschrift.

Parkinsonsche Krankheit: Bei dieser Krankheit beispielsweise sind die ersten Wörter fast normal, dann werden die Buchstaben immer kleiner, schließlich unlesbar. Der Strich ist von kleinen horizontalen Schwingungen in Schraffierung geprägt (Fig. 240).

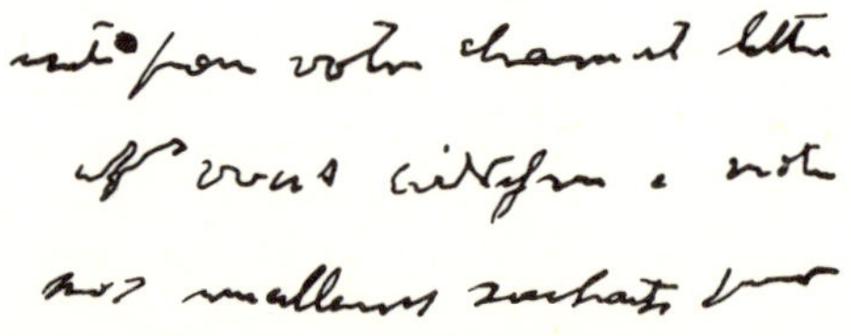

Fig. 240: Parkinsonsche Krankheit – Mann, 60 Jahre

Arteriosklerose: Der Strich ist gleichzeitig vorgeworfen, zerhackt, schlecht koordiniert, zickzackförmig, die Buchstaben sind stark deformiert. Natürlich nur in einem bereits fortgeschrittenen Krankheitsstadium. Aber die Deformierung beginnt schon vor dem Auftreten der ersten Krankheitssymptome. Ich erlebte vor einigen Jahren einen solchen Fall. Es handelte sich um die fünfundzwanzigjährige Erzieherin der Kinder eines Arztes. Ihre Schrift war sehr interessant, was die sittlichen und geistigen Qualitäten betraf, wies aber seltsame Zerhackungen, plötzliche Verformungen auf, die mich bewogen, dringend zu einer ärztlichen Untersuchung zu raten. Schon nach einem Jahr beglückwünschte man mich; aber man hätte nicht mich, sondern die Ärzte-Graphologen beglückwünschen sollen, die bestimmte Schriftanzeichen erkannten und beschrieben, anhand derer man zu einer Diagnose gelangen kann. Natürlich erlaubte ich mir nicht, die Diagnose zu formulieren (Fig. 241).

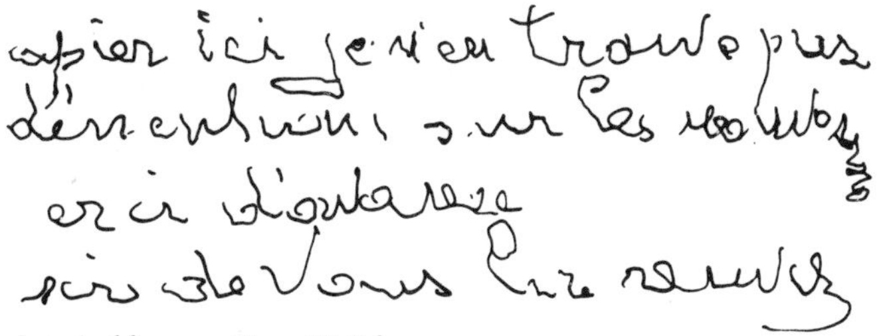

Fig. 241: Arteriosklerose – Frau, 25 Jahre

Der Schreibkrampf: Er ist keine Krankheit im eigentlichen Sinn, sondern eine Muskelkontraktion, die im allgemeinen durch Überanstrengung entsteht. Sie kann auch eine psychische Ursache haben. Angewandt werden dagegen Übungsbehandlungen. Mit Zeit und viel Geduld ist es möglich, eine fast normale Schrift zurückzugewinnen. (Fig. 242).

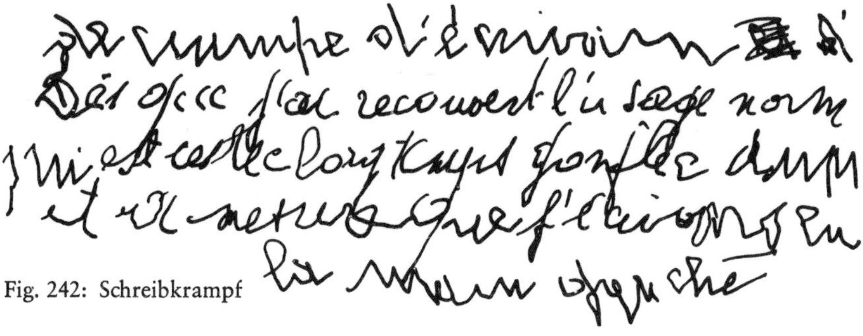

Fig. 242: Schreibkrampf

Die Müdigkeit: Als solche ist sie ebenfalls keine Krankheit; sie kann, wenn sie häufig oder ständig auftritt, ein Symptom, ein Warnzeichen sein. Tatsächlich ist es nicht normal, ständig müde zu sein. Ich spreche hier nicht von der „subjektiven Müdigkeit", jener der Faulen, Indolenten, für die jedwede Arbeit die schlimmste Strafe bedeutet. Ich spreche auch nicht von der „psychischen Müdigkeit" der Menschen, die beispielsweise einen Beruf ausüben, der ihnen nicht gefällt und ihrem innersten Wesen nicht entspricht.

Die einfache körperliche Müdigkeit, die man am Ende eines erfüllten Tages normalerweise verspürt, offenbart sich durch leicht fallende Zeilen, weniger Festigkeit, einen leichteren Druck als am Morgen. Oft auch durch einen verkleinerten Zug. Man strebt instinktiv nach einer Reduzierung der Bewegungen, auch jener der Schrift, was nie ohne Müdigkeit geschieht (Fig. 243).

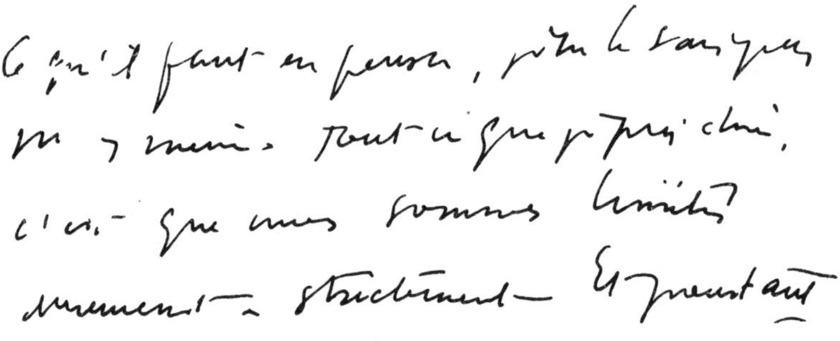

Fig. 243: Müdigkeit

Intensive Müdigkeit, gegen die man um jeden Preis kämpfen will, drückt sich durch eine schlecht geordnete, kaum lesbare, verbesserte Schrift sowie durch Wortfehler (ein Wort statt eines anderen) aus. Eine innere Störung offenbart sich so; dann wird es höchste Zeit, ans Schlafengehen zu denken, an wohltuende Ruhe, die höchst wichtig für die Erhaltung des Gleichgewichtes ist.

Überanstrengung macht sich in einer Intensivierung der Müdigkeitszeichen bemerkbar; diese stellen sich nicht mehr nur am Abend oder nach fortgesetzter Anstrengung ein, sondern treten sozusagen ständig auf. In einem solchen Fall muß man unverzüglich einen Arzt aufsuchen.

Allgemein gesprochen sollte man, ohne daß Überanstrengung vorliegen muß, bei andauernden Anzeichen von Müdigkeit in der Schrift vorsichtig sein. Sie verweisen oft auf ein chronisch gewordenes Leiden, auf Kräftemangel, Vitalitätsschwund. Man darf dem gegenüber nicht gleichgültig bleiben.

Die Lüge

Wenden wir uns nun einem anderen Gebiet zu: der Erforschung der Lüge in der Schrift, des sittlichen Niveaus und alles dessen, woraus sich das Fehlen von Moralgefühl ableiten läßt.

Wir kommen damit zu einer äußerst wichtigen Frage, die ich nicht selten beantworten muß, inbesondere wenn eine Firma die Analyse einer Schrift wünscht. Es ist völlig normal, daß Firmen, vor allem wenn sie einen Vertrauensposten besetzen möchten oder einen Verwalter finanzieller Interessen oder Werte suchen, wissen wollen, ob der Bewerber ehrlich und treu ist. Sicher wird man sagen, „Lüge" und „Unehrlichkeit" sind zweierlei Dinge. Richtig, aber ein zu starker Hang zum Lügen läßt Vorsicht angeraten sein; und herabgesetzte Aufrichtigkeit führt leicht zu unerwünschten Indiskretionen und unerlaubten Manipulationen.

Es gibt über dieses Thema ein bemerkenswertes Buch, das heute noch Gültigkeit besitzt: *L'écriture des canailles* von Crépieux-Jamin, leider ist es vergriffen.

Ich persönlich studierte die Frage mit besonderem Interesse und größter Aufmerksamkeit, weil ich als Gutachterin bei Gericht Lüge, Unehrlichkeit, Betrug und übelste Bösartigkeit sozusagen „leibhaftig" erlebte. Aber bringen wir nichts durcheinander; von Gutachten werde ich im folgenden Kapitel sprechen. Man verwechselt die Gutachtertätigkeit allzu häufig mit der Graphologie, obwohl es sich dabei um ein ganz anderes Fach handelt.

Lüge, Unaufrichtigkeit, Amoralität, übermäßige Aggressivität – das alles kann zu Verbrechertum führen.

Fangen wir am Anfang an: Woran erkennt man die Lüge in der Schrift? Ich spreche hier nicht von der höflichen Lüge, zu der uns das Leben in der Gesellschaft fast ständig zwingt. Wer könnte schon zu jedermann und in jeder Hinsicht genau sagen, was er denkt? Er würde schon an einem einzigen Tag in beträchtliche Schwierigkeiten geraten ... Wir gebrauchen Entschuldigungen, Ausflüchte, die Höflichkeit selbst ist nichts anderes als ein Weg, jemanden „einzuwickeln". Und vergessen wir nicht, daß wir meist mehrmals am Tag vor einer Autorität kapitulieren müssen, die mit gnadenloser Strenge gegen uns vorgehen kann.

Natürlich liegen Welten zwischen der Lüge von Menschen, die nicht kränken, verletzen oder entmutigen wollen (beispielsweise einen Kranken, indem sie schönrednerisch von seinem Aussehen, seinem Gesichtsausdruck zu ihm sprechen), und der Lüge jener, die zu täuschen, zu betrügen, andere schamlos hereinzulegen versuchen.

Es gibt so viele Arten, falsch zu sein: hinterlistig, schlau, durchtrieben, doppelzüngig, gewieft, ein Schwindler, ein Gauner, gerissen, duckmäuserisch, heuchlerisch, geheimtuerisch, unredlich und was weiß ich noch alles ...

Man lügt aus den unterschiedlichsten Motiven. Kinder lügen meist, um einem Tadel oder einer Strafe zu entgehen; später um sich etwas mehr Freiheit zu sichern, solange sie noch der Bevormundung durch die Eltern unterstehen.

Dann kommen die wirklichen Lügen, welche die Persönlichkeit verhüllen, sie in einem anderen Licht erscheinen lassen. Jene Lügen, die bestimmten Geschäftsleuten zum Abschluß von Verträgen verhelfen, von denen man zumindest sagen kann, daß sie nicht auf beiderseitigem guten Glauben beruhen. Man lügt, um anderen zu schaden, sie zu verleumden, jemandes Ruf zu untergraben. Man lügt, um sich Vorrechte zu sichern, auf die man keinen Anspruch hat, um zu prahlen und sich mehr Bedeutung zu geben, als man besitzt. Man lügt, um seine häßlichen Seiten und seine Schandtaten zu verbergen, um jemanden auszunützen, „einzuseifen". Manche lügen, um anderen unter den verschiedensten, mitunter geradezu genialen Vorwänden Geld aus der Tasche zu ziehen, und enden bei Betrug, Fälschung von Unterschriften usw.

Generell läßt sich sagen (und Crépieux-Jamin bestätigt es), daß es der Beweggrund der Lüge ermöglicht, diese in der Schrift aufzuspüren. Aber die Lüge offenbart sich auf unterschiedlichste Weisen – je nach dem Charakter, dem Temperament, dem Wesen dessen, der lügt. Es gibt Lügen der Feigen und Lügen der Aggressiven, der Mythomanen und der Listigen, der Bösartigen und der Duckmäuser, der Diebe und der Fälscher ...

Die Lüge jener beispielsweise, die das Unleugbare abstreiten, drückt sich im allgemeinen durch eine runde Schrift aus, übermäßig verschlungene Buchstaben (a, o) oder durch gegenläufige, im Uhrzeigersinn geschriebene Buchstaben.

Verschiedentlich wurde auch ein Punkt nach der Unterschrift als Anzeichen für Lüge genannt. Ich kannte mehrere Schreiber von untadeliger Aufrichtigkeit (abgesehen von „Gesellschaftslügen"), die einen Punkt hinter ihre Unterschrift setzten. Das war zu einem Tick, einer Manie geworden. Hingegen ist interessant, ich betone es nochmals, die Beobachtung der Schließung von Buchstaben wie „a", „o", „d", „g".

Es heißt auch, ein Querstrich nach dem Punkt verweise auf Lüge. Die Schrift des ehrlichsten Mannes, den ich kannte, der sich trotz seiner überlegenen Intelligenz im Leben oft hereinlegen ließ, wies dieses Merkmal auf.

Dagegen muß man sich vor Schriften hüten, die langsam und gleichzeitig schwer sind. Ebenso vor jenen, in denen schockierende Unregelmäßigkeiten auftreten, unterschiedliche Schriftzüge in ein und demselben Dokument, bei denen zu viele Oberzeichen fehlen; auch vor äußerst ungeordneten Schriften, vor gewundenen, linksschrägen, schleppenden, zu gezwungenen, zögernden Schriften. Zu noch größerer Vorsicht möchte ich jedoch bei Schriften mit sehr vielen kleinen, kaum ausgeprägten Verbesserungen, mit konfusen Wortendungen raten, bei denen man nicht weiß, ob es sich um Einzahl oder Mehrzahl handelt. Unvollendete, aufgehängte, formlose Buchstaben stellen oft ein Anzeichen für Doppelzüngigkeit dar. Der Schreiber ist immer bereit, abzuleugnen, was er gesagt oder versprochen hat.

Die Lüge erkennt man eher an kleinen, versteckten, unaufdringlichen Zeichen als an großen Merkmalen der Unordnung.

Crépieux-Jamin stellt die künstliche Schrift in die erste Reihe der Schriften von Lügnern. Aber sind alle, die typographische Buchstaben benutzen (oft aus Gründen der Klarheit und Lesbarkeit, besonders Techniker und technische Zeichner), die das „Script" gelernt haben, ausnahmslos Gewohnheitslügner? Nein – nicht unbedingt, obwohl sie sich durch eine Schrift dieser Art von ihrer besten Seite darstellen wollen (Fig. 244).

Ich würde die Lüge eher in Zwang und Komplikationen suchen.

Auch absichtlich im Strich verlangsamte Wörter sollten den aufmerksamen Beobachter zur Vorsicht mahnen.

Unterlängen, deren Aufstrich genau den Abstrich verdeckt (man bezeichnet dies als Deckzüge, und es gilt genauso für die Oberlängen), stellen ein Anzeichen für Lüge dar.

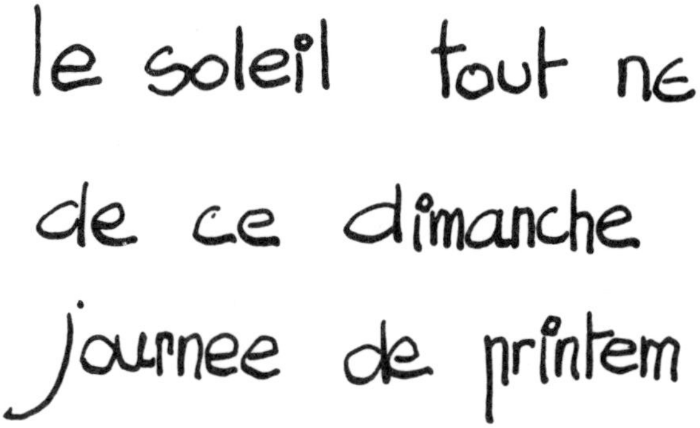

Fig. 244: Gezeichnete Schrift – Arkaden

Die Arkaden – wir haben sie im Kapitel über die Bindungsformen behandelt – verraten oft Lüge. Vorsicht empfiehlt sich mehr noch bei der fadenförmigen Schrift.

Schreiber, die bestimmten Buchstaben völlig überflüssige Querstriche beifügen, wollen sich nicht in die Karten schauen lassen, ihre Absichten nicht enthüllen.

Ein sehr wichtiges Anzeichen ist auch eine von der Schrift (sowie dem Umschlag) stark abweichende Unterschrift. Deshalb ist es immer gut, die Schrift im Brief und auf dem Umschlag mit der Unterschrift zu vergleichen.

Zu viele Einrollungen, überflüssige Punkte, Zerstückelungen von Buchstaben, Auslassungen, Züge in Gegenrichtung zur normalen Schreibrichtung (Gegenzüge), Vertauschen von Buchstaben, vor allem in einer langsamen Schrift, sind unabweisbare Anzeichen für Lüge im weitesten Sinn des Wortes.

Fadenformen, Wellenlinien, abgeschliffene Details, ein zu großer Unterschied zwischen Schrift und Unterschrift bei normalem Schreibtempo sind ebenfalls Anzeichen für Lüge. Ich habe (siehe Fig. 244–249) mehrere Schriftproben zusammengestellt, die auf frappierende Weise Lüge anzeigen.

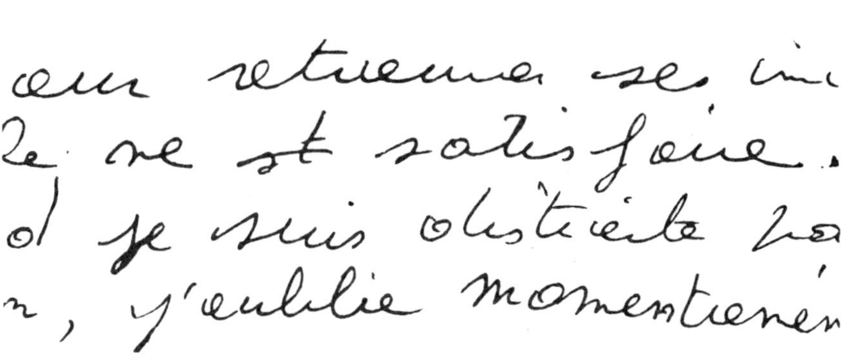

Fig. 245: Frau, 22 Jahre – völlige Amoralität, sexuelle Abweichungen

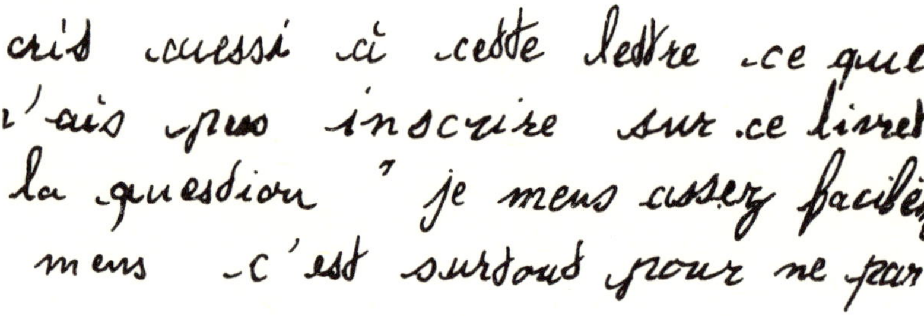

Fig. 246: Junger Mann, 18 Jahre – zur Natur gewordene Lüge in allen Formen

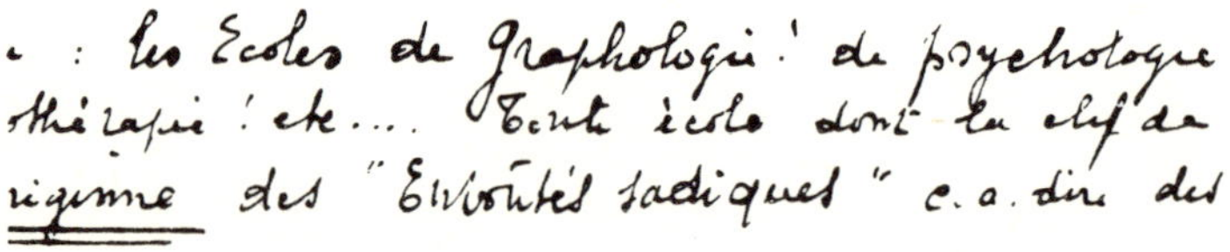

Fig. 247: Mann, 50 Jahre – Lüge; hat das Zeug zu einem geschickten Fälscher und rühmt sich dessen sogar

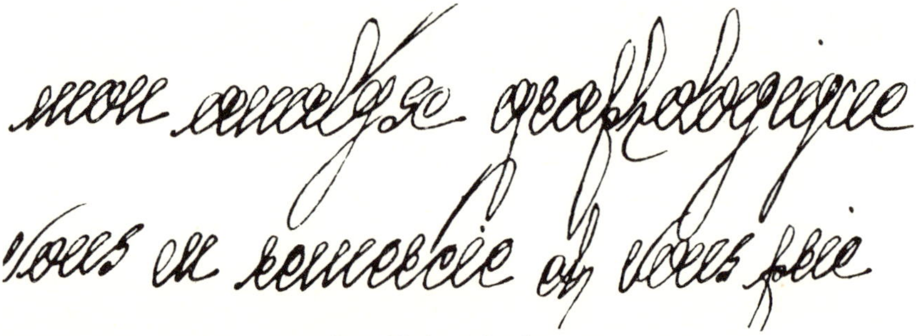

Fig. 248: Frau, 58 Jahre – typische Schleifengirlande: Lüge

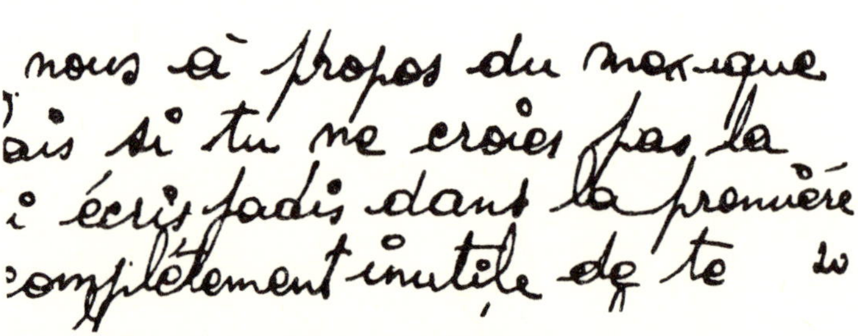

Fig. 249: Mann, 20 Jahre – zur Natur gewordene Lüge

Das Verbrechen

Die Lüge führt – deshalb behandle ich sie so ausführlich –, wenn sie überhand nimmt, berechnend und systematisch wird, zu Betrügereien und Verbrechertum in allen Formen.

Vor allem führt sie zur „Fabrikation“ gefälschter Schecks, anonymer Briefe und gefälschter Urkunden. Oder es wird die Imitation der Schrift und Unterschrift eines anderen versucht oder die eigene Schrift verstellt in der Hoffnung, sie bleibe unerkannt. Oder auch – und das geschieht häufiger, als man meint – die eigene Unterschrift wird verändert, damit man später abstreiten kann, sie geleistet zu haben. Die Wahrheitsfindung in solchen Fällen gehört zum Gebiet des Schriftgutachtens.

Am Schluß dieses Kapitels über die Häßlichkeiten in der Schrift wollen wir uns den Schriften von Kriminellen oder Schwerverbrechern zuwenden und einige Beispiele zeigen.

Oft stellt man Graphologen die Frage: Gibt es ein Anzeichen für Verbrechen in der Schrift? Nein. Die Triebfedern für Verbrechen – wie für alle versteckten und geheimen Schändlichkeiten, die genauso verabscheuungswürdig sein können – sind derart vielfältig, daß es kein „Anzeichen für Verbrechen“ gibt. Es gibt die Neigung zu Gewalttätigkeit, es gibt den Sadismus, die Rachsucht, das Bedürfnis zu verletzen, einen unschuldigen Menschen, der einem nichts getan hat, zu unterdrücken. Zu starker Alkoholkonsum setzt die Zwänge frei, der Mensch wird vorübergehend primitiv, aggressiv, gewalttätig, brutal, böse. In einem solchen Augenblick muß man sich hüten, ihm zu widersprechen. Man riskiert sonst, in ihm eine schreckliche Aggressivitätskrise zu entfesseln. Er beherrscht sich nicht mehr und kann in einem „Wahnsinnsanfall“, wie man so sagt, bis zum Verbrechen gehen. Eifersucht treibt zu Verbrechen. Auch Neid. Ferner Rachsucht: manchmal wird die Rache von langer Hand, kalt und gründlich vorbereitet, regelrecht ausgebrütet.

Deshalb werde ich mich darauf beschränken, in den folgenden Schriftbeispielen aufzuzeigen, was sie Beunruhigendes haben, und keine allgemeinen Schlüsse ziehen (Fig. 250–255).

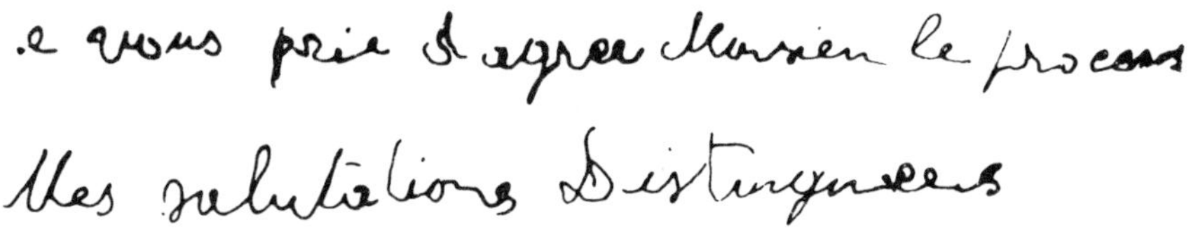

Fig. 250: Mann, 48 Jahre – chronischer Alkoholismus, Anlage zum Neuropathen

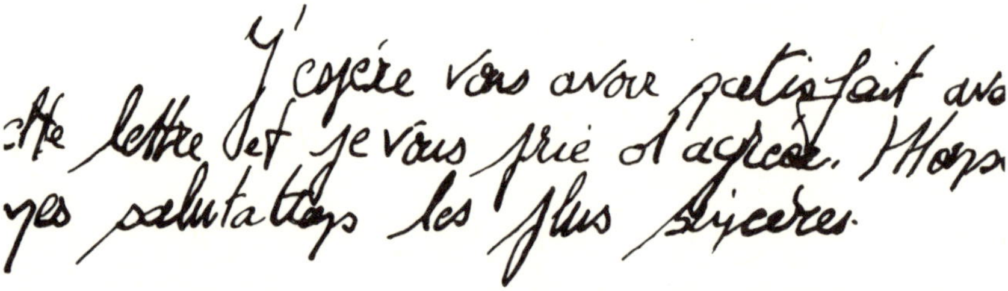

Fig. 251: Mann, 25 Jahre – Pyromane, vorbestraft, gerissene Diebstähle, Gewohnheitsverbrecher

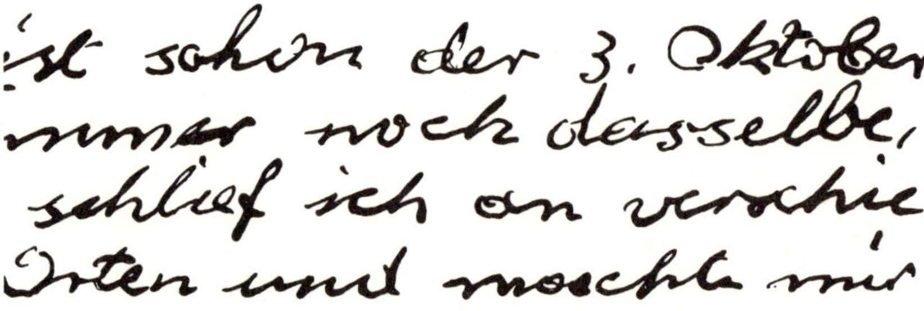

Fig. 252: Mann, 26 Jahre – hat sechs Mädchen vergewaltigt, beging nach seiner Entlassung aus dem Gefängnis zwei Morde, liebt die Poesie . . .

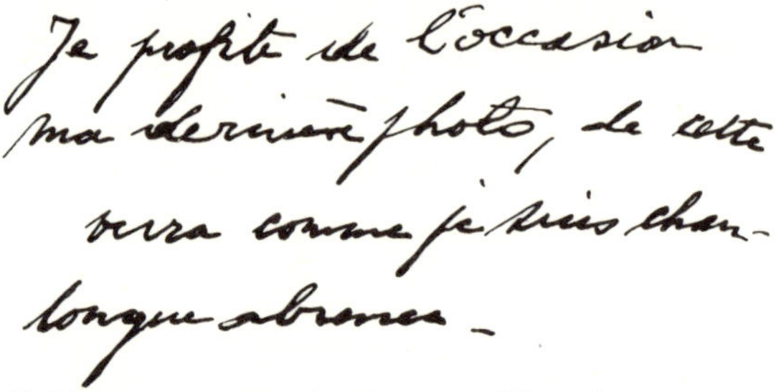

Fig. 253: Mann, 43 Jahre – erwürgte seine Frau aus Eifersucht

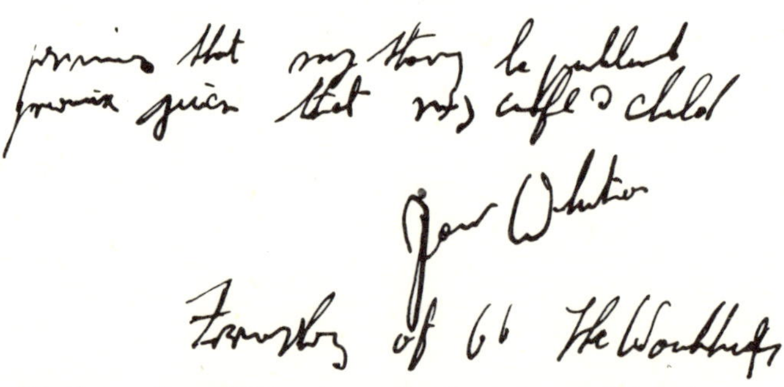

Fig. 254: Schrift von James White, der am Londoner Postraub beteiligt war

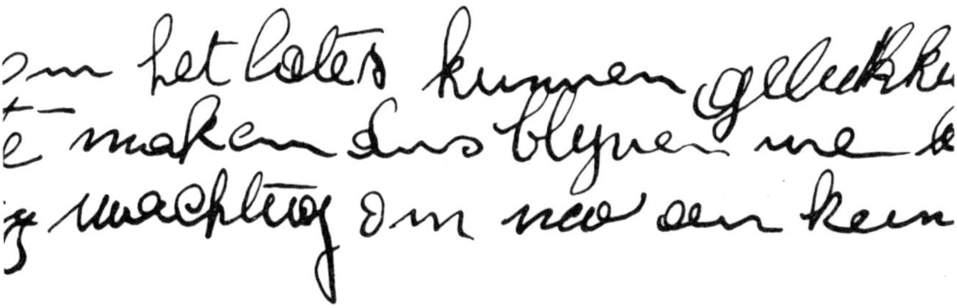

Fig. 255: Frau, 36 Jahre – hat drei Menschen vergiftet, wurde als Zurückgebliebene mit dem Geistesniveau eines siebenjährigen Kindes eingestuft

Ein Graphologe muß größten Respekt vor der Person und dem Ruf des anderen haben. Er muß aber auch, wenn es notwendig ist, warnen können, und zwar klar. Dabei hat man jedoch das Berufsgeheimnis unbedingt zu wahren, von dem später noch in sehr ernster Weise die Rede sein wird. Man darf nicht in die Persönlichkeit eines anderen eindringen – in gewisser Weise ist dies ein Einbruch –, um sich dann als Schwätzer zu gebaren.

Bestimmte strikte ethische Grundsätze muß man strengstens beachten. Sie verpflichten und sind bindend für jeden Graphologen, der dieser Kunst würdig ist.

19. Schriftgutachten und Graphologie

Wesen und Zweck des Schriftgutachtens

Das Schriftgutachten und die Graphologie werden oft verwechselt. Es handelt sich jedoch um zwei völlig verschiedene Gebiete. Der Schriftgutachter muß vergleichen und beurkunden. Seine Aufgabe besteht keineswegs darin, zu analysieren und die tiefen Triebkräfte des Schrifturhebers aufzuspüren.

Ich glaube aus Erfahrung sagen zu können, daß Graphologen die besten Schriftgutachter abgeben – wenn sie in der besonderen Disziplin des Gutachtens geschult und ausgebildet sind.

Es gibt auch Gutachter – gleichfalls ausgezeichnete –, die keine Graphologen sind, z. B. Diplomatiker (Urkundenforscher und -sachverständige) und Kriminologen, auch Ärzte. Einer der berühmtesten war Dr. E. Locard, Chef des Polizeilabors von Lyon (Verfasser mehrerer Bücher, besonders *Les faux en écriture,* Paris 1959).

Doch sogar die gelehrtesten, erfahrensten Gutachter können sich irren. Einer der bekanntesten Irrtümer – der zum Justizirrtum führte – war jener, der Dreyfus auf die Teufelsinseln brachte. Es bedurfte eines Gegengutachtens von Crépieux-Jamin und der unter anderem von Zola geführten Kampagne, damit der Prozeß revidiert wurde und man erkannte, daß der berühmte, Dreyfus zugeschriebene Zettel gar nicht von seiner Hand stammte. (Professor Locard spricht in dem erwähnten Buch ausführlich darüber.)

Welche Methoden finden im Schriftgutachten Anwendung? Ich kann sie hier nicht in allen Einzelheiten schildern, denn sie sind sehr vielfältig und bedienen sich nicht nur des Vergleichs von Schriften oder Unterschriften. Wenn es möglich ist und das verdächtige Dokument nicht durch zu viele Hände ging, untersucht man es auf Fingerabdrücke. Man analysiert die Tinte, um das ungefähre Entstehungsdatum zu ermitteln, man setzt das Dokument Röntgen- und Infrarotstrahlen aus, um Radierungen, mit bloßem Auge nicht sichtbare Veränderungen usw. aufzudecken.

Ich werde hier einzig vom Schriftgutachten als solchem sprechen und alle Laborarbeiten unberücksichtigt lassen.

Zum Gutachten kommt es – könnte man sagen – ganz einfach durch richtiges Hinschauen und Beobachten. Man muß die kleinsten Details beachten; denn gerade sie entgehen dem Fälscher, ob er zu imitieren oder zu verschleiern versucht. Die Verwendung einer Lupe oder sogar eines Mikroskops erleichtert dem Gutachter die Arbeit. Was nur möglich ist, wird gemessen. Ich brauche nicht zu sagen, daß diese Messungen äußerst präzise sein und durch stark vergrößerte Fotos sozusagen illustriert werden müssen, damit die

Anwälte und Richter, die später den Bericht lesen, den Ausführungen des Gutachters genau folgen können.

In einer Schrift oder Unterschrift zählt alles: Größe und Weite der Buchstaben in den drei Zonen – Wortkörper, Oberlängen, Unterlängen –, das Verhältnis zwischen den drei Buchstabenteilen, die Strichdicke, die Schriftlage, die Schwankung der Buchstabenhöhe in den drei Zonen, der Abstand zwischen Buchstaben, Wörtern und Zeilen sowie die Unregelmäßigkeiten des Abstandes, die Lage der Oberzeichen und ihre Form, die Wortanfänge und -endungen, die Bindung zwischen den Buchstaben, die Ränder (oberer, unterer, linker und rechter Rand), ihre jeweilige Breite, ihre Unregelmäßigkeit, die Winkelwerte, der Rhythmus der Bindungen, schließlich die Buchstabenformen. Auch der Untersuchung von Unterschriften und Paraphen, wenn vorhanden, kommt große Bedeutung zu.

Aus der Praxis des Schriftgutachters

Ein ausführliches Gutachten kann sehr lange, eingehend, tiefschürfend (und nicht immer begeisternd zu lesen) sein.

Wenn es gut ist, darf es nichts im dunkeln lassen, sondern muß alles ans Licht bringen, natürlich vollkommen objektiv. Und die Loyalität des Gutachters? Ist sie immer unanfechtbar? Das wage ich nicht zu behaupten.

Ich möchte aus meiner eigenen Erfahrung sagen, daß manchmal der Versuch unternommen wird, den Gutachter für sich zu gewinnen. Mehr als einmal war ich das Ziel eines solchen Versuches. Selbstverständlich ging es dabei nicht um unwichtige Gutachten, sondern es stand stets viel auf dem Spiel. Das Berufsgeheimnis verbietet mir, mehr zu sagen; aber fest steht, daß der Gutachter ziemlichen Versuchungen ausgesetzt ist, mitunter sogar beträchtlichem Druck.

Auch in anderer Hinsicht hat er kein leichtes Leben. Entweder wird er vom Gericht oder Ermittlungsbeamten bestimmt, oder er wird vom Anwalt, manchmal vom Betroffenen selbst, zu Hilfe gerufen, wenn man so sagen kann. Im allgemeinen muß er an allen Gerichtsverhandlungen teilnehmen, dort seine Ansicht vortragen und mit Erläuterungen stützen. Er muß Fragen – bisweilen recht hinterhältige – beantworten, die ihm vom Vertreter der gegnerischen Partei, vom Staatsanwalt, von den Richtern, Gerichtsvorsitzenden und Beisitzern gestellt werden. Er darf nur sprechen, wenn ihm das Wort erteilt wird. Vertritt ein Kollege von ihm die gegenteilige Ansicht, so hat er keine Möglichkeit zu intervenieren; er muß geduldig warten, bis die Wortlawine niedergegangen ist, sonst wird er vom Vorsitzenden zur Ordnung gerufen. Glauben Sie mir: Eine solche Verhandlung ist nicht zum Lachen. Häufig endet sie sogar – zur Freude der Gerichtspersonen – mit „einer schönen Expertenschlacht", in der es mitunter nicht ohne Beleidigungen, wenn nicht gar perfide Bosheiten abgeht.

In welchen Fällen zieht man Schriftgutachter zu? Gewöhnlich nicht bei Lapalien. Manchmal verlangt jemand lediglich zu seiner Erbauung ein Gutachten; er hat das Recht dazu. In diesem Fall ist es nicht notwendig, daß man ein eingehendes Gutachten ausarbeitet; man kann sich damit begnügen, ohne Details zu antworten.

Die drei Hauptgründe, aus denen ein Schriftgutachten angefordert wird, sind:

- Testamente, bei denen Fälschung vermutet wird,
- umstrittene Unterschriften,
- anonyme Briefe.

In solchen Dingen offenbaren sich die schlimmsten Häßlichkeiten der menschlichen Seele. Denn was sind denn die beiden großen Triebkräfte, die Fälscher und Anonymographen zu ihrem Tun bewegen? Bosheit und Habgier. Der Wunsch, sich etwas anzueignen, was einem nicht zusteht, oder jemandem übelstes Unrecht anzutun, seinen Ruf zu beschmutzen.

Ich habe viele Gutachten gemacht, vor längerer Zeit, und ich kann hier – mit aller gebotenen Diskretion – aus meinen Erinnerungen einige herausgreifen.

Eines Tages wurde mir eine Reihe Meßbücher vorgelegt: jemand hatte sie mit pornographischen Texten und Zeichnungen „geschmückt". Die Angelegenheit war ernst, sie betraf ein Knabengymnasium, es ging um eine Sittenfrage, die übrigens unter Ausschluß der Öffentlichkeit verhandelt wurde. Ich konnte den Schuldigen ausfindig machen. Es war keiner der Schüler ...

Unterschriftenfälschung

Sie ist alt und sehr verbreitet. Damit haben vor allem Banken zu tun, die Fälle der Scheckfälschung aufklären müssen. Man könnte sich fragen, wie diese überhaupt möglich sind, da ein Scheckheft normalerweise eingeschlossen sein sollte und die Bank den Scheck erst nach Vergleich der Unterschrift mit der bei ihr hinterlegten ausbezahlt bzw. gutschreibt. Tatsächlich erfolgt nicht immer ein gründlicher Vergleich.

Es kommt auch vor, daß unredliche Bankangestellte, wenn sie wissen, daß für ein im allgemeinen „gut bestücktes" Konto ein neues Scheckheft bereitliegt, dieses Heft mit unheimlicher Schlauheit an sich bringen, einen Scheck entnehmen (nie nehmen sie das ganze Heft), zugunsten des Überbringers eine ansehnliche Summe einsetzen und sorgfältig die echte Unterschrift imitieren, die sie aus den Karteien der Bank kennen.

Gutachten werden oft auch bei zwischen Privatleuten abgeschlossenen Verträgen nötig. Später behauptet dann einer der Vertragspartner, die geleistete Unterschrift stamme nicht von ihm. Zu Recht oder zu Unrecht?

Auf diesem Gebiet hatte ich einmal mit einem Kaufvertrag betreffend ein wertvolles Gemälde (flämische Schule, 15. Jahrhundert) zu tun. Die Echtheit der Unterschrift des Verkäufers wurde von seinen Erben angefochten. Bei dem Gutachten ergaben sich unerwartete Schwierigkeiten.

Unterschriften werden tagtäglich in Massen gefälscht. Vor allem, um sich die Bürgschaft einer zahlungsfähigen Person zu „sichern", um Garantie für die Rückzahlung eines hohen Darlehens zu leisten usw.

Es gibt ferner gefälschte Bestellungen, die ein unehrlicher Vertreter unterschreibt, um sich Provisionen auszahlen zu lassen, auf die er keinen Anspruch hat. Nach deren Erhalt verschwindet er natürlich, und die Firma bekommt nie ihr Geld. Die Unehrlichkeit tritt in den verschiedensten Gestalten auf, und man ist oft verblüfft angesichts der Intelligenz, Imagination und Findigkeit der Fälscher: der Gedanke drängt sich auf, daß sie ihre Gaben viel besser einsetzen könnten; denn eines Tages werden sie ja doch überführt und hinter Schloß und Riegel gesetzt.

Ich möchte noch die immer wieder vorkommenden Fälle falscher Kaufverträge erwähnen, aufgrund derer allzu gutgläubige Käufer Anzahlungen für den Erwerb purer Luftschlösser leisten, weil sie meinen, es mit einem ehrlichen Partner zu tun zu haben, dieser leistet jedoch nur eine „gefälschte" Unterschrift und verschwindet dann mit seiner Beute.

Gefälschte Testamente

Sie sind viel häufiger, als man glauben würde. Die Tricks der Testamentfälscher sind fast noch verblüffender als jene der Menschen, die Unterschriften anderer imitieren oder ihre eigene verstellen, um deren Echtheit später abstreiten zu können.

Übrigens ist hinlänglich bekannt, daß eine Testamentseröffnung oft Anlaß zu Auseinandersetzungen und Streitigkeiten gibt, die mit einem Prozeß enden. Dazu bedarf es gar keines gefälschten Testaments.

Die „echten" gefälschten Testamente knüpfen gewöhnlich bei Verstorbenen ohne unmittelbare Erben an, bei Erblassern, die keine nahen Angehörigen mehr haben und mit der „Familie" in nicht allzu enger Verbindung standen. In solchen Fällen schalten sich „Freunde" ein, treue Nachbarn, irgendwelche entfernte Verwandte, die plötzlich verdächtiges Interesse für den Verstorbenen zeigen.

Oder man findet ein holographisches (zur Gänze eigenhändig geschriebenes) Testament, das irgendwo in den Nachlaß eingeschmuggelt worden war oder von dem behauptet wird, man habe es Jahre zuvor erhalten. Das erinnert mich an den Fall eines Bauern, eines Analphabeten, der nur seinen Namen schreiben konnte (er hatte übrigens einen kurzen, einfachen) und von dem man ein holographisches Testament vorlegte – in Druckbuchstaben!

Ein anderes, in der Schrift perfekt imitiertes Testament stammte von einer Frau, die ihr gesamtes Vermögen ihrem Mann vermachte. Eine verdächtige Verfügung, die beim Notar und auch beim Richter Argwohn erregte. Das Paar hatte schon lange in schlechtem Einvernehmen gelebt, besonders häßlich war das Verhalten des Mannes während der letzten Krankheit der Frau gewesen. Schlimmer noch: er hatte ihr alles Bargeld (eine ansehnliche Summe) weggenommen, das sie in ihrer Tasche bei sich trug, als sie zu einer schweren Operation ins Krankenhaus gebracht wurde. Zur Erholung hatte sie sich zu ihrem Bruder geflüchtet, weil sie die schlechte Behandlung durch ihren Mann fürchtete.

Fälle von unterschlagenen, beiseite geschafften Testamenten kenne ich mehr als genug. Auch Fälle von Erbschleicherei, Fälle, in denen dem Sterbenden, der gar nicht mehr weiß, was er tut, die Hand geführt und ihm das Testament regelrecht abgezwungen wird ... Es gibt alles, leider!

Anonyme Briefe

Auch die Tricks der Anonymographen sind manchmal verblüffend und so vielfältig, daß sie hier nicht erschöpfend aufgezählt werden können. Bei solchen Gelegenheiten muß man im Interesse der Wahrheitsfindung alle möglichen Methoden aufbieten.

Ich werde hier einzig vom Schriftvergleich sprechen. Gewöhnlich spielt sich die Sache folgendermaßen ab: Jemand erhält einen anonymen Brief, zumeist eine ganze Serie. Die Briefe werden nicht alle an dieselbe Person geschickt. Da sie möglichst großes Unheil anrichten sollen, werden sie in alle Richtungen verteilt, an alle, die sich für das Tun und Verhalten des Opfers interessieren könnten. Besagtes Opfer hat seine Verdachtsgründe und legt Schriften zum Vergleich vor. Der Gutachter prüft, ob der Anonymograph und der oder die Verfasser der Vergleichsschriften identisch sind. Auch hier kommt es häufig zu Expertenkämpfen. Manchmal wird ein Gegengutachter bestimmt, manchmal gar setzt das Gericht, um sich eine klarere, unzweideutige Meinung bilden zu können, ein „Gutachterkollegium" ein, das aus drei von ihm gewählten Gutachtern besteht. Man einigt sich schließlich auf die Meinung des Kollegiums, vorausgesetzt natürlich, daß seine Demonstration beweiskräftig und überzeugend genug ist.

Überflüssig zu sagen, daß ein Prozeß dieser Art Jahre dauern kann. Eines der wichtigsten Gutachten auf diesem Gebiet machte ich im Rahmen eines Prozesses, der 1963 begann und erst 1969 endete, nach dem Spruch des Kassationsgerichtshofes.

Die Motive, aus denen anonyme Briefe verschickt werden, sind immer die niedrigsten, gemeinsten, häßlichsten, die man sich vorstellen kann. Der Schreiber versucht jemandes Ruf zu zerstören, einen Ehepartner gegen den anderen aufzuhetzen, zu ängstigen. Er droht, quält, schließlich weiß sein Opfer nicht mehr, was es tun soll.

Da solche Ehrabschneiderei gewöhnlich ihre Wirkung tut, gerät das Opfer irgendwann in Verdacht, es wird beschuldigt, geschnitten. Dabei wird von dem – nicht immer richtigen – Grundsatz ausgegangen: „Wo Rauch ist, muß auch Feuer sein."

Der Inhalt solcher Schreiben ist oft derart schmutzig, daß diese nicht einmal des Papierkorbs würdig sind, sondern in die Jauchegrube gehören. Mit dieser Lösung kann man sich jedoch nicht immer begnügen. In bestimmten Fällen muß man tatsächlich den Schuldigen unbedingt finden und seinem Treiben ein Ende setzen.

Es kommt vor, daß er die Schrift einer Person nachahmt, die er beschuldigt sehen will. Oder – das ist seltener – er hat seine Giftspritzereien von einer dritten Person schreiben lassen. In einem der Fälle, mit denen ich mich befassen mußte, war ein vierzehnjähriger Junge von seinem Vater aufgefordert worden, den Text abzuschreiben, den dieser verfaßt hatte.

Manchmal wird auch jemand beschuldigt, anonyme Briefe oder Karten geschickt zu haben, dessen Unschuld man genau kennt, dem man jedoch Schaden zufügen will.

Es kommt auch vor, daß dem Gutachter auf allen Dokumenten, die er prüfen und vergleichen soll, nur einige Wörter zur Verfügung stehen, die für einen endgültigen Schluß nicht ausreichen. Er muß das offen sagen. Manche Gutachter glauben, es sei eine Schande für sie, wenn sie nicht zu einem schlüssigen Ergebnis gelangen. Mir sind jene weit lieber, die klar bekennen, wenn sie Zweifel haben.

Ich kann dieses Thema nicht abschließen, ohne wenigstens ein Beispiel für eine anonyme Schrift zu geben. Meine Akten sind voll davon, aber das Berufsgeheimnis verbietet mir, daraus etwas zu veröffentlichen.

Geschrieben wurde hier mit einem zugeschnittenen, in Stempelfarbe getauchten Zündholz (Fig. 256).

Fig. 256: Anonyme Schrift

Es ist natürlich eine mehr als undankbare Aufgabe, ein Gutachten über eine Schrift zu machen, die aus stabförmigen Großbuchstaben besteht. Doch es gibt Schlimmeres. Man läßt den Verdächtigen in Druckbuchstaben oder mit verstellter Schrift denselben anonymen Brief schreiben, und zwar in Anwesenheit eines Justizbeamten. Es geschieht sehr selten, daß der Schuldige sich nicht durch dieses oder jenes Detail verrät, an das er sich nicht mehr erinnert. Übrigens muß man ihn mit den geringfügigsten Details in die Enge treiben, mit Dingen, die seiner Aufmerksamkeit entgehen, mit strengster Kontrolle des Schreibdrucks, des Rhythmus, des „Gewichts" der Schrift usw. Strichmerkmale wie Zerhackungen, periodische Zitterzüge finden sich *unweigerlich* in der verstellten oder gefälschten Schrift wieder.

Glauben Sie mir: Es ist nicht einfach, ein Schriftfälscher oder Anonymograph zu sein. Glücklicherweise!

Wie macht man eine graphologische Analyse?

Grundsätzliches

Ein erster Rat: Damit Sie eine Schrift besser beurteilen und verstehen können, sollten Sie in sich eine Art Leere erzeugen, Ihre Vorlieben, Ansichten und Ideen vergessen. Zwingen Sie sich, neutral und gleichzeitig aufnahmebereit zu werden, die Botschaft entgegenzunehmen und zu „fühlen", welche Ihnen die Schrift und durch sie der Unbekannte vermittelt, den Sie einzig durch die von ihm aufs Papier gesetzten kleinen Zeichen erforschen, erkennen, beschreiben sollen.

Als Anfänger muß man bei jeder Analyse, die man macht, alle Schriftmerkmale Revue passieren lassen, damit man nichts vergißt. Später ist das nicht mehr nötig.

Nachdem man als erstes den Grad an Harmonie oder Disharmonie einer Schrift, das Temperament, die charakterologische und typologische Struktur des Schreibers bestimmt hat, sucht man die vorherrschenden graphologischen Elemente und dann die weniger bedeutenden. Vor allem muß man nach einem geordneten, folgerichtigen Generalplan vorgehen, der nicht starr, aber logisch ist und erlaubt, den Schreiber unter dem physischen Aspekt (Gesundheit, Vitalität) und vom moralisch-charakterlichen und geistigen Standpunkt aus zu beschreiben.

Zwei Klippen gilt es zu meiden: Wiederholung und Widersprüchlichkeit. Es gibt Widersprüche in jedem Menschen, man muß sie bloßlegen und hervorheben – sie sind seine persönliche Form der Ambivalenz. Diese Widersprüche müssen nicht erklärbar kein, sie bestehen einfach; aber man muß nachdrücklich auf sie verweisen und die Veränderungen im Verhalten erkennen, die daraus resultieren können.

Schließlich ist es gut, sich bei der Niederschrift an ein Schema zu halten. Ich schlage das folgende vor.

Schema einer Schriftanalyse

1. *Körperlicher Zustand:*	nervliches Gleichgewicht Vitalität Gesundheit im allgemeinen eventuelle Reserven
2. *Charakter, seelischer Zustand:*	Wille tatkräftige Energie Aktivität Einfluß auf andere, persönliche Autorität Reifegrad Konflikte und Komplexe, psychisches Gleichgewicht Treue, Rechtschaffenheit Geselligkeit Grad des Verständnisses für andere Hilfsbereitschaft, Großzügigkeit Gerechtigkeitssinn psychologische Fähigkeiten Voraussicht, Mäßigkeit Stolz Ehrgeiz Qualität der Gefühle
3. *Intellekt:*	Sinnlichkeit Form und Grad der Intelligenz

Bildungsgrad
Gedächtnis
Imagination, schöpferischer Sinn

Betonen Sie das, was vorherrscht und für die Gesamtanalyse die allgemeine „Beurteilungsnote" gibt. Man beurteilt und bewertet leicht steigende Zeilen in einer insgesamt schlaffen, langsamen, unzusammenhängenden Schrift anders als in einer festen, nüchternen, kontrollierten Schrift. Dies nur als Beispiel.

Im folgenden finden Sie Stichwörter zu unserem Schema einer Schriftanalyse, und zwar zum Thema „Charakter" und „Intellekt". Es wäre gut, wenn Sie sich bewußt würden, welche Stichwörter, die hier genannt sind oder von Ihnen ergänzend gefunden werden, jeweils zutreffen.

Der Wille: Ist er fest, entschlossen, überlegt, beständig, unentschlossen, impulsiv, beeinflußbar, zögernd, schwankend, variabel, automatisch, schlaff, unbestimmt, hartnäckig, fordernd, auf systematische Opposition hin ausgerichtet?

Die tatkräftige Energie (und die Vitalität): Ist sie voll Dynamik, voll Unternehmergeist, Mut, Kampflust, Aggressivität? Oder voll Schwäche, Apathie, Schlaffheit, der Anregung bedürftig?

Die Aktivität: Verrät sie Liebe zur Arbeit, Begeisterung, natürlichen Elan, eine gute Nutzung der Zeit (was Methode, Organisation, Logik in der Arbeit einschließt), Kraft, Produktivität? Man muß auch den Aktivitätsrhythmus bestimmen: ist er schnell, gemäßigt, langsam, überstürzt, ungleichmäßig, von häufigen Unterbrechungen geprägt? Kommt der Schreiber langsam oder schnell in Schwung? Ist er von der Art des Hasen oder von jener der Schildkröte, d. h. läuft er schnell voran, hält aber auf dem Weg oft inne, oder geht er in seinen Bemühungen langsam, aber stetig vor? Ist die Aktivität routinemäßig oder schöpferisch, vielleicht gar zu phantasiereich? Handelt es sich um einen indolenten oder sogar faulen Menschen, der jede Anstrengung scheut? Oder um einen aufbrausenden, wirren, zu impulsiven Menschen, der sich nicht genügend um die Konsequenzen seiner Taten kümmert? Führt der Schreiber seine Arbeit mit Interesse und Mut oder voll Gleichgültigkeit aus, wie die schlimmste Fron? Bemüht er sich darum, die Dinge in einer vorgesehenen Zeit zu erledigen (Pünktlichkeit)? Häufiges Vergessen? Zu häufige Kontrolle dessen, was er gemacht hat, aus der ständigen Angst heraus, sich geirrt zu haben?

Einfluß auf andere: Mehr oder weniger ausgeprägt (angeborene Autorität), versteht zu erklären, aber wie macht er es? Mit Unnachgiebigkeit, Härte oder mit Geschmeidigkeit und psychologischem Geschick? Liegt Parteilichkeit vor, Voreingenommenheit, die Neigung zu Despotie, Machtmißbrauch? Oder liegt die Unfähigkeit vor, sich zu behaupten und durchzusetzen?

Reifegrad: Wirkliche Reife des Erwachsenen? Oder ein verspäteter Jugendlicher? Kindisches Wesen? Überlegung, Verantwortungsgefühl?

Konflikte und Komplexe: (Siehe das Kapitel über die Komplexe.) Innere Konflikte, Ambivalenz, ist der Mensch mehr oder weniger hin- und hergerissen zwischen widersprüchlichen Tendenzen? Besessen von etwas? Übermäßig gequält, besorgt, zu ängstlich, fürchtet er die Zukunft? Oder ist er sicher, fest, ausgeglichen, vermag er Schwierigkeiten mit Ruhe und Entschlossenheit anzugehen? Ist er zu sensibel und beeinflußbar?

Treue, Rechtschaffenheit: Redlichkeit, Achtung vor der Wahrheit, Nüchternheit in den Erzählungen? Oder Aufschneider, Bluffer und Großtuer, der sich immer in den Vordergrund drängt? Drang zu lügen um des Lügens willen oder um etwas zu verbergen? List, Betrügerei? Zuviel Gewandtheit? Zweifelhaftes Moralempfinden, wenig oder keine Grundsätze? Schlechtigkeit, Arglist, Taktlosigkeit, Schwatzhaftigkeit, Falschspielerei, Verschlagenheit und Hinterlist? Verschlossenheit, Heuchelei oder Zynismus, Tendenz zur Komödie, zur Geheimtuerei – Mythomanie?

Geselligkeit: Ungezwungen, zurückhaltend? Gewandt im Umgang oder Kontaktschwierigkeiten – anfangs reserviert, dann entspannter oder umgekehrt? Liebenswürdigkeit, Höflichkeit, Aufmerksamkeit gegenüber anderen – mühelose Äußerungsfähigkeit, oberflächliche Kontakte, täuschende Freundlichkeit, Selbstsucht, Opportunismus, Versöhnlichkeit, Takt? Oder Tölpelhaftigkeit, ungehobelter, schlecht erzogener, unverschämter Mensch? Streitsüchtig und schikanös oder verträglich und anpassungsfähig? Gefällig oder intrigant, schamlos, zu egoistisch?

Grad des Verständnisses für andere: Beherrscht von dem Bemühen um Verständnis und Großzügigkeit in den Bewertungen? Oder Härte, Unnachgiebigkeit, äußerste Strenge gegenüber anderen (sieht den Splitter im Auge des anderen, den Balken im eigenen nicht)? Bemerkt alles, läßt sich kein Detail entgehen?

Hilfsbereitschaft, Großzügigkeit: Altruismus, Bedürfnis, sich aufzuopfern, zu helfen, sich nützlich zu machen, die Menschen in seiner Umgebung glücklich zu wissen? Oder Gleichgültigkeit gegenüber allem, was andere betrifft?

Gerechtigkeitssinn: Unparteilichkeit, Objektivität? Oder aber Voreingenommenheit, keinen Vernunftsgründen zugänglich?

Psychologische Fähigkeiten: Instinkt, Intuition – daher spontanes Verständnis für den anderen, seine Bedürfnisse, seine Eigenheiten? Oder nicht?

Voraussicht, Mäßigkeit: Gute Zeiteinteilung, Organisation des Lebens und der Ausgaben, vermag Versuchungen zu widerstehen? Oder aber ungeordnetes Leben, Verschlecktheit, Unmäßigkeit usw., lebt nur für das Jetzt?

Stolz: Ausmaß des Stolzes, Grad an Selbstschätzung, Eigenliebe, Herrschsucht, Narzißmus, Eitelkeit, ständige Komplimenthascherei, Größenwahn, mißtrauische Haltung gegenüber anderen, Drang zu glänzen? Oder Bescheidenheit (die wirkliche, echte Bescheidenheit ist selten, sogar bei jenen, die sie gelobten).

Ehrgeiz: Geistiger, intellektueller oder einfach materieller? Dient er als Stimulans oder nicht, zielt er nur auf Geld ab?

Qualität der Gefühle? Zart, warm oder kalt? Herzensqualitäten, tiefe Zuneigung zu den Angehörigen, den Freunden? Beschlagnahme, Eifersucht, Ausschließlichkeitsanspruch, Egoismus, Neid? Utilitarismus – liebt, um geliebt zu werden?

Sinnlichkeit: Darüber sollte man sich nur verbreiten, wenn sie übermäßig, abnormal ist.

Form und Grad der Intelligenz: Sinn fürs Abstrakte oder fürs Konkrete? Literarische, künstlerische oder wissenschaftliche Neigungen? Mittlere Intelligenz, guter Durchschnitt oder überlegene? Sinn fürs Theoretische und fürs Praktische – brillante Intelligenz?

Bildungsgrad: Durch die erhaltene Erziehung mehr oder weniger geprägt – gebildet, ungebildet, gelehrt? Oberflächliche Bildung oder Notwendigkeit der Vertiefung? Geistige Neugier?

Gedächtnis: Grad und Art des Gedächtnisses: veränderlich, treu, logisch, präzise, visuell, akustisch?

Imagination, schöpferischer Sinn: Lebhafte, fruchtbare oder beherrschte und verhaltene Imagination? Geschmeidiger und erfinderischer Geist oder Ideenlosigkeit?

Natürlich können Sie diese Tabelle, die keinen Anspruch auf Vollständigkeit erhebt, selbst ergänzen. Nehmen Sie sie einfach als Schema, als Arbeitsrahmen, auch als Werkzeug.

R. Trillat widmet in seinem sehr interessanten Buch *Graphologie pratique* (Paris 1953) einen wesentlichen Teil der Analyse der verschiedenen Charakterzüge, und auch er stellt eine lange Liste der Tendenzen und Eigentümlichkeiten auf, nennt eine große Vielzahl psychologischer Abstufungen, an denen Sie sich bei einer graphologischen Analyse inspirieren können, wenn Sie sich, wie ich hoffe, in der Lage fühlen, eine solche vorzunehmen. Als erstes empfiehlt sich die Ihrer eigenen Schrift.

Beispiel einer Schriftanalyse

Wir werden nun zusammen eine graphologische Analyse machen. Bei dem Schreiber handelt es sich um einen Mann, 65 Jahre alt, Orientalist französischer Nationalität (Fig. 257).

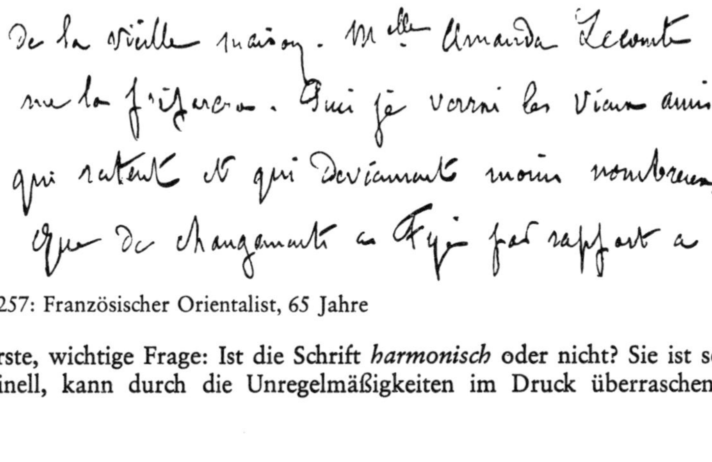

Fig. 257: Französischer Orientalist, 65 Jahre

Erste, wichtige Frage: Ist die Schrift *harmonisch* oder nicht? Sie ist seltsam, originell, kann durch die Unregelmäßigkeiten im Druck überraschen; aber beachten Sie die Eleganz, die Leichtigkeit des Strichs. Und auch die Strenge der Anordnung auf der Seite. Man darf nicht in die Falle gehen: diese Schrift ist tatsächlich sehr harmonisch.

Sie ist auch *geordnet:* linker Rand breit, rechter Rand fehlend, oberer und unterer Rand mittel, Abstand normal; gute Gliederung auf der Gesamtseite.

Druck: leicht und keulenförmig (steigende Schlußstriche).

Zeilenverlauf: regelmäßig, horizontal, leicht wellenförmig, aber horizontal bleibend.

Schriftlage: steil (vertikal).

Größe: klein.

Bindungsform: halb winklig – gruppiert.

Geschwindigkeit: schnell.

Buchstabenform: nüchtern und gleichzeitig verziert.

Details: Verlängerung der Schlußzüge nach unten, Unterlängen in Form einer Schale, „t" am Wortende volutenförmig, „t"-Striche steigend.

Temperament: cholerisch, sanguinisch.

Charakterologische Struktur: nichtemotional-aktiv-sekundär.

Psychische Funktionen: Denken – Intuition.

Dominanten: keulenförmig, klein, vertikal, gruppiert, geordnet.

Und nun die detaillierte Analyse der Persönlichkeit:

Körperlicher Zustand: Diese feste, sehr ausgewogene Schrift zeigt großen physischen Widerstand und vollkommene Kontrolle der Reaktionen an. Der Schreiber ist ganz offensichtlich ausdauernd, er hat ein genügsames Leben geführt, was ihm ermöglichte, sich eine intakte Gesundheit zu erhalten.

Charakter, seelischer Zustand: Der Wille ist äußerst fest, tatkräftig; der Schreiber begann damit, sich selbst zu zügeln, seinen Willen an sich selbst zu üben. Er ist streng, fordert viel von sich selbst, und doch ist der Wille nicht starr, unbeugsam, er bleibt geschmeidig und erlaubt dem Schreiber insbesondere, sich mit Leichtigkeit und Intelligenz an die Umstände, die Erfordernisse des Augenblicks anzupassen. Die zahlreichen Keulen, die für dieses – harmonische – Schriftbild charakteristisch sind, verweisen auf Dynamik des Willens, Ideenstärke. Und den sehr lebhaften Wunsch, ein schönes Werk zu schaffen. Sie bestätigen die strenge Selbstkontrolle. Die Art, in welcher die „t"-Striche orientiert sind, zeigt angesichts des allgemeinen Klimas der Schrift keinen Widerspruchsgeist an, sondern den Wunsch, alles auf das gesetzte Ideal hin auszurichten. Natürlich kann der Schreiber diskutieren und tut es gern, aber immer in konstruktivem Sinn. Trotz der feinen Unregelmäßigkeiten der Schrift ist der Schreiber beständig, fest, bleibt er selbst, unerschütterlich. Die Energie ist innerlich und ausgeprägt. Der Schreiber ist ein Mensch, der tut, was er sich vorgenommen hat, welche Schwierigkeiten auch immer auftreten. Er kann kämpfen, wenn es sein muß, im wesentlichen gegen sich selbst: das ist hier ein sehr wichtiger Punkt.

Man kann ferner von fruchtbarer, schöpferischer Aktivität sprechen. Immer beschäftigt, meist mit geistigen Arbeiten, aber auch manuellen, wenn er muß, denn er scheut keine Arbeit, wenn sie Sinn und Zweck hat.

Die Ordnung ist streng, aber der Schreiber verknappt nicht, er liebt es, Akten anzusammeln, hat die Dokumentation gern, alles, was dazu beitragen kann, ihn zu informieren, sein Forschen oder Überlegen zu speisen.

Diese starke Persönlichkeit drängt sich von selbst auf, ohne Schwierigkeit, und man kann sich schlecht vorstellen, daß jemand dem Schreiber die Stirn bietet. Er würde in einem solchen Fall nicht ärgerlich werden, sondern den Kühnen mit sanfter Ironie in die Schranken weisen.

Es scheint normal, daß er mit fünfundsechzig Jahren ganz erwachsen ist, reif, mehr als überlegt. Doch ich halte es für gut (weil eine große Zahl Menschen nie erwachsen im eigentlichen Sinn des Wortes wird), hier auf die innere Festigkeit zu verweisen, auf die Reife der Persönlichkeit, das Wissen um die Lebensprobleme. Die Reflexionen des Schreibers – deutlich zum Intellektualismus und Mystizismus neigend – machen ihn scharfblickend, hellsichtig, nicht bitter. Er hat ein schönes inneres Gleichgewicht erlangt, doch das muß ihn bei seiner so heftig sinnlichen, instinktiven Natur, die sich in der Schrift noch offenbart, einiges gekostet haben. Der Sieg ist um so verdienstvoller.

Die fallenden, aber immer mit einem sehr feinen Boden endenden Striche schließlich verweisen eher auf intuitives Verständnis und Aufnahmebereitschaft: er ist ein Mensch, der nicht rügt, der in seine Bewertungen anderer Einfachheit und Bescheidenheit legt und der sich sichtlich weigert, streng zu urteilen, ohne jedoch Zuchtlosigkeit zuzulassen. Denn bei ihm finden wir auch strenge Beachtung der Regeln, der Moralgrundsätze.

Man muß aber nachdrücklich betonen, daß dieser Mensch gegen sich selbst einen ziemlich ungezwungenen, konstanten Kampf zu führen hatte. Die Natur des Schreibers wird übrigens durch ihre inneren Widersprüche bereichert.

Zu Treue und Rechtschaffenheit braucht man keine langen Kommentare zu geben; der Schreiber ist ein von Grund auf rechtschaffener Mensch, der voll Einfachheit, manchmal mit etwas Humor und Phantasie sagt, was ist. Tatsächlich gibt es in dieser Persönlichkeit nichts Starres, Mattes, der Schreiber ist in seinen Prinzipien keineswegs „zugeknöpft“. Er liebt das Leben, versteht und billigt viele Dinge; ausgenommen Unehrlichkeit und fehlendes Moralgefühl.

Er ist sehr gesellig, die Geselligkeit ist echt, natürlich, auch fröhlich; er spricht gern und möchte auch gern wissen, was die anderen denken. Er erkundigt sich gern nach Menschen, die er kennt und länger nicht gesehen hat; er vergißt niemanden. Er interessiert sich wirklich für andere. Aber so sehr er den Kontakt liebt, so gut kann er ohne ihn auskommen, und von Zeit zu Zeit hat er sogar ein Bedürfnis nach Einsamkeit und Ruhe, damit er sich seiner Arbeiten und Meditationen widmen kann, die keinen Lärm und keine Unruhe vertragen.

Wir haben gesehen, dieser Mensch ist nachsichtig und verständnisvoll, achtet dabei aber Prinzipien streng, doch er kann auch über Dinge lächeln, die andere übelnehmen würden.

Er hilft gern, tut alles im Rahmen seiner Möglichkeiten: Beachten Sie die fallenden Schlußzüge, die fast immer nach rechts orientiert sind; auch die „z“ am Wortende in Schalenform.

Zu seinem Bemühen um Verständnis für die anderen kommt Streben nach Gerechtigkeit. Hier herrscht vollkommene Objektivität, keinerlei Voreingenommenheit. Dennoch hat die Geduld des Schreibers Grenzen, und er ist, wenn er es für richtig hält, ziemlich treffender Erwiderungen fähig. Unschlagbar ist er in Diskussionen. Wenn er etwas beweisen will, gelingt es ihm dank seiner Intelligenz und der Wahl seiner Argumente, die er stets dem Auffassungsvermögen seines Gesprächspartners anpaßt.

Der Schreiber ist genügsam, maßvoll in allem, diszipliniert und hält sich im Zaum. Um Geld kümmert er sich kaum.

Seine sehr einfache Unterschrift deutet eigentlich auf das Fehlen von Stolz hin. Aber sagen wir lieber, er strebt nach Einfachheit, doch sein Stolz ist manchmal sehr lebhaft, kann sich durch einen plötzlichen Ausbruch äußern. Vor allem liebt es der Schreiber nicht, übersehen zu werden. Was verständlich ist, denn das kann man eigentlich nicht einmal beim ersten Blick.

Als Ehrgeiz: intellektuellen, geistigen Reichtum vor allem.

Was die Gefühle betrifft, so kann man nicht sagen, daß der Schreiber sehr warmherzig ist. Er hat Gefühl, er hilft, macht sich nützlich, besitzt aber absolut nichts von einem Sentimentalen und geht keine tiefe Bindung zu einem anderen Menschen ein.

Intellekt: Überlegene Intelligenz, sehr geschmeidig und frei, gebildet, geschult, diszipliniert. Seine Intelligenz ist sowohl rasch wie überlegt, scharf, eindringlich, klarblickend, dabei nuanciert und tiefgehend. Ganz deutlich herrscht hier die Geistesarbeit vor und zählt im Leben des Schreibers viel. Er hat das Stadium der Information, der Bildung überwunden und ist in jenem der Gelehrtheit angelangt. Eine so originelle, elegante und persönliche, ungezwungene und schnelle Schrift erhält man nicht ohne große Bildung.

Bemerkenswertes, präzises, im wesentlichen logisches Gedächtnis. Man kann auch von Intuition, schöpferischer Imagination sprechen: er ist ein Mensch, der sucht, meditiert, zur Induktion vor der Deduktion fähig ist, mit anderen Worten, der vorher das folgert, was er nachher in einer aufmerksamen, genauen Untersuchung verifiziert – denn er überläßt nichts dem Zufall, zumal sein Geist mit Methode und Strenge geformt wurde.

Schließlich muß noch der Mystizismus erwähnt werden, der in jeder Zeile, praktisch jedem Wort aufscheint.

Man kann abschließend natürlich von den weniger positiven Aspekten dieser Schrift sprechen, von den manchmal deutlich nach links gewölbten Schlußzügen, klassischen Anzeichen für Egoismus und Beschlagnahme. Hier muß man sie eher für das Bemühen um Sparsamkeit nehmen: eine erzwungene Sparsamkeit; denn es handelt sich um einen Mönch, der vor allem Armut gelobt hat.

Noch ein paar Worte *zum Menschen selbst,* damit er im Licht seiner Schrift und dessen, was sie enthüllt, besser verständlich wird: In seiner Jugend war er ein Bruder Leichtfuß und Feinschmecker, faul wie ein Siebenschläfer, ließ sich von seiner Mutter, die eine Schwäche für ihn hatte und ihn ihren anderen Kindern vorzog, über Gebühr verwöhnen. Eine seiner Leidenschaften: die Kräuterkunde. Sein Studium: Jura. Dann beschloß er plötzlich, sein Leben radikal zu ändern: Seminar und anschließend Noviziat, wobei er sich das härteste aussuchte. Er hatte sich wirklich völlig geändert, der einst so Faule stand nun als erster auf, und zwar sogar zu den Nachtgottesdiensten.

Mit unerwartetem Ernst studierte er, vor allem Hebräisch und Syrisch, um sich dann auf die Bibelforschung zu spezialisieren.

Hiermit endet die Schilderung des Schreibers – der sich durch seine Arbeiten einen Namen machte, aber nach wie vor die ihm angetragene Abtwürde ablehnt, denn dieser Stolze will bescheiden bleiben. Man kann sagen, daß er ein verdienstvoller Mensch ist.

Beispiel zum Weitermachen

Als nächstes schlage ich Ihnen jetzt die Untersuchung einer ganz anderen Schrift vor. Es handelt sich um eine Frau belgischer Nationalität, Krankenschwester, 65 Jahre alt (Fig. 258).

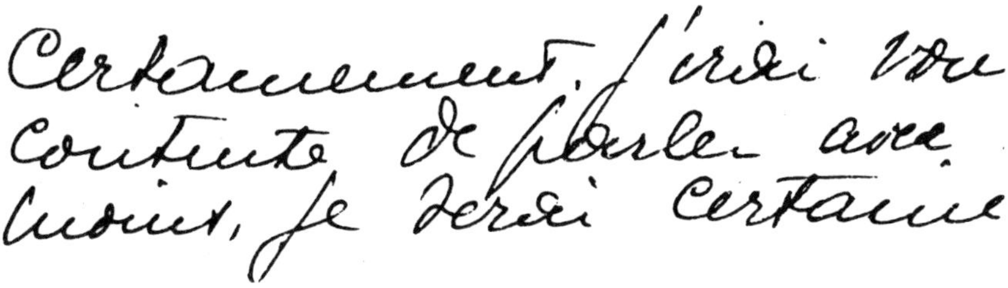

Fig. 258: Belgische Krankenschwester, 65 Jahre

Relativ wenig harmonische Schrift, aber sehr lebhaft und voll Dynamik. Sie sagt uns:

Temperament: sanguinisch–cholerisch–nervös.
Charakterologische Struktur: emotional–aktiv–primär.
Vorherrschende psychische Funktionen: Empfinden – Fühlen.

Versuchen Sie nun übungshalber nach dem Schema, das ich aufgezeigt habe, eine detaillierte Analyse zu machen, indem Sie sich an der Untersuchung des 65jährigen Mönchs inspirieren.

Um Ihnen zu helfen, hier die Schilderung der Schreiberin: Sie ist Krankenschwester, die jahrelang Nachtdienst machte – eine undankbare Aufgabe, das muß man anerkennen –, und zwar bis zu ihrer Pensionierung. Von da an hatte sie zum Leben nur mehr ihre bescheidene Rente, denn sie war zu sorglos gewesen, um genügend Ersparnisse zu machen.

Die Frau ist des Besten und des weniger Guten fähig, einer absolut bewundernswerten Hingabe und periodischer Anfälle von Großzügigkeit, hat aber einen ziemlich abscheulichen Charakter und war bei den Patienten gefürchtet.

Sehr unbedingt in ihren Urteilen, sehr links in ihren Meinungen. Während des gesamten Spanischen Bürgerkrieges war sie Krankenschwester im Lager der Kommunisten und von dort hatte sie „gefärbte“ Erinnerungen mitgebracht.

Ihre Redeweise ist sehr derb, sie könnte sogar Landsknechte erröten lassen. Sie ist dem Wein und guten Tropfen nicht abgeneigt.

Ihr Lebenswandel war ziemlich locker, ohne jede Koketterie. Sie hatte eine grausame Gefühlsenttäuschung erlebt, durch die sie tief geprägt und streng gegenüber Männern geworden war.

Abgesehen davon eine ausgezeichnete Krankenschwester, sehr erfahren und sicher, auf die man sich verlassen konnte. Ebenso zart wie grob.

Fahren Sie fort. Versuchen Sie eine detaillierte Analyse zu erstellen.

20. Schluß

Was heißt „interessante" Schriften?

Zum Schluß noch einige erstaunliche Fälle, einige in vieler und vor allem verschiedener Hinsicht interessante Schriften. Eine Schrift kann die Aufmerksamkeit des Graphologen und Psychologen, der er notwendigerweise auch sein muß, aus zahlreichen Gründen erregen:

- wegen ihres intellektuellen, künstlerischen, moralischen Wertes;
- wegen der Fähigkeit des Schreibers auf Gebieten, die nicht immer rechtens sind;
- schließlich wegen ihrer Bizarrheiten, Anomalien, alles dessen, was in bestimmtem Maße die „Fehler" im Verhalten erklärt, die von der einfachen Missetat bis zum Verbrechen reichen können.

Wir werden mit Schriften enden, die es wirklich verdienen, daß man bei ihnen verweilt. Ich wollte nicht, wie es üblich ist, Schriften berühmter Persönlichkeiten nehmen: man findet sie in allen Graphologiebüchern, graphologischen Abhandlungen und Lexika. Einige Schreiber, von denen ich hier sprechen werde, sind immerhin bekannte Persönlichkeiten; allerdings steht nicht fest, daß ihre Namen in einem Lexikon des Jahres 2100 figurieren werden.

Ich hätte aus meinen Unterlagen schöpfen können: diese sind voller ungewöhnlicher Fälle, aber das Berufsgeheimnis schützt sie. Die Erforschung des Menschen ist manchmal höchst beeindruckend, deshalb verlangt das Hineintauchen ins Herz, in die Seele des Menschen, das die Graphologie nach einigen Jahren der Praxis ermöglicht, festes Gleichgewicht, großen Wunsch nach Verständnis, völlige Objektivität und wirkliche innere Ruhe.

Bemühen wir uns nicht zu sehr, um jeden Preis alles entdecken zu wollen. Halten wir es besser mit dem Poeten der Graphologie Magnat, der die *Sprache der Handschrift* (Luzern 1948) suchte, und trachten wir danach, wie er auf der Pariser Graphologentagung (1959) so schön sagte, in eine eher bedeutungsarme Schrift alles das zu legen, was man in ihrem Unbewußten an Möglichkeiten findet; alles das, was nicht genutzt und ausgedrückt wurde. Ein kleiner, nicht sehr hübscher Garten, so fügte Magnat hinzu, müsse mit Liebe gepflegt werden, damit er ein erfreuliches Aussehen erhalte. Ist das nicht ein schönes Bild?

Typische Schriftbeispiele

Sehen wir uns nun einige wirklich typische Schriften an. Diesmal mit dem Wissen, was die Schriftmerkmale bedeuten, denn wir haben sie alle behandelt. Zwar nicht in absoluter, vollständiger Weise, aber doch ausreichend, um Ihnen zu erlauben, beispielsweise in der folgenden Schrift Jähzorn und Rachsucht zu erkennen. Mit der Schreiberin (Frau, 45 Jahre alt) lebt es sich ungewöhnlich schwer; aus Wut über meine Analyse, die ich wohlweislich „angeschönt" hatte, schrieb sie mir einen prächtigen Schmähbrief. Dieser war es wert, in meinem Archiv aufbewahrt zu werden. Hier ein kleiner Auszug, bei dessen Wiedergabe das Berufsgeheimnis voll und ganz gewahrt bleibt (Fig. 259).

Fig. 259: Frau, 45 Jahre – Rachsucht

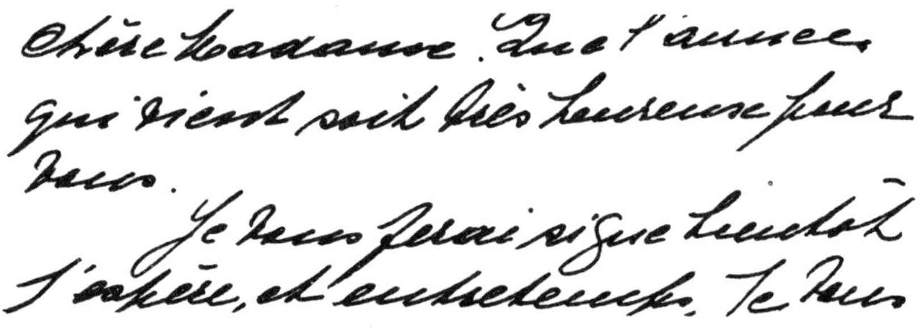

Fig. 260: Mythomanin – Persönlichkeitsanmaßung

Schauen Sie sich diese Schrift an (Fig. 260): vollkommen harmonisch. Würden Sie glauben, daß die Schreiberin eine echte Mythomanin ist, eine Paranoikerin dazu, daß sie sich einen der großen Namen aus dem Gotha zulegte, Briefpapier mit eingeprägter Krone drucken ließ und ein paar Naive hereinlegte? Daß sie sich vor allem in Luxusherbergen einnistete – solange das gut ging?

Dies ist ein typischer Fall von Persönlichkeitsanmaßung: das Märchen, das sie verbreitete, hielt allem stand, sie war die authentische Nachfahrin von ... (natürlich muß ich den Namen verschweigen), aber unehelich. Ihr Märchen fand ein Ende, das gar nicht nach ihrem Geschmack war. Sie hatte zu hoch gegriffen, und das führte zu Reaktionen. Im Grund war sie arm dran, sanft und harmlos (aber profitgierig), hatte in ihrem Leben viel Pech gehabt; um sich in ihren eigenen Augen aufzuwerten, hatte sie sich eine glänzende Herkunft zugelegt.

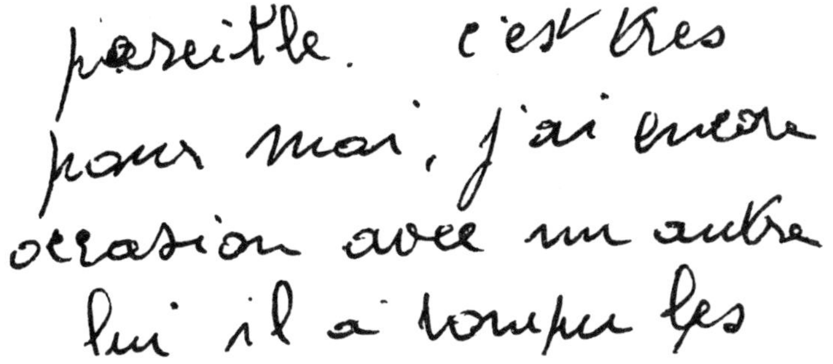

Fig. 261: Nymphomanin

Betrachten wir diese holperige, zerhackte, besonders wenig harmonische Schrift (Fig. 261): sie stammt von einer sexuell Besessenen, einer Nymphomanin. Die Anzeichen für gestörtes Gleichgewicht sind zahlreich, sie genügen vollauf, um zu warnen.

Aber es gibt noch Erstaunlicheres. Hier ein junger Mann von noch nicht fünfundzwanzig Jahren mit folgendem „Verbrechenskatalog“: Vergewaltigung und Ermordung von vier Opfern, während diese schon mit dem Tod rangen; zwanzig Notzuchtversuche, einen an einem achtjährigen Kind, zahlreiche Diebstähle, mehrfache andere Delikte. Und hier die Schrift dieses Menschen – er bekam lebenslänglich –, der als sehr ordentlicher, ruhiger, eher einsamer und schüchterner junger Mann galt (Fig. 262).

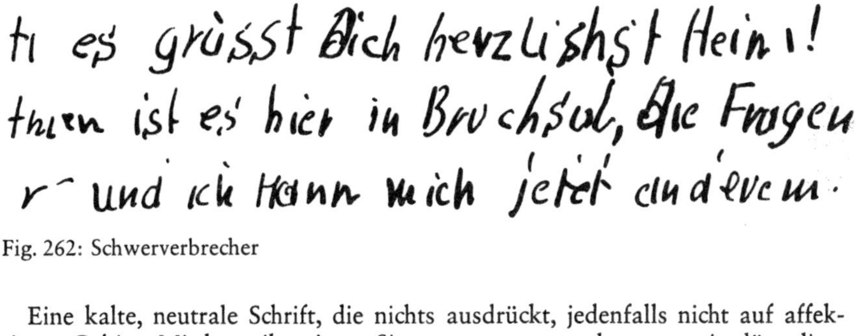

Fig. 262: Schwerverbrecher

Eine kalte, neutrale Schrift, die nichts ausdrückt, jedenfalls nicht auf affektivem Gebiet. Mittlerweile wissen Sie genug, um zu erkennen, wie dürr diese Schrift ist; man sucht vergebens nach Gefühl, es liegt nur Automatismus vor. Der Schreiber würde es verdienen, in der „Galerie der Ungeheuer“ zu figurieren.

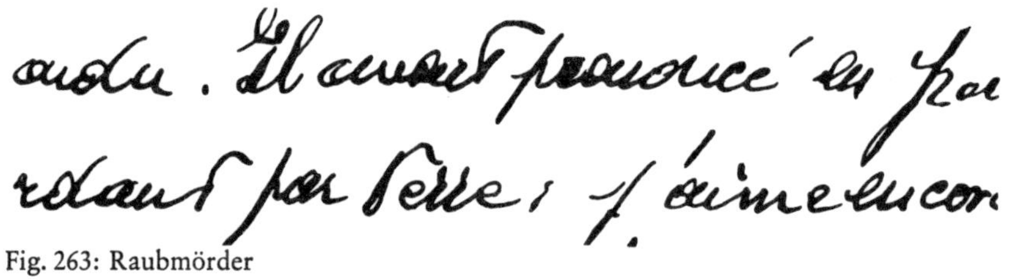

Fig. 263: Raubmörder

Ungeheuer? Leider gibt es sie – hier noch eines: Der Urheber dieser doch so „neutralen", üblichen Schrift, wie man sie jeden Tag sieht, ist ein abscheulicher Mörder (Fig. 263). Für eine Beute von fünfzigtausend belgischen Francs erwürgte er zwei Greise, die er an Stühle gefesselt hatte, und unterdessen starb die von ihm zuvor niedergeschlagene und an eine Sessellehne gehängte Dienerin.

Welche Romantik in dieser mit Rosenzeichnung geschmückten Schrift (Fig. 264). Lassen Sie sich jedoch von dem scheinbar zarten Aussehen nicht täuschen! Der intelligente, geschickte Schreiber inspirierte sich an dem Frauenmörder Landru: er entlockte einsamen Frauen ihre Ersparnisse, versprach ihnen die Ehe und ein solides, komfortables gemeinsames Leben. In Wirklichkeit war er ein kalter Rechner, ein gerissener Dieb, ein Schönredner. Er ging freilich nicht so weit wie Landru, seine Opfer in der Küche zu verbrennen.

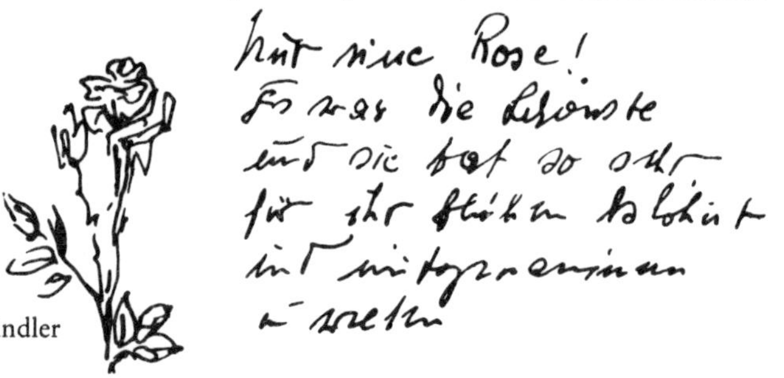

Fig. 264: Heiratsschwindler

Hier ein weiterer Übeltäter: ein äußerst aktiver, unternehmerischer, fleißiger Geschäftsmann. Überaus gewandt, im Innersten ein Dieb, machte er betrügerischen Bankrott. An dem Tag, an welchem die Versammlung seiner Gläubiger im Justizpalast stattfand, floh er ins Ausland und nahm alles Geld sowie das wertvolle Material mit, das sich noch in „seinen" Büros befand. Natürlich erhielt sein Personal nie die ausstehende Bezahlung (Fig. 265).

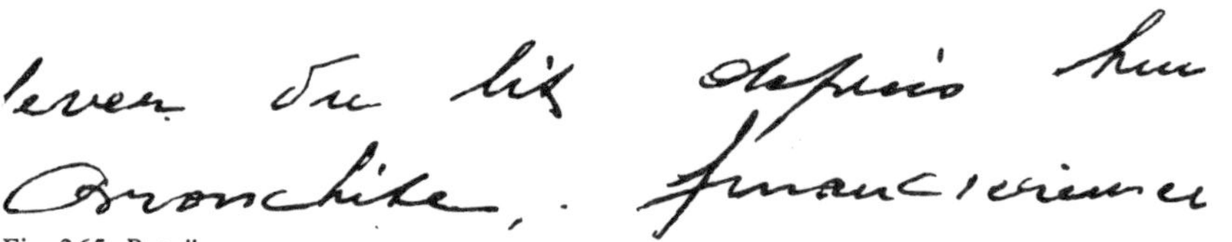

Fig. 265: Betrüger

Und der Urheber dieser Schrift (Fig. 266)? Professioneller Dieb, Mythomane. Er saß immer wieder im Gefängnis, beendete jedoch sein Leben als Besitzer eines ansehnlichen „Schatzes“, den er sorgfältig versteckt hatte.

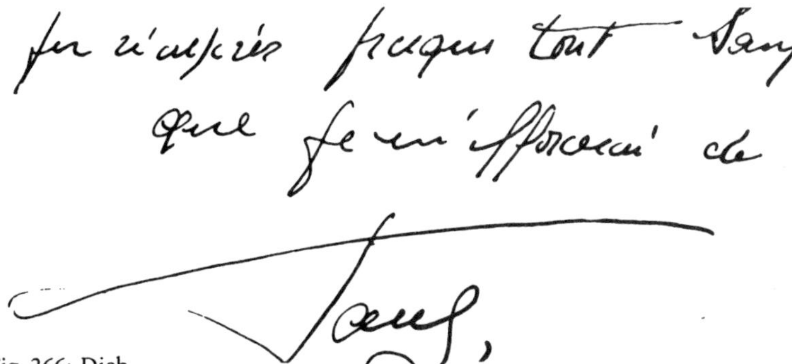

Fig. 266: Dieb

Diese Schriften von Verbrechern wollte ich zeigen, um die Schwierigkeiten bei der Graphologie zu veranschaulichen. Nicht immer (ich sagte nicht: „nie“) erkennt man das, was zur Vorsicht mahnen müßte. Ich glaube, wer mein Buch aufmerksam gelesen hat, wird seine Ersparnisse, wenn er eine Schrift der Art von Fig. 265 und 266 sieht, deren Urhebern nicht anvertrauen. Genau wie er auf der Hut sein wird, wenn er mit Menschen in Verbindung tritt, deren Schrift den Beispielen in Fig. 261 und 262 ähnelt.

Dagegen muß man ausdrücklich gewarnt werden – das ist das mindeste, was ich sagen kann – damit man von vornherein Urhebern von Schriften wie in Fig. 263 mißtraut. Stärkeres Mißtrauen empfände man zweifellos gegenüber der Urheberin der Schrift in Fig. 259: sie ist ein explosiver Mensch, unmöglich, unerträglich, rachsüchtig – aber sie ging dennoch nicht bis zum Verbrechen!

Ich kann hier keine ausführlichen Erklärungen und Erläuterungen geben, keinen Kurs in Kriminologie abhalten. Warum gehen scheinbar normale, friedliche Menschen bis zum Mord (siehe Fall zu Fig. 262)? Und wie kommt es, daß andere, heftigere, sich damit begnügen, in Worten aggressiv zu sein? In harmlosen Gesten?

Diese Frage konnte noch nicht beantwortet werden. Es bedürfte der Zusammenarbeit von Graphologen, Kriminologen, Psychologen, Ärzten und zahlreichen anderen Wissenschaftlern, damit man versuchen könnte, in der Schrift aufzuspüren, was auf den Trieb zu Verbrechen, zu schweren Delikten hinweist. Dieser Trieb ist nicht immer zu sehen. Das macht deutlich, wie schwierig, knifflig und voller Fallstricke das Studium des Menschen sein kann. Hätte ein Graphologe, würde man ihn beispielsweise wegen der Schriftprobe in Fig. 263 konsultiert haben, die schrecklichen Untaten voraussehen können, derer sich der Schrifturheber schuldig machte? Ich wünschte, man könnte mir mit einem klaren Ja antworten. Denjenigen, der dies voll Ernst und Sachkenntnis täte, würde ich auf schnellstem Weg aufsuchen, um bei ihm zu lernen, um nochmals ganz von vorn anzufangen.

Raubt das eben Gesagte dem Studium von Schriften jeden Wert? Nein, keineswegs. Aber ich hielt es für sachdienlich und geboten, gewisse Grenzen der Graphologie aufzuzeigen, von der man nicht alles verlangen darf.

Gehen wir auf ein anderes Gebiet über und sehen wir uns einige Schriften an, die dieses düstere Bild vergessen lassen.

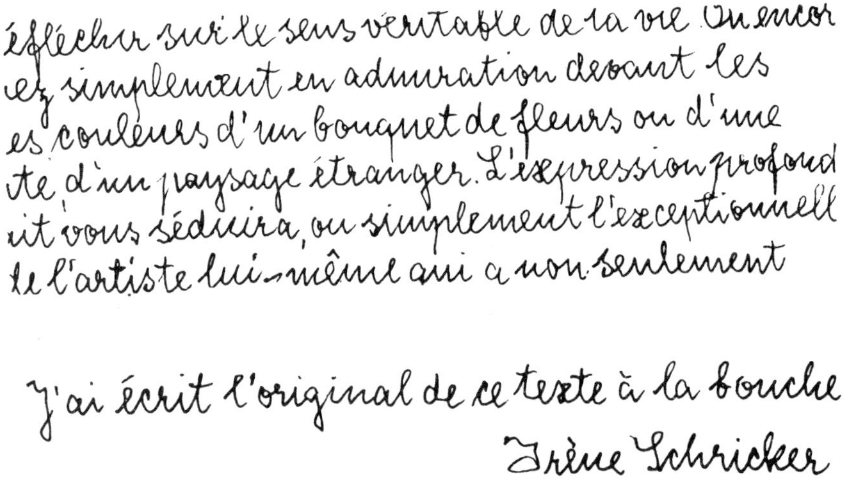

Fig. 267: Mit dem Mund geschrieben

Betrachten Sie diese Schrift (Fig. 267): sie ist schulmäßig und scheint auf keine starke Persönlichkeit zu verweisen, doch man kann ihr eine gewisse Harmonie nicht absprechen. Es ist die Schrift einer behinderten Malerin, die *mit dem Mund* geschrieben hat (und so auch malt). Ob man ermessen kann, welchen Mutes es bedurfte, um ein solches Resultat zu erzielen? Die Künstlerin verdient ihren Lebensunterhalt, verkauft ihre Werke; sie erwartet nicht, daß die Gesellschaft für sie sorgt.

Immer wieder hört man von Rechenkünstlern: es ist noch nicht gelungen, das Phänomen, das ihnen solche Leistungen ermöglicht, zu erklären. Der Belgier G. Mazuy, pensionierter Zöllner, nimmt eine Vorrangstellung unter diesen Rechnern ein (an drei andere erinnere ich mich ebenfalls: Inaudi, Diamandi, Dagbert). Mazuy verbrachte seine vielen schlaflosen Nächte nicht mit Schäfchenzählen, sondern mit Kopfrechnen und vermochte eine verblüffende Methode auszuarbeiten, die dem Einundsiebzigjährigen, nur mit sechs Klassen Grundschule belasteten Herrn beispielsweise ermöglichte, die 47. Wurzel aus einer 109stelligen Zahl zu ziehen. Er trat 1971 an der Universität von Gent zu einem Wettstreit gegen einen Komputer an und siegte. Er ist sehr einfach, bescheiden, genau wie seine Schrift (Fig. 268).

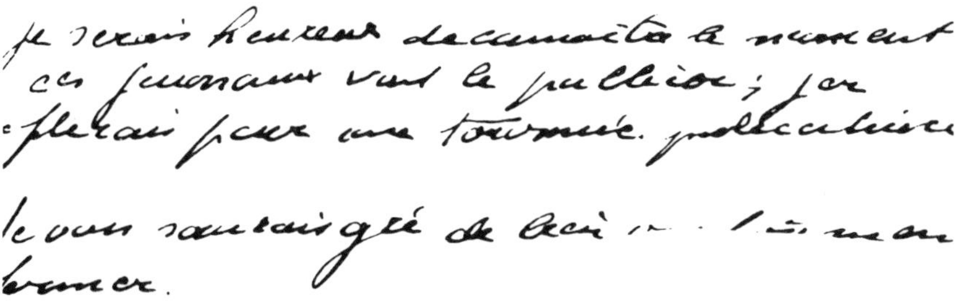

Fig. 268: Rechenkünstler G. Mazuy

Wechseln wir auf ein ganz anderes Gebiet über. Hier die Schrift der berühmten Filmschauspielerin Raquel Welch (Fig. 269), die als „eines der schönsten Mädchen der Welt“ gilt. Eine harmonische Schrift, die auf Intelligenz und auch Ausgeglichenheit verweist. Feste Persönlichkeit, der ihr Erfolg nicht zu Kopf steigt.

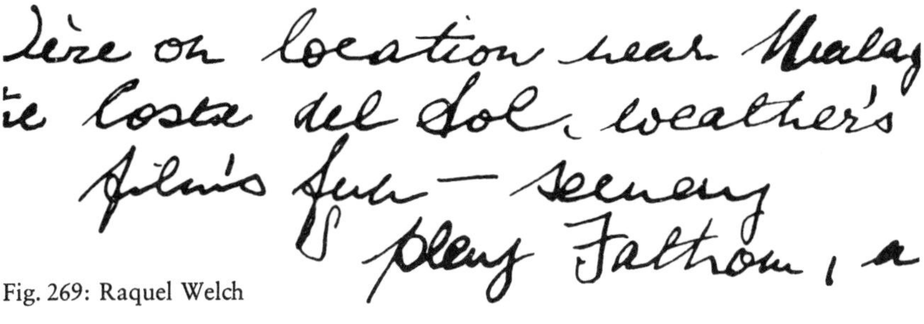

Fig. 269: Raquel Welch

Feinschmecker werden vielleicht nicht gleichgültig bleiben gegenüber dieser ungezwungenen, runden Schrift, die so schön aus der Hand zu fließen scheint ... Sie stammt von einem berühmten Küchenchef: Raymond Oliver (Fig. 270).

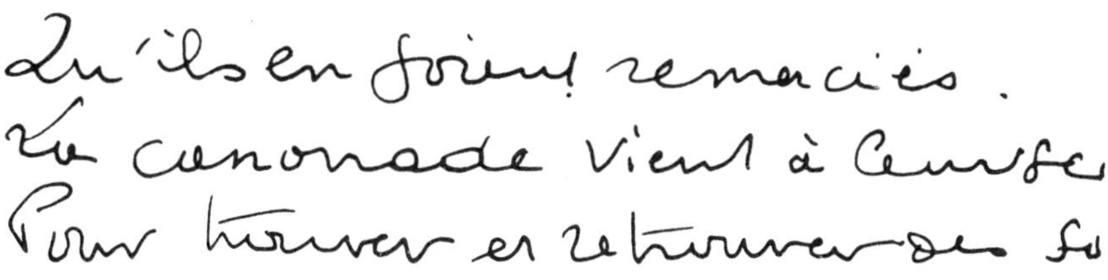

Fig. 270: Küchenchef R. Oliver

Und das Chanson? Es soll in dieser Porträtgalerie nicht vergessen werden. Hier Charles Aznavour (Fig. 271) mit seiner schnellen, dürren Schrift, die genauso schwungvoll und leidenschaftlich ist wie er.

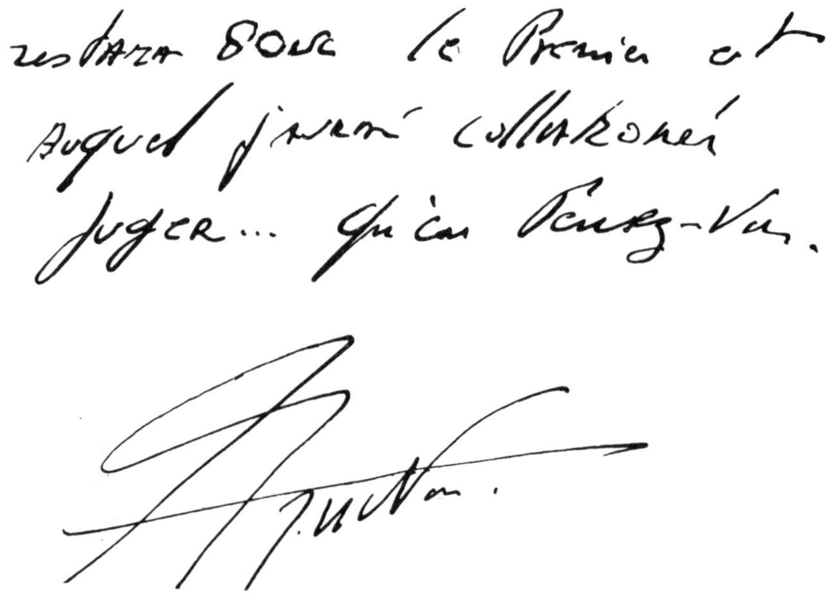

Fig. 271: Charles Aznavour

Bringen möchte ich schließlich noch die Schrift eines berühmten Dramatikers: Marcel Pagnol, Autor der Trilogie *Marius, Fanny und Cäsar* und vor allem *Topaze* (Fig. 272). Diese so harmonische Schrift verdient es meiner Meinung, hier als bemerkenswertes Beispiel für ästhetischen Sinn und Schöpferkraft zu figurieren.

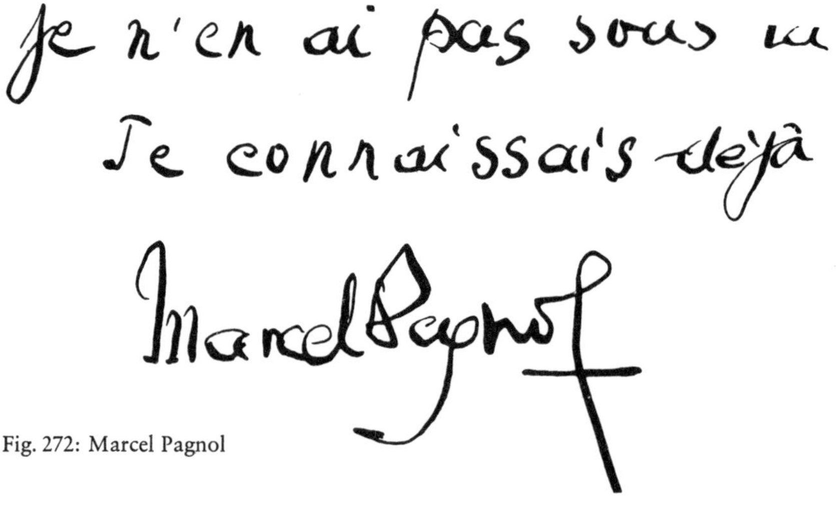

Fig. 272: Marcel Pagnol

Besteht nicht eine Ähnlichkeit zwischen Pagnols Schrift und jener des schweizerischen Schriftstellers Ramuz (Fig. 273)?

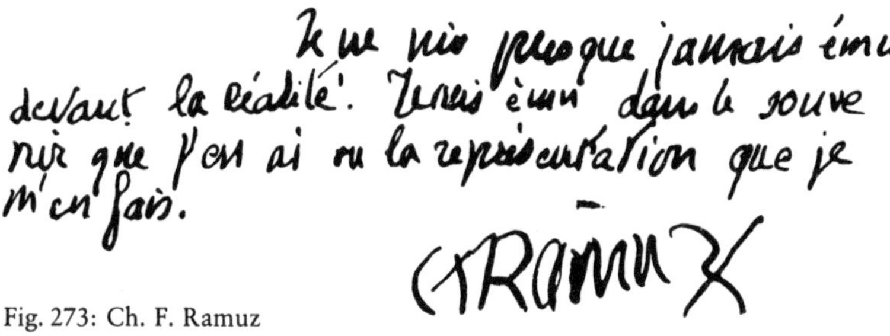

Fig. 273: Ch. F. Ramuz

Wozu dient die Graphologie?

Ist es nicht an der Zeit, die Frage zu stellen, wozu die Graphologie eigentlich dient?

Sie dient vor allem dazu, *sich selbst besser kennenzulernen,* was unerläßlich ist, wenn man die Absicht hat, andere zu studieren. Will man es schaffen, sich selbst wirklich kennenzulernen, braucht man eine gehörige Portion Aufrichtigkeit, man muß auf alle Entschuldigungen verzichten, die man für sich so bequem findet, bei anderen jedoch nicht durchgehen läßt. Man muß das „Ja, aber das ist so, weil ..." vergessen. Man muß sagen: „Ja, und im Grund gebe ich das auch zu."

Erst wenn man diese schwierige, mühselige Arbeit an sich selbst vorgenommen hat, ist man berechtigt und befähigt, *die Schrift anderer zu analysieren* (wie der Psychoanalytiker erst nach seiner eigenen „didaktischen" Analyse andere analysieren kann). Man muß sich auf diesem Gebiet nicht nur große Vorsicht zur Regel machen, sondern auch strenge Objektivität und von allem Anfang an nachsichtiges Verständnis.

Natürlich darf man hierin nicht zu weit gehen und eine Bemerkung wie jene provozieren, die vor langer Zeit ein sehr kluger Mann voll lächelnder Ironie mir gegenüber machte: „Wenn Sie also die Schrift eines Kriminellen sähen, würden Sie einfach sagen, er neige stark zu Heftigkeit." Wir haben aufgezeigt, was von der Schrift bestimmter Verbrecher zu halten ist, die sich in ihrer Schreibweise keineswegs völlig verraten! Man muß zu sagen verstehen, was man in einer Schrift an Unharmonischem, ja Abweichendem findet, man muß zur Wachsamkeit raten, warnen, Vorbehalte wecken – dies ist das Los des Graphologen. Er kann nicht „anklagen", sondern muß sich darauf beschränken, Zweifel auszudrücken. Denn, wie bereits gesagt, wenn man eine Schrift untersucht, geht man „mit Dynamit" um. Besonders wenn man alles ausspricht, was man darin erkennt. Vergessen wir auch nie, daß es Besserungen gibt, daß jeder Mensch kompliziert – und einmalig – ist, eine Mischung aus dem Besten und dem Schlechtesten.

Wozu dient also die Graphologie, außer dazu, sich selbst kennenzulernen, was so nützlich und, zugegeben, begeisternd ist?

Einiges haben wir bereits aufgezeigt. Sie kann in lebensentscheidenden Fragen eine wichtige Rolle spielen:

○ *den passenden Lebenspartner zu finden* und eine glückliche Ehe zu begründen, einen Hort der Liebe, Freude und gegenseitigen Rücksichtnahme!

○ *die Harmonie und das Glück aufrechtzuerhalten* durch gegenseitiges Verständnis, besseres Kennen des „anderen"; so viele Männer wissen nichts über die von der ihren so verschiedene weibliche Psyche – und umgekehrt ...

○ *Kindern zu helfen:* sie verstehen lernen, das Beste versuchen, sie zu Männern und Frauen für morgen zu erziehen und sie auf geeignete Interessen hinzulenken, damit sie fähig sein werden, sich im Leben durchzusetzen und zu behaupten, glücklich zu sein und andere glücklich zu machen;

○ *Jugendlichen zu helfen,* die an der Schwelle zum Erwachsenenleben ihre Wahl treffen müssen, bezüglich ihrer Ausbildung für den künftigen Beruf, der künftigen Lebensgefährtin usw.;

○ *Erwachsene zu beraten,* die von schwierigen, schmerzlichen, manchmal dramatischen Problemen und Konflikten gequält werden;

○ *Firmen bei der Bewerberauswahl zu beraten:* das ist sogar eines der häufigsten Anwendungsgebiete der Graphologie. Es sollen keine Bewerber angestellt werden, die sich nicht eignen, nicht anpassen; sie würden ihre Zeit verlieren, enttäuscht und entmutigt werden. Auch der Arbeitgeber verlöre Zeit, die für ihn das Kostbarste von allem ist: Geld. Alle wären unzufrieden. Also braucht man einen Berater. Die graphologische Analyse stellt einen zwar keineswegs vollständigen, aber doch sehr aufschlußreichen und leicht vorzunehmenden Test dar. Manche Experten bekannten sich sogar zur Ansicht, sie sei der vollständigste *Projektionstest,* den es gäbe.

○ *Generell gesehen* hat sich die Graphologie als überaus nützlich in Konflikten jeder Art zwischen Menschen erwiesen, ob es sich um Paare, Verlobte, Kollegen, Arbeitgeber und Arbeitnehmer, Eltern und Kinder, Geschäftspartner handelt. Der Schriftvergleich kann wertvolle Hinweise geben und das sichtbar machen, was verletzt, trennt, immer neue Konflikte heraufbeschwört. Zwischen den Menschen geht es zu wie in der Elektrizität: scheinbar ähnliche Zeichen stoßen einander ab, während gegensätzliche sich anziehen. Eine Regel, die in der Psychologie allerdings nuanciert werden muß ...

Der Graphologe hat also die Rolle des Warners, des Mittlers und manchmal auch des Schlichters zu spielen.

Fragen, die man dem Graphologen nicht stellen kann

Immer wieder werden einem Graphologen Fragen gestellt, die er zurückweisen muß. Wer das Wesen und den Zweck der Schriftanalyse studiert hat, sollte vor solchen Fragen aus Sachkenntnis gefeit sein. Hier dennoch ein paar Beispiele:

○ Werde ich in der Lotterie gewinnen?
○ Welche Losnummer soll ich kaufen, um zu gewinnen?

- Werde ich mich glücklich verheiraten?
- Bin ich vollkommen gesund?
- Betrügt mich mein Mann? Hier seine derzeitige Schrift.
- Wird mein Sohn Erfolg in seinem Studium haben?
- Soll ich mich auf dieses Immobiliengeschäft stürzen?
- Ist dieser Mensch mir böse?
- Werde ich im Leben Glück haben?
- Liebt er (oder sie) mich? usw.

Die Pflichten eines Graphologen

Für Sie – als Student der Graphologie – gilt vor allem dies: Ziehen Sie aus der Untersuchung einer Schrift nie voreilige Schlüsse! Die Sache ist viel zu ernst, als daß man es wagen dürfte, auf diesem Gebiet leichtfertig zu urteilen oder zu reden. Wie Sie auf dem Feld der Unehrlichkeit und des Verbrechens gesehen haben, muß man aufmerksam, wachsam, auf der Hut, scharfsinnig und scharfsichtig sein. Wichtig ist aber größtmögliche Einsicht.

Der Graphologe muß sich gegen jede Voreingenommenheit, jede sinnlose Strenge wehren; er muß gesetzt, überlegt sein. Er muß vor allem, bevor er ein fundiertes Urteil abgeben kann, viel Erfahrung gesammelt haben. Wenn man auch mit ein paar kleinen Analysen, ohne in die Tiefe zu gehen, relativen Erfolg erringt, kann man sich noch längst nicht als fertigen Graphologen ausgeben.

Die beruflichen Regeln sind übrigens sehr streng, und ich möchte sie hier anführen, bevor ich schließe. So lautet der kodifizierte *Berufseid* z. B. der Schweizer Graphologen:

- Ich verpflichte mich feierlich vor meinesgleichen, den Beruf des Graphologen ehrlich auszuüben;
- ich werde meine Kunst mit Wissen und Würde ausüben, besorgt um ihre Größe und im Bewußtsein ihrer Schwierigkeiten;
- ich werde mich bemühen, immer objektiv, klar und präzise zu sein;
- ich werde das Berufsgeheimnis wahren, indem ich bei der Untersuchung der Schrift dritter Personen die erforderliche Diskretion beachte;
- ich werde mein berufliches Urteil ohne Ansehen von Person, Geschlecht, Rasse, Partei, Gesellschaftsklasse oder Religion fällen;
- ich werde die menschliche Person in allen ihren Vorrechten respektieren und weder der Schmeichelei noch der Drohung nachgeben;
- ich leiste diese Versprechungen feierlich, frei und bei meiner Ehre.

Hier noch *weitere Grundsätze,* an die sich der Graphologe bei der Ausübung seines Berufs halten muß:

1. Niemals ein mit Bleistift geschriebenes Schriftstück untersuchen.
2. Möglichst mehrere Dokumente untersuchen, nur Schriftproben auf unliniertem Papier und auf alle Fälle mit Unterschrift.

3. Keine Deutung eines Merkmales geben, wenn es in der Schrift nicht mehrere Male auftaucht.

4. Sich über das Geschlecht, das Alter, eventuell die Nationalität und wenn möglich über die erhaltene oder laufende Ausbildung informieren.

5. Bei gesellschaftlichen Zusammenkünften keine Beweise seines Könnens liefern, indem man oberflächliche „Minutenanalysen" macht; die Gefahr von Fehlern ist zu groß, und das schadet der guten Sache.

6. Wenn man nicht wagt, eine Tatsache zu äußern, schweigt man besser ganz darüber, als daß man vage bleibt oder Zweifel bestehen läßt.

7. Konstatiert man das wiederholte Auftauchen ungünstiger Merkmale, darf man nicht zögern, deren Bedeutungen zu erwähnen. Aber man vermeide, wenn man sich an den Schreiber selbst wendet, ihn zu kränken, und man prüfe, ob in seiner Schrift nicht etwas aufscheint, das den beobachteten Mangel kompensieren könnte.

8. Nicht vergessen, daß ein Mensch niemals völlig schlecht oder völlig gut ist.

9. Der Graphologe hat nicht das Recht, sich zu irren (man würde es ihm nie verzeihen). Darum größte Vorsicht.

10. Immer höchste Achtung für den Menschen haben, dessen Schrift man analysiert. Der Graphologe ist nicht sein Zensor, dazu hat er kein Recht. Er ist da, um aufzuklären und soweit wie möglich zu helfen.

Darf man die Schrift eines Dritten ohne dessen Zustimmung analysieren lassen?

Ein interessanter Punkt sollte noch aufgegriffen werden: das Recht, die Schrift einer dritten Person ohne deren Einwilligung analysieren zu lassen.

Dazu das Urteil der französischen Berufsgruppe der Graphologen:

„Der Brief gehört dem Adressaten, sobald dieser ihn erhalten hat, es sei denn, der Absender hat anders bestimmt, indem er um Vernichtung desselben bat. Der Empfänger kann damit also nach Gutdünken verfahren, ihn behalten oder verbrennen, als Autograph verkaufen, ihn bei Gericht gegen den Schreiber vorlegen, ihn analysieren oder von einem Dritten graphologisch analysieren lassen. Der Empfänger kann den Brief jedoch ohne die Einwilligung des Urhebers nicht in einem Buch oder einer Zeitung veröffentlichen, denn der Gedanke ist etwas Unzugängliches, der Inhalt ist Eigentum des Urhebers geblieben.

Für Dritte gemachte Analysen erfolgen auf die volle und ausschließliche Verantwortung jener, die sie bestellt haben. Diese können die Analysen unter keinen Umständen gegen die Urheber der analysierten Dokumente verwenden, sei es, um ihnen zu schaden, um gerichtliche Schritte einzuleiten oder voranzutreiben. Aber derjenige, der eine Analyse vornehmen ließ, hat das Recht, unter Geheimhaltung der Analyse eine Einstellung des Schreibers abzulehnen, denn auf diesem Gebiet ist ihm jede Freiheit belassen.

Der Graphologe ist an das Berufsgeheimnis gebunden."

Vorsichtshalber sollte man in einer Analyse niemals die Person namentlich erwähnen, deren Schrift untersucht wird. Man bezeichnet den Schreiber gewöhnlich mit einem Initial, einem Pseudonym oder einer Ordnungszahl. Die untersuchten Dokumente werden ihrem Eigentümer zurückgegeben.

Welche Qualitäten muß ein Graphologe haben?

In einer graphocharakterologischen Studie von R. Denis sind diese wie folgt angeführt:

- *Scharfer Blick,*
- *intellektueller Allozentrismus,*
- *intellektuelle Ehrlichkeit,*
- *Objektivität,*
- *geistige Aktivität,*
- *geistige Offenheit,*
- *Entschlußkraft,*
- *lebhafter Geist,*
- *Klarheit.*

Ich erlaube mir, die *Intuition* anzufügen, ohne die es dem Graphologen, so „wissenschaftlich" er sein mag, nie gelingen würde, das Unwägbare zu erfassen, bestimmte besonders knifflige, schwierige Fälle zu verstehen und sich zu erklären.

Wer wirklich Graphologe werden will, muß außerdem bereit sein, ständig seine Theorien und Ansichten zu revidieren, sein Wissen auf den neuesten Stand zu bringen. Er darf sich nicht mit dem begnügen, was ihm die anderen mit ihren Arbeiten und Forschungen liefern, sondern muß sich selbst der schweren, undankbaren Aufgabe widmen, diese Wissenschaft, die noch längst nicht ihr letztes Wort gesprochen hat, nach Möglichkeit voranzubringen.

Ich möchte mit einer klaren, optimistischen Bemerkung enden: Es gibt zwar viel Häßliches im Menschen – wir haben es in diesem Buch schon gesehen –, aber auch Vielversprechendes, immense Möglichkeiten, immense Kräfte, dies vor allem in der Tiefenschicht der Seele. Diese werden oft nicht genügend herausgestellt. Am Graphologen liegt es, das zu tun und geschickt zu ermutigen. Der Graphologe hat die so nützliche Aufgabe zu helfen, aufzuklären, dem Schreiber zu ermöglichen, sich innerlich zu bereichern und zu entwickeln. Und das ist das Positivste an seiner diffizilen Arbeit.

Literaturhinweise

A. Adler: Menschenkenntnis. Rascher, Zürich 1954.

B. Bernson: Eléments de grapho-psychologie, E. M. U., Paris.
– Du gribouillis au dessin, Delachaux & Niestlé, Paris.

C. Bonnafont: Die Botschaft der Körpersprache. Ariston, Genf 1979.

J. Crépieux-Jamin: Handschrift und Charakter. A. d. Franz. 1905.
– Age et sexe dans l'écriture. Adyar, Paris.
– L'A.B.C de la graphologie. P. U. F., Paris.
– Les éléments de l'écriture des canailles. Flammarion, Paris.

N. Corman: Quinze leçons de morpho-psychologie. Stock, Paris.

S. Delachaux: Ecritures d'enfants. Delachaux & Niestlé, Paris.

S. Delachaux / L. Bousquet: La graphologie et l'adaption au travail. Delachaux & Niestlé, Paris.

De Rougemont: Ecriture des aliénés et psychopathes. Rivière, Paris 1956.

S. Freud: Vorlesungen zur Einführung in die Psychoanalyse. Fischer, Frankfurt.
– Psychologie des Unbewußten. Fischer, Frankfurt.
– Totem und Tabu (1912). Fischer, Frankfurt.

J. C. Gille: Psychologie de l'ecriture. Payot, Paris 1969.

C. G. Jung: Psychologische Typen. Rascher, Zürich 1967.
– Die Beziehungen zwischen dem Ich und dem Unbewußten. Rascher, Zürich 1928.
– Von den Wurzeln des Bewußtseins. Rascher, Zürich 1954.
– Welt der Psyche. Rascher, Zürich 1954.
– Versuch einer Darstellung der psychoanalytischen Theorie. Rascher, Zürich 1955.

L. Klages: Handschrift und Charakter. Bouvier, Bonn 1965.
– Die Grundlagen der Charakterkunde. Bouvier, Bonn 1966.
– Grundlagen der Wissenschaft vom Ausdruck. Bouvier, Bonn 1950.
– Einführung in die Psychologie der Handschrift. Stuttgart/Heilbronn 1924.
– Graphologisches Lesebuch. Leipzig 1930.
– Zur Ausdruckslehre und Charakterkunde. Heidelberg 1926.

H. Knobloch: Die Lebensgestalt der Handschrift. Saarbrücken 1950.

E. Kretschmer: Körperbau und Charakter. Springer, Berlin 1967.

H. Kurth: Menschenkenntnis auf den ersten Blick. Ariston, Genf 1970.

Le Senne: Traité de caractérologie. P. U. F., Paris.

L. Lüke: Du bist, wie du schreibst. Ariston, Genf 1984.

G. E. Magnat: Die Sprache der Handschrift. A. d. Franz., Luzern 1948.

W. J. Meinhold: Spektrum der Hypnose. Ariston, Genf 1980.

J. H. Michon: System der Graphologie. A. d. Franz., Reinhardt, München/Basel 1965.

E. Mounier: Traité du caractère. Seuil, Paris.

W. H. Müller / A. Enskat: Theorie und Praxis der Graphologie. Greifenverlag, Rudolstadt 1949.
– Graphologische Diagnostik. Huber, Stuttgart/Bern 1961.

R. Pokorny: Psychologie der Handschrift. Reinhardt, München/Basel 1967.

R. Pophal: Grundlegung der bewegungsphysiologischen Graphologie. 1939.
– Zur Psychophysiologie der Spannungserscheinungen in der Handschrift. Greifenverlag, Rudolstadt 1949.

M. Pulver: Symbolik der Handschrift. Orell Füssli, Zürich 1955.
– Trieb und Verbrechen in der Handschrift. Orell Füssli, Zürich 1948.

W. H. Sheldon: Varieties of human physique. 1940.
– Varieties of temperament. 1942.

N. Streletzki: Traité de graphologie. Vigot, Paris.

A. Teillard: Handschriftendeutung auf tiefenpsychologischer Grundlage. Francke, Bern 1952.

Trillat: Graphologie pratique. Vigot, Paris 1953.

Vels: L'écriture, reflet de la personnalité. A. d. Span., Mont-Blanc, Genf.

F. Victor: Die Handschrift, eine Projektion der Persönlichkeit. A. d. Franz., Kindler, München 1964.

R. Wieser: Persönlichkeit und Handschrift. Reinhardt, München/Basel 1956.
– Der Verbrecher und seine Handschrift. Reinhardt, München/Basel 1956.
– Mensch und Leistung in der Handschrift. Reinhardt, München/Basel 1960.

Wittlich: Graphologische Praxis. Gruyter, Berlin 1961.